Verleihung des Dr. Fedtke IT-SECURITY INNOVATIONSPREISES 2005

KONFERENZ FÜR DATENSCHUTZ UND DATENSICHERHEIT

1. – 2. Februar 2005 | Wiesbaden
IT-Security 2005
SICHERHEIT UND DATENSCHUTZ BEIM IT-OUTSOURCING

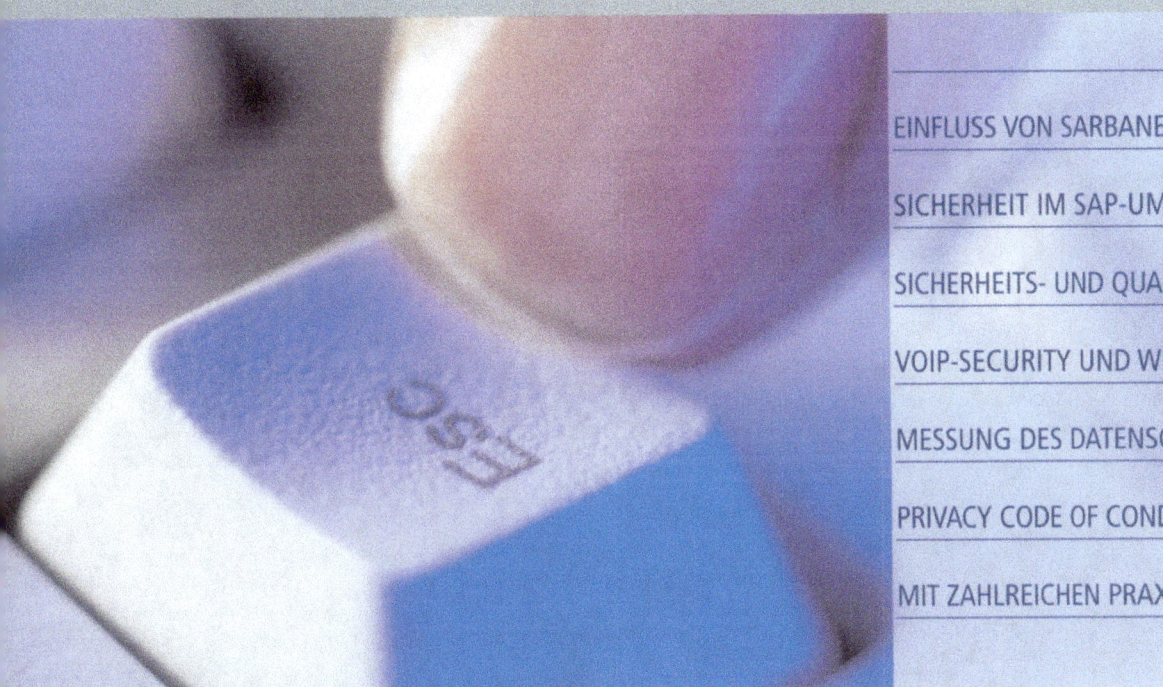

- EINFLUSS VON SARBANES OXLEY UND BASEL II
- SICHERHEIT IM SAP-UMFELD
- SICHERHEITS- UND QUALITÄTS-AUTOMATION
- VOIP-SECURITY UND WLAN HACKING
- MESSUNG DES DATENSCHUTZNIVEAUS
- PRIVACY CODE OF CONDUCT
- MIT ZAHLREICHEN PRAXISBERICHTEN

Medienpartner:

vieweg technology forum

ist eine Marke von i-ventus
Abraham-Lincoln-Str. 46
D - 65189 Wiesbaden
www.viewegtechnologyforum.de
www.i-ventus.de
Sparte Technik

Phone +49(0)611 7878-327
Fax   +49(0)611 7878-452

Ja, ich will mehr wissen!
Bitte senden Sie mir das Tagungsprogramm "IT-Security 2005" zu.

Vorname _____ Name _____

Firma _____ Branche _____

Abteilung _____ Funktion _____

Straße _____

PLZ/Ort _____

Telefon _____ Fax _____

ISBN 978-3-409-03446-3   ISBN 978-3-322-90952-7 (eBook)
DOI 10.1007/978-3-322-90952-7

Risikomanagement und Risikocontrolling: Reichweite und Gestaltung

Risikomanagement und Risikocontrolling sind spätestens seit der Verabschiedung des KonTraG Fragestellungen mit denen sich eine Unternehmensleitung verstärkt zu beschäftigen hat. Dieses Sonderheft der Zeitschrift für Controlling und Management liefert Ihnen einen Einblick in Theorie und Praxis einer risikoorientierten Unternehmensführung. Der Bogen spannt sich dabei von der

- konzeptionellen Gestaltung eines Risikomanagement- und Risikocontrollingsystems in Theorie und Praxis über
- grundsätzliche Fragen der Identifikation und Analyse von Risiken und
- Einzelfragen wie dem Risikocontrolling bei Auftragsfertigung, dem Controlling von Finanzrisiken in Industrieunternehmen und bei der Zusage einer betrieblichen Altersversorgung zur
- Prüfung von Risikomanagement- und Risikocontrollingsystemen und
- den Erwartungen an eine risikoorientierte Berichterstattung.

Burkhard Pedell sieht die Aufgaben des Risikocontrollings darin, Risikointerdependenzen innerhalb von Führungsteilsystemen, zwischen Geschäftsbereichen und auch unternehmensübergreifend innerhalb der Supply Chain zu koordinieren.

Peter Kajüter thematisiert in seinem Beitrag Regulierungsinitiativen zur Gestaltung des Risikomanagements und Risikocontrollings. Für international tätige Unternehmen sind diese Anforderungen bereits heute in ihren Systemen zu beachten.

Der Beitrag von Sven Eckert, Günther Lamparter und Klaus Möller zeigt am Beispiel der Dürr AG die Neustrukturierung des Risikomanagement. Die Autoren diskutieren fallgestützt welche Schritte bei der Implementierung eines Risikomanagement- und Risikocontrollingsystems zu beachten sind.

Stefan Dierkes, Elmar Gerum und ihre Mitarbeiter wählen als Ausgangspunkt ihres Beitrags die Bedeutung der strategischen Kontrolle. Sie konkretisieren dabei die interne Unternehmensrechnung als Controllinginstrument mit Blick auf strategische Potenziale und Risiken.

Volkhard Emmrich und Rainer Doll beschäftigen sich mit möglichen Ursachen bestandsgefährdender Unternehmenskrisen. In ihrem Beitrag geben sie auch einen Überblick über geeignete Instrumente der Krisendiagnose.

Der Beitrag von Walter Schmidt greift eine ganzheitliche Perspektive auf. Er betont u. a. die Gefahren, wenn man meint, durch ein Risikocontrolling letztlich alle Risiken der Unternehmenstätigkeit in den „Griff zu bekommen".

Ernst Troßmann und Alexander Baumeister untersuchen die besonderen Probleme kleiner und mittlerer Unternehmen mit Auftragsfertigung. Als Problembereiche werden die Risikoanalyse vor der Auftragsannahme sowie die auftragsbegleitende Risikosteuerung gesehen.

Matthias Kropp und Robert Gillenkirch beschäftigen sich mit dem Controlling von Finanzrisiken in Industrieunternehmen und vergleichen die Fragestellungen mit dem Controlling von Finanzinstituten. Eine unkritische Übernahme von Konzepten aus dem Bankcontrolling ist daher für Industrieunternehmen wenig sachgerecht.

Jochen Zimmermann zeigt anhand eines stochastischen Simulationsmodells die Wirkungen unterschiedlicher Finanzierungen eines Pensionsplans sowie unterschiedlicher Annahmen über Planformeln, erwartete Fondsrenditen anderer versicherungsmathematischer Parameter auf erwartete Zahlungen und Gewinne.

Dirk Hachmeister

Im Beitrag von Volker Hampel, Marcus Lueger und Ute Roth wird die Gestaltung des Risikocontrollingsystems und seine Einbettung in das gesamte Controlling-System vor dem Hintergrund der handelsrechtlichen Jahresabschlussprüfungen von Kapitalgesellschaften diskutiert.

Die empirische Auswertung von Thomas Fischer und Uwe Vielmeyer zu den reporting-relevanten Risiken aus der Sicht von Jahresabschlussadressaten und -erstellern zeigt jene Bereiche der externen Berichterstattung, die von den Adressaten als besonders relevant angesehen.

Ich hoffe, die Beiträge geben Ihnen einen informativen Einblick in die Facetten von Risikomanagement und Risikocontrolling; ich wünsche Ihnen einen hohen „value added" beim Lesen. Ich möchte nicht schließen, ohne allen Autoren für ihre konstruktiven und interessanten Beiträge und meinen Mitarbeitern für die logistische Unterstützung zu danken.

Ihr Dirk Hachmeister

INHALT

KONZEPTION

4 RISIKOINTERDEPENDENZEN ALS ANSATZPUNKT FÜR AUFGABEN UND INSTRUMENTE DES RISIKOCONTROLLING
Burkhard Pedell

12 DIE REGULIERUNG DES RISIKOMANAGEMENTS IM INTERNATIONALEN VERGLEICH
Peter Kajüter

26 KONZEPT UND UMSETZUNG EINES RISIKOMANAGEMENT-SYSTEMS BEI DER DÜRR AG
Sven Eckert, Günther Lamparter, Klaus Möller

RISIKOIDENTIFIKATION

38 STRATEGISCHE KONTROLLE ALS ELEMENT DES RISIKOMANAGEMENTS
Stefan Dierkes, Elmar Gerum, Murat Ayaz, Nils Stieglitz

52 RISIKOMANAGEMENT IN KRISENSITUATIONEN
Volkhard Emmrich, Rainer Doll

60 STRATEGIE UND RISIKO – ZUM UMGANG MIT DEM UNGEWISSEN
Walter Schmidt

EINZELFRAGEN

74 RISIKOCONTROLLING IN KLEINEN UND MITTLEREN UNTERNEHMUNGEN MIT AUFTRAGSFERTIGUNG
Ernst Troßmann, Alexander Baumeister

86 CONTROLLING VON FINANZRISIKEN IN INDUSTRIEUNTERNEHMEN
Matthias Kropp, Robert M. Gillenkirch

98 ERFASSUNG, MODELLIERUNG UND STEUERUNG ZUFALLS-ABHÄNGIGER RISIKEN
Jochen Zimmermann

Herausgeber und Beirat:

Herausgeber:
Prof. Dr. Jürgen Weber, WHU, Otto-Beisheim-Hochschule, Lehrstuhl für Betriebswirtschaftslehre, insb. Controlling und Telekommunikation, Stiftungslehrstuhl der Deutschen Telekom AG.

Prof. Dr. Thomas Hess, LMU München, Institut für Wirtschaftsinformatik und Neue Medien.

Herausgeber-Beirat:
Dr. Ralf Eberenz, Beiersdorf AG, Leiter Corporate Accounting & Controlling.
Dr. Alan Hippe, Mitglied des Vorstandes Continental Aktiengesellschaft
Joachim Preisig, Leiters Konzerncontrolling bei der Dt. Telekom AG.

BERICHTERSTATTUNG

108 RISIKOCONTROLLING AUS DER SICHT DES ABSCHLUSSPRÜFERS
Volker Hampel, Marcus Lueger, Ute Roth

120 INFORMATIONSVERSORGUNG IM RISIKOCONTROLLING DURCH RISIKOORIENTIERTE UNTERNEHMENSPUBLIZITÄT
Thomas M. Fischer, Uwe Vielmeyer

REDAKTION

1 EDITORIAL
2 INHALT
3 IMPRESSUM

www.zfcm.de

- AKTUELLES HEFT
- ARCHIV
- ONLINE FIRST
- JAHRESREGISTER
- TERMINE
- LINKS

Beilagenhinweis:

Dieser Ausgabe liegen je eine Beilage des Rudolf Haufe Verlages, Freiburg, der Management Circle AG, Eschborn, und des Wiley – VCH Verlages, Weinheim, bei.

Wir bitten unsere Leserinnen und Leser um Beachtung.

Karl-Heinz Steinke, Deutsche Lufthansa AG, Leiter Konzerncontrolling & Kostenmanagement

Dr. Ulrich Vest, Springer science + business media, Chief Financial Officer

Impressum

Verlag: Betriebswirtschaftlicher Verlag,
Dr. Th. Gabler / GWV Fachverlage GmbH,
Abraham-Lincoln-Straße 46,
65189 Wiesbaden, Postfach 1546,
65173 Wiesbaden, http://www.zfcm.de
Geschäftsführer: Dr. Hans-Dieter Haenel
Verlagsleitung: Dr. Heinz Weinheimer
Programmleitung Wissenschaft:
Claudia Splittgerber
Gesamtleitung Produktion:
Reinhard van den Hövel
Gesamtleitung Vertrieb: Gabriel Göttlinger
Gesamtleitung Anzeigen: Thomas Werner
Herausgeber: Prof. Dr. Jürgen Weber
Prof. Dr. Thomas Hess
Herausgeber dieses Sonderheftes:
Prof. Dr. Dirk Hachmeister
Schriftleitung: Dr. Bernhard Hirsch
E-Mail: bhirsch@whu.edu
Verantwortliche Redakteure:
Dipl. Kfm. Eric Zayer
E-Mail: ezayer@whu.edu
Dipl.-Wirtsch.-Ing. Roman Müller
E-Mail: roman.mueller@whu.edu
Christoph Hirnle, MSC (LSE)
E-Mail: hirnle@bwl.uni-muenchen.de
Redaktion:
Jutta Hauser-Fahr, Tel.: (0611) 78 78-235
Annelie Meisenheimer,
Tel.: (0611) 78 78-232
Abonnentenbetreuung:
VVA-Zeitschriften-Service, Controlling & Management, Postfach 777, 33310 Gütersloh
Tel.: (05241) 80 19-68, Fax (05241) 80 96-20
Produktmanagement: Kristiane Alesch,
Tel.: (0611) 78 78-359
Anzeigenleitung: Christian Kannenberg,
Tel.: (0611) 78 78-369
Es gilt die Anzeigenpreisliste 27 vom 1.10.02
Anzeigenverkauf: CBM GmbH,
Telefon (0 67 71) 80 91-0 od. -31,
Fax (0 67 71) 80 91-18
cbm_gmbh@t-online.de
Anzeigendisposition: Barbara Gerlach,
Telefon (0611) 78 78-198,
Fax (0611) 78 78-443
Produktion / Layout: Heiko Köllner,
Tel.: (0611) 78 78-177

Bezugsmöglichkeit:
Das Heft erscheint sechsmal jährlich.
Preise: Einzelpreis € 26,– zzgl. Versand.
Jahresabonnementpreis Inland € 114,– für Studenten € 75,– (die aktuelle Immatrikulationsbescheinigung ist jeweils unaufgefordert nachzureichen); preisgebundener Jahresabonnementpreis Ausland € 123,–; Studentenpreis € 84,– (incl. Porto und ges. Mwst.). Abbestellungen sind sechs Wochen vor Ablauf des Bezugsjahres (s. letzte Abonnementrechnung) unter Angabe der Kundennummer schriftlich einzureichen; schriftliche Bestätigung erfolgt nicht. Jährlich können 1 bis 4 Sonderhefte hinzukommen. Sie werden Abonnenten mit einem Nachlass von 25 % gegen gesonderte Rechnung geliefert. Bei Nichtgefallen können Sonderhefte innerhalb einer Frist von 3 Wochen an die Vertriebsfirma zurückgesandt werden. Zusätzliche Liefer- und Versandkosten fallen nicht an.

Druck und Verarbeitung: Wilhelm & Adam, Heusenstamm
Satz: Satzwerk · Gestaltung und DTP, Dreieich

Die Zeitschrift und alle in ihr enthaltenen einzelnen Beiträge und Abbildungen sind urheberrechtlich geschützt. Jede Verwertung außerhalb der engen Grenzen des Urheberrechtes ist ohne Zustimmung des Verlages unzulässig und strafbar. Das gilt insbesondere für Vervielfältigungen, Übersetzungen, Mikroverfilmungen und die Einspeicherung in elektronischen Systemen. Nachdruckgenehmigung kann die Redaktion erteilen. Für unverlangt eingesandte Beiträge und Rezensionsexemplare wird nicht gehaftet. Jede im Bereich eines gewerblichen Unternehmens hergestellte oder benützte Kopie dient gewerblichen Zwecken gem. § 54 (2) UrhG und verpflichtet zur Gebührenzahlung an die VG WORT, Abteilung Wissenschaft, Goethestr. 49, 80336 München, von der die einzelnen Zahlungsmodalitäten zu erfragen sind.

Alle Rechte vorbehalten. Kein Teil dieser Zeitschrift darf ohne schriftliche Genehmigung des Verlages vervielfältigt oder verbreitet werden. Unter dieses Verbot fällt insbesondere die gewerbliche Vervielfältigung per Kopie, die Aufnahme in elektronische Datenbanken und die Vervielfältigung auf CD-Rom und allen anderen elektronischen Datenträgern.

Hinweise für Autoren:
Der Autor ist mit der Veröffentlichung seines Beitrags damit einverstanden, dass sein Beitrag außer in der Zeitschrift auch durch Lizenzvergabe in anderen Zeitschriften (auch übersetzt), durch Nachdruck in Sammelbänden (z. B. zu Jubiläen der Zeitschrift oder des Verlages oder in Themenbänden), durch längere Auszüge in Büchern des Verlages auch zu Werbezwecken, durch Vervielfältigung und Verbreitung auf CD-ROM oder anderen Datenträgern, durch Speicherung auf Datenbanken, deren Weitergabe und den Abruf von solchen Datenbanken während der Dauer des Urheberrechtsschutzes an dem Beitrag im In- und Ausland vom Verlag und seinen Lizenznehmern genutzt wird.

© Springer Fachmedien Wiesbaden 2004
Ursprünglich erschienen bei
Betriebswirtschaftlicher Verlag
Dr. Th. Gabler/GWV Fachverlage GmbH,
Wiesbaden 2004

ISSN 1614-1822

Bis 2002: krp-Kostenrechnungspraxis

Risikointerdependenzen als Ansatzpunkt für Aufgaben und Instrumente des Risikocontrolling

Burkhard Pedell

Risikointerdependenzen als Ansatzpunkt eines koordinationsorientierten Risikocontrolling

Die spezifische Aufgabenstellung des Controlling wird vielfach in der Koordination des Führungssystems gesehen (vgl. HORVÁTH 2003, KÜPPER 2001). Folgt man dieser Auffassung, so bilden Interdependenzen einen zentralen Ansatzpunkt für die theoretische Fundierung des Controlling (vgl. KÜPPER 1988). Durch die Aufspaltung des Führungssystems in einzelne Teilsysteme wird das Entscheidungsfeld des Führungssystems separiert. Daraus leiten sich als zentrale Aufgaben des Controlling die Analyse und Koordination der Interdependenzen zwischen Einzelentscheidungen und -handlungen ab. Grundsätzlich lassen sich Verhaltens- und Sachinterdependenzen unterscheiden, letztere lassen sich wiederum in Ziel-, Mittel- und Risikointerdependenzen unterteilen (vgl. LAUX/LIERMANN 2003, S. 191 ff.). Während Ziel- und Mittelinterdependenzen im Zusammenhang mit dem Controlling wissenschaftlich intensiv untersucht worden sind, wurden Risikointerdependenzen bislang von der Controllingforschung eher am Rande behandelt.

- Risikointerdependenzen liefern einen Ansatzpunkt für die Ableitung von Aufgaben und Instrumenten eines koordinationsorientierten Risikocontrolling.
- Durch diese Vorgehensweise werden gleichzeitig Fortschritte bei der theoretischen Fundierung des Risikocontrolling erzielt und Risikointerdependenzen stärker als bisher zum Gegenstand der Controllingforschung.
- Unternehmensintern bestehen die Aufgaben des Risikocontrolling vor allem in der integrierten Steuerung von Ertragschancen und Risiken, in der Koordination von Risikointerdependenzen innerhalb und zwischen Führungsteilsystemen sowie in der Koordination von Risikointerdependenzen verschiedener Geschäftsbereiche untereinander und mit der Gesamtunternehmensebene.
- Unternehmensübergreifend kommt dem Risikocontrolling die Aufgabe zu, Risiken über gesamte Supply Chains zu koordinieren.
- Für diese Koordinationsaufgaben kann das Risikocontrolling auf eine Vielzahl existierender Ansätze und Instrumente zurückgreifen, die danach differenziert werden, ob sie schwerpunktmäßig einer spezifischen Phase des Risikomanagementprozesses zugeordnet werden können oder eher phasenübergreifend angewandt werden.

Umgekehrt erscheinen die Ansätze zur theoretischen Fundierung speziell für das Risikocontrolling in der Literatur bislang weniger klar ausgeprägt als für das Controlling im Allgemeinen. Die Aufgabenstellung des Risikocontrolling wird vielfach dadurch eingegrenzt, dass ihm eine Servicefunktion für das Management zugewiesen wird, die vor allem in der Bereitstellung von Methoden der Risikoidentifikation und -analyse sowie in der Versorgung mit Informationen über Risiken gesehen wird (vgl. bspw. WALL 2003, S. 670 f.; DIEDERICHS 2004, S. 27). Das Risikocontrolling wird überwiegend als Teil des Risikomanagements eingeordnet (vgl. bspw. BURGER/BUCHHART 2002, S. 12; WALL 2003, S. 670), wobei das Risikomanagement insofern über das Risikocontrolling hinausgeht, als es die Entscheidungen über die risikopolitische Strategie und einzelne risikopolitische Maßnahmen zu treffen hat.

Ansätze für eine koordinationsorientierte Kennzeichnung des Risikocontrolling bestehen bereits. So definiert WALL (2003, S. 670) Risikocontrolling „… als die Gesamtheit der Aufgaben zur zielgerichteten Koordination der Risikopositionen eines Unternehmens im Rahmen von Planung, Kontrolle und Informationsversorgung …" (vgl. auch BURGER/BUCH-

PD Dr. Burkhard Pedell,
Institut für Produktionswirtschaft und Controlling, Ludwig-Maximilians-Universität München
Ludwigstr. 28, 80539 München
E-Mail: pedell@bwl.uni-muenchen.de

Unternehmensinternes Risikocontrolling				
Koordination von Risiken und Ertragschancen	Koordination der Risikointerdependenzen von Führungsteilsystemen		Koordination der Risikointerdependenzen von Geschäftsbereichen	
	innerhalb einzelner Führungsteilsysteme	zwischen Führungsteilsystemen	zwischen Geschäftsbereichen	zwischen Bereichs- und Gesamtunternehmensebene
Unternehmensübergreifendes Risikocontrolling				
Beschaffungsseitiges Risikocontrolling		Absatzseitiges Risikocontrolling		
Risikocontrolling der gesamten Supply Chain				

Abbildung 1: Aufgaben eines koordinationsorientierten Risikocontrolling

HART 2002, S. 13 f.; DIEDERICHS 2004, S. 25). Auf Risikointerdependenzen wird bei der Kennzeichnung des Risikocontrolling jedoch nicht explizit Bezug genommen. Das Abstellen auf Risikointerdependenzen als Ansatzpunkt eines koordinationsorientierten Risikocontrolling eröffnet die Chance, gleichzeitig sowohl die relative Vernachlässigung von Risikointerdependenzen in der bisherigen Controllingforschung abzubauen als auch Fortschritte bei der theoretischen Fundierung und einheitlichen Abgrenzung des Risikocontrolling zu erreichen.

Risikointerdependenzen liegen vor, „... wenn die Erfolge der Bereiche voneinander stochastisch abhängig sind. Wie weit die Varianz des Gesamterfolges (als Maßstab des Risikos) steigt bzw. sinkt, wenn in einem Bereich riskante Maßnahmen durchgeführt werden, hängt dann davon ab, welche riskanten Entscheidungen in anderen Bereichen getroffen werden und welche stochastischen Beziehungen zwischen den Erfolgen der verschiedenen Bereiche bestehen." (LAUX/LIERMANN, 2003, S. 192 f.). Sind die Bereiche durch die Aufteilung des Führungssystems voneinander separiert, so ergibt sich hieraus für das Risikocontrolling die Aufgabe, dafür zu sorgen, dass diese Risikointerdependenzen über die getrennten Entscheidungsfelder hinweg Berücksichtigung finden.

Die Zielsetzung dieses Beitrages besteht darin, ein systematisches Konzept zu entwickeln, mit dem im Überblick aufgezeigt wird, wie sich aus dieser grundsätzlichen Koordinationsfunktion des Risikocontrolling einzelne Aufgaben ableiten und welche Instrumente dabei eingesetzt werden können. Eine tiefer gehende Analyse der anwendbaren statistischen Verfahren würde den Rahmen des Beitrags sprengen; in den einzelnen Abschnitten werden daher Hinweise auf weiterführende Überlegungen gegeben. In Abschnitt 2 wird zunächst eine unternehmensinterne Perspektive eingenommen. Die zunehmende Integration von Supply Chains macht es jedoch notwendig, auch unternehmensübergreifende Risikointerdependenzen stärker zu beachten; diese sind Gegenstand von Abschnitt 3. Abbildung 1 systematisiert die im vorliegenden Beitrag analysierten Koordinationsaufgaben des Risikocontrolling. In Abschnitt 4 wird ein Überblick über Instrumente eines koordinationsorientierten Risikocontrolling gegeben. Abschnitt 5 beschließt den Beitrag mit einer Zusammenfassung der wesentlichen Ergebnisse.

Aufgaben des unternehmensinternen Risikocontrolling

Geht man zunächst von der unternehmensinternen Perspektive aus, so bestehen mehrere Ansatzpunkte für das Risikocontrolling:

- Bezogen auf eine bestimmte Entscheidung ist sicherzustellen, dass sämtliche von ihr ausgelösten Wirkungen in die Bewertung mit einbezogen werden. Dies bedeutet insbesondere, dass Risiken und die ihnen entsprechenden Ertragschancen einander gegenüberzustellen sind.
- Bezogen auf das Führungssystem der Unternehmung sind die einzelnen Führungsteilsysteme so zu koordinieren, dass Risikointerdependenzen innerhalb und zwischen Führungsteilsystemen Berücksichtigung finden.
- Bezogen auf Geschäftsbereiche sind deren Handlungen untereinander sowie mit der Unternehmensebene im Hinblick auf die resultierende Gesamtrisikoposition abzustimmen.

Integrierte Steuerung von Risiken und Ertragschancen

Risiken von Fehlentscheidungen und Chancen auf nachhaltige Wettbewerbsvorteile bilden zwei Seiten derselben Medaille. Sowohl Risiken als auch Wettbewerbsvorteile sind letztendlich auf irreversible Investitionen zurückzuführen (vgl. PEDELL, 2000, S. 163 ff.). Dies unterstreicht die Notwendigkeit, Risiken nicht isoliert zu analysieren und über sie zu entscheiden, sondern stets gemeinsam mit den korrespondierenden Ertragschancen zu betrachten. Dieser an sich selbstverständliche Umstand gerät insbesondere dann leicht aus dem Blickfeld, wenn Risikomanagement nur betrieben wird, um gesetzlichen Auflagen zu genügen, und/oder funktional sowie organisatorisch von der Festlegung der Geschäftsstrategie getrennt ist.

Dem Risikocontrolling kommt hier die Aufgabe zu, die entsprechenden Zusammenhänge aufzuzeigen und darauf hinzuwirken, dass die Unternehmung nur dann Risiken eingeht bzw. Risikopositionen offen lässt, wenn diesen entsprechende Chancen auf nachhaltige Wettbewerbsvorteile gegenüberstehen. Dies trifft vor allem auf Kompetenzfelder im Kerngeschäft der Unternehmung zu. In anderen Bereichen wird man tendenziell eher dazu neigen, Risiken auf Lieferanten oder Kunden zu überwälzen oder Risikopositionen zu hedgen, insbesondere wenn es sich um asymmetrische Risiken handelt.

In einer neo-klassischen Finanzierungswelt ohne Transaktionskosten sind von der Unternehmung durchgeführte Maßnahmen, welche das unsystematische Risiko reduzieren, aus Sicht der Kapitalgeber nutzlos, da dieses Risiko genauso gut durch Diversifikation auf Anlegerebene reduziert werden kann. In der Realität gibt es jedoch eine Reihe von Gründen dafür, dass Risiken auf Unternehmensebene nachteilig sind und daher ein Risikomanagement der Unternehmung sinnvoll ist (vgl. DOHERTY 2000, S. 199 ff.). Einer der Gründe besteht darin, dass Zulieferer und Abnehmer das Risiko, dass die Unternehmung zahlungsunfähig wird, nicht vollständig diversifizieren können und daher eher bereit sind, in langfristige Geschäftsbeziehungen mit der Unternehmung zu investieren, wenn diese Risikomanagement betreibt (vgl. KAJÜTER 2003, S. 114.).

Führungsteilsystembezogenes Risikocontrolling

Geht man bei der Ableitung der Aufgaben des Risikocontrolling wie in Abschnitt 1 skizziert von den Risikointerdependenzen aus, welche durch die Aufteilung des Führungssystems der Unternehmung separiert werden, so ist grundsätzlich zwischen Koordinationsaufgaben innerhalb der einzelnen Führungsteilsysteme Planung, Informationssystem, Kontrolle, Organisation und Personalführung sowie Koordinationsaufgaben zwischen diesen Führungsteilsystemen zu unterscheiden (vgl. KÜPPER 2001, S. 20 ff.).

Risikocontrolling innerhalb einzelner Führungsteilsysteme

Das Risikocontrolling innerhalb einzelner Führungsteilsysteme übt eine Koordinationsfunktion zwischen Sachverhalten aus, welche demselben Führungsteilsystem zugeordnet sind. Dies wird im Folgenden beispielhaft für die Koordination innerhalb des Führungsteilsystems Planung gezeigt, welche die Abstimmung zwischen Planungszielen, Planungsträgern, Planungsprozessen sowie Planungsgegenständen und -ebenen umfasst (vgl. KÜPPER 2001, S. 70). Im Hinblick auf die Planungsziele ist es Aufgabe des Risikocontrolling, dass Risikointerdependenzen im Zielsystem richtig erfasst werden. Verstärken oder kompensieren sich Risiken bei untergeordneten Zielen, z. B. bei verschiedenen Produktdeckungsbeiträgen, so schlägt sich dies auf die Wahrscheinlichkeitsverteilung übergeordneter Ziele, z. B. des Periodenerfolgs, nieder.

Im Hinblick auf Planungsgegenstände und -ebenen sind Risikointerdependenzen zwischen sachlich abgegrenzten Teilplanungen sowie zwischen der strategischen, taktischen und operativen Planungsebene zu koordinieren. Sind beispielsweise die Wahrscheinlichkeitsverteilungen von Inputpreisen und realisierbaren Outputpreisen einer Unternehmung voneinander abhängig, so sind die Risiken der Beschaffungsplanung und der Absatzplanung gemeinsam zu betrachten. Eine Abstimmung der verschiedenen Planungsebenen wird beispielsweise über Anwendung von Verfahren der Risikoaggregation, wie z. B. der Bestimmung des Value at Risk gestützt auf eine Monte-Carlo-Simulation, von der operativen über die taktische bis hin zur strategischen Ebene erreicht, wobei auf übergeordneten Ebenen jeweils auch völlig neue Risiken dazukommen können. Zur Koordination innerhalb der Planung gehört auch die integrierte Planung von Risikopolitik und Geschäftsstrategie.

Die Koordination von Zielen und Gegenständen der Planung ist durch entsprechende aufbauorganisatorische Maßnahmen zur Koordination der Planungsträger und ablauforganisatorische Maßnahmen zur Koordination der Planungsprozesse zu unterstützen.

Führungsteilsystemübergreifendes Risikocontrolling

Risikointerdependenzen treten nicht nur innerhalb von Führungsteilsystemen, sondern auch zwischen Führungsteilsystemen auf. Gliedert man den Risikomanagementprozess in die einzelnen Phasen Risikoidentifikation, Risikoanalyse, Risikosteuerung sowie Risikodokumentation und -überwachung, so wird daran bereits deutlich, dass neben der Planung auch das Informationssystem und die Kontrolle an diesem Prozess beteiligt sind. In der Risikokontrolle werden Abweichungsanalysen für die in der Planung angestrebten Risikopositionen durchgeführt. Wurde eine Entscheidung auf Grundlage von Prämissen über die Wahrscheinlichkeitsverteilungen von entscheidungsrelevanten Größen getroffen, so hat die Prämissenkontrolle die Funktion zu prüfen, ob diese Wahrscheinlichkeitsverteilungen noch Bestand haben und ob die Entscheidung angepasst werden sollte, falls sich die Risiken verändert haben.

Sowohl Planung als auch Kontrolle sind mit dem Informationssystem abzustimmen. Hierfür ist ausgehend von den zu planenden und zu kontrollierenden Sachverhalten eine Informationsbedarfsanalyse durchzuführen, die erhebt, welche Informationen über welche Risiken vom wem zu welchen Zeitpunkten benötigt werden.

Koordination von Geschäftsbereichen

Ist eine Unternehmung nicht nur in einem einzelnen Geschäft tätig, sondern besteht sie aus mehreren Geschäftsbereichen, so sind die Risiken der verschiedenen Geschäftsbereiche untereinander sowie mit dem Risiko der Gesamtunternehmung zu koordinieren.

Risikointerdependenzen zwischen Geschäftsbereichen

Entscheidungen in den verschiedenen Geschäftsbereichen einer Unternehmung sind in der Regel nicht unabhängig voneinander, sondern auf vielfältige Art und Weise interdependent. Mittelinterdependenzen entstehen durch den Rückgriff auf gemeinsame Ressourcen der Gesamtunternehmung. Zielinterdependenzen treten beispielsweise auf, wenn absatzseitig zwischen den Produkten unterschiedlicher Bereiche komplementäre oder substitutive Verbundbeziehungen bestehen. Dies führt auch zu Risikointerdependenzen, wenn etwa durch eine Maßnahme in einem Bereich nicht nur die Wahrscheinlichkeitsverteilungen der Absatzmengen von dessen Produkten beeinflusst werden, sondern gleichzeitig auch die Wahrscheinlichkeitsverteilungen der Absatzmengen von Produkten anderer Geschäftsbereiche. Die Korrelation der Absatzmengen der verschiedenen Geschäftsbereiche kann aufgrund historischer Daten geschätzt werden, um damit die Wirkungen geplanter Handlungen eines Geschäftsbereichs auf andere Geschäftsbereiche zu simulieren. Des Weiteren können Risikointerdependenzen aufgrund von Lieferbeziehungen zwischen den Bereichen bestehen. Ohne koordinierende Eingriffe der Zentrale finden diese Risikointerdependenzen keine Berücksichtigung im Kalkül eines einzelnen Bereichs.

Dem zentralen Risikocontrolling kommt die Aufgabe zu, das Verhalten der Bereiche so zu koordinieren, dass eine im Sinne der Gesamtunternehmung möglichst vorteilhafte Risikoposition erreicht wird. Die Anreize sind dabei grundsätzlich so zu setzen, dass Risikoeffekte eines Bereiches auf andere Bereiche im Entscheidungskalkül dieses Bereiches internalisiert werden. Dies stellt an sich bereits sehr hohe Informationsanforderungen an das zentrale Risikocontrolling. Erschwerend kommt hinzu, dass Verbundeffekte zwischen Bereichen per definitionem nicht auf die einzelnen Bereiche zurechenbar sind. In diesem Zusammenhang kommt dem Risikocontrolling auch die Aufgabe zu, für die Verwendung eines einheitlichen Risikobegriffs und einheitlicher Methoden der Risikoerfassung zu sorgen (vgl. auch GEBHARDT 2002, Sp. 1718).

Abstimmung zwischen Bereichs- und Gesamtunternehmensebene

Darüber hinaus besteht die Notwendigkeit einer vertikalen Koordination zwischen den Bereichen und der Gesamtunternehmensebene. Sind die für ein bestimmtes Geschäft relevanten Investitionsentscheidungen zwischen Gesamtunternehmung und Geschäftsbereich aufgeteilt, so hängt die Wahrscheinlichkeitsverteilung des Investitionserfolgs von den Entscheidungen beider Ebenen ab. Die Gesamtunternehmensführung kann sich darauf beschränken, die Investitionshöhe durch Investitionsbudgets zu begrenzen, oder übergeordnete Investitionsentscheidungen, z. B. für Forschungs- und Entwicklungsprojekte oder für Produktionsstandorte und -anlagen, selbst zu treffen und untergeordnete Investitionsentscheidungen, z. B. über den Austausch einzelner Maschinen, sowie Produktionsprogrammentscheidungen an den Geschäftsbereich zu delegieren. Die Entscheidungen des Geschäftsbereichs wirken auf das Risiko der übergeordneten Investitionsentscheidungen zurück, z. B. dadurch, dass Instandhaltungs- bzw. Reinvestitionsentscheidungen oder Programmentscheidungen das Auslastungsrisiko der Produktionsanlagen beeinflussen.

Wird die Finanzierungsfunktion zentral auf Gesamtunternehmensebene wahrgenommen und werden Investitionsentscheidungen davon separiert in einzelnen Unternehmensbereichen getroffen, so besteht das spezielle Problem, den Bereichen ihre Kapitalinanspruchnahme jeweils risikoangemessen in Rechnung zu stellen. Letztlich geht es darum, die Investitions- und die Finanzierungsplanung in Einklang zu bringen und dabei Interdependenzen zwischen leistungswirtschaftlichem und finanzwirtschaftlichem Risiko zu berücksichtigen. In aller Regel werden die verschiedenen Bereiche ein unterschiedlich hohes Geschäftsrisiko aufweisen. Die Zentrale sollte deshalb konsequenterweise auch unterschiedlich hohe Kapitalkosten ansetzen. Sind die Bereiche nicht separat börsennotiert, so lassen sich die bereichsspezifischen Kapitalkosten nicht direkt gestützt auf Marktdaten ermitteln. Falls es Vergleichsunternehmen gibt, die ausschließlich in dem jeweiligen Geschäft tätig und börsennotiert sind, kann man darüber zu einer Einschätzung bereichsspezifischer Kapitalkosten gelangen (vgl. zum Überblick ARBEITSKREIS FINANZIERUNG 1996). Bestehen Risikointerdependenzen zwischen den Geschäftsbereichen, so ist dabei zu beachten, dass die gewichtete Summe der bereichsspezifischen Kapitalkosten nicht mit den Kapitalkosten der Gesamtunternehmung übereinstimmt, da in letztere auch Risikodiversifikationseffekte über die Bereiche hinweg eingehen.

Aufgaben des Risikocontrolling in unternehmensübergreifenden Supply Chains

Die zunehmende Leistungsfähigkeit der Informationstechnologie und verbesserte Methoden des Prozessmanagements haben zu einer stärkeren Integration von unternehmensübergreifenden Supply Chains geführt (vgl. PAULSSON 2003, S. 2). Gleichzeitig haben viele Unternehmen ihre Aktivitäten auf ihre Kernkompetenzen konzentriert und ihre Leistungstiefe reduziert, so dass Supply Chains eine größere Anzahl von Schnittstellen aufweisen. Die vertikale Aufspaltung von Supply Chains verursacht auf beiden Seiten der dadurch neu entstandenen Marktbeziehungen jeweils zusätzliche Risiken, allein schon deshalb, weil zusätzlich Unsicherheit über das Verhalten der Marktpartner besteht. In Supply Chains, in denen einzelne Unternehmen einer Entgeltregulierung unterliegen, kommen zusätzlich regulatorische Risiken hinzu (zu Regulierungsrisiken vgl. PEDELL 2004). Die Auswirkungen dieser Entwicklungen auf die Störanfälligkeit von Supply Chains werden durch die Globalisierung und die in vielen Bereichen zu verzeichnende Tendenz zum Single Sourcing noch verstärkt. Die Anforderungen an die Reaktionsfähigkeit ganzer Supply Chains auf nachfrageseitige Veränderungen sind gleichzeitig gestiegen.

Diese Entwicklungen erfordern es, dass das Risikocontrolling bei der Analyse von Risiken eine unternehmensübergreifende Perspektive auf die gesamte Supply Chain einnimmt und auf eine Koordination der Prozesse, Kapazitäten und Bestände über die Supply Chain hinweg hinwirkt. Die Aufgaben des Risikocontrolling in Supply Chains werden im Folgenden systematisiert nach beschaffungsseitigen und absatzseitigen Risiken sowie Risiken, die sich auf die gesamte Supply Chain beziehen, untersucht (vgl. in Bezug auf das Risikomanagement JOHNSON 2001, S. 122, und SVENSSON 2002, S. 112; zum Überblick vgl. PAULSSON 2003, Appendix).

Beschaffungsseitiges Risikocontrolling

Die Aufgabe der Beschaffung besteht darin sicherzustellen, dass die für die Leistungserstellung und -verwertung erforderlichen Inputs in der benötigten Menge und Qualität, am benötigten Ort, zum benötigten Zeitpunkt, zu einem möglichst günstigen Preis sowie möglichst sicher und flexibel zur Verfügung stehen, wobei zwischen diesen Dimensionen offensichtlich zumindest teilweise Trade-offs bestehen. Risiken können grundsätzlich hinsichtlich jeder dieser Dimensionen auftreten. Die Bedeutung dieser Risiken für die Unternehmung hängt vom Beschaffungsmarkt, vom einzelnen Lieferanten und vom zu beschaffenden Einsatzgut ab. Das Beschaffungsrisiko ist tendenziell hoch, wenn es sich um ein neu entwickeltes Produkt handelt und wenn sich Lieferunterbrechungen bei diesem Produkt stark auf den Unternehmenserfolg auswirken (vgl. ZSIDISIN 2003, S. 20 ff.).

Der eigentlichen Beschaffung vorgelagert ist die Entscheidung, ob ein Gut überhaupt von außen beschafft oder selbst erstellt werden soll. A priori ist dabei nicht klar, bei welcher Alternative die von der Unternehmung zu tragenden Risiken höher sind. Auf der einen Seite kann die Unternehmung durch Outsourcing von Teilleistungen die eigene Ressourcenbindung reduzieren und ist folglich weniger Risiken ausgesetzt. Die entsprechenden Investitionen sind dann von Zulieferern zu erbringen. Können diese die damit verbundenen Risiken dadurch diversifizieren, dass sie mehrere Unternehmen beliefern, so werden die Risiken nicht eins zu eins auf die Zulieferer verschoben, sondern über die gesamte Supply Chain gesehen reduziert. Auf der anderen Seite entstehen für die Unternehmung neue Risiken aufgrund von Abhängigkeiten von den Zulieferern. Letztere können diese unter Umständen ausnutzen, um höhere Preise oder andere für sie vorteilhafte Vertragsanpassungen durchzusetzen. Im Fall von Single Sourcing ist dieses Risiko besonders gravierend. Darüber hinaus hat die Unternehmung in der Regel weniger und/oder spätere Informationen über mögliche Probleme beim Materialfluss, z. B. hinsichtlich der Lieferbarkeit der benötigten Mengen und Qualitäten. Das beschaffungsseitige Risikocontrolling hat in diesem Zusammenhang die Aufgabe, die Risiken verschiedener Beschaffungsalternativen sowie Korrelationen mit anderen Risiken, z. B. der Produktion und des Absatzes, aufzuzeigen und zu analysieren. Damit verbunden ist die Aufgabe, dem Risikomanagement Informationen über die Wirkung risikopolitischer Maßnahmen, z. B. durchsetzbarer Service Level Agreements mit Zulieferern, zur Verfügung zu stellen, damit dieses geeignete Maßnahmen auswählen und initiieren kann.

Werden Einsatzgüter von außen bezogen, so fällt die Koordination mit den Zulieferern hinsichtlich der aus der Lieferbeziehung resultierenden Risiken in den Aufgabenbereich eines koordinationsorientierten Risikocontrolling. Beispielsweise wird die Verfügbarkeit der von First Tier-Zulieferern bezogenen Einsatzgüter durch deren frühzeitige Einbeziehung in den Entwicklungsprozess verbessert. Die Einbeziehung von Zulieferern in den Target Costing-Prozess erhöht die Transparenz und Beeinflussbarkeit der bei den Zulieferern entstehenden Kosten.

Absatzseitiges Risikocontrolling

Auf der Absatzseite der Supply Chain stellt sich die Aufgabe, die vom Kunden nachgefragten Mengen in der richtigen Qualität, rechtzeitig und am richtigen Ort zur Verfügung zu stellen. Dabei ist unter Risikogesichtspunkten ein zentrales Problem, wie unerwartete Nachfrageentwicklungen, z. B. unerwartete Schwankungen der nachgefragten Menge nach einem bestimmten Produkt oder veränderte Anforderungen an ein Produkt, gehandhabt werden. Die Risiken, denen eine Unternehmung von der Absatzseite der Supply Chain her ausgesetzt ist, sind auch von der Koordination mit ihren Kunden abhängig.

Beliefert die Unternehmung nicht direkt Endkunden, sondern einen Original Equipment Manufacturer (OEM), so profitiert sie ihrerseits von einer frühzeitigen Einbindung in den Entwicklungsprozess des OEM, da durch die Koordination sichergestellt werden kann, dass gemeinsam realisierbare Produktspezifikationen und Kostenziele festgelegt werden. Stellt die Unternehmung selbst Produkte für Endkunden her, so können saisonale Nachfrageschwankungen unter Umständen durch die Zusammenarbeit mit mehreren Distributionskanälen geglättet werden (vgl. JOHNSON 2001, S. 115 f.). Darüber hinaus ermöglichen moderne Informations- und Kommunikationstechnologien wie z. B. Scannerkassen bei großen Einzelhändlern in Verbindung mit Electronic Data Interchange-Verbindungen einen deutlich schnelleren Informationsfluss über die Nachfrageentwicklung, und geben der Unternehmung dadurch Spielraum, kurzfristig darauf zu reagieren, sofern auch die Produktion entsprechend darauf eingestellt ist. Dies ist bei Produkten mit kurzen modischen Zyklen wie Damenoberbekleidung und Spielwaren (vgl. JOHNSON 2001, S. 120) besonders vorteilhaft.

Risikocontrolling der gesamten Supply Chain

Das Risikocontrolling sollte sich nicht auf die unmittelbaren Beschaffungs- und Absatzbeziehungen beschränken, sondern die gesamte Supply Chain im Blickfeld haben, da sich die Risiken über die Supply Chain hinweg gegenseitig verstärken können. So sind Beschaffungs- und Produktionsrisiko interdependent. Qualitätsrisiken in der Beschaffung können sich in Produktionsverzögerungen, höherem produzierten Ausschuss und/oder Produkten mit niedrigerer Qualität niederschlagen. Umgekehrt führt ein Rückgang der Produktionsmenge unter Umständen zu Problemen in der Beschaffung, wenn Abnahmeverpflichtungen gegenüber den Lieferanten bestehen oder aufgrund der niedrigeren zu beschaffenden Menge die Verhandlungsmacht des Einkaufs geschwächt wird. Produktions- und Absatzrisiko sind ebenfalls interdependent. Produktionsfehler reduzieren die absetzbare Menge und/oder den erzielbaren Preis, ein Rückgang der Absatzmenge führt zu Kapazitätsauslastungsproblemen in der Produktion (vgl. HORNUNG/REICHMANN/DIEDERICHS 1999, S. 318). Der so genannte Bullwhip- oder Peitscheneffekt ist dadurch gekennzeichnet, dass sich Nachfrageunsicherheiten vom Endkundengeschäft aus über die Supply Chain zurück aufschaukeln (vgl. LEE/PADMANABHAN/WHANG 1997). Umgekehrt tendieren Lieferverzögerungen am Anfang einer Supply Chain dazu, sich zum Ende der Supply Chain hin zu verstärken.

Das Risikocontrolling der Supply Chain sollte diese Risikointerdependenzen und die Möglichkeiten ihrer Koordination aufzeigen. Lieferverzögerungen sind beispielsweise durch eine möglichst vorteilhafte Allokation von Sicherheitsbeständen über die gesamte Supply Chain einzudämmen. Dabei ist zu beachten, dass die an einer Supply Chain beteiligten Unternehmen sich hinsichtlich ihrer Risikobereitschaft und -tragfähigkeit unterscheiden (vgl. KAJÜTER 2003, S. 111). Des Weiteren ist zu berücksichtigen, dass die verschiedenen Unternehmen in einer Supply Chain nicht das Interesse der gesamten Supply Chain vertreten, sondern danach streben, ihren eigenen Vorteil zu maximieren. Über die Risiken in der Supply Chain bestehen Informationsasymmetrien zwischen den beteiligten Unternehmen. Bei strategischem Verhalten der Unternehmen ergibt sich eine Gleichgewichtslösung, die in der Summe schlechter als die zentral koordinierte Lösung ist, wie sich in Modellen zeigen lässt (vgl. bspw. CACHON/ZIPKIN, 1999; zum Überblick vgl. AGRELL/LINDROTH/NORRMAN 2004, S. 2 ff.).

Die Verletzbarkeit von Supply Chains wird dadurch erhöht, dass äußere Ereignisse wie Terroranschläge und Naturkatastrophen gleichzeitig auf mehrere beschaffungsseitige und absatzseitige Glieder der Supply Chain einwirken. Dies ist einerseits bereits beim Design der Supply Chain zu berücksichtigen; andererseits sollte der Abschluss entsprechender Versicherungen über die Supply Chain hinweg koordiniert werden (vgl. MARTHA/SUBBAKRISHNA 2002; zur Versicherung von Terrorrisiken vgl. MICHEL-KERJAN/PEDELL 2004).

Das Risikocontrolling zwischen den an einer Supply Chain beteiligten Unternehmen kann selbst unterschiedlich stark koordiniert werden. Von der isolierten Wahrnehmung von Aufgaben des Risikocontrolling durch einzelne Unternehmen über eine informelle Zusammenarbeit im Risikocontrolling bis hin zur systematischen Einbindung in einen gemeinsamen Risikocontrollingprozess sind unterschiedliche Grade der Integration möglich (vgl. in Bezug auf das Risikomanagement KAJÜTER 2003, S. 115 ff.). Durch ein gemeinsames Risikocontrolling werden Informationsasymmetrien abgebaut und Vertrauen geschaffen.

Phasenspezifische Instrumente des Risikocontrolling		
Risikoidentifikation	Risikoanalyse und -bewertung	Risikodokumentation und -überwachung
Brainstorming	Risk Maps	Risikoberichtswesen
Risikochecklisten	Sensitivitätsanalysen	Risikoerfassungsbögen
Frühaufklärungssysteme	Scoring-Modelle	Risikoabweichungsanalyse
Szenarioanalysen	Korrelationsmatrizen	
	Entscheidungsbaumverfahren	
	Risikosimulation	
	Value at Risk	
	– Varianz-Kovarianz-Ansatz	
	– Historische Simulation	
	– Monte-Carlo-Simulation	
	Cash Flow at Risk	
	Stresstests	
Risikoportfolios		
Phasenübergreifende Instrumente des Risikocontrolling		
Risikoorientierte Budgetierung		
Risikobudgets		
Risikoorientierte Performance-Maße sowie Kennzahlen- und Zielsysteme		
Risikointegrierte Balanced Scorecard		

Abbildung 2: Überblick über ausgewählte Instrumente des Risikocontrolling

Instrumente eines koordinationsorientierten Risikocontrolling

Zur Erfüllung der herausgearbeiteten Aufgaben eines koordinationsorientierten Risikocontrolling stehen verschiedene Instrumente zur Verfügung.

Überblick über Instrumente des Risikocontrolling

Abbildung 2 gibt einen Überblick über Instrumente eines koordinationsorientierten Risikocontrolling. Die Instrumente sind danach gegliedert, ob sie schwerpunktmäßig einer der Phasen Risikoidentifikation, Risikoanalyse und -bewertung oder Risikodokumentation und -überwachung zugeordnet werden können oder eher phasenübergreifend angewendet werden. Die Phase der Risikosteuerung bleibt dabei ausgeklammert, da diese originär dem Risikomanagement zuzurechnen ist. Eine Diskussion sämtlicher aufgelisteter Instrumente würde den Rahmen dieses Beitrags sprengen (zu einem ausführlicheren Überblick über Instrumente des Risikocontrolling vgl. BURGER/BUCHHART 2002, S. 67 ff.; DIEDERICHS 2004, S. 106 ff. und 140 ff.). Daher werden im Folgenden lediglich die phasenübergreifenden Instrumente risikoorientierte Budgetierung und Risikobudgets, risikoorientierte Performance-Maße und Kennzahlensysteme sowie die Integration der Balanced Scorecard (BSC) mit dem Risikomanagement aufgrund ihrer hervorgehobenen Bedeutung im Hinblick auf die Koordination von Risikointerdependenzen analysiert.

Risikoorientierte Budgetierung und Risikobudgets

Die Grundidee einer risikoorientierten Budgetierung besteht darin, durch die Integration von Vorsichtsmaßnahmen auf den verschiedenen Stufen des Budgetierungsprozesses eine Art Risikopuffer für unerwartete Entwicklungen zu schaffen. Jede Stufe, welche der Budgetierungsprozess durchläuft, z. B. Geschäftsführung, Unternehmenscontrolling, Projektcontrolling und Projektleiter ist jeweils für eigene

KONZEPTION

Vorsichtsmaßnahmen zuständig. So kann der Projektleiter z. B. eine Reserve im Mengengerüst eines Projektes einplanen oder das Unternehmenscontrolling einen Abschlag bei den Deckungsbeiträgen von Aufträgen vornehmen (vgl. RAPP 2002, S. 12 ff.).

Risikobudgets finden bislang explizit Anwendung im Portfolio-Management von Kapitalanlagegesellschaften wie z. B. Pensionskassen (vgl. WATSON WYATT 2004, S. 1). Dabei wird zunächst die angestrebte Gesamtrisikoposition festgelegt und anschließend einzelnen Anlagekategorien wie z. B. Aktien und Obligationen ein Anteil daran in Form eines Risikobudgets zugewiesen. Problematisch an dieser Vorgehensweise ist, dass nicht geklärt ist, wie Risikoverbundvor- bzw. -nachteile zu verteilen sind. Risikobudgets können auch einzelnen Geschäftsbereichen einer Unternehmung zugewiesen werden, um einen Rahmen für deren Handeln abzustecken (vgl. i. d. S. auch GEBHARDT 2002, Sp. 1720). Die Einhaltung der Risikobudgets ist durch das Risikocontrolling zu überwachen.

Risikoorientierte Performance-Maße sowie Kennzahlen- und Zielsysteme

Wichtige risikoorientierte Performance-Maße sind der Value at Risk (VaR), der Conditional Value at Risk (CVaR), der Cash Flow at Risk (CFaR), der Risk Adjusted Return on Capital (RAROC), der Return on Risk Adjusted Capital (RORAC) und die Sharpe Ratio (zur Definition der einzelnen Performance-Maße vgl. LÖW/ROGGENBUCK 2002, Sp. 1397 ff.; zur Methodik der Ermittlung des VaR vgl. GEBHARDT/MANSCH 2001, S. 64 ff.; DIEDERICHS 2004, S. 164 ff.; zu einer kritischen Diskussion des VaR und zum CVaR vgl. KÜRSTEN/STRAßBERGER 2004). Risikoorietierte Performance-Maße zeichnen sich dadurch aus, dass sie sowohl den Rentabilitätsaspekt als auch den Risikoaspekt abbilden. Dadurch tragen sie grundsätzlich zu einer integrierten Steuerung von Risiken und Ertragschancen bei (vgl. LÖW/ROGGENBUCK 2002, Sp. 1395). Darüber hinaus können sie für eine rentabilitäts- und risikoangemessene Kapitalallokation auf Geschäftsbereiche herangezogen werden.

In vielen Kennzahlen und Zielsystemen, welche den Discounted Cash Flow oder den Economic Value Added als Spitzenkennzahl verwenden, werden Risikoaspekte nicht explizit, sondern lediglich über den Kapitalkostensatz erfasst (vgl. auch BURGER/BUCHHART 2002, S. 250). Dieser Nachteil lässt sich beseitigen, wenn risikoorientierte Performancemaße in Kennzahlen- und Zielsysteme integriert werden (zu so genannten Reward and Risk-Kennzahlensystemen vgl. BURGER/BUCHHART 2002, S. 251 ff.). Eine Verknüpfung mit den zugrunde liegenden Einflussgrößen des Geschäftsrisikos gelingt dadurch aber nur bedingt.

Integration von Balanced Scorecard und Risikomanagement

Deshalb versucht man, durch die Verknüpfung von ertragsorientierten Instrumenten der strategischen Unternehmensführung, wie beispielsweise der BSC, mit dem Risikomanagement einen Schritt weiter zu gehen und damit eine Reihe von Integrationspotenzialen zu erschließen: Das Risikomanagement gibt Aufschluss über exogene Einflussfaktoren und Planungsprämissen, welche für die BSC relevant sind. Darauf basierend kann das bestehende Ursache-Wirkungsmodell einer Überprüfung unterzogen und die Strategie an sich kontrolliert werden. Umgekehrt liefert die BSC einen Bezugsrahmen für die Risikoerfassung, hilft über das Ursache-Wirkungsmodell bei der Aufdeckung von Risikointerdependenzen und zeigt Inkonsistenzen zwischen der verfolgten Strategie und der vorhandenen Ressourcenausstattung auf. Durch die Integration von BSC und Risikomanagement werden strategische Ziele und Risiken gespiegelt und etwaige Lücken in beiden Ansätzen aufgedeckt.

Für die Integration von BSC und Risikomanagement findet sich in der Literatur eine Reihe von unterschiedlichen Ansätzen (für einen systematischen vergleichenden Überblick mit weiterführenden Literaturhinweisen vgl. PEDELL/SCHWIHEL 2004, S. 150 ff.):

- Der Grundaufbau der BSC wird beibehalten; zusätzlich werden bei den einzelnen strategischen Zielen auf sie einwirkende Risiken erfasst (vgl. WEBER/WEIßENBERGER/LIEKWEG 1999).
- Die BSC wird um eine eigene Risikoperspektive ergänzt (vgl. MEYER/KÖHLE 2000).
- Die Perspektiven der BSC werden durch strategische Erfolgsfaktoren ersetzt, für die jeweils eine eigene Balanced Chance und eine eigene Balanced Risk Card erstellt wird (vgl. REICHMANN/RICHTER 2001).

Unabhängig davon, welcher dieser Wege eingeschlagen wird, fördert das Aufsetzen eines integrierten Strategieimplementierungs- und Risikomanagementprozesses eine erfolgreiche Koordination von Risiken und Chancen auf nachhaltige Wettbewerbsvorteile (vgl. PEDELL/SCHWIHEL 2004, S. 152 ff.), insbesondere wenn es gelingt, den Anschluss an den allgemeinen Planungsprozess herzustellen.

Schlussfolgerungen

Der vorliegende Beitrag zeigt auf, wie Risikointerdependenzen einen Ansatzpunkt für die Ableitung von Aufgaben und Instrumenten eines koordinationsorientierten Risikocontrolling liefern. Dadurch lassen sich Fortschritte bei der theoretischen Fundierung des Risikocontrolling erzielen, gleichzeitig werden Risikointerdependenzen stärker als bisher zum Gegenstand der Controllingforschung. Unternehmensintern stellen sich für das Risikocontrolling vor allem die Aufgaben der integrierten Steuerung von Ertragschancen und Risiken, der Koordination von Risikointerdependenzen innerhalb und zwischen Führungsteilsystemen sowie der Koordination von Risikointerdependenzen von verschiedenen Geschäftsbereichen untereinander und mit der Gesamtunternehmensebene. Darüber hinaus hat das Risikocontrolling die Aufgabe, unternehmensübergreifend Risiken gesamter Supply Chains zu koordinieren. Für diese Koordinationsaufgaben kann das Risikocontrolling auf eine Vielzahl existierender Ansätze und Instrumente zurückgreifen, die sich danach differenzieren lassen, ob sie schwerpunktmäßig einer spezifischen Phase des Risikomanagementprozesses zugeordnet werden können oder eher phasenübergreifend angewandt werden.

Literatur

AGRELL, P. J./LINDROTH, R./NORRMAN, A.: Risk, Information and Incentives in Telecom Supply Chains, in: International Journal of Production Economics, Vol. 90 (2004), S. 1–16.

ARBEITSKREIS FINANZIERUNG DER SCHMALENBACH-GESELLSCHAFT DEUTSCHE GESELLSCHAFT FÜR BETRIEBSWIRTSCHAFT E.V.: Wertorientierte Unternehmenssteuerung mit differenzierten Kapitalkosten, in: Zeitschrift für betriebswirtschaftliche Forschung, 48. Jg. (1996), Heft 6, S. 543–578.

BURGER, A./BUCHHART, A.: Risiko-Controlling, München, Wien 2002.

CACHON, G. P./ZIPKIN, P. H.: Competitive and Cooperative Inventory Policies in a Two-Stage Supply Chain, in: Management Science, Vol. 45 (1999), No. 7, S. 936–953.

DIEDERICHS, M.: Risikomanagement und Risikocontrolling, München 2004.

DOHERTY, N. A.: Integrated Risk Management: Techniques and Strategies for Managing Corporate Risk, New York et al. 2000.

GEBHARDT, G.: Risikocontrolling, in: KÜPPER, H.-U./WAGENHOFER, A. (Hrsg.): Handwörterbuch Unternehmensrechnung und Controlling, 4. Aufl., Stuttgart 2002, Sp. 1713–1726.

GEBHARDT, G./MANSCH, H.: Risikomanagement und Risikocontrolling in Industrie- und Handelsunternehmen, Empfehlungen des Arbeitskreises „Finanzierungsrechnungen" der Schmalenbach-Gesellschaft für Betriebswirtschaft e.V., Zeitschrift für betriebswirtschaftliche Forschung, Sonderheft 46, Düsseldorf et al. 2001.

HORNUNG, K./REICHMANN, T./DIEDERICHS, M.: Risikomanagement – Teil I: Konzeptionelle Ansätze zur pragmatischen Realisierung gesetzlicher Anforderungen, in: Controlling, 11. Jg. (1999), Heft 7, S. 317–325.

HORVÁTH, P.: Controlling, 9. Aufl., München 2003.

JOHNSON, M. E.: Learning from Toys: Lessons in Managing Supply Chain Risk from the Toy Industry, in: California Management Review, Vol. 43 (2001), No. 3, S. 106–124.

KAJÜTER, P.: Instrumente zum Risikomanagement in der Supply Chain, in: STÖLZLE, W./OTTO A. (Hrsg.): Supply Chain Controlling in Theorie und Praxis: Aktuelle Konzepte und Unternehmensbeispiele, Wiesbaden 2003, S. 107–135.

KÜPPER, H.-U.: Koordination und Interdependenz als Bausteine einer konzeptionellen und theoretischen Fundierung des Controlling, in: LÜCKE, W. (Hrsg.): Betriebswirtschaftliche Steuerungs- und Kontrollprobleme, Wiesbaden 1988, S. 163–183.

KÜPPER, H.-U.: Controlling, 3. Aufl., Stuttgart 2001.

KÜRSTEN, W./STRAßBERGER, M.: Risikomessung, Risikomaße und Value-at-Risk, in: Wirtschaftsstudium, 33. Jg. (2004), Heft 2, S. 202–207.

LAUX, H./LIERMANN, F.: Grundlagen der Organisation: Die Steuerung von Entscheidungen als Grundproblem der Betriebswirtschaftslehre, 5. Aufl., Berlin 2003.

LEE, H. L./PADMANABHAN, V./WHANG, S.: The Bullwhip Effect in Supply Chains, in: Sloan Management Review, Vol. 38 (1997), No. 3, S. 93–102.

LÖW, E./ROGGENBUCK, H. E.: Performancemaße, risikoorientierte, in: KÜPPER, H.-U./WAGENHOFER, A. (Hrsg.): Handwörterbuch Unternehmensrechnung und Controlling, 4. Aufl., Stuttgart 2002, Sp. 1395–1404.

MARTHA, J./SUBBAKRISHNA, S.: Targeting a Just-in-Case Supply Chain for the Inevitable Next Disaster, in: Supply Chain Management Review (2002), September/October.

MEYER, C./KÖHLE, I.: Balanced Scorecard – ein Führungsinstrument für Banken?, in: Der Schweizer Treuhänder, 74. Jg. (2000), Heft 1-2, S. 7–18.

MICHEL-KERJAN, E./PEDELL, B.: Terrorism Coverage After 9/11: A Comparison of New Public-Private Partnerships in France, Germany, and the U. S., Working Paper 04-25-EMK, Risk Management and Decision Processes Center, The Wharton School of the University of Pennsylvania, Februar 2004.

PAULSSON, U.: Managing Risks in Supply Chains: An Article Review, Working Paper, Lund University, Department of Industrial Management and Logistics, 2003.

PEDELL, B.: Commitment als Wettbewerbsstrategie, Berlin 2000.

PEDELL, B.: Regulatory Risk and the Cost of Capital for Rate-Regulated Firms, unveröffentlichte Habilitationsschrift, München 2004.

PEDELL, B./SCHWIHEL, A.: Integriertes Strategie- und Risikomanagement mit der Balanced Scorecard: Dargestellt am Beispiel eines Energieversorgungsunternehmens, in: Controlling, 16. Jg. (2004), Heft 3, S. 149–156.

RAPP, M. J.: Risikoorientierte Budgetierung im Projektgeschäft, in: Zeitschrift für Betriebswirtschaft, 72. Jg. (2002), Heft 1, S. 7–18.

REICHMANN, T./RICHTER, H. J.: Integriertes Chancen- und Risikomanagement mit der Balanced Chance and Risk-Card auf der Basis eines mehrdimensionalen Informationsversorgungskonzeptes, in: Zeitschrift für betriebswirtschaftliche Forschung, Sonderheft 47, 2001, S. 177–205.

SVENSSON, G.: A Conceptual Framework of Vulnerability in Firms' Inbound and Outbound Logistics Flows, in: International Journal of Physical Distribution & Logistics Management, Vol. 32 (2002), No. 2, S. 110–134.

WALL, F.: Risikocontrolling, in: HORVÁTH, P./REICHMANN, T. (Hrsg.): Vahlens Großes Controllinglexikon, 2. Aufl., München 2003, S. 670–671.

WATSON WYATT: Die Kunst des guten Risikomanagements, in: Watson Wyatt Perspectives Nr. 02, 03/2004, Zürich, S. 1.

WEBER, J./WEIßENBERGER, B. E./LIEKWEG, A.: Risk Tracking and Reporting: Unternehmerisches Chancen- und Risikomanagement nach dem KonTraG, Vallendar 1999.

ZSIDISIN, G. A.: Managerial Perceptions of Supply Risk, in: Journal of Supply Chain Management, Vol. 29 (2003), Winter, S. 14–23.

KONZEPTION

Die Regulierung des Risikomanagements im internationalen Vergleich

Peter Kajüter

Einleitung

Spektakuläre Krisen und Insolvenzen namhafter Unternehmen haben in den letzten Jahren weltweit das Vertrauen in die Ordnungsmäßigkeit der Rechnungslegung und die Integrität der Kapitalmärkte erschüttert. Die offensichtlich bestehenden Defizite beim Umgang mit Risiken im Rahmen der Unternehmensführung und -überwachung haben Gesetzgeber und andere Regulierungsorgane in vielen Ländern dazu veranlasst, die Anforderungen an das Risikomanagement in Unternehmen zu konkretisieren bzw. zu verschärfen. Darüber hinaus sind international verschiedene Standards und Empfehlungen zur Ausgestaltung von Risikomanagementsystemen veröffentlicht worden. Trotz ähnlicher Ziele unterscheiden sich die Regulierungsinitiativen in den führenden Industrieländern z. B. im Hinblick auf den Verbindlichkeitsgrad und den Umfang der erlassenen Normen sowie die davon betroffenen Unternehmen. Derartige Unterschiede in den rechtlichen Anforderungen an das Risikomanagement sind in mehrfacher Hinsicht von Bedeutung. Zum Ersten unterliegen in international agierenden Konzernen die ausländischen Tochtergesellschaften möglicherweise spezifischen nationalen Vorschriften

- In den letzten Jahren sind angesichts spektakulärer Unternehmenskrisen in vielen Ländern spezielle Normen für den Umgang mit Risiken im Rahmen der Unternehmensführung und -überwachung definiert worden.
- Regulierungsinitiativen für das Risikomanagement gehen sowohl von nationalen Gesetzgebern als auch von privaten Fachgremien aus. Die Rechtstradition der jeweiligen Länder beeinflusst die Art der Normensetzung.
- In Deutschland, Großbritannien, den USA, Australien und Japan unterscheiden sich die Regelungen zum Risikomanagement vor allem im Hinblick auf den Kreis der betroffenen Unternehmen, den Verbindlichkeitsgrad und den Umfang.
- Deutsche Unternehmen können bei der Inanspruchnahme ausländischer Kapitalmärkte von den dort geltenden Regeln zum Risikomanagement betroffen werden.
- Über einen internationalen Harmonisierungsprozess können in anderen Ländern geltende Normen künftig die Weiterentwicklung der rechtlichen Anforderungen zum Risikomanagement in Deutschland beeinflussen.

zum Risikomanagement, die bei der Einrichtung eines konzernweiten Risikomanagementsystems zu berücksichtigen sind. Zum Zweiten können sich ausländische Normen, wie jüngst am US-amerikanischen Sarbanes-Oxley Act deutlich wird, auch auf in Deutschland ansässige Unternehmen auswirken, sofern diese Unternehmen über eine Börsennotierung im Ausland zur Beachtung derartiger Vorschriften verpflichtet sind. Zum Dritten können rechtliche Anforderungen zum Risikomanagement in anderen Ländern über einen internationalen Harmonisierungsprozess auch die Weiterentwicklung der entsprechenden Regelungen in Deutschland beeinflussen.

Ziel dieses Beitrages ist es daher, eine Bestandsaufnahme bestehender Normen zum Risikomanagement in fünf wichtigen Industrieländern aus verschiedenen Rechts- und Kulturkreisen durchzuführen und künftige Entwicklungsperspektiven aufzuzeigen. Im Einzelnen werden die

Dr. Peter Kajüter
ist Wissenschaftlicher Assistent am Lehrstuhl für Betriebswirtschaftslehre, insbes. Unternehmensprüfung und Controlling,

Heinrich-Heine-Universität Düsseldorf,
Universitätsstr. 1, 40225 Düsseldorf
E-Mail: kajueter@uni-duesseldorf.de

rechtlichen Anforderungen an das Risikomanagement in Deutschland, Großbritannien, den USA, Australien und Japan betrachtet. Dabei beschränkt sich die Analyse auf branchenübergreifend geltende Normen; branchenspezifische Regelungen, wie sie z. B. für den Banken- und Versicherungssektor existieren, werden im Folgenden nicht betrachtet (vgl. dazu für Deutschland PODDIG/KUNZE, 2003). Dem Überblick über aktuelle Vorschriften und Empfehlungen zum Risikomanagement werden nachfolgend zunächst einige generelle Überlegungen zu den ökonomischen Erklärungsansätzen und möglichen Arten der Regulierung vorangestellt. Ferner sei als Grundlage für die weiteren Ausführungen angemerkt, dass unter Risikomanagement die Risikofrüherkennung (Identifikation, Bewertung und Kommunikation von Risiken) und die Risikosteuerung sowie deren Überwachung subsumiert werden. Als Risikomanagementsystem wird die Gesamtheit aller dafür notwendigen organisatorischen Regeln und Maßnahmen bezeichnet.

Regulierung des Risikomanagements aus ökonomischer Sicht

Aus Sicht der Neuen Institutionenökonomie werden zwischen den Kapitalgebern und dem Management eines Unternehmens in einem unvollständigen Vertrag Regeln für die Unternehmensführung und deren Überwachung festgelegt (vgl. RICHTER/FURUBOTN, 2003, S. 7). Dabei wird der unvollständige Vertrag durch extern vorgegebene Normen beeinflusst. Für die Vertragsparteien resultiert aus diesen Normen, deren Verletzung in der Regel mit Sanktionen verbunden ist, eine *Regulierung* ihres Vertrages (vgl. KIRCHNER, 2002, S. 98). Im vorliegenden Zusammenhang lassen sich im Hinblick auf die Art der Normensetzung zwei Regulierungsebenen unterscheiden:

- Zum einen kann der *Gesetzgeber* zwingende Vorschriften zum Risikomanagement erlassen und falls notwendig mit staatlichen Mitteln durchsetzen. Die Normsetzung erfolgt in diesem Fall entweder unmittelbar über spezielle Gesetze oder mittelbar über Verordnungen hoheitlich legitimierter Instanzen (z. B. Börsenaufsichtsbehörden).
- Zum anderen können *private Fachgremien* Regeln zum Risikomanagement in von ihnen aufgestellte Corporate Governance Kodizes aufnehmen. Diese Regeln haben empfehlenden Charakter und werden als „weiches Recht" („soft law") bezeichnet. Sie haben vor allem die Funktion, Gesetzeslücken zu schließen und inhaltliche Detailfragen zu klären. Durch die Verpflichtung zur Abgabe einer Entsprechenserklärung („comply or explain") kann Druck zur Befolgung der rechtlich unverbindlichen Regeln ausgeübt werden.

Während die Sanktionen bei der Nichtbefolgung von gesetzlichen Vorschriften relativ eindeutig festgelegt sind, sind diese bei weichem Recht unsicher und im Allgemeinen für die Regeladressaten nur schwer abschätzbar (vgl. KIRCHNER, 2002, S. 102). Sie beruhen darauf, dass von der Erklärung der Nichtbefolgung von Regeln negative Signalwirkungen ausgehen, die vom Markt, z. B. in Form von Reputationsverlust oder höheren Finanzierungskosten, bestraft werden.

Staatliche Regulierung durch zwingende Normen schränkt nicht nur die Gestaltungsfreiheit der Vertragsparteien ein, sondern verursacht für den Staat sowie die von der Regulierung betroffenen Unternehmen (zum Teil beachtliche) Kosten. So schätzt z. B. SAP allein die jährlichen Kosten für die Befolgung des Sarbanes-Oxley Acts für den eigenen Konzern auf zwei Millionen Euro (vgl. BRANDT/HÜTTEN, 2003, S. 716). Regulierung bedarf aus diesem Grunde einer Rechtfertigung. Dies gilt umso mehr als theoretische Überlegungen auf der Grundlage der Neuen Institutionenökonomie (vgl. dazu PRITSCH/HOMMEL, 1997, S. 673 ff.; HOITSCH/WINTER, 2004, S. 122 ff.), aber auch empirische Befunde (vgl. z. B. AMIT/WERNERFELT, 1990, S. 529 f.) die grundsätzliche ökonomische Vorteilhaftigkeit eines betrieblichen Risikomanagements dokumentieren. Demnach haben Unternehmen prinzipiell ein Eigeninteresse, Risikomanagement zu betreiben.

Mögliche Gründe, die dennoch eine Regulierung rechtfertigen, liefert die normative Regulierungstheorie vor allem mit dem Hinweis auf gesamtwirtschaftliche Wohlfahrtsverluste, Marktversagen und die Notwendigkeit, bestimmte Akteure zu schützen (vgl. Fülbier, 1999, S. 469 ff.). Solche Argumente lassen sich auch für die Regulierung des Risikomanagements ins Feld führen, denn es lässt sich nicht ausschließen, dass Risiken in Unternehmen aufgrund von Informationsasymmetrien und Interessenunterschieden unangemessen begegnet wird oder gar dolose Handlungen auftreten. Werden dadurch Unternehmenskrisen und Insolvenzen ausgelöst, besteht die Gefahr gesamtwirtschaftlicher Wohlfahrtsverluste, da auch solvente Unternehmen in einer Kettenreaktion in eine Schieflage geraten können. Zudem können, wie die jüngste Vergangenheit zeigt, das Vertrauen in die Kapitalmärkte beeinträchtigt und Kapitalgeber geschädigt werden. Staatliche Regulierung soll in dieser Situation die Effizienz des Marktprozesses verbessern. Problematisch ist jedoch, dass es praktisch nicht möglich ist, den Nutzen der Regulierung exakt zu ermitteln. Folglich bleibt ihre ökonomische Vorteilhaftigkeit offen. Dies gilt auch im Vergleich zu alternativen Lösungen wie der privaten Regulierung durch rechtlich unverbindliche Verhaltenskodizes.

Vor diesem Hintergrund werden nachfolgend die staatlich oder privat gesetzten Normen zum Risikomanagement in Deutschland, Großbritannien, den USA, Australien und Japan dargestellt. Darüber hinaus wird auf unverbindliche Standards und Empfehlungen eingegangen, auf die in den rechtlichen Vorschriften oftmals Bezug genommen wird.

Rechtliche Anforderungen zum Risikomanagement in ausgewählten Ländern
Deutschland

In Deutschland existiert seit 1998 eine *gesetzliche Norm*, die Vorstände von Aktiengesellschaften ausdrücklich verpflichtet, „geeignete Maßnahmen zu treffen, insbesondere ein Überwachungssystem einzurichten, damit den Fortbestand der Gesellschaft gefährdende Entwicklungen früh erkannt werden" (*§ 91 Abs. 2 AktG*). Mit

KONZEPTION

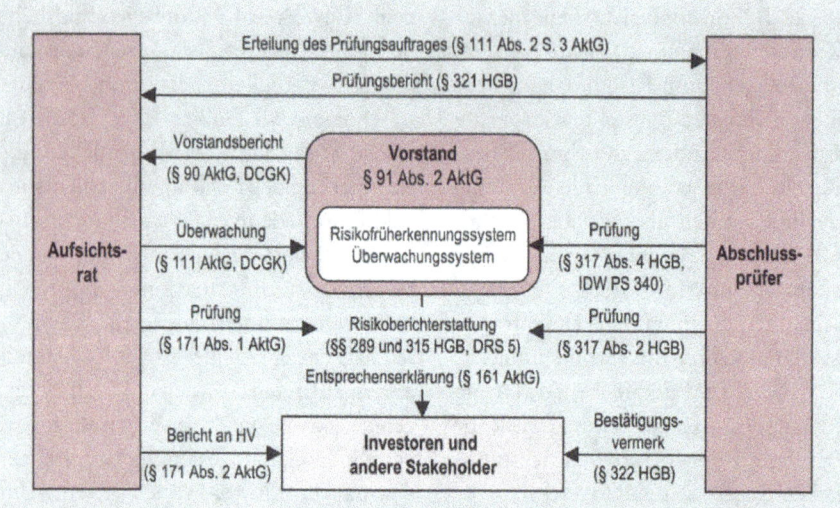

Abbildung 1: Rechtsnormen zum Risikomanagement in Deutschland (in Anlehnung an: WEISS/HEIDEN, 2003, S. 21)

dieser durch das KonTraG eingeführten Vorschrift wird ein Teilaspekt der in § 76 Abs. 1 AktG kodifizierten Leitungspflicht des Vorstands hervorgehoben und seine Sorgfaltspflicht nach § 93 Abs. 1 AktG konkretisiert (vgl. ZIMMER/SONNEBORN, 2001, S. 43). Dabei geht die h. M. von einer zweistufigen Verpflichtung aus.

- Zum einen hat der Vorstand geeignete Maßnahmen zur frühzeitigen Erkennung bestandsgefährdender Entwicklungen zu treffen (Risikofrüherkennungssystem).
- Zum anderen muss er die Einhaltung dieser Maßnahmen überwachen (Überwachungssystem).

Bei börsennotierten Aktiengesellschaften ist das Risikofrüherkennungs- und Überwachungssystem vom Abschlussprüfer im Hinblick auf seine Existenz, Eignung und Funktionsfähigkeit zu prüfen (§ 317 Abs. 4 HGB). Hierbei handelt es sich um eine Systemprüfung, deren Inhalte und Ablauf in einem Prüfungsstandard des IDW geregelt werden (IDW PS 340). Auf das Ergebnis seiner Prüfung muss der Abschlussprüfer in einem besonderen Teil des Prüfungsberichts eingehen (§ 321 Abs. 4 HGB). Die Prüfungsergebnisse bilden eine wichtige Grundlage für die Überwachungspflicht des Aufsichtsrats (§ 111 Abs. 4 AktG), die auch die nach § 91 Abs. 2 AktG zu ergreifenden Maßnahmen einschließt (vgl. Salzberger, 2000, S. 756 ff.).

Seit 2002 werden diese gesetzlichen Vorschriften zum Risikomanagement durch den *Deutschen Corporate Governance Kodex* nochmals hervorgehoben (DCGK, Rn. 4.1.4) und weiter präzisiert. § 90 AktG konkretisierend wird gefordert, dass der „Vorstand ... den Aufsichtsrat regelmäßig, zeitnah und umfassend über alle für das Unternehmen relevanten Fragen ... der Risikolage und des Risikomanagements" (DCGK, Rn. 3.4) informiert. Ferner soll der Aufsichtsratsvorsitzende mit dem Vorstand das Risikomanagement beraten (DCGK, Rn. 5.2) und der Aufsichtsrat einen Prüfungsausschuss (Audit Committee) einrichten, der sich auch mit Fragen des Risikomanagements auseinander setzt (DCGK, Rn. 5.3.2). Nach § 161 AktG müssen Vorstand und Aufsichtsrat börsennotierter Aktiengesellschaften jährlich eine Entsprechenserklärung veröffentlichen, in der die Umsetzung der Empfehlungen bestätigt und die nicht befolgten Empfehlungen genannt – und faktisch auch begründet – werden.

Abbildung 1 zeigt den Zusammenhang der genannten Regeln, die noch um Vorschriften zur Risikoberichterstattung im Lagebericht und deren Prüfung ergänzt werden (vgl. KAJÜTER, 2002; KAJÜTER/WINKLER, 2004). Dabei ist im Rahmen des Risikoberichts nach DRS 5 auch das Risikomanagement zu beschreiben.

Die zentrale Vorschrift des § 91 Abs. 2 AktG enthält keine Vorgaben zur konkreten Ausgestaltung des Risikofrüherkennungs- und Überwachungssystems. Vielmehr stellt die Gesetzesbegründung klar, dass diese vor allem von der Größe, der Struktur, der Branche und dem Kapitalmarktzugang des jeweiligen Unternehmens abhängig ist (vgl. BT-Drucks. 13/9712, S. 15). Trotz diesem Hinweis bleiben Art und Umfang der sich aus § 91 Abs. 2 AktG ergebenden Rechtspflichten Gegenstand der Gesetzesauslegung. Hierbei haben sich im Hinblick auf die geforderten Maßnahmen zur *Risikofrüherkennung* unterschiedliche Meinungen herausgebildet. In der betriebswirtschaftlichen Literatur und der Prüfungspraxis dominiert die Ansicht, dass nach § 91 Abs. 2 AktG eine systematische Identifikation, Bewertung und Kommunikation wesentlicher Einzelrisiken erforderlich sei (vgl. z. B. LÜCK, 1998, S. 8 f.). Eine Beschränkung auf bestandsgefährdende Risiken wird dagegen als nicht hinreichend angesehen, da sich einzelne Risiken kumuliert oder in Wechselwirkung mit anderen Risiken existenzgefährdend auswirken können (vgl. EGGEMANN/KONRADT, 2000, S. 504). In der rechtswissenschaftlichen Literatur wird diese weite Interpretation des Gesetzes überwiegend abgelehnt (vgl. PAHLKE, 2002, S. 1681 f.; HÜFFER, 2004, S. 459 f.), da der Wortlaut von § 91 Abs. 2 AktG nicht von Risiken, sondern von „bestandsgefährdenden Entwicklungen" spricht. Hierzu zählen die drohende Insolvenz wegen Überschuldung oder Illiquidität, daneben aber auch Entwicklungen, welche die Rentabilität der Gesellschaft dauerhaft gefährden (vgl. HÜFFER, 1998, S. 100). Um solche Entwicklungen zu erkennen, ist es nach der im juristischen Schrifttum vertretenen Auffassung ausreichend, „wenn der Vorstand jederzeit in der Lage ist, die tatsächliche Gesamtsituation des Unternehmens zu beurteilen und nachteilige Entwicklungen von wesentlicher Bedeutung für die Vermögens-, Finanz- und Ertragslage zu erkennen" (PAHLKE, 2002, S. 1682). Eine regelmäßige Erfassung sämtlicher Einzelrisiken ist danach gesetzlich nicht zwingend.

In der Rechtswissenschaft wird jedoch auch eine dritte, vermittelnde Position vertreten (vgl. z. B. DRYGALA/DRYGALA, 2000, S. 299). Sie folgt der engen Auslegung insoweit, als nach dem Gesetzeswortlaut nur existenzbedrohende Risiken unter die Pflicht zur Früherkennung nach § 91 Abs. 2 AktG fallen. Aus dem Gesetzeszweck, einen Beitrag zur Insolvenzprophylaxe zu leisten, wird indes die Notwendigkeit einer systematischen Erfassung wesentlicher Einzelrisiken anerkannt, wobei die betriebswirtschaftlich geforderten Detailmaßnahmen keine Rechtspflichten darstellen. Diese Ansicht wird durch die erstmalige Rechtsprechung zu § 91 Abs. 2 AktG gestützt (vgl. PREUSSNER/ZIMMERMANN, 2002, S. 657 ff.), die sich bei der Frage, ob das Risikofrüherkennungssystem den gesetzlichen Anforderungen entsprechend eingerichtet war, an den Feststellungen des Abschlussprüfers und damit auch an der in IDW PS 340 inhärenten weiten Gesetzesauslegung orientierte.

Neben einem Risikofrüherkennungssystem verlangt § 91 Abs. 2 AktG ferner ein *Überwachungssystem,* mit dem die Einhaltung der vom Vorstand ergriffenen Maßnahmen zur Risikofrüherkennung sichergestellt wird. Da weder das Gesetz noch seine Begründung spezifische Anforderungen an das Überwachungssystem definieren, liegt es im Ermessen des Vorstands zu entscheiden, wie die Überwachung der Risikofrüherkennung erfolgt. Möglich sind sowohl in die betrieblichen Abläufe integrierte, prozessabhängige Kontrollen als auch prozessunabhängige Prüfungen. Letztere können durch eine interne Revision wahrgenommen werden. Auch wenn auf die Notwendigkeit einer angemessenen Revision in der Gesetzesbegründung hingewiesen wird, folgt daraus indes keine Verpflichtung, eine eigenständige Revisionsabteilung einzurichten (vgl. SCHÄFER, 2001, S. 87).

Über die Vorgabe zur Einrichtung eines Risikofrüherkennungs- und Überwachungssystems hinaus ergibt sich aus § 91 Abs. 2 AktG keine Pflicht, Maßnahmen zur Bewältigung der erkannten Risiken zu ergreifen (vgl. ZIMMER/SONNEBORN, 2001, S. 50). Das Eingehen von Risiken steht vielmehr im Ermessen des Vorstands nach § 76 Abs. 1 AktG. Die Grenze dieses Ermessens wird durch die Sorgfaltspflichten gemäß § 93 Abs. 1 AktG gezogen. Demzufolge ist es unzulässig, unangemessene oder den Bestand des Unternehmens gefährdende Risiken einzugehen (vgl. PAHLKE, 2002, S. 1683). Insofern kann aus § 93 Abs. 1 AktG durchaus die Pflicht zu risikosteuernden Maßnahmen resultieren.

Da die gesetzliche Vorschrift im Aktiengesetz kodifiziert ist, sind von ihr unmittelbar nur Unternehmen in der Rechtsform der AG betroffen. Auf die Einführung analoger Vorschriften in anderen Gesetzen hat der Gesetzgeber bewusst verzichtet und stattdessen in der Gesetzesbegründung darauf hingewiesen, dass die Norm „Ausstrahlungswirkung auf den Pflichtenrahmen der Geschäftsführer anderer Gesellschaftsformen hat" (BT-Drucks. 13/9712, S. 15). Die h. M. geht daher von einer selektiven Übertragung des § 91 Abs. 2 AktG auf Unternehmen mit anderer Rechtsform aus (vgl. HOMMELHOFF/MATTHEUS, 2000a, S. 26 ff.). Davon wären z. B. GmbHs betroffen, die über die Emission von Schuldverschreibungen oder Genussscheinen den Kapitalmarkt in Anspruch nehmen. Um die Reichweite der Ausstrahlungswirkung exakt abzugrenzen, haben sich in der Literatur aber bislang keine allgemein anerkannten Kriterien herausgebildet. Dies bleibt somit der künftigen Rechtsprechung vorbehalten.

Aus der Gesetzesbegründung zu § 91 Abs. 2 AktG geht hervor, dass Mutterunternehmen i. S. v. § 290 HGB im Rahmen ihrer gesellschaftsrechtlichen Möglichkeiten zu einer konzernweiten Einrichtung des Risikofrüherkennungs- und Überwachungssystems verpflichtet sind. Dabei sind alle Tochtergesellschaften einzubeziehen, von denen bestandsgefährdende Entwicklungen für das Mutterunternehmen ausgehen können (vgl. BT-Drucks. 13/9712, S. 15). Bei der dafür notwendigen Durchsetzung von Vorgaben des Mutterunternehmens sind indes aus juristischer Sicht die Grenzen der Konzernleitungsmacht zu beachten, die sich aus der rechtlichen Selbständigkeit der Tochterunternehmen ergeben (vgl. HOMMELHOFF/MATTHEUS, 2000b, S. 224 ff.). So kann das herrschende Mutterunternehmen konkrete organisatorische Vorgaben nur im Vertragskonzern, bei Eingliederung oder gegenüber einer abhängigen GmbH per Gesellschafterbeschluss anordnen. Im faktischen Konzern hat sie dagegen kein Weisungsrecht und ist deshalb auf die existierenden Einflussmöglichkeiten und Informationsrechte angewiesen.

Fraglich ist, ob auch Gemeinschaftsunternehmen, assoziierte Unternehmen und andere Beteiligungsunternehmen in das konzernweite Risikofrüherkennungs- und Überwachungssystem zu integrieren sind. Eine unmittelbare gesetzliche Verpflichtung besteht dafür nicht, jedoch lässt sich für Gemeinschaftsunternehmen eine mittelbare ableiten, da § 90 Abs. 1 AktG bei Mutterunternehmen verlangt, im Rahmen der Vorstandsberichte an den Aufsichtsrat auch auf Tochter- und Gemeinschaftsunternehmen einzugehen, was auch deren Risikolage einschließt (vgl. KAJÜTER, 2003, S. 50). Assoziierte Unternehmen und andere Beteiligungen werden von der Berichtspflicht nach § 90 Abs. 1 AktG nicht erfasst. Gleichwohl erscheint ihre Einbeziehung geboten, sofern von ihnen wesentliche Risiken für das Mutterunternehmen ausgehen können und eine langfristige Beteiligungsabsicht besteht (vgl. WOLF, 2002, S. 799 ff.; KAJÜTER, 2004, S. 264).

Als Zwischenfazit bleibt festzuhalten, dass rechtliche Normen zum Risikomanagement in Deutschland primär im Gesellschaftsrecht gesetzlich verankert sind. Mit § 91 Abs. 2 AktG wird dabei nur ein Mindeststandard für den Umgang mit Risiken festgelegt. Das danach geforderte Risikofrüherkennungs- und Überwachungssystem bildet nach IDW PS 260 einen Teilbereich des internen Kontrollsystems.

Großbritannien

Regeln für das Risikomanagement ergeben sich in Großbritannien nicht aus staatlicher Regulierung, sondern aus dem *Combined Code on Corporate Governance*. Dieser Kodex entstand 1998 aus verschiedenen Verlautbarungen, die ausgehend von dem 1992 vorgelegten Cadbury Report entwickelt worden waren, und ist seit 2003 in überarbeiteter Version gültig (vgl. FI-

NANCIAL REPORTING COUNCIL, 2003). Der Combined Code reflektiert das anglo-amerikanische einstufige Corporate Governance System, bei dem die Verwaltung der Gesellschaft einem Board of Directors obliegt. In diesem Organ sind die Executive Directors unter der Leitung des Chief Executive Officer (CEO) für die Geschäftsführung verantwortlich, während die (unabhängigen) Non-Executive Directors Überwachungsaufgaben wahrnehmen.

Im Combined Code wird folgende für das Risikomanagement relevante Forderung erhoben: „The board should maintain a sound system of internal control to safeguard shareholders' investment and the company's assets" (C.2). Zudem wird vom Board gefordert, zumindest jährlich die Effektivität des internen Kontrollsystems zu überprüfen und darüber den Anteilseignern zu berichten (C.2.1).

Diese Anforderungen des Combined Code werden durch den 1999 veröffentlichten *Turnbull Report „Internal Control"* konkretisiert (vgl. ICAEW, 1999). Das interne Kontrollsystem wird darin definiert als Gesamtheit aller Regeln und Maßnahmen im Unternehmen, die dazu dienen, durch das Management von Risiken

- eine effektive und effiziente Ausführung der Wertschöpfungsprozesse zu fördern,
- Fehler in der internen und externen Berichterstattung zu vermeiden sowie
- die Befolgung von Gesetzen und internen Richtlinien sicherzustellen.

Im Turnbull Report wird das Risikomanagementsystem als Teil des internen Kontrollsystems aufgefasst. Die Abgrenzung zwischen beiden Systemen bleibt allerdings unscharf. So wird lediglich die Bedeutung des internen Kontrollsystems für das Risikomanagement betont: „A company's system of internal control has a key role in the management of risks that are significant to the fulfilment of its business objectives" (ICAEW, 1999, S. 10). Ferner wird der Begriff des Risikos im Turnbull Report nicht definiert, so dass sich nur aus dem Zusammenhang auf einen engen Risikobegriff im Sinne von Verlustgefahren oder negativen Zielabweichungen schließen lässt.

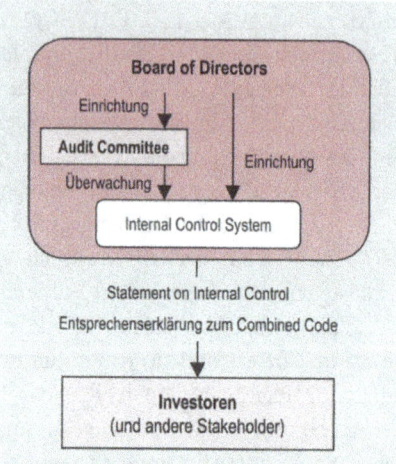

Abbildung 2: Regelungen zum Risikomanagement in Großbritannien

Um die Effektivität des internen Kontrollsystems überwachen zu können, ist nach dem Turnbull Report zum einen eine regelmäßige Risikoberichterstattung an den Board erforderlich. Diese soll auch eine Beurteilung des internen Kontrollsystems durch das Management beinhalten. Zum anderen wird verlangt, dass der Board das interne Kontrollsystem jährlich prüft und dabei z. B. Veränderungen in der Risikolage sowie den Umfang der Risikoüberwachung durch das Management berücksichtigt. Die Prüfung bildet die Grundlage für ein Statement on Internal Control im Geschäftsbericht. Darin soll der Board zumindest bestätigen, dass ein kontinuierlicher Prozess der Identifikation, Bewertung und Steuerung wesentlicher Risiken im Unternehmen etabliert ist, dieser regelmäßig vom Board überprüft wird und in Einklang mit dem Turnbull Report steht. Auf die Möglichkeit, darüber hinaus den Risikomanagementprozess näher darzustellen und das interne Kontrollsystem zu beschreiben, wird hingewiesen (vgl. ICAEW, 1999, S. 11).

Der Combined Code sieht weiterhin die Einrichtung eines Audit Committee aus in der Regel mindestens drei unabhängigen Non-Executive Directors vor (C.3.1), welches das Risikomanagementsystem prüft, sofern dies nicht von einem speziellen Risikomanagementkomitee oder – wie vorstehend erwähnt – vom Board selbst erfolgt (C.3.2). Das Audit Committee soll zudem die Effektivität der internen Revision überwachen bzw., sofern nicht existent, jährlich die Notwendigkeit zur Einrichtung einer solchen prüfen (C.3.5). Nach den Vorschriften der Financial Services Authority müssen börsennotierte Unternehmen eine Entsprechenserklärung zum Combined Code abgeben. Abbildung 2 illustriert den Zusammenhang der erwähnten Regelungen.

Der Turnbull Report richtet sich primär an börsennotierte Unternehmen, welche von den Anforderungen des Combined Code betroffen sind (vgl. ICAEW, 1999, S. 4). Darüber hinaus können die Richtlinien aber auch auf andere Unternehmen und Organisationen sinngemäß angewandt werden (vgl. BLACKBURN, 1999, S. 3). Im Falle eines Konzerns gelten die Vorgaben des Turnbull Report für die gesamte Unternehmensgruppe (vgl. ICAEW, 1999, S. 5). Sofern dabei bedeutsame Gemeinschaftsunternehmen und assoziierte Unternehmen nicht berücksichtigt werden, ist dies in dem Statement on Internal Control offen zu legen (vgl. ICAEW, 1999, S. 11). Abbildung 3 zeigt exemplarisch eine solche Erklärung des *TESCO Konzerns*.

Insgesamt werden die durch private Gremien definierten Regeln zum Risikomanagement in Großbritannien von dem Ziel des Investorenschutzes geleitet. Zur Ausgestaltung von Risikomanagementsystemen gibt der Turnbull Report allerdings nur vage Hinweise. Inwieweit diese in Zukunft durch konkretere Empfehlungen ersetzt werden, bleibt abzuwarten. Eine Überarbeitung des Turnbull Report, die auch neuere internationale Entwicklungen berücksichtigen soll, wurde indes im Juli 2004 vom Financial Reporting Council angekündigt.

USA

In den USA werden Anforderungen an das Risikomanagement auf unterschiedliche Art und Weise definiert. Eine einheitliche Regelung im Gesellschaftsrecht existiert nicht, da dieses in der Hoheit der einzelnen Bundesstaaten liegt. Stattdessen haben die Regulierung im Kapitalmarktrecht und rechtlich unverbindliche Empfehlungen

> **Internal Control and Risk Management**
>
> The Board has overall responsibility for internal control, including risk management, and sets appropriate policies having regard to the objectives of the Group. Executive management has the responsibility for the identification, evaluation and management of financial and non-financial risks and for the implementation and maintenance of control systems across the Group in accordance with the Board's policies and in line with best practice identified in the Turnbull Report.
>
> The Board, through the Audit Committee, has reviewed the effectiveness of the systems of internal control for the accounting year and the period to the date of approval of the financial statements, although it should be understood that such systems are designed to provide reasonable, but not absolute assurance, against material misstatement or loss. ...
>
> For certain joint ventures, the Board places reliance upon the systems of internal control operating within our partners' infrastructure and the obligations upon partners' Boards relating to the effectiveness of their own systems.

Abbildung 3: Beispiel für ein Statement on Internal Control (vgl. TESCO PLC, Geschäftsbericht 2003, S. 9)

für interne Kontroll- und Risikomanagementsysteme zentrale Bedeutung.

Die Regulierung im Kapitalmarktrecht ist im Juli 2002 durch den *Sarbanes-Oxley Act* (SOA) erheblich verschärft worden. Mit diesem Artikelgesetz, das vor allem zu Änderungen im Exchange Act von 1934 geführt hat, reagierte der amerikanische Gesetzgeber auf die spektakulären Bilanzskandale von *Enron, Worldcom* und anderen Unternehmen. Der SOA umfasst zahlreiche Maßnahmen im Bereich der Abschlussprüfung, Publizität und Corporate Governance, die darauf abzielen, die Richtigkeit und Verlässlichkeit der von den Unternehmen bei der Securities and Exchange Commission (SEC) einzureichenden Berichte sicherzustellen und auf diese Weise die Investoren am Kapitalmarkt besser zu schützen. Zu diesem Zweck werden mit dem SOA die Verantwortlichkeit des Managements erhöht und die Einrichtung interner Kontrollsysteme zwingend vorgeschrieben (vgl. GRUSON/KUBICEK, 2003, S. 339). Verstöße gegen die Regelungen sind mit hohen zivil- und strafrechtlichen Sanktionen für das Management und die Abschlussprüfer verbunden. Vom SOA sind alle Unternehmen betroffen, deren Wertpapiere an einer US-amerikanischen Börse notiert sind. Das Gesetz ist daher auch in Deutschland und in anderen Ländern für solche Unternehmen relevant, die den US-amerikanischen Kapitalmarkt in Anspruch nehmen.

Obgleich der SOA nicht direkt die Einrichtung eines Risikomanagementsystems fordert, sind im vorliegenden Zusammenhang zwei Vorschriften des SOA von Bedeutung. Erstens verpflichtet § 302 SOA dazu, ein Publizitätskontrollsystem (Disclosure Controls and Procedures) einzurichten. Dieses soll neben der Ordnungsmäßigkeit der Finanzberichterstattung auch sicherstellen, dass der Unternehmensleitung, insbesondere dem CEO und CFO, alle veröffentlichungspflichtigen wesentlichen Informationen berichtet werden. Dazu gehören auch Informationen über wesentliche Risiken, die in der Management Discussion and Analysis (MD&A) offen zu legen sind, weshalb wesentliche Risiken systematisch zu erfassen und an den CEO und CFO zu kommunizieren sind. Diese Organisationspflicht, die sich im Konzern auf das Mutterunternehmen und alle konsolidierten Tochtergesellschaften erstreckt, resultiert indirekt aus der Pflicht des CEO und CFO, die Funktionsfähigkeit des Publizitätskontrollsystems zu prüfen und dessen Wirksamkeit der SEC mit jedem einzureichenden Bericht schriftlich zu bestätigen (vgl. dazu auch SEC, Release No. 33-8124). Obgleich unstrittig ist, dass die nach § 302 SOA erforderlichen Disclosure Controls kontextabhängig auszugestalten sind, herrscht bislang Unsicherheit über den genauen Umfang der Anforderungen (vgl. BALLWIESER/DOBLER, 2003, S. 461 f.).

Zweitens wird die schon seit 1979 nach § 13 (b) (2) Exchange Act bestehende Pflicht, ein internes Kontrollsystem für das Rechnungswesen einzurichten, durch Vorgaben aus § 404 SOA und der dazu erlassenen SEC-Verordnung (Release No. 33-8238) ergänzt. Danach muss die Unternehmensleitung die Funktionsfähigkeit des internen Finanzkontrollsystems (Internal Control Over Financial Reporting) zum Ende eines Geschäftsjahres anhand von anerkannten Beurteilungskriterien überprüfen und der SEC zusammen mit dem Jahresbericht einen Internal Control Report einreichen. In diesem Internal Control Report müssen die Verantwortung der Unternehmensleitung für die Einrichtung der Financial Controls erklärt, deren Funktionsfähigkeit bewertet, wesentliche Schwachstellen dargestellt und bedeutsame Änderungen offen gelegt werden. Der Bericht ist vom Abschlussprüfer zu testieren, wofür im Juni 2004 ein Prüfungsstandard des Public Company Accounting Oversight Board in Kraft trat (PCAOB Auditing Standard No. 2). Ausländische Unternehmen müssen den Internal Control Report unter Formblatt 20-F erstmals für Geschäftsjahre, die am oder nach dem 15.7.2005 enden, bei der SEC einreichen.

Anforderungen an das Risikomanagement ergeben sich für Unternehmen, deren Wertpapiere an der New York Stock Exchange (NYSE) notiert sind, auch aus den *Corporate Governance Rules* dieser Börse. Sie wurden im November 2003 von der SEC genehmigt. Danach gehört es zu den Pflichten des nach dem Exchange Act einzurichtenden Audit Committees, die Richtlinien für das Risikomanagement des Unternehmens zu diskutieren: „While it is the job of the CEO and senior management to assess and manage the company's exposure to risk, the audit committee must discuss guidelines and policies to govern the process by which this is handled" (New York Stock Exchange, 2003, S. 12).

Schließlich wurden in den USA von dem Committee of Sponsoring Organizations of the Treadway Commission (COSO) zwei Rahmenkonzepte als Empfehlungen entwickelt. COSO wurde 1985 von fünf amerikanischen Berufsverbänden des Rechnungswesens gegründet, um Ursachen von und Maßnahmen gegen betrügerische Finanzberichterstattung zu erarbeiten. Als Ergebnis umfangreicher Beratungen wurde 1992 der erste *COSO Report* mit dem Titel „*Internal Control – Integrated Framework*" veröffentlicht (vgl. COSO, 1994). Damit sollten ein einheitliches Verständnis von internen Kontrollsystemen sowie Leitlinien für deren Einrichtung und Beurteilung geschaffen werden (vgl. LÜCK/MAKOWSKI, 1996, S. 157). Internal Control ist nach COSO ein Prozess, der von der Unternehmensleitung mit dem Ziel initiiert wird, die Effektivität und Effizienz der Geschäftsprozesse, die Verlässlichkeit der externen Finanzberichterstattung und die Einhaltung von Gesetzen und anderen Vorschriften sicherzustellen. Dazu werden fünf aufeinander aufbauende Elemente eines Internal Control System definiert: (1) das Kontrollumfeld, (2) die Risikobeurteilung, (3) Kontrollaktivitäten, (4) Information und Kommunikation sowie (5) die Überwachung. Sofern diese fünf Elemente eingerichtet sind und wirksam funktionieren, kann die Unternehmensleitung davon ausgehen, die drei genannten Ziele mit hinreichender Gewissheit („reasonable assurance") zu erreichen.

Im COSO Report werden die Risikofrüherkennung und deren Überwachung unter das Internal Control System subsumiert. Aufgrund seiner breiten Ausrichtung gibt der COSO Report jedoch nur begrenzt Orientierungshilfe für die Ausgestaltung von Risikomanagementsystemen (vgl. kritisch auch ROOT, 1998, S. 125 ff.). Er richtet sich an alle Unternehmen unabhängig von Größe, Rechtsform und Kapitalmarktorientierung. Konzernspezifische Fragen werden nicht thematisiert. In den USA wird das COSO Framework von über 63 % der börsennotierten Unternehmen als Referenzkonzept genutzt (vgl. MENZIES, 2004, S. 81). Auch international hat der COSO Report eine hohe Aufmerksamkeit erlangt und die Entwicklung nationaler Verlautbarungen stark beeinflusst (z. B. IDW PS 260 in Deutschland oder den Turnbull Report in Großbritannien). Schließlich wird er – wie auch der Turnbull Report – in den Ausführungsbestimmungen der SEC zu § 404 SOA als geeignete Beurteilungsgrundlage für die Prüfung des internen Finanzkontrollsystems durch das Management angesehen (vgl. SEC Release No. 33-8238).

Das zweite Rahmenkonzept von COSO, das im Juli 2003 als Entwurf veröf-

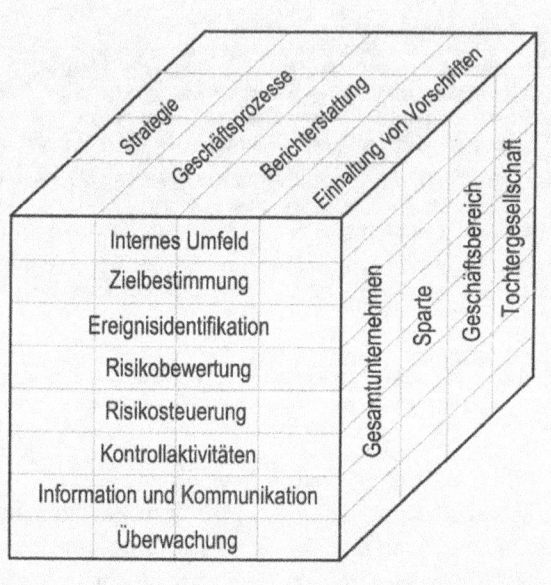

Abbildung 4: COSO Enterprise Risk Management Framework (Entwurf) (in Anlehnung an: COSO, 2003, S. 14)

fentlicht wurde, stellt im Gegensatz zum ersten COSO Report das Risikomanagement in den Mittelpunkt (vgl. COSO, 2003). Mit dem „Enterprise Risk Management Framework" soll ein Standard für Risikomanagementsysteme geschaffen und die Terminologie in diesem Bereich vereinheitlicht werden. Dabei wird das Internal Control Framework durch das neue Rahmenkonzept zum Enterprise Risk Management (ERM) nicht abgelöst; vielmehr bildet es einen integralen Bestandteil des umfassender konzipierten ERM (vgl. COSO, 2003, S. 17). ERM wird in dem Standardentwurf definiert als „a process, effected by an entity's board of directors, management and other personnel, applied in strategy setting and across the enterprise, designed to identify potential events that may affect the entity, and manage risks to be within its risk appetite, to provide reasonable assurance regarding the achievement of entity objectives" (COSO, 2003, S. 6). Unter Risiko wird dabei die Möglichkeit verstanden, dass ein künftiges Ereignis die Erreichung der Unternehmensziele negativ beeinflusst (vgl. COSO, 2003, S. 44; CHAPMAN, 2003, S. 33). Das ERM Framework umfasst drei Dimensionen: die Ziele, die Komponenten und die organisatorischen Teilbereiche

(vgl. Abbildung 4). Die Ziele wurden im Vergleich zum Internal Control Framework um eine strategische Ebene ergänzt. Ebenso beinhalten die Komponenten mit der Zielbestimmung, der Ereignisidentifikation und der Risikosteuerung drei neue Aufgabenkomplexe, die zusammen mit den bisherigen Komponenten einen Risikomanagementprozess bilden. Schließlich wurde auch die organisatorische Dimension weiter differenziert und mit der Einbeziehung von Tochtergesellschaften konzernspezifisch konkretisiert.

Das ERM Framework ist konzeptionell eng an das Internal Control Framework angelehnt. Wie dieses richtet es sich grundsätzlich an alle Unternehmen unabhängig von deren Größe, Rechtsform und Kapitalmarktorientierung. Im Detail lassen sich an dem vorgelegten Entwurf eine Reihe von Punkten, wie z. B. die Abgrenzung der einzelnen Komponenten, kritisieren (vgl. dazu z. B. IDW, 2003). Dennoch ist davon auszugehen, dass das ERM Framework, dessen endgültige Fassung im Herbst 2004 veröffentlicht werden soll, ähnlich wie das Internal Control Framework weltweit Beachtung finden wird.

Zusammenfassend ist festzuhalten, dass staatliche Regulierungsorgane in den USA bislang primär Regeln für die Einrichtung rechnungswesenbezogener interner Kontrollsysteme erlassen haben. Aus dem SOA lassen sich jedoch weitergehende rechtliche Anforderungen für den Umgang mit Risiken ableiten. Dabei könnte möglicherweise das ERM Framework künftig als Orientierungshilfe zur Erfüllung dieser Anforderungen dienen, auch wenn es in einigen Bereichen (z. B. der Risikosteuerung) über die gesetzlichen Anforderungen hinaus geht.

Australien

Verhaltensregeln für das Risikomanagement resultieren in Australien aus dem im März 2003 veröffentlichten Corporate Governance Kodex der Australian Stock Exchange (ASX). Dieser unter dem Titel *„Principles of Good Corporate Governance and Best Practice Recommendations"* vom ASX Corporate Governance Council entwickelte Kodex umfasst zehn Grundsätze, von denen einer speziell das Risikomanagement behandelt (Principle 7: Recognise and manage risk). Jeder der zehn Grundsätze wird durch Empfehlungen konkretisiert, die erstmals für nach dem 1.1.2003 beginnende Geschäftsjahre befolgt werden sollen. Die Umsetzung der Empfehlungen ist grundsätzlich freiwillig, allerdings müssen an der ASX notierte Unternehmen im Geschäftsbericht eine Entsprechenserklärung zum Kodex abgeben (ASX Listing Rule 4.10).

Grundsatz 7 des australischen Corporate Governance Kodex fordert die Einrichtung eines Risikomanagementsystems. Dieses soll so ausgestaltet sein, dass zum einen Risiken identifiziert, bewertet, gesteuert und überwacht sowie zum anderen Investoren über bedeutsame Veränderungen der Risikolage des Unternehmens informiert werden können. Dazu werden drei Empfehlungen ausgesprochen (vgl. ASX CORPORATE GOVERNANCE COUNCIL, 2003a, S. 43 ff.):

1. Der Board (oder ein geeignetes Board Committee) soll Richtlinien für das Risikomanagement und dessen Überwachung erlassen. Darin sind die Verantwortlichkeiten der beteiligten Akteure zu definieren. Das vom Management einzurichtende Risikomanagementsystem schließt das interne Kontrollsystem des Unternehmens ein und soll konzernweit alle wesentlichen Risiken erfassen. Die Effektivität des Risikomanagementsystems ist zumindest jährlich zu prüfen, wobei diese Aufgabe der internen Revision übertragen werden kann.
2. Der CEO und der CFO sollen dem Board schriftlich bestätigen, dass die zur Integrität des Jahresabschlusses abgegebene Erklärung auf einem wirksamen Risikomanagement- und internen Kontrollsystem beruht und dass dieses in allen wesentlichen Punkten hinreichende Gewissheit bietet. Damit soll keine Garantie für das Ausbleiben ungünstiger Entwicklungen oder Ereignisse abgegeben, sondern die Verantwortlichkeit des Managements auf diesem Gebiet hervorgehoben werden.
3. Unternehmen sollen eine Beschreibung ihrer Risikopolitik und ihres internen Kontrollsystems veröffentlichen, möglichst in einem eigenen Abschnitt zur Corporate Governance auf ihrer Website. Dabei sollen auch die wesentlichen Risiken in qualitativer Form erläutert und bedeutsame Veränderungen der Risikolage dargestellt werden. Auf die Notwendigkeit, Abweichungen von diesen drei Empfehlungen im Geschäftsbericht offen zu legen, wird ausdrücklich hingewiesen.

Um Hilfestellung bei der Umsetzung von Grundsatz 7 zu geben und den von der Unternehmenspraxis geäußerten Bedenken gegenüber der zweiten Empfehlung zu begegnen, haben das ASX Corporate Governance Council und die Group of 100, ein Verband der Finanzvorstände australischer Unternehmen, ergänzende Hinweise und Leitlinien zu einigen zentralen Fragen veröffentlicht (vgl. ASX CORPORATE GOVERNANCE COUNCIL, 2003b; GROUP OF 100, 2003). So wird z. B. darauf hingewiesen, dass sich die Unternehmen bei der Ausgestaltung des Risikomanagement- und internen Kontrollsystems an einem Rahmenkonzept orientieren können. Während in Grundsatz 7 hierfür auf den australischen Industriestandard AS/NZS4360:1999 zum Risikomanagement verwiesen wird, nennen die beiden weiteren Verlautbarungen auch die US-amerikanischen COSO Frameworks und den britischen Turnbull Report als mögliche Orientierungshilfen. Die Group of 100 stellt ferner klar, dass sich Grundsatz 7 in einem Konzern auch auf alle Tochtergesellschaften erstreckt. Zudem sollen wesentliche Gemeinschaftsunternehmen und wesentliche assoziierte Unternehmen in das Risikomanagementsystem einbezogen werden. Sofern dies nicht geschieht, soll dies in der Entsprechenserklärung im Geschäftsbericht erwähnt werden (vgl. GROUP OF 100, 2003, S. 16).

Obgleich die jährliche an den Board gerichtete Erklärung des CEO und CFO sich primär auf Risiken im Zusammenhang mit der Finanzberichterstattung und diesbezügliche Kontrollen bezieht, erstreckt sich die Überwachungsaufgabe des Board auf die gesamte Risikolage. Aus diesem Grunde kann der Board auch eine weitergehende Erklärung zu allen anderen wesentlichen Risiken und Kontrollen vom CEO und CFO einfordern (vgl. GROUP OF 100, 2003, S. 10). Die Erklärung muss die gesamte Berichtsperiode abdecken und darüber hinaus ebenso auf wesentliche Aspekte zwischen dem Ende der Berichtsperiode und dem Zeitpunkt der Abgabe der Erklärung im Geschäftsbericht eingehen (vgl. GROUP OF 100, 2003, S. 15).

Die vom Corporate Governance Kodex geforderten Erklärungen des CEO und CFO sowie des Board können frei formuliert werden. Im Anhang des Leitfadens der Group of 100 werden jedoch exemplarisch Formulierungsvorschläge unterbreitet. Abbildung 5 zeigt ein Beispiel für die im Geschäftsbericht zu veröffentlichende Entsprechenserklärung des Board zum Risikomanagement- und internen Kontrollsystem.

Bereits 1995, also lange vor der Einführung des Corporate Governance Kodex, ist von der Standards Association of Australia gemeinsam mit dem Standards New Zealand Committee ein *Industriestandard zum Risikomanagement* erarbeitet worden (vgl. STANDARDS ASSOCIATION OF AUSTRALIA, 1999; WEIDEMANN, 2001). Dieser ist seit 1999 in

KONZEPTION

Risk and Control Compliance Statement

Under ASX Listing Rules and the ASX Corporate Governance Council's „Principles of Good Corporate Governance and Best Practice Recommendations" (the Principles), the company is required to disclose in its annual report the extent of its compliance with the Principles.

The directors have implemented internal control processes for identifying, evaluating and managing significant risks to the achievement of the company's objectives. These internal control processes cover financial, operational and compliance risks. …

The directors have received and considered the annual control certification from the Chief Executive Officer and the Chief Financial Officer in accordance with the Principles relating to financial [specify other, if any] risks.

Material associates and joint ventures, which the company does not control, are not dealt with for the purpose of this statement.

Throughout the reporting period, and as at the date of signing of this annual report, the company was in compliance with the Principles in all material respects.

Abbildung 5: Musterbeispiel einer Entsprechenserklärung des Board zum Risikomanagement- und internen Kontrollsystem im Geschäftsbericht (vgl. Group of 100, 2003, S. 21)

überarbeiteter Fassung in Kraft (AS/NZS 4360:1999), wird aber derzeit erneut weiter entwickelt. Der rechtlich unverbindliche Standard soll Unternehmen aller Branchen als Orientierungshilfe für die Einrichtung eines Risikomanagementsystems dienen. Er stellt dazu ein allgemeines Rahmenkonzept dar, das kontextspezifisch auszugestalten ist. Dem Rahmenkonzept liegt ein weiter Risikobegriff im Sinne der Möglichkeit positiver wie negativer Zielabweichungen zugrunde. Um die erforderlichen Rahmenbedingungen für das Risikomanagement zu schaffen, empfiehlt der Standard, dass die Unternehmensleitung eine Risikopolitik formuliert und unternehmensweit kommuniziert. Zudem wird gefordert, dass die Effektivität des Risikomanagementsystems in regelmäßigen Zeitabständen überprüft wird. Ausführlich beschrieben werden die einzelnen Phasen des Risikomanagementprozesses. Hierzu werden die Schaffung von Rahmenbedingungen, die Identifikation, Analyse, Bewertung und Bewältigung von Risiken sowie deren Überwachung und Kommunikation gezählt. Schließlich sollen alle Phasen des Risikomanagementprozesses dokumentiert werden, um die Prüfbarkeit und Kommunikation zu erleichtern.

Aus den vorstehenden Ausführungen wird insgesamt deutlich, dass die Regelungen zum Risikomanagement in Australien zwar nicht gesetzlich kodifiziert sind, ihnen gleichwohl aber im Rahmen der privat gesetzten Normen zur Corporate Governance ein zentraler Stellenwert beigemessen wird.

Japan

Das japanische Handelsgesetz, das die Unternehmensverfassung japanischer Aktiengesellschaften regelt, enthält keine spezielle Vorschrift zur Einrichtung von Risikomanagementsystemen. Allerdings resultieren rechtliche Anforderungen an das Risikomanagement in Japan aus anderen *gesetzlichen Normen,* die von der Corporate Governance Struktur des Unternehmens abhängen. Für diese bietet das Handelsgesetz seit 2003 zwei Alternativen an, zum einen das Modell „Company with Corporate Auditors" und zum anderen das „Company with Committees System" (vgl. TAKAHASHI, 2003).

Bei dem erstgenannten Modell handelt es sich um das traditionelle japanische System der Leitung und Kontrolle von Aktiengesellschaften, das sich bedingt durch historische und kulturelle Einflüsse als ein eigenständiges Modell entwickelt hat. Es wurde sowohl von dem deutschem dualistischen als auch von dem angloamerikanischen monistischen System der Corporate Governance geprägt und wird daher als „kombiniertes Modell" bezeichnet (vgl. OTTO, 1997, S. 48 ff.). Das Spitzenorgan der japanischen Aktiengesellschaft ist der Board of Directors, dem nach § 260 Abs. 1 des japanischen Handelsgesetzes (JHG) die Geschäftsführung und deren Überwachung obliegt. Die eigentlichen Geschäftsführungsaufgaben werden indes an ausgewählte Board-Mitglieder, die sog. Representative Directors, delegiert, so dass die übrigen Board-Mitglieder die Überwachungsaufgaben wahrnehmen können. Zudem existiert mit dem Board of Corporate Auditors ein dem deutschen Aufsichtsrat ähnliches Organ, das gemäß § 274 Abs. 1 JHG zur Überwachung der Geschäftsführung der Directors verpflichtet ist. In diesem System lässt sich für den Board of Directors eine Pflicht zur Einrichtung und Überwachung eines Risikomanagement- und internen Kontrollsystems aus den allgemeinen Sorgfaltspflichten ableiten. Dies gilt analog für die Corporate Auditors: „As establishment and operations of risk management and internal control can be regarded as a part of a director's obligation to act with the care of a good manager, corporate auditors should assume a duty to review whether or not directors are performing their obligation to establish and operate risk management and internal control appropriately" (METI STUDY GROUP, 2003, S. 35).

Neben dem traditionellen kombinierten Modell ist seit 2003 auch das „Company with Committees System" gesetzlich kodifiziert. Bei diesem System, das dem angelsächsischen monistischen Modell entspricht, ist der Board of Directors explizit verpflichtet, allgemeine Richtlinien für die Unternehmensführung zu erlassen und darin auch das Risikomanagement und die interne Überwachung zu regeln (§ 21-7 des Special Exception Law zum Handelsgesetz und § 193 der Enforcement Regulation zum Handelsgesetz) (vgl. METI STUDY GROUP, 2003, S. 33). Auf der Grundlage dieser Vorgaben obliegt es den Executive Officers, ein Risikomanagement- und internes Kontrollsystem einzurichten und zu betreiben. Das Audit Committee hat dagegen die Vorgaben und deren Umsetzung zu prüfen und ggf. bestehende Schwachstellen aufzuzeigen (vgl. METI STUDY GROUP, 2003, S. 34 f.).

Diese gesetzlichen Regelungen werden durch *Corporate Governance Grundsätze* ergänzt, die vom Japanese Corporate Governance Forum (2001) und jüngst von der Tokyo Stock Exchange (2004) als Empfehlungen veröffentlicht wurden.

Eine Entsprechenserklärung zu diesen Grundsätzen wird nicht verlangt. Beide Verlautbarungen weisen lediglich auf die Notwendigkeit interner Kontrollsysteme hin und gehen auf die Einrichtung von Risikomanagementsystemen nicht gesondert ein. So fordern die Revised Corporate Governance Principles, dass der CEO wirksame Überwachungsstrukturen etabliert, die von einem Audit Committee beurteilt werden sollen (vgl. JAPANESE CORPORATE GOVERNANCE FORUM, 2001, S. 18). Ferner soll der CEO einen jährlichen Bericht zum internen Kontrollsystem verfassen. Eine Prüfung dieses Berichts durch den Abschlussprüfer wird als wünschenswert angesehen.

Da weder das Gesetz noch die Corporate Governance Grundsätze konkrete Hinweise zur Ausgestaltung von Risikomanagement- und internen Kontrollsystemen geben, wurde von der Study Group on Risk Management and Internal Control des japanischen Ministry of Economy, Trade and Industry (METI) im Juni 2003 eine Empfehlung mit dem Titel „*Guidelines for Internal Control that Functions Together with Risk Management*" veröffentlicht (vgl. METI STUDY GROUP, 2003). Wie der Titel der Verlautbarung signalisiert, wird zwischen Risikomanagement und internem Kontrollsystem ein enger Zusammenhang gesehen. Einerseits unterstützt ein wirksames internes Kontrollsystem das Risikomanagement, andererseits sollte das interne Kontrollsystem auf einer umfassenden Risikoanalyse aufbauen. Aufgrund dieser wechselseitigen Beziehung werden für beide Bereiche Leitlinien dargelegt.

Risikomanagement umfasst danach Aktivitäten zur Steuerung interner und externer Risiken mit dem Ziel, den Unternehmenswert zu erhalten und zu steigern (vgl. METI STUDY GROUP, 2003, S. 11). Zugleich wird betont, dass ein effektives Risikomanagement nicht nur eine nachhaltige Gewinnerzielung ermöglicht, sondern auch dazu beiträgt, die Verpflichtungen des Unternehmens gegenüber der Gesellschaft zu erfüllen. Die Empfehlung der Study Group definiert Risiken in einem weiten Sinne als „the uncertainty of occurrence of an event"

(METI STUDY GROUP, 2003, S. 13). Ferner gibt sie Hinweise zu den einzelnen Aktivitäten des Risikomanagements, wie z. B. die Risikoidentifikation und -bewertung, und weist auf die Notwendigkeit hin, Risikomanagement organisatorisch zu verankern, eine Risikopolitik für das Unternehmen zu formulieren und das Risikobewusstsein der Mitarbeiter durch Schulungen und andere Maßnahmen zu stärken. In ähnlicher Weise enthält die Verlautbarung der Study Group Orientierungshilfen für die Einrichtung eines wirksamen internen Kontrollsystems (vgl. METI STUDY GROUP, 2003, S. 20 ff.). Ausgehend von diesen allgemeinen Leitlinien sind das Risikomanagement- und das interne Kontrollsystem kontextabhängig auszugestalten. In einem Konzern sollen dabei auch die Tochtergesellschaften einbezogen werden (vgl. METI STUDY GROUP, 2003, S. 13).

Als weitere Orientierungshilfe existiert in Japan ein *Industriestandard zum Risikomanagement (JIS Q 2001)*, auf den auch die Empfehlung der Study Group verweist. Dieser in 2001 von der Japanese Standards Association herausgegebene Standard beinhaltet ein Rahmenkonzept für die Entwicklung und Einführung von Risikomanagementsystemen in Organisationen jeglicher Art und Größe (vgl. JAPANESE STANDARDS ASSOCIATION, 2001). Das Ziel des Industriestandards, dessen Anwendung freiwillig ist, besteht darin, „to be able to respond appropriately to risks through the establishment and improvement of a risk management system that balances the needs of society and the organization itself" (JAPANESE STANDARDS ASSOCIATION, 2001, S. 1). Risiken werden dabei wie in der Empfehlung der Study Group in einem weiten Sinne definiert. Im Einzelnen fordert der Industriestandard die Schaffung klarer Verantwortlichkeiten für das Risikomanagement, die Benennung eines „chief risk management system officer", die Formulierung und Kommunikation einer Risikopolitik, die Überwachung des Risikomanagementsystems sowie dessen Beurteilung und kontinuierliche Verbesserung. Zudem stellt der Standard die Schritte des Risikomanagementprozesses dar und führt Schulungen der Mitarbeiter sowie die Dokumentation des Systems als unterstützende Maßnahmen an. Insgesamt bleiben die im japanischen Industriestandard dargelegten Grundsätze aber aufgrund des Anspruchs, universell anwendbar zu sein, recht allgemein.

Zusammenfassend bleibt zu konstatieren, dass die Regelungen zum Risikomanagement in Japan erst in jüngster Zeit vor dem Hintergrund internationaler Entwicklungen und offensichtlich bestehender Defizite beim Umgang mit Risiken in japanischen Unternehmen eingeführt wurden. Aus diesem Grunde liegt im deutsch- und englischsprachigen Schrifttum bislang keine Auslegung der gesetzlichen Vorschriften zum Risikomanagement vor. Insgesamt erwartet die Study Group des METI künftig verstärkte Bemühungen der japanischen Unternehmen bei der Einrichtung und Pflege von Risikomanagement- und internen Kontrollsystemen. Es wird schließlich als wünschenswert erachtet, dass die Unternehmen hierüber im Rahmen der freiwilligen Unternehmenspublizität berichten (vgl. METI STUDY GROUP, 2003, S. 37).

Vergleich und kritische Beurteilung der Regulierungsinitiativen

Art der Regulierung

Die vorstehende Bestandsaufnahme zur Regulierung des Risikomanagements zeigt, dass in allen fünf Ländern Anforderungen an Risikomanagementsysteme formuliert worden sind. Diese resultieren aus Gesetzen und Verordnungen von Börsenaufsichtsbehörden sowie aus weichem Recht in Gestalt von Corporate Governance Kodizes. In der Art der Regulierung spiegelt sich dabei die unterschiedliche Rechtstradition der jeweiligen Länder wider. So sind Anforderungen an das Risikomanagement in Deutschland und Japan in erster Linie im Gesellschaftsrecht gesetzlich kodifiziert, während in den angelsächsischen Ländern weiches Recht in Verbindung mit der Kontrolle durch Kapitalmärkte dominiert. Der SOA weicht davon insofern ab, als er verbindliche Vorgaben definiert, die allerdings dem Kapitalmarktrecht zuzuordnen sind. Dies gilt ebenso für die Verordnungen der SEC.

Ein Vergleich der Verlautbarungen zur Corporate Governance in den fünf Ländern verdeutlicht, dass die darin formulierten Regelungen zum Risikomanagement unterschiedlich konkret sind. Das Spektrum reicht von einem eigenständigen Abschnitt zum Risikomanagement in den australischen Principles of Good Corporate Governance, über an verschiedenen Stellen integrierte Regeln im Deutschen Corporate Governance Kodex bis hin zu der globalen Forderung im britischen Combined Code, ein internes Kontrollsystem (inklusive eines darunter subsumierten Risikomanagementsystems) einzurichten. Den privat gesetzten Regelungen wird zudem auf unterschiedliche Art und Weise Nachdruck verliehen. Während die Corporate Governance Rules der New York Stock Exchange zwingend zu erfüllen sind, wird in Deutschland, Großbritannien und Australien eine Entsprechenserklärung verlangt, welche in Japan nicht erforderlich ist.

International liegen weiterhin rechtlich unverbindliche Standards und Empfehlungen zum Risikomanagement vor. Diese sind im Gegensatz zu den Regeln der Corporate Governance Kodizes im Allgemeinen nicht mit Sanktionen im Falle der Nichtanwendung verbunden. Sie dienen vielmehr dazu, Orientierungshilfe für die Umsetzung von an anderer Stelle nur grundsätzlich definierten Anforderungen zu geben. In Großbritannien und den USA haben Berufsgruppen des Rechnungswesens, in Australien und Japan vor allem nationale Standardisierungsgremien solche Orientierungshilfen entwickelt. Ein vergleichbarer, allgemein akzeptierter Industriestandard existiert in Deutschland bislang nicht.

Abbildung 6 gibt einen zusammenfassenden Überblick über die in den verschiedenen Ländern entwickelten Normen und Empfehlungen zum Risikomanagement. Sie werden meist durch Verlautbarungen aus dem Berufsstand der Wirtschaftsprüfer und der internen Revision ergänzt (z. B. in Deutschland durch IDW

	Deutschland	Großbritannien	USA	Australien	Japan
Gesetze	§ 91 Abs. 2 AktG (1998)	–	§§ 302 und 404 Sarbanes-Oxley Act (2002)	–	§ 21-7 Special Exceptions Law zum Handelsgesetz; § 193 Enforcement Regulation zum Handelsgesetz (2003)
Verordnungen von Börsenaufsichtsbehörden	–	–	SEC-Release No. 33-8124 und No. 33-8238	–	–
Corporate Governance Kodizes	Deutscher Corporate Governance Kodex (2002)	The Combined Code on Corporate Governance (revised 2003)	Final NYSE Corporate Governance Rules (2003)	Principles of Good Corporate Governance and Best Practice Recommendations (2003)	Revised Corporate Governance Principles (2001); Principles of Corporate Governance for Listed Companies (2004)
Standards und Empfehlungen	–	Turnbull Report: Internal Control (1999, Überarbeitung geplant)	COSO: Internal Control – Integrated Framework (1992); COSO: Enterprise Risk Management Framework (Entwurf 2003; Verabschiedung für Herbst 2004 geplant)	AS/NZS 4360:1999 Risk Management (1999; in Überarbeitung); Group of 100: Guide to Compliance with ASX Principle 7 (2003); ASX CG Council: Guidance in relation to the interpretation of Principle 7 (2003)	JIS Q 2001: Guidelines for development and implementation of risk management system (2001); METI Study Group: Guidelines for Internal Control that Functions Together with Risk Management (2003)

Abbildung 6: Regelungen zum Risikomanagement

PS 340 und IIR Revisionsstandard Nr. 2), bei denen jedoch prüferische Aspekte im Vordergrund stehen.

Ziele und Inhalte der Regulierung

Obgleich sich die Art der Regulierung in den einzelnen Ländern unterscheidet, sind die mit ihr verfolgten Ziele ähnlich. Die staatlich oder privat gesetzten Regeln zum Risikomanagement sollen in erster Linie dem Schutz der Investoren dienen. Diesem Ziel wird vor allem in den angelsächsischen Ländern hohe Priorität beigemessen. Da der Schutz der Investoren über eine verlässliche Finanzberichterstattung erreicht werden soll, wird hier insbesondere auf ein internes Kontrollsystem abgestellt, das die Ordnungsmäßigkeit der externen Rechnungslegung sichert. In Deutschland zielt die Regelung des § 91 Abs. 2 AktG dagegen allgemeiner auf die frühzeitige Erkennung bestandsgefährdender Entwicklungen. Sie verfolgt damit auch das Ziel des Gläubiger-

schutzes. In Japan erfolgt die Regulierung schließlich auch vor dem Hintergrund, dass Risikomanagement in Unternehmen dazu beiträgt, Verpflichtungen gegenüber der Gesellschaft besser erfüllen zu können.

Bedingt durch die unterschiedliche Art der Regulierung variiert der Kreis der von den Regelungen zum Risikomanagement betroffenen Unternehmen. Dieser Kreis ist in den USA, Großbritannien und Australien auf börsennotierte Unternehmen beschränkt. Demgegenüber gilt § 91 Abs. 2 AktG in Deutschland für alle Aktiengesellschaften und darüber hinaus unter bestimmten Bedingungen auch für Unternehmen mit anderer Rechtsform. Ähnlich sind die gesetzlichen Vorschriften zum Risikomanagement in Japan unabhängig von der Börsennotierung der Aktiengesellschaft verpflichtend. Die Corporate Governance Kodizes dieser beiden Länder richten sich indes primär an börsennotierte Unternehmen. Für die rechtlich unverbindlichen Standards und Empfehlungen ist der Adressatenkreis meistens nicht eingeschränkt.

Der Geltungsbereich der gesetzlichen Vorschriften, Kodizes und sonstigen Verlautbarungen zum Risikomanagement erstreckt sich in der Regel konzernweit. Allerdings ist teilweise nicht ganz klar, ob und inwieweit dabei neben den Tochtergesellschaften auch Gemeinschaftsunternehmen und assoziierte Unternehmen in das konzernweite Risikomanagementsystem zu integrieren sind. Während der britische Turnbull Report und die australischen Corporate Governance Principles den Einbezug dieser Unternehmen verlangen, sofern sie wesentlich sind, bedarf es nach deutschen Recht einer Auslegung des Gesetzes. Danach sind zumindest wesentliche Gemeinschaftsunternehmen zu berücksichtigen (vgl. KAJÜTER, 2003, S. 50).

Bei einem Vergleich der rechtlichen Anforderungen an das Risikomanagement bildet die inhaltliche und formale Abgrenzung der geforderten Systeme einen weiteren zentralen Aspekt (vgl. Abbildung 7). Eine solche Abgrenzung wird vor allem durch terminologische Unterschiede und unbestimmte Rechtsvorschriften erschwert. Grundsätzlich lassen sich zwei Sichtweisen differenzieren: Zum einen wird das Risikomanagementsystem (RMS) unter das interne Kontrollsystem (IKS) subsumiert. Diese Abgrenzung wurde durch den im ersten COSO Report definierten Internal Control Begriff geprägt. In Deutschland folgt das IDW mit dem Prüfungsstandard zum internen Kontrollsystem (IDW PS 260) dieser Abgrenzung (vgl. NEUBECK, 2003, S. 61 ff.). Sie liegt ebenso dem Turnbull Report zugrunde. Zum anderen findet sich in neueren Verlautbarungen zum Risikomanagement aber auch die umgekehrte Auffassung, nach der das Risikomanagementsystem das interne Kontrollsystem einschließt. Beispiele hierfür sind der australische Corporate Governance Kodex und das COSO ERM Framework. Auch wenn derartige Unterschiede in der Abgrenzung der Systeme rein formaler Natur sind, tragen sie nicht zu einem international einheitlichen Verständnis bei.

	Deutschland	Großbritannien	USA	Australien	Japan
Zentrale Regelung	§ 91 Abs. 2 AktG	The Combined Code on Corporate Governance	§§ 302 und 404 SOA	ASX Principles of Good Corporate Governance	§ 21-7 Special Exceptions Law zum JHG
Primäre Ziele	Schutz der Investoren und Gläubiger	Schutz der Investoren	Schutz der Investoren	Schutz der Investoren	Schutz der Investoren; Erfüllung von Verpflichtungen gegenüber der Gesellschaft
Betroffene Unternehmen	Aktiengesellschaften; selektive Ausstrahlung auf Unternehmen mit anderer Rechtsform	börsennotierte Aktiengesellschaften	börsennotierte Aktiengesellschaften	börsennotierte Aktiengesellschaften	Aktiengesellschaften
Konzernweiter Geltungsbereich	Tochtergesellschaften, die den Bestand des Mutterunternehmens gefährden können; ferner wesentliche Gemeinschaftsunternehmen und ggf. assoziierte Unternehmen	Tochtergesellschaften, wesentliche Gemeinschaftsunternehmen und assoziierte Unternehmen	Konsolidierte Tochtergesellschaften	Tochtergesellschaften, wesentliche Gemeinschaftsunternehmen und assoziierte Unternehmen	Tochtergesellschaften
Abgrenzung von RMS und IKS	RMS ist Teil des IKS	RMS ist Teil des IKS	COSO Internal Control: RMS ist Teil des IKS COSO ERM Framework: IKS ist Teil von ERM	IKS ist Teil des RMS	IKS und RMS bedingen einander
Risikodefinition	§ 91 Abs. 2 AktG: keine Risikodefinition; Begriff „bestandsgefährdende Entwicklungen" auslegungsbedürftig	Combined Code und Turnbull Report: keine Risikodefinition	SOA: keine Risikodefinition COSO Internal Control: keine Risikodefinition COSO ERM Framework: „risk is the possibility that an event will occur and adversely affect the achievement of objectives"	ASX Principles of Good Corporate Governance: keine Risikodefinition AS/NZS 4360:1999: „The chance of something happening that will have an impact upon objectives."	§ 21-7 Special Exceptions Law zum JHG: keine Risikodefinition JIS Q 2001: „A combination of the probability of an event and its consequence" METI Study Group: „uncertainty of occurrence of an event"
Risikobegriff	eng	eng	eng	weit	weit
Externe Berichterstattung über das Risikomanagement	Beschreibung des Risikomanagements im Konzernlagebericht nach DRS 5	Statement on Internal Control: Bestätigung, dass ein Risikomanagementprozess etabliert ist	Internal Control Report: Beurteilung der Funktionsfähigkeit des internen Finanzkontrollsystems	Beschreibung der Risikopolitik und des internen Kontrollsystems	Empfehlung, über das Risikomanagement- und interne Kontrollsystem zu berichten
Besonderheiten	Prüfung des Risikomanagementsystems börsennotierter Aktiengesellschaften durch den Abschlussprüfer (§ 317 Abs. 4 HGB; IDW PS 340)	–	Erklärung des CEO und CFO zum internen Finanzkontrollsystem Prüfung des Internal Control Report durch den Abschlussprüfer (PCAOB Auditing Standard Nr. 2)	Erklärung des CEO und CFO zum Risikomanagement- und internen Kontrollsystem	–

Abbildung 7: Ziele und Inhalte der Regelungen

Das Problem der inhaltlichen Abgrenzung wird am Beispiel von § 302 SOA und § 91 Abs. 2 AktG besonders deutlich. So stellt sich für deutsche Aktiengesellschaften, die unter der Aufsicht der SEC stehen, die Frage, ob die Anforderungen des § 302 SOA über jene des § 91 Abs. 2 AktG hinausgehen oder nicht. In der Literatur werden diesbezüglich unterschiedliche Auffassungen vertreten. Einerseits wird argumentiert, dass der SOA mit dem Bezug auf alle wesentlichen

Informationen deutlich über das deutsche Recht hinausgeht, „da sich das in § 91 Abs. 2 AktG verankerte Kontrollsystem ... nur auf Maßnahmen bezieht, die den Fortbestand der Gesellschaft gefährden können, und somit wesentlich maßvoller und praktikabler ausgestaltet ist" (LANFERMANN/MAUL, 2002, S. 1729; ähnlich BRANDT/HÜTTEN, 2003, S. 714, GRUSON/KUBICEK, 2003, S. 395). Andererseits wird dem entgegen gehalten, dass der deutsche Ansatz umfassender sei, u. a. weil er im Gegensatz zum SOA nicht auf für die Abschlusserstellung relevanten Informationen fokussiere und nicht auf den Konsolidierungskreis begrenzt sei (vgl. BALLWIESER/DOBLER, 2003, S. 461). Letzterem ist grundsätzlich zuzustimmen, obgleich unter die wesentlichen Informationen gemäß SOA auch nichtrisikobezogene Informationen fallen können, was die erstgenannte Meinung stützt. Da die gesetzlichen Normen aber in beiden Fällen unbestimmt sind, wird die Abgrenzung der Systeme letztlich durch die Auslegung der Vorschriften determiniert.

Die Gegenüberstellung zeigt weiterhin, dass der Begriff des Risikos in den Gesetzen und den Corporate Governance Kodizes nicht definiert wird. Demgegenüber finden sich in den rechtlich unverbindlichen Standards und Empfehlungen unterschiedliche Definitionen (vgl. Abbildung 7). Während z. B. das COSO ERM Framework einen engen Risikobegriff zugrunde legt, folgen der australische und japanische Industriestandard einem weiten Risikobegriff, der auf positive und negative Zielabweichungen abstellt.

International unterscheiden sich ferner die Regeln zur externen Berichterstattung über das Risikomanagement. Beispielsweise ist in Deutschland eine Beschreibung des Risikomanagements nach DRS 5 im Konzernlagebericht obligatorisch, wohingegen in Japan eine solche lediglich empfohlen wird. Die amerikanischen Regelungen zum Internal Control Report verlangen keine Darstellung des Risikomanagements, sondern fokussieren auf das interne Finanzkontrollsystem. Eine Besonderheit bildet in diesem Zusammenhang die neu eingeführte Pflicht, den Bericht durch den Abschlussprüfer prüfen und testieren zu lassen.

Erklärungen des CEO und CFO zur Wirksamkeit des internen Kontrollsystems stellen international eine relativ neue Anforderung dar. Ähnlich den Vorgaben des SOA werden solche Erklärungen seit 2003 auch von börsennotierten Unternehmen in Australien verlangt, wobei hier dem Board ausdrücklich die Möglichkeit eingeräumt wird, vom CEO und CFO eine umfassendere Erklärung einzufordern, die auch die Wirksamkeit des Risikomanagementsystems im Hinblick auf operationale Risiken einschließt. In Deutschland, Großbritannien und Japan werden derartige Erklärungen bislang nicht gefordert, allerdings hat die EU angekündigt, dass börsennotierte Gesellschaften verpflichtet werden sollen, zusammen mit ihrem Jahresabschluss jährlich eine Erklärung zur Corporate Governance abzugeben, in der u. a. auch auf die Existenz und Ausgestaltung des Risikomanagementsystems eingegangen wird (vgl. EU KOMMISSION, 2003, S. 15).

Ein deutsches Spezifikum stellt im internationalen Vergleich schließlich das Erfordernis für börsennotierte Aktiengesellschaften dar, ihr Risikomanagementsystem durch den Abschlussprüfer prüfen zu lassen.

Zusammenfassung und Ausblick

Auf die zahlreichen Krisen und Insolvenzen bekannter Unternehmen haben Gesetzgeber und private Fachgremien in den letzten Jahren nicht nur in Deutschland, sondern auch in anderen Ländern mit spezifischen Regeln zum Risikomanagement reagiert. Durch die staatlich oder privat gesetzten Normen werden Mindeststandards zum Umgang mit Risiken im Rahmen der Unternehmensführung und -überwachung definiert. Beeinflusst durch die unterschiedliche Rechtstradition variiert international die Art der Regulierung (Gesetze vs. weiches Recht). Daraus resultieren Unterschiede beim Verbindlichkeitsgrad der Regelungen in den verschiedenen Ländern. Zudem differiert der Kreis der von der Regulierung betroffenen Unternehmen und der Umfang der geforderten Systeme.

Da sich die rechtlichen Normen zum Risikomanagement international häufig an börsennotierte Unternehmen richten, können sich für deutsche Konzerne vor allem bei der Inanspruchnahme ausländischer Kapitalmärkte besondere Anforderungen ergeben. Dies gilt sowohl für das Mutterunternehmen als auch für die ausländischen Tochtergesellschaften.

Viele der Regelungen in den fünf betrachteten Ländern sind noch vergleichsweise neu, so dass abzuwarten bleibt, inwieweit sie die angestrebten Wirkungen entfalten. Unabhängig davon ist jedoch, wie die Verlautbarungen der EU und anderer Regulierungsorgane signalisieren, auch künftig mit einer Weiterentwicklung der Normen zum Risikomanagement zu rechnen.

Literatur

AMIT, R./WERNERFELT, B.: Why do firms reduce business risk?, in: Academy of Management Journal, Vol. 33 1990, Nr. 3, S. 520–533.
ASX CORPORATE GOVERNANCE COUNCIL (Hrsg.): Principles of Good Corporate Governance and Best Practice Recommendations, Sydney 2003a.
ASX CORPORATE GOVERNANCE COUNCIL (Hrsg.): Guidance in relation to the interpretation of Principle 7, o. O. 2003b, abrufbar im Internet unter www.asx.com.au/about/CorporateGovernance_AA2.shtm (Stand: 28.07.2004).
BALLWIESER, W./DOBLER, M.: Bilanzdelikte: Konsequenzen, Ursachen und Maßnahmen zu ihrer Vermeidung, in: Die Unternehmung, 57. Jg. 2003, Heft 6, S. 449–469.
BLACKBURN, S.: Managing Risk and Achieving Turnbull Compliance, in: Accountant's Digest, Issue 417, London 1999.
BRANDT, W./HÜTTEN, C.: Die Finanzberichterstattung international börsennotierter Unternehmen im Licht der jüngsten Entwicklungen – Das Beispiel SAP, in: Zeitschrift für betriebswirtschaftliche Forschung, 55. Jg. 2003, Heft 11, S. 707–721.
BT-DRUCKSACHE 13/972: Bundestagsdrucksache 13/9712 v. 28.01.1998.
CHAPMAN, C.: Bringing ERM into Focus, in: Internal Auditor, Vol. LX 2003, Nr. 3, S. 31–35.
COSO (Hrsg.): Internal Control – Integrated Framework, o. O. 1994.
COSO (Hrsg.): Enterprise Risk Management Framework, Exposure Draft, o. O. 2003.
DRYGALA, T./DRYGALA, A.: Wer braucht ein Frühwarnsystem? Zur Ausstrahlungswirkung des § 91 Abs. 2 AktG, in: Zeitschrift für Wirtschaftsrecht – ZIP, 21. Jg. 2000, Heft 7, S. 297–305.

EGGEMANN, G./KONRADT T.: Risikomanagement nach KonTraG aus dem Blickwinkel des Wirtschaftsprüfers, in: Betriebs-Berater, 55. Jg. 2000, Heft 10, S. 503–509.

EU-KOMMISSION: Modernisierung des Gesellschaftsrechts und Verbesserung der Corporate Governance in der Europäischen Union – Aktionsplan, Mitteilung der Kommission an den Rat und das Europäische Parlament vom 21.5.2003, abrufbar im Internet unter www.europa.eu.int/eur-lex/de/ (Stand: 28.07.2004).

FINANCIAL REPORTING COUNCIL (Hrsg.): The Combined Code on Corporate Governance, o. O. 2003.

FÜLBIER, R. U.: Regulierung. Ökonomische Betrachtung eines allgegenwärtigen Phänomens, in: Wirtschaftswissenschaftliches Studium, 28. Jg. 1999, Heft 9, S. 468–473.

GROUP OF 100 (Hrsg.): Guide to Compliance with ASX Principle 7: „Recognise and Manage Risk", Melbourne 2003.

GRUSON, M./KUBICEK, M.: Der Sarbanes-Oxley Act, Corporate Governance und das deutsche Aktienrecht, in: Die Aktiengesellschaft, 48. Jg. 2003, Teil I: Heft 7, S. 337–352; Teil II: Heft 8, S. 393–406.

HOITSCH, H.-J./WINTER, P.: Ansätze zur ökonomischen Begründung der Vorteilhaftigkeit eines unternehmensgetragenen Risikomanagements in Industrieunternehmen, in: Zeitschrift für Planung und Unternehmenssteuerung, 15. Jg. (2004), Heft 2, S. 115–139.

HOMMELHOFF, P./MATTHEUS, D.: Gesetzliche Grundlagen: Deutschland und international, in: DÖRNER, D./HORVÁTH, P./KAGERMANN, H. (Hrsg.): Praxis des Risikomanagements, Stuttgart 2000a, S. 5–40.

HOMMELHOFF, P./MATTHEUS, D.: Risikomanagement im Konzern – ein Problemaufriß, in: Betriebswirtschaftliche Forschung und Praxis, 52. Jg. 2000b, Heft 3, S. 217–230.

HÜFFER, J.: Corporate Governance: Früherkennung nach § 91 Abs. 2 AktG – Neue Pflichten des Vorstands zum Risikomanagement?, in: VEW ENERGIE AG (Hrsg.): Recht und Vernunft. Festschrift für Hans-Dieter Imhoff, Frankfurt 1998, S. 91–106.

HÜFFER, U.: Aktiengesetz, 6. Aufl., München 2004.

ICAEW – THE INSTITUTE OF CHARTERED ACCOUNTANTS IN ENGLAND & WALES (Hrsg.): Internal Control. Guidance for Directors on the Combined Code, London 1999.

IDW – INSTITUT DER WIRTSCHAFTSPRÜFER IN DEUTSCHLAND E. V. (Hrsg.): IDW Stellungnahme: Enterprise Risk Management Framework, in: Die Wirtschaftsprüfung, 56. Jg. 2003, Heft 24, S. 1399–1406.

JAPAN CORPORATE GOVERNANCE FORUM (Hrsg.): Revised Corporate Governance Principles, o. O. 2001.

JAPANESE STANDARDS ASSOCIATION (Hrsg.): JIS Q 2001: Guidelines for development and implementation of risk management system, Tokyo 2001.

KAJÜTER, P.: Prüfung der Risikoberichterstattung im Lagebericht, in: Betriebs-Berater, 57. Jg. 2002, Heft 5, S. 243–249.

KAJÜTER, P.: Risikomanagement in internationalen Konzernen, in: ACHENBACH, S./BORGHOFF, T./SCHULTE, A. (Hrsg.): Strategische und internationale Perspektiven des Managements, Lohmar/Köln 2003, S. 41–74.

KAJÜTER, P.: Risikomanagement im Beteiligungscontrolling, in: LITTKEMANN, J./ZÜNDORF, H. (Hrsg.): Beteiligungscontrolling, Herne/Berlin 2004, S. 259–282.

KAJÜTER, P./WINKLER, C.: Praxis der Risikoberichterstattung deutscher Konzerne, in: Die Wirtschaftsprüfung, 57. Jg. 2004, Heft 6, S. 249–261.

KIRCHNER, C.: Regulierung durch Unternehmensführungskodizes (Codes of Corporate Governance), in: BALLWIESER, W. (Hrsg.): BWL und Regulierung, ZfbF-Sonderheft 48, Düsseldorf 2002, S. 93–120.

LANFERMANN, G./MAUL, S.: Auswirkungen des Sarbanes-Oxley Acts in Deutschland, in: Der Betrieb, 55. Jg. 2002, Heft 34, S. 1725–1732.

LÜCK, W.: Elemente eines Risiko-Managementsystems, in: Der Betrieb, 51. Jg. 1998, Heft 1/2, S. 8–14.

LÜCK, W./MAKOWSKI, A.: Internal Control, in: WPK-Mitteilungen, 35. Jg. 1996, Heft 3, S. 157–160.

MENZIES, C. (Hrsg.): Sarbanes-Oxley Act. Professionelles Management interner Kontrollen, Stuttgart 2004.

METI STUDY GROUP (Hrsg.): Internal Control in the New Era of Risks – Guidelines for Internal Control That Functions Together with Risk Management, o. O. 2003.

NEUBECK, G.: Prüfung von Risikomanagementsystemen, Düsseldorf 2003.

NEW YORK STOCK EXCHANGE (Hrsg.): Final NYSE Corporate Governance Rules, o. O. 2003.

OTTO, S.-S.: Corporate Control-Mechanismen und Stakeholder Relations in Japan im Wandel, in: ALBACH, H./BROCKHOFF, K. (Hrsg.): Betriebswirtschaftslehre und Rechtsentwicklung, ZfB-Ergänzungsheft 4/97, S. 43–74.

PAHLKE, A.-K.: Risikomanagement nach KonTraG – Überwachungspflichten und Haftungsrisiken für den Aufsichtsrat, in: Neue Juristische Wochenschrift, 55. Jg. 2002, Heft 23, S. 1680–1688.

PODDIG, T./KUNZE, B.: Risikomanagementsysteme bei Banken vor dem Hintergrund der staatlichen Regulierung des Finanzsektors, in: Finanz Betrieb, 5. Jg. 2003, Heft 11, S. 693–702.

PREUßNER, J./ZIMMERMANN, D.: Risikomanagement als Gesamtaufgabe des Vorstands, in: Die Aktiengesellschaft, 47. Jg. 2002, Heft 12, S. 657–662.

PRITSCH, G./HOMMEL, U.: Hedging im Sinne des Aktionärs. Ökonomische Erklärungsansätze für das unternehmerische Risikomanagement, in: Die Betriebswirtschaft, 57. Jg. 1997, Heft 5, S. 672–693.

RICHTER, R./FURUBOTN, E.: Neue Institutionenökonomik, 3. Aufl., Tübingen 2003.

ROOT, S. J.: Beyond COSO. Internal Control to Enhance Corporate Governance, New York 1998.

SALZBERGER, W.: Die Überwachung des Risikomanagements durch den Aufsichtsrat, in: Die Betriebswirtschaft, 60. Jg. 2000, Heft 6, S. 756–773.

SCHÄFER, J. G.: Das Überwachungssystem nach § 91 Abs. 2 AktG unter Berücksichtigung der besonderen Pflichten des Vorstands, Lohmar/Köln 2001.

STANDARDS ASSOCIATION OF AUSTRALIA (Hrsg.): AS/NZS 4360:1999 – Risk Management, Strathfield 1999.

TAKAHASHI, E.: Corporate Governance und die Reform des Gesellschaftsrechts in Japan, in: Zeitschrift für Japanisches Recht, 9. Jg. 2003, Heft 16, S. 121–142.

TOKYO STOCK EXCHANGE (Hrsg.): Principles of Corporate Governance for Listed Companies, Tokyo 2004.

WEIDEMANN, M.: Der australisch-neuseeländische Standard AS/NZS 4360:1999 zum Risikomanagement, in: Der Betrieb, 54. Jg. 2001, Heft 50, S. 2613–2618.

WEISS, H.-J./HEIDEN, M.: § 91 AktG, in: KÜTING, K./WEBER, C.-P. (Hrsg.): Handbuch der Rechnungslegung. Einzelabschluss, 5. Aufl., Stuttgart 2003, S. 1–66.

WOLF, K.: Möglichkeiten der Integration assoziierter Unternehmen in das Risikomanagement des beteiligten Unternehmens, in: Die Wirtschaftsprüfung, 55. Jg. 2002, Heft 15, S. 799–806.

ZIMMER, D./SONNEBORN, A. M.: § 91 Abs. 2 AktG – Anforderungen und gesetzgeberische Absichten, in: LANGE, K.W./WALL, F. (Hrsg.): Risikomanagement nach dem KonTraG, München 2001, S. 38–59.

KONZEPTION

Konzept und Umsetzung eines Risikomanagementsystems bei der DÜRR AG

Sven Eckert/Günther Lamparter/Klaus Möller

Einführung

Spektakuläre Firmenzusammenbrüche in den letzten Jahren und verschärfte Wettbewerbsbedingungen führten dazu, dass das Thema Risikomanagement in jüngster Vergangenheit immer mehr Beachtung fand. Der Gesetzgeber in Deutschland verabschiedete im Zuge dieser Entwicklungen im Jahre 1998 das Gesetz zur Kontrolle und Transparenz im Unternehmen (KonTraG). Jedoch forderte dieses Gesetz lediglich die Einrichtung eines Überwachungs- und Frühwarnsystems zur Abwehr von bestandsgefährdenden Risiken. Die darin enthaltenen Formulierungen waren bezüglich der Ausgestaltung und der inhaltlichen Anforderungen nicht sehr konkret. Nach und nach wurden die Gesetze in Deutschland im Zuge der Diskussion über die Corporate Governance genauer ausgeführt und verschärft. Auch in den Unternehmen setzte sich die Einsicht durch, dass die umfassende Kenntnis aller relevanter Risiken sowie deren Kontrolle und Steuerung eine wichtige Bedingung darstellt, um im Wettbewerb zu überleben. Deutsche Rechnungslegungsstandards wie der IDW PS 340 oder der DRS 5 konkretisieren die Anforderungen an ein modernes Risikomanagementsystem nicht ausreichend. Demgegenüber existieren im internationalen Kontext zum Teil sehr weit entwickelte Konzepte mit einem hohen Konkretisierungsgrad. Der folgende Beitrag beschreibt die Ausgestaltung eines Risikomanagementsystems bei der DÜRR AG, das konzeptionell auf dem *COSO Enterprise Risk Management Framework* basiert.

- Für Unternehmen erweist sich die umfassende Kenntnis aller relevanter Risiken sowie deren Kontrolle und Steuerung als wichtige Bedingung, um im Wettbewerb zu überleben. Zudem findet das Thema des Risikomanagements heute in Folge verschärfter Wettbewerbsbedingungen und spektakulärer Firmenzusammenbrüche immer mehr Beachtung.
- Das diesbezüglich erlassene Gesetz zur Kontrolle und Transparenz im Unternehmen (KonTraG) von 1998 erfordert allerdings nur die Einrichtung eines Überwachungs- und Frühwarnsystems zur Abwehr von bestandsgefährdenden Risiken.
- Die bisherigen Ansätze zur Ausgestaltung und den inhaltlichen Anforderungen des Risikomanagements erweisen sich zudem nicht selten als wenig konkret.
- Die am Beispiel der *DÜRR AG* dargestellte Neustrukturierung des Risikomanagements anhand des *COSO Enterprise Risk Management Framework* wird sowohl den gesetzlichen Ansprüchen sowie auch den aktuellen Umständen gerecht.
- Die Übertragung dieses Ansatzes auch auf andere Branchen erscheint realistisch.
- Als zentrale Aspekte für ein erfolgreiches Risikomanagement und -controlling erweisen sich dabei insbesondere die organisatorische Verankerung sowie die instrumentelle Unterstützung.

Grundlagen
Gesetzliche Anforderungen an ein Risikomanagementsystem

Mit dem am 1. Mai 1998 in Kraft getretenen Gesetz zur Kontrolle und Transparenz im Unternehmen (KonTraG) wurden von Seiten der deutschen Regierung legislative Maßnahmen für eine verbesserte

Dipl.-Kfm. Sven Eckert ist wissenschaftlicher Mitarbeiter am Lehrstuhl Controlling der Universität Stuttgart (Prof. Horváth).

Dipl.-Ökonom Günther Lamparter ist selbständiger Wirtschaftsprüfer und Steuerberater und war zum Zeitpunkt des Projektes Leiter Mergers & Acquisitions bei der Dürr AG.

Unternehmensführung und Unternehmensüberwachung (Corporate Governance) beschlossen. Im Rahmen des KonTraG wurden gezielt einzelne Regelungen des Aktien- und Handelsrechts geändert. Zahlreiche spektakuläre Krisen und Zusammenbrüche von Unternehmen, welche auf Schwächen des Kontroll- und Überwachungssystems innerhalb der Unternehmen zurückzuführen waren, machten diese Reform unumgänglich. Besonders diskutiert wurden dabei die unzureichenden Risikomanagementsysteme sowie die mangelnde Aufsicht von Seiten der Aufsichtsorgane (vgl. z. B. ERNST/SEIBERT/STUCKERT, 1998, S. 29). Zusammenfassend lässt sich die Verpflichtung zur Einführung eines Überwachungs- und Frühwarnsystems durch die Unternehmensleitung als eine der wesentlichen Aufgaben der neuen Gesetzesanforderungen des KonTraG identifizieren (vgl. KEITSCH, 2000, S. 16 f.). In Bezug auf Träger, Inhalt oder Ausgestaltung wird die Umsetzung im Gesetzestext nicht weiter konkretisiert. Folglich gibt das KonTraG nur Mindestanforderungen an ein Überwachungs- und Frühwarnsystem vor, welches sich auf Risiken in Form von Schadensfällen von bestandsgefährdendem Ausmaße beschränkt.

Der im Februar 2002 erstmals veröffentlichte Deutsche Corporate Governance Codex (DCGC) sowie das Transparenz und Publizitätsgesetz (TransPuG) setzen die Bemühungen zur qualitativen Verbesserung der Corporate Governance in Deutschland fort. Der DCGC setzt neue Standards für eine verantwortungsbewusste Unternehmensführung, welche auf einem effektiven Risikomanagementsystem beruhen soll (vgl. v. WERDER, 2002, S. 802 f.). Ein wichtiger Aspekt des TransPuG, hinsichtlich der Anforderungen an ein Risikomanagementsystem betrifft die Verschärfung der Berichterstattungspflicht des Vorstands gegenüber dem Aufsichtsrat, die sich nicht mehr nur auf die gegenwärtigen und künftigen Entwicklungen und Vorgänge beschränken, sondern auch „die Abweichungen gegenüber früher formulierten Zielen beinhalten muss" (PFITZER/OSER/ORTH, 2002, S. 158).

Aktuell liegt ein Entwurf zum Bilanzrechtsreformgesetz (BilReG) vor. Im Hinblick auf das Themengebiet Risikomanagement sind die Neufassungen von § 289 HGB (Lageberichterstattung im Einzelabschluss) und von § 315 HGB (Lageberichterstattung im Konzernabschluss) von besonderem Interesse. Der Gesetzgeber beabsichtigt, die Berichterstattung zum Risikomanagement, im Vergleich zur derzeit bestehenden Gesetzeslage, noch weiter auszudehnen. Unternehmen, die kein entsprechend ausgestattetes Risikomanagementsystem betreiben, werden nicht in der Lage sein, diesen Berichtspflichten nachzukommen. An dieser Stelle sei angemerkt, dass es selbstverständlich nicht Sinn und Zweck eines Risikomanagementsystems ist, gesetzlichen Berichterstattungspflichten Genüge zu tun. Der Gesetzgeber verlangt nur die Berichterstattung von Informationen, die in einem gut strukturierten Risikomanagementsystem unternehmensintern sowieso zur Verfügung stehen.

Damit lässt sich die gesetzliche Lage in Deutschland folgendermaßen zusammenfassen: Das Top-Management muss dafür Sorge tragen, dass alle Unternehmensaktivitäten im Sinne der Unternehmensziele und der tolerierbaren Risiken ausgerichtet werden, Abläufe definiert sind und kontrolliert werden und eine regelmäßige Überwachung stattfindet, ob diese Vorgaben auch umgesetzt werden. Nur so lässt sich eine wert- und risikoorientierte Unternehmenssteuerung umsetzen.

Eine ähnliche Entwicklung zeichnete sich auch in den USA ab. Dort wurde vom Gesetzgeber vor dem Hintergrund zahlreicher Finanzskandale US-amerikanischer Konzerne der Sarbanes-Oxley Act of 2002 erarbeitet (vgl. SARBANES OXLEY ACT, 2003). Dieser betont die Rolle des Managements als Verwalter der Aktionärsinteressen. Die sich daraus ergebenden Pflichten und Aufgaben der Unternehmensführung sind im direkten Vergleich mit dem Deutschen Corporate Governance Codex weniger detailliert aufgeführt. Section 404 des Sarbanes-Oxley Act fordert lediglich die Einrichtung eines funktionsfähigen internen Kontrollsystems (IKS), welches sich auf die internen Kontrollen hinsichtlich der Rechnungslegung bezieht.

Risikodefinition

Die genaue Definition des Risikobegriffs dient zur Beschreibung des Gegenstands des Risikomanagements und zu dessen inhaltlicher Abgrenzung gegenüber anderen Funktionen im Unternehmen. Der Risikobegriff sollte jedem Mitarbeiter im Unternehmen bekannt sein, da er die Art des Risikohandlings in hohem Maße determiniert (vgl. DIEDERICHS/FORM/REICHMANN, 2004, S. 189).

In der betriebswirtschaftlichen Literatur sind eine Vielzahl von unterschiedlichen Definitionen für den Begriff „Risiko" zu finden. Besonders geeignet als Grundlage für ein Risikomanagementsystem ist die Interpretation des Risikos als Ursache-Wirkungsbeziehung. Im Hinblick auf die Ursachen wird ein Risiko als eine Wahrscheinlichkeitsverteilung der möglichen künftigen Entwicklungen interpretiert. Die Wirkungsdimension drückt sich durch die Folgen eines Risikos aus, also als Gefahr einer unvorhergesehenen bzw. nicht zielkonformen Konsequenz einer Handlung oder eines Ereignisses. In der Literatur wird auch häufig von einer Zielverfehlung gesprochen (vgl. z. B. HOFFMANN, 1985, S. 10). Diese Verfehlung kann sich sowohl als unerwünschte, negative Abweichung vom geplanten Ziel als auch als positive Übererfüllung erge-

Dr. Klaus Möller
ist Habilitand am Lehrstuhl
Controlling der Universität Stuttgart
(Prof. Horváth).

ben. Hölscher fasst diese beiden Aspekte zu der Definition eines Risikos als „... Wahrscheinlichkeitsverteilung von künftigen, bewerteten Zielverfehlungen" (HÖLSCHER, 2002, S. 6) zusammen.

Die vollständige Erfassung von Risiken stellt die Basis für die Organisation des Risikomanagements dar. Deshalb ist es notwendig, vorhandene Einzelrisiken zu klassifizieren und in Gruppen einzuteilen. Auch hierfür werden in der Literatur viele unterschiedliche Einteilungsmöglichkeiten angeboten. In Bezug auf die Definition von Risiken als Ursache-Wirkungsbeziehungen können zwei Risikoarten abgeleitet werden. Zum einen beeinflussen so genannte asymmetrische Risiken die geplante Zielerreichung nur negativ. Allerdings existieren andererseits auch Risiken, bei denen sowohl negative wie auch positive Auswirkungen möglich sind. Diese werden als symmetrische Risiken bezeichnet (vgl. WEBER/WEIßENBERGER/LIEKWEG, 1999, S. 15). Das Ziel des Risikomanagements ist der systematische Umgang mit potenziellen ungünstigen Entwicklungen. Folglich konzentriert es sich einerseits auf die Betrachtung von asymmetrischen Risiken und zum anderen auf die negativen Facetten der symmetrischen Risiken (vgl. HÖLSCHER, 2000, S. 300).

Abgrenzung von Risikomanagement und Risikocontrolling

Risikomanagement wird allgemein als das Steuern und Regeln von bereits bestehenden sowie künftig relevanten Risiken eines Unternehmens gesehen. Dabei soll der Wert des Unternehmens durch die Verringerung der Risiken bei gleichen Ertragschancen gesteigert werden (vgl. BAETGE/JERSCHENSKY, 1999, S. 171). Das Risikomanagementsystem hat sicherzustellen, dass die Risiken identifiziert, analysiert sowie einer Bewertung unterzogen werden. Darüber hinaus sollen alle relevanten risikobezogenen Informationen aufbereitet und in systematisch geordneter Weise an die jeweils zuständigen Entscheidungsträger übermittelt werden (vgl. DIEDERICHS/FORM/REICHMANN, 2004).

Die Abgrenzung zwischen Risikomanagement und Risikocontrolling ist in der Literatur uneinheitlich (vgl. m. w. N. BURGER/BUCHHART, 2002, S. 9). Da der Controller als führungsunterstützende Instanz Management-Service leistet kann auch das Risikocontrolling als unterstützender Bestandteil des Risikomanagements betrachtet werden (vgl. HORVÁTH/GLEICH, 2000, S. 101 f.). Die Hauptaufgabe des Risikocontrollings ist dann in der Bereitstellung von Informationen für Entscheidungen des Risikomanagements zu sehen. Das Controlling unterstützt die Unternehmensführung beim Aufbau (systembildend) sowie bei der Anwendung (systemkoppelnd) eines individuell geeigneten Risikomanagementsystems. Hinsichtlich des Ablaufs des Risikocontrollings umfasst dies die Identifikation aller für das Unternehmen relevanten Risiken, deren Quantifizierung sowie die Ermittlung der Konsequenzen, welche sich aus den verschiedenen Optionen der Risikosteuerung und -regelung ergeben (vgl. BAETGE/JERSCHENSKY, 1999, S. 173).

Überblick über internationale und nationale Konzeptionen des Risikomanagements

Als erste Schritte in Richtung der konzeptuellen Formulierung eines integrativen Risikomanagementstandards kann der Turnbull-Report aus dem Jahre 1999 gesehen werden. Er ist nach dem Vorsitzenden einer Arbeitsgruppe zum Thema Risikomanagement der Londoner Börse, *Nigel Turnbull*, benannt und ist der bekannteste einer Reihe diesbezüglicher Reports. Er stellt die konsequente Weiterentwicklung der Reports von anderen Ausschüssen wie beispielsweise *Cadbury* (1992), *Greenburry* (1995) und *Hampel* (1995) dar. Im Jahre 2000 wurde er als so genannter „combined code" der Londoner Börse als Mindeststandard für in London notierte Gesellschaften definiert. Er stellt kein Gesetz, sondern eine Richtlinie dar, welche eingehalten werden muss, wenn Aktien eines Unternehmens an der Londoner Börse gelistet werden sollen.

Der Turnbull-Report zielt in Richtung interner Kontrollen und weist dem Vorstand die Verantwortung zu: „The board of directors is responsible for the company´s internal control. It should set appropriate policies on internal control and seek regular assurance that will enable it to satisfy itself that the system is functioning effectively. The board must further ensure that the system of internal control is effective in managing risks in the manner which it has approved" (THE INSTITUTE OF CHARTERED ACOUNTANTS IN ENGLAND & WALES, 1999, S. 9). Im Wesentlichen beziehen sich die Forderungen des Turnbull-Reports auf die Einführung eines risikobasierten Ansatzes zur Etablierung eines effektiven internen Kontrollsystems. Dabei soll dessen Effektivität ständig überprüft werden. Das Konzept geht von den Geschäftszielen aus und verbindet diese mit einzelnen Risiken. Die Risiken sollen damit effektiv kontrollierbar und letztendlich steuerbar gemacht werden.

Ein weiterer Entwicklungsschritt in Richtung eines integrierten Risikomanagementstandards stellt der im Jahre 2003 erstmals vorgelegte Entwurf des *COSO Enterprise Risk Management Frameworks* dar. Die darin beschriebenen Inhalte sowie die Anforderungen an ein Risikomanagementsystem werden im Folgenden ausführlich erläutert.

In Deutschland wurde mit den Ausführungen der IDW PS 340 (Institut der Wirtschaftsprüfer in Deutschland e.V.) sowie dem DRS 5 (Deutscher Rechnungslegungsstandard Nr. 5) eine ähnliche Entwicklung vollzogen. Während der IDW-Standard sehr allgemein gehalten ist, stellt der DRS 5 eine Konkretisierung der Elemente eines effektiven Risikomanagements dar (vgl. DEUTSCHER RECHNUNGSLEGUNGSSTANDARD NR. 5, 2001 und INSTITUT DER WIRTSCHAFTSPRÜFER IN DEUTSCHLAND E.V., 1999, S. 658–662).

COSO Enterprise Risk Management Framework

Organisation und Zielsetzung des COSO ERMF

Das *Committee of Sponsoring Organizations of the Treadway Commission* (kurz COSO) stellt eine freiwillige, nicht-kommerzielle Organisation dar, die sich der Qualitätsverbesserung von Finanzberichten durch die Entwicklung von Geschäfts-

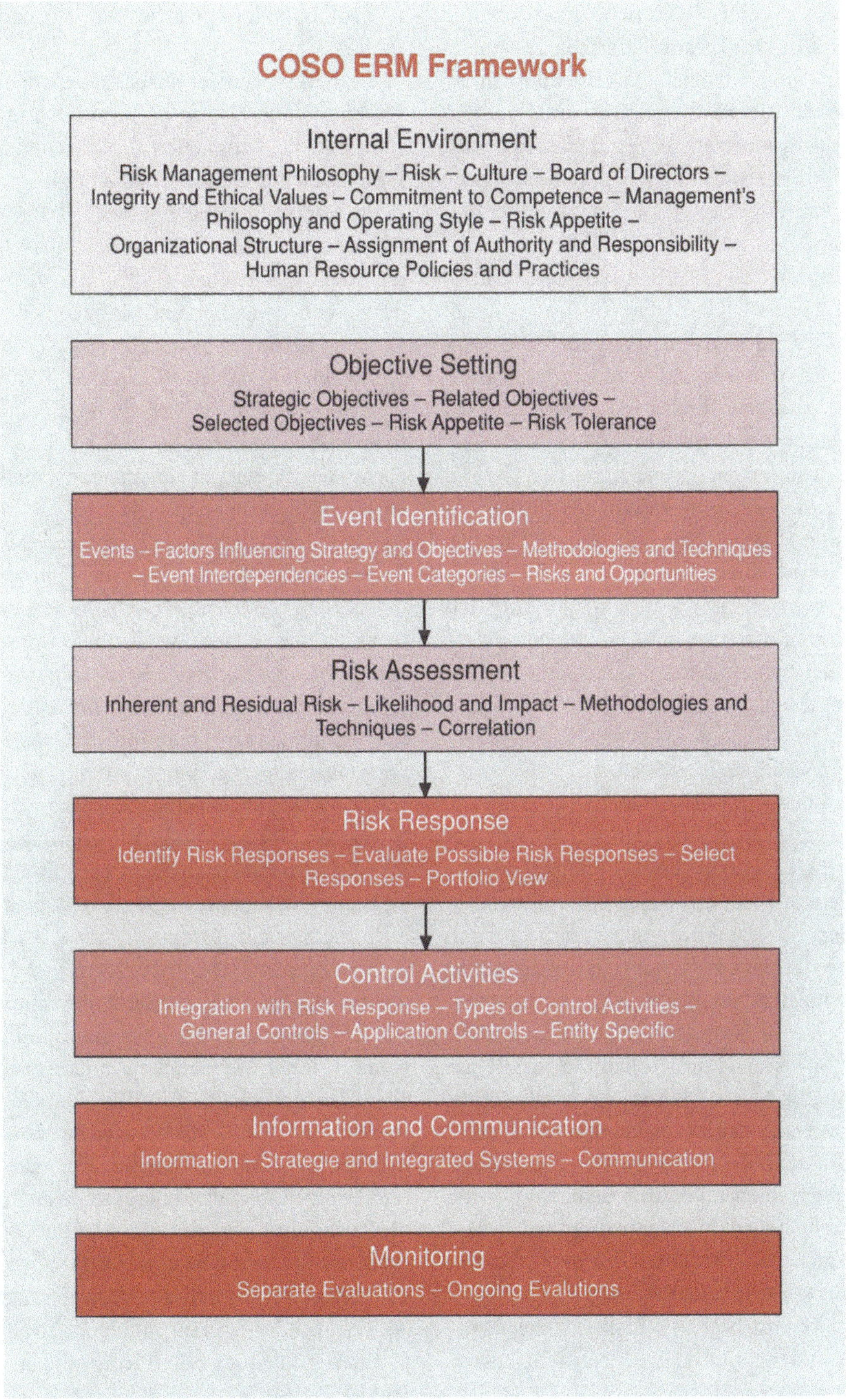

COSO ERM Framework

Internal Environment
Risk Management Philosophy – Risk – Culture – Board of Directors – Integrity and Ethical Values – Commitment to Competence – Management's Philosophy and Operating Style – Risk Appetite – Organizational Structure – Assignment of Authority and Responsibility – Human Resource Policies and Practices

Objective Setting
Strategic Objectives – Related Objectives – Selected Objectives – Risk Appetite – Risk Tolerance

Event Identification
Events – Factors Influencing Strategy and Objectives – Methodologies and Techniques – Event Interdependencies – Event Categories – Risks and Opportunities

Risk Assessment
Inherent and Residual Risk – Likelihood and Impact – Methodologies and Techniques – Correlation

Risk Response
Identify Risk Responses – Evaluate Possible Risk Responses – Select Responses – Portfolio View

Control Activities
Integration with Risk Response – Types of Control Activities – General Controls – Application Controls – Entity Specific

Information and Communication
Information – Strategie and Integrated Systems – Communication

Monitoring
Separate Evaluations – Ongoing Evalutions

Abbildung 1: COSO-Enterprise Risk Management Framework Draft (vgl. COSO ENTERPRISE RISK MANAGEMENT FRAMEWORK, 2003)

ethiken, effektiven internen Kontrollmechanismen sowie Corporate Governance-Richtlinien widmet. Sie umfasst Mitglieder aus Wissenschaft und Praxis sowie insbesondere Mitarbeiter unterschiedlicher Verbände.

Im Jahre 2003 wurde erstmals ein Entwurf des COSO *Enterprise Risk Management Framework (COSO-ERMF)* vorgelegt (vgl. COSO ENTERPRISE RISK MANAGEMENT FRAMEWORK, 2003). Der Aufbau eines Risikomanagementsystems mit Hilfe des ausgearbeiteten Bezugsrahmens soll zur Verbesserung der folgenden Fähigkeiten innerhalb eines Unternehmens führen:

- Verbesserung der Abstimmung zwischen der Risikobereitschaft und der Unternehmensstrategie;
- Erstellung von Verknüpfungen zwischen den Aspekten Wachstum, Risiko und Rentabilität zur Entscheidungsverbesserung;
- Verbesserung der Risikosteuerung hinsichtlich der Handlungsoptionen über eine Risikovermeidung, Risikoverminderung, Risikoabwälzung oder Risikoübernahme;
- Minimierung von betrieblichen Überraschungseffekten und damit verbundenen Kosten und/oder Verlusten;
- Identifizierung und Steuerung von unternehmensübergreifenden Risiken;
- Integrierte Steuerung von multiplen Risiken;
- Verbesserte Chancennutzung eines Unternehmens;
- Verbesserte Ermittlung des Kapitalbedarfs und der Kapitalallokation innerhalb des Unternehmens.

Gesamtkonzept des COSO-ERMF

Der *COSO-ERMF* stellt ein integriertes Konzept für einen Risikomanagement-Standard dar. Die Kernbestandteile des Entwurfes lassen sich vereinfacht in den Risikomanagementprozess im engeren Sinne und in zusätzliche Kontextbestandteile aufgliedern (vgl. zum Folgenden COSO ENTERPRISE RISK MANAGEMENT FRAMEWORK, 2003 und Abb. 1).

Damit ein Risikomanagementsystem im operativen Bereich effektiv eingesetzt werden kann, muss es zuerst mit der Unternehmensstrategie abgestimmt werden. Die genaue Bestimmung einer solchen Strategie gestaltet sich in der Praxis allerdings oft als sehr schwierig. Deshalb fasst der *COSO-ERMF* in der ersten Kategorie unter der Überschrift „*Internal Environment*" die Organisationsstruktur, Unternehmenskultur und das Risikobewusstsein eines Unternehmens zusammen. Die Ableitung einer Unternehmensphilosophie sollte hierbei von jedem Unternehmen

KONZEPTION

vorgenommen werden. Die Risikoneigung und -bereitschaft des Unternehmens wird ebenfalls innerhalb dieser Kategorie bestimmt und führt in Verbindung mit der Strategie zu den risikopolitischen Grundsätzen der nächsten Kategorie „*Objective Setting*". Hierunter werden hauptsächlich die Zielformulierung von Unternehmensstrategien und deren Ausführung verstanden. Dazu gehört sowohl ein effektives und effizientes Berichtswesen, als auch dessen Vereinbarkeit mit gesetzlichen Bestimmungen. Bei dezentral organisierten Unternehmen sollte für jede einzelne Business Unit eine Strategie aus der Unternehmensstrategie abgeleitet werden sowie die Risikopolitischen Grundsätze dementsprechend angepasst werden.

Mit der „*Event Identification*" beginnt der Risikomanagementprozess im engeren Sinne. Durch Identifikation und Systematisierung werden alle notwendigen Informationen hinsichtlich externer (z. B. Markt, Umfeld) und interner (z. B. Mitarbeiterfluktuation, Technologieeinsatz) Risiken gesammelt. Das Ziel ist die vollständige und systematische Aufbereitung aller relevanten Risiken des gesamten Unternehmens, d. h. einschließlich sämtlicher betrieblicher Prozesse und Funktionsbereiche. Neben Risiken können hinsichtlich der Auswirkungen auch Chancen in diesem Prozess identifiziert werden. Anhand dieser Erkenntnisse erfolgt im nächsten Schritt das „*Risk Assessment*". Dabei werden die identifizierten Risiken untersucht, bewertet und entsprechend ihrer Bedeutung bzw. ihres möglichen Ausmaßes in einer Rangordnung aufgelistet. Die Eintrittswahrscheinlichkeit und das Ausmaß stellen die entscheidenden Parameter für die Bewertung dar (vgl. hierzu auch z. B.: DÖRNER/DOLECZIK, 2000, S. 203). Da Risiken dynamische Phänomene sind, d. h. sie können sich ständig ändern, wegfallen oder es können gar neue bisher nicht identifizierte Risiken auftauchen, muss die Risikoidentifikation und -bewertung als kontinuierlicher Prozess gestaltet und ins operative Tagesgeschäft integriert werden (vgl. KOHLHOFF/LANGENHAHN/ZORN, 2000 S. 4).

Die „*Risk Response*" befasst sich mit den bewerteten Handlungsoptionen, die sich aus der Risikobewertung ableiten lassen. Die vorangegangenen Parameter Eintrittswahrscheinlichkeit und Ausmaß, sowie die Risikoneigung und Nutzen-Aufwandbetrachtungen fließen in die Risikosteuerung mit ein und bestimmen somit direkt die Handlungsentscheidungen. Den Abschluss des Risikomanagementprozesses i. e. S. bilden die „*Control Activities*". Hier steht die Kontrolle im Mittelpunkt der Betrachtung. Die Kontrollaktivitäten sind Ausdruck von Risikopolitischen Grundsätzen und festgelegten Handlungsprozessen.

Die letzten zwei Punkte des COSO-ERMF, die „*Information and Communication*" sowie das „*Monitoring*", stellen Kontextkategorien dar, die sich mit dem System der Informationsversorgung und Kommunikation hinsichtlich der verwendeten methodischen und technischen Konzepte auseinandersetzen.

Verantwortlichkeiten und Aufgaben

Als grundsätzliche Prämisse des COSO-ERMF lässt sich herausstellen, dass jede Person innerhalb einer Organisation in der Risikomanagementverantwortung steht. Darüber hinaus lassen sich zusätzlich Aufgabenabgrenzungen vornehmen.

Der *Vorstand* soll in erster Linie richtungweisend hinsichtlich der generellen Zielsetzung und Ressourcenallokation innerhalb der Strategiebestimmung eines Unternehmens wirken. Für das Risikomanagement eines Unternehmens werden für ihn folgende Aufgaben hervorgehoben (vgl. COSO ENTERPRISE RISK MANAGEMENT FRAMEWORK, 2003):

- Kenntnis über das Risikomanagementsystem im Unternehmen und dessen Effektivität;
- Kenntnis über die Risikopolitischen Grundsätze des Unternehmens;
- Abgleich des unternehmensbezogenen Risikoportfolios mit den festgelegten Risikopolitischen Grundsätzen;
- Kenntnis über die relevanten Risiken und deren Risikosteuerung im Unternehmen.

Somit hat der Vorstand eine direkte Mitverantwortlichkeit für die Effektivität des bestehenden Risikomanagementsystems und soll in dieser Hinsicht unterstützend wirken.

Dem Management, insbesondere dem *Geschäftsführer* – da er direkten Einfluss auf die Tätigkeiten der jeweiligen Geschäftseinheiten besitzt – fällt die Hauptverantwortung über das Risikomanagementsystem zu. Dabei müssen die Risikopolitischen Richtlinien topdown von den obersten Managementebenen bestimmt werden um deren Durchsetzung zu gewährleisten. Eine Detaillierung dieser Richtlinien erfolgt innerhalb der Hierarchie und bestimmt ebenso das Mitwirken von anderen Stabsstellen im Unternehmen.

Ein „Risk Officer" oder *Risikomanager* übernimmt die Ausarbeitung und Implementierung von effektiven Risikomanagementsystemen in den jeweiligen Einflussbereichen, überwacht den Fortschritt und unterstützt Manager bei den Prozessen des Risikomanagements und der Informationsversorgung. Eine weitere unterstützende Funktion haben die Internen Revisoren. Sie überwachen die Leistungsfähigkeit von Risikomanagementsystemen als Bestandteil ihrer regulären Tätigkeiten oder auf spezielle Anfrage.

Sämtliche sonstigen *Mitarbeiter* sind, wie anfangs erwähnt, essentieller Bestandteil des Risikomanagementsystems und somit für die Wirksamkeit mitverantwortlich. Innerhalb der Tätigkeitsbeschreibung sollte deshalb entweder eine explizite oder implizite Bezugnahme darauf erfolgen. Darüber hinaus kann auch die Zusammenarbeit mit unternehmensexternen Einrichtungen, wie z. B. Wirtschaftsprüfern, ebenfalls zur Verbesserung der bestehenden Systeme führen, da so eine externe Meinung durch Kontrolle der Finanzberichte und der internen Kontrollmechanismen eingebracht wird.

Grenzen des COSO-ERMF

Der *COSO-ERMF* weist wie jeder konzeptionelle Bezugsrahmen Grenzen auf. Kenntnisse über diese inhärenten Grenzen sind zwingend notwendig, um die Wirkungsmächtigkeit des Frameworks vollständig verstehen und nutzen zu können. Einige Grundprinzipien von Risiko-

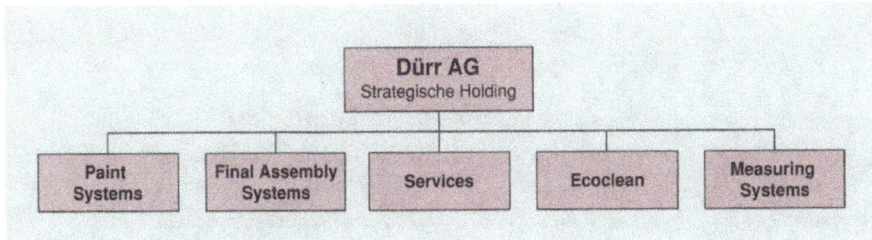

Abbildung 2: Organisationsstruktur der DÜRR AG

managementsystemen stehen hierbei im Vordergrund.

Es liegt in der Natur von Risiken, dass sie sich auf zukünftige Ereignisse und Entwicklungen beziehen und somit nicht von vornherein vollständig fassbar sind. Des Weiteren orientieren sich Risikomanagementsysteme immer an der Zielsetzung der jeweiligen Organisationseinheiten und können diese mit Hilfe von Informationen und Analysen zwar unterstützen, die Zielerreichung an sich jedoch nicht garantieren. Folglich sind keine absoluten Aussagen über die einzelnen Zielsetzungen möglich. Das Risikomanagementsystem kann nur eine angemessene Absicherung gewährleisten.

Neben der generellen Schwierigkeit auf zukünftige Ereignisse bereits frühzeitig reagieren zu können, sind Risikomanagementsysteme auch speziellen Grenzen bezüglich der Ablauforganisation unterworfen. Ein wichtiger Punkt ist hierbei unter anderem die menschliche Fehlbarkeit in Bezug auf Ausführungen von Risikomanagementprozessen, falsche Einschätzungen und Bewertungen von Risiken durch Personen oder Personengruppen, Absprachen zwischen einzelnen Parteien zur Umgehung des Risikomanagementsystems im eigenen Interesse, sowie die zugrunde liegende Nutzen-Aufwand Betrachtung, die in direkter Weise die Wirksamkeit und somit die Grenzen bestimmt (vgl. COSO ENTERPRISE RISK MANAGEMENT FRAMEWORK, 2003).

■ Die DÜRR AG

Die *Dürr AG* gehört mit einem Konzernumsatz von 2,3 Mrd. Euro (2003) zu den weltweit führenden Anbietern von Produktionssystemen und produktionsbegleitenden Dienstleistungen für die Automobilindustrie. Das Unternehmen ist in 26 Ländern an allen weltweit relevanten Standorten der Automobilproduktion vertreten und beschäftigt mehr als 12.500 Mitarbeiter.

Das starke Wachstum der letzten Jahre (Umsatzverdopplung von 1998 bis 2000) machte eine neue Organisationsstruktur notwendig. Die AG fungiert dabei jetzt als strategische Management-Holding und steuert fünf ergebnisverantwortliche Geschäftsbereiche mit 17 zugeordneten Produktlinien (vgl. Abb. 2).

Der Geschäftsbereich *Paint Systems* plant und errichtet schlüsselfertige Lackierereien für die Großserienlackierung von Automobilen und hochwertigen Teilen. Hingegen übernimmt der Geschäftsbereich *DÜRR Final Assembly Systems* als Komplettanbieter die Erstellung schlüsselfertiger Endmontagewerke in der Automobilindustrie. Diese zwei Business Units (BU) sind dem Großanlagenbau zuzurechnen was zu einem (auf Jahresebenen betrachtet) vergleichsweise unregelmäßigen Auftragseingang führt. Dabei zeichnen sich die einzelnen Aufträge durch ein sehr hohes Auftragsvolumen und eine teilweise sehr lange Projektdauer aus.

Die Geschäftsmodelle der anderen drei Geschäftsbereiche weichen im Vergleich zu den vorgestellten erheblich ab. So entwickelt die *DÜRR Ecoclean* Reinigungssysteme für Bauteile der Automobilindustrie. Da die Aufträge eine erheblich kürzere Projektdauer und ein bedeutend geringeres Projektvolumen haben sind die Umsätze der *Ecoclean* im Vergleich zu den BUs *Paint Systems* und *Final Assembly Systems* deutlich geringer.

Die BU *Measuring Systems* fasst die Tätigkeiten der *Carl Schenck AG* zusammen. Darunter fallen sämtliche Messtechnikaktivitäten wie Development Test Systems (*Schenck* Pegasus), Balancing (*Schenck* RoTec) und Weighing/Feeding (*Schenck* Process). Den Schwerpunkt der Kundenpalette bildet die Automobilindustrie, aber im Verhältnis zu anderen Geschäftseinheiten des *DÜRR* Konzerns besitzt Schenck auch sehr unterschiedliche Abnehmer aus anderen Branchen.

Der letzte Unternehmensbereich, *DÜRR Services,* vertreten durch die US-amerikanische *Premier* Gruppe, bietet sowohl produktbegleitende als auch sonstige fertigungsnahe Dienstleistungen im Bereich der Automobilindustrie an.

Den aktuellen Entwicklungen im Bereich des Automobilbaus begegnet die *Dürr AG* durch die Positionierung als Systemlieferant. Dies führte gleichzeitig zu einer erhöhten Heterogenität der einzelnen BUs. Aus diesem Grund wurde es nötig, ein integratives Risikomanagementsystem einzuführen, nicht zuletzt um eine einheitliche konzernweite Risikokommunikation zu gewährleisten.

■ Ausgestaltung der Elemente eines Risikomanagementsystems am Beispiel der DÜRR AG

Im Zuge der gesetzlichen Anforderungen und der aktuellen Marktsituation sah sich die *Dürr AG* mit der Notwendigkeit der Einführung eines Risikomanagementsystems konfrontiert, um mehr Transparenz in den Unternehmensprozessen zu schaffen sowie letztendlich die Bestandssicherung zu gewährleisten. Das Ziel war die systematische und vollständige Erfassung des unternehmerischen Chancen-Risiko-Profils und die Dokumentation sowie die Bereitstellung eines integrierten Risikomanagementinstrumentariums. Der *COSO-ERMF* bildete hierfür die konzeptionelle Basis. Die im Folgenden dargestellte Konzeption stellt die Basis für die weitere Umsetzung bei der *Dürr AG* dar.

Der Risikomanagementprozess entspricht weitgehend den einzelnen Kategorien des *COSO-ERMF* (vgl. Abb. 3). Den Ausgangspunkt des Risikomanage-

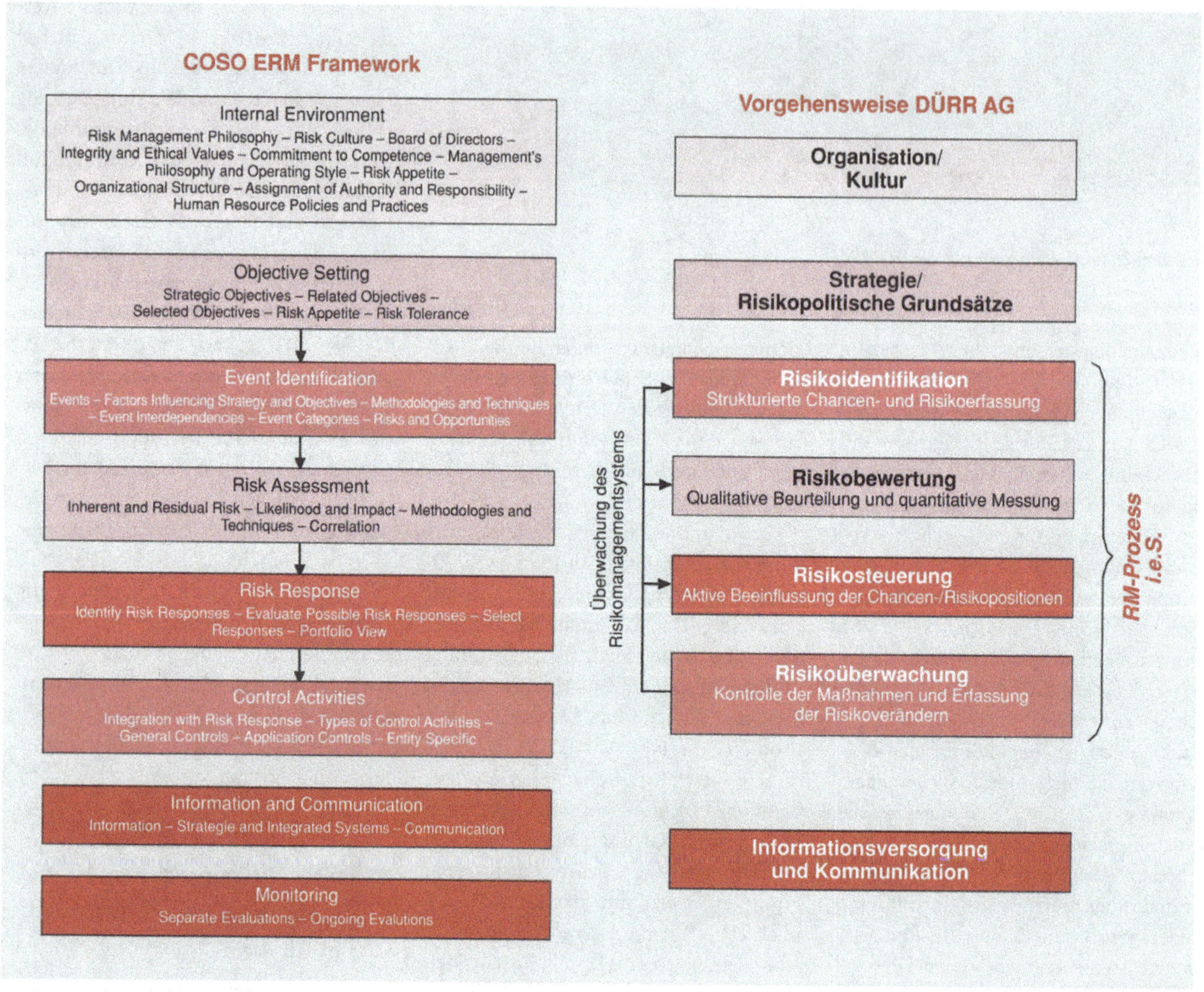

KONZEPTION

Abbildung 3: Ablauf des Risikomanagementprozesses bei der DÜRR AG

mentprozesses bildet die Strategie der *DÜRR AG*, welche die Zielformulierung sowie den Weg zur Zielerreichung enthält. Dieser Schritt stellt einen wesentlichen Erfolgsfaktor dar, da er die Basis für das gesamte Risikomanagementsystem bildet.

Die Beschreibung der risikopolitischen Grundsätze dient vor allem zur Festlegung des Bereiches, innerhalb dessen Risiken eingegangen werden dürfen. Nach Ausarbeitung der Konzernstrategie und der risikopolitischen Grundsätzen erfolgt eine Detaillierung und Anpassung auf die einzelnen Business Units.

Der Risikomanagementprozess im engeren Sinne umfasst die vier Schritte: Risikoidentifikation, -bewertung, -steuerung und -überwachung, der im Folgenden

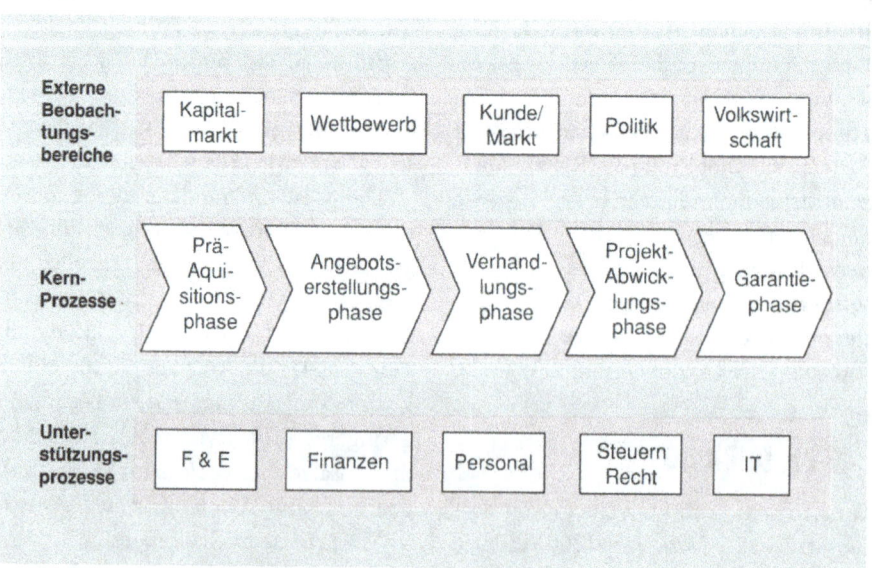

Abbildung 4: Risikolandkarte der DÜRR AG

Risikofeld	Corporate		
Risiko	Abhängigkeit von den IT-Systemen		
Verantwortlich			
	Risikokennzahl / Risikoindikator	Soll	Ist
	nicht in absoluten Kennzahlen fassbar		
Beschreibung des Risikos und der Risikoursache	→ Lieferantenabhängigkeit, Systemverfügbarkeit, Schnittstellen → Security (Datenschutz, Zugangsberechtigung, Technische Sicherung) → Personalabhängigkeit (Key-Personen), Kosten → IT-Strategien (Einschätzung technischer Entwicklungen) → Qualität der Hard- und Software		
Risikoanalyse			
Schadenshöhe bei Eintritt		gering	
		mittel	
	x	schwerwiegend / bestandsgefährdend	
Eintrittswahrscheinlichkeit		niedrig	
		mittel	
	x	hoch	
Handlungsbedarf		kein Handlungsbedarf, keine Beobachtung	
		Risiko minimiert, aber Beobachtung	
	x	Risikominimierende Maßnahmen erforderlich	
		sofort – bestandsgefährdend	
Bestehende Risikomanagment-Maßnahmen			
Verantwortlich	Maßnahmen		Status
Head of IT	Zusammenarbeit mit qualifiziertem und sicherem IT-Service-Partner		implementiert
Head of Law/IT	Detaillierte vertragliche Regelungen		implementiert
Head of IT	Kontroll- und Steuerungsgremien (Arbeitskreis der Anwender, Lenkungsausschuss, Management Board)		implementiert
Noch erforderliche Risikomanagement-Maßnahmen			
Verantwortlich	Maßnahmen		Status
Head of Law/IT	Ständige Weiterentwicklung der vertraglichen Vereinbarungen		in Bearbeitung

Abbildung 5: Beispielhaftes Risikostrukturblatt (fiktive Inhalte und Werte)

detaillierter dargestellt wird. Er dient als Checkliste für die Implementierung des qualitativen Risikomanagementsystems in der *DÜRR* Gruppe.

Risikoidentifikation

Die Identifikation aller relevanten Risiken stellt den Ausgangspunkt des Risikomanagementprozesses i. e. S. dar (vgl. HORVÁTH, 2003, S. 778 f.). Als Instrument wird bei der *DÜRR AG* eine Risikolandkarte, die auch als Risikokontenplan interpretiert werden kann, verwendet. Sie wird auf allen Stufen im Konzern angewandt (vgl. Abb. 4). Dabei dient die Risikolandkarte zur Vereinheitlichung der Kommunikation durch die genaue Definition von Risikobereichen und zur Gewährleistung, dass das Risikoprofil von jedem Verantwortungsbereich vollständig und systematisch abgearbeitet wird. In einem dynamischen Prozess muss diese laufend bei Vorliegen neuerer Erkenntnisse überarbeitet und entsprechend angepasst werden.

Als Kernpozess innerhalb der *DÜRR* Gruppe wurde die Auftragsbearbeitung identifiziert. Deshalb muss das Risikomanagement alle Risiken innerhalb der einzelnen Prozessschritte erfassen und auswerten. Neben dem Kernprozess wurden auch die Unterstützungsprozesse in das Risikomanagement mit einbezogen um eine umfassende Sichtweise zu gewährleisten. Zusätzlich wurden auch noch externe Beobachtungsbereiche, auf die das Unternehmen keinen direkten Einfluss hat, die aber trotzdem maßgeblich zur Entstehung von Risiken beitragen können, integriert.

Risikobewertung

Nachdem die Risiken identifiziert und auf der Risikolandkarte eingeordnet worden sind, gilt es zu beurteilen, ob sich unter Berücksichtigung der bereits getroffenen Maßnahmen durch die erhobenen Informationen wesentliche oder sogar bestandsgefährdende Risiken ergeben. Als Instrument in diesem Prozessschritt dient das Risikostrukturblatt, in dem jedes Risiko einzeln betrachtet wird (vgl. Abb. 5).

Die Bewertung der identifizierten Risiken und Chancen werden hinsichtlich dreier Ausprägungen vorgenommen:

- *Intensität:* Dies bezieht sich auf die Eintrittswahrscheinlichkeit eines Schadens (sehr hoch/hoch/mittel/niedrig).
- *Schadenshöhe:* Hier wird die Höhe des drohenden Verlustes qualitativ (gering/mittel/schwerwiegend) oder wenn möglich quantitativ (konkrete Kosten, die bei Eintritt des Schadens entstehen) bewertet.
- *Handlungsbedarf:* Dieses Kriterium ist das Ergebnis der Interpretation der anderen beiden Ausprägungen (z. B. Eintrittswahrscheinlichkeit niedrig und Schadenshöhe gering bedeutet „kein Handlungsbedarf, keine Beobachtung").

Dabei ist es auch wichtig, Wechselwirkungen zu untersuchen. D. h. Einzelrisiken, die isoliert betrachtet von nachrangiger Bedeutung sind, können in ihrem Zusammenwirken oder durch die Kumula-

KONZEPTION

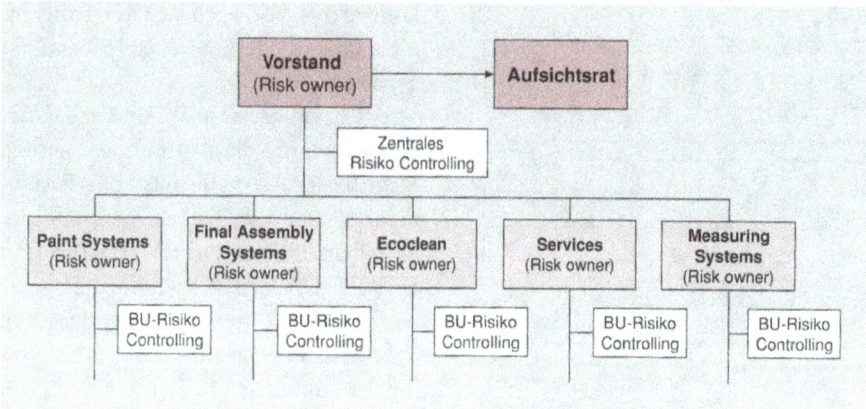

Abbildung 6: Aufbauorganisation des Risikomanagementsystems in der DÜRR Gruppe (BU=Business Unit)

tion im Zeitablauf zu einem bestandsgefährdenden Risiko werden.

Zusätzlich zu den Ausprägungen werden hier Risikokennzahlen festgelegt und Verantwortungsbereiche sowie Maßnahmen zur Risikoreduzierung/-vermeidung schriftlich festgehalten. Das Risikostrukturblatt dient zum einen zur Dokumentation der Chancen und Risiken als Ergebnis des Risikomanagementprozesses und zum anderen als Frühwarninstrument zur Überwachung und Kontrolle. Des Weiteren ist es das zentrale Instrument der Chancen- und Risikokommunikation auf allen Konzernebenen.

Risikosteuerung und -überwachung

Um die identifizierten und bewerteten Risiken steuern zu können ist vorgesehen, die Risikostrukturblätter regelmäßig in den Vorstands- bzw. Geschäftsführungssitzungen der einzelnen Business Units zu besprechen. Vorstand bzw. Geschäftsleitung entscheiden hierbei, welche Abteilungen mit der Bewältigung bestimmter Risiken zu beauftragen und welche Maßnahmen zur Risikobewältigung einzuleiten sind. Dabei ist es wichtig, die jeweiligen Verantwortlichkeiten auf der höchsten Ebene der einzelnen Business Units anzusiedeln. Die getroffenen und geplanten Maßnahmen sowie die Verantwortlichkeiten werden dann in den jeweiligen Risikostrukturblättern dokumentiert. Somit wird eine ausreichende Transparenz sichergestellt.

Darüber hinaus werden die Risikostrukturblätter auch zur Überwachung der Risikomaßnahmen verwendet. In dem Falle, dass eine Maßnahme nicht die erwünschte Wirkung erzielt, erfolgt eine Beratung auf Vorstands- bzw. Geschäftsführungsebene über mögliche Alternativmaßnahmen. Entscheidend ist auch hier die Einbindung des Geschäftsführungsverantwortlichen. Er ist für die Überwachung verantwortlich. Die Interne Revision kann hier bei Bedarf eine unterstützende Funktion übernehmen.

Organisation des Risikomanagements am Beispiel der DÜRR AG

Der aufbau- und ablauforganisatorische Rahmen sowie die entsprechenden Strukturen für ein wirkungsvolles Risikomanagement werden von der Risikomanagementorganisation zur Verfügung gestellt (vgl. WOLF/RUNZHEIMER, 2001, S. 88). Dabei baut diese auf der vorhandenen Organisations- und Führungsstruktur und den damit verbundenen Aufgaben und Verantwortlichkeiten auf. Einfach formuliert bedeutet dies, dass die in einem bestimmten Geschäftsbereich auftretenden Risiken primär von diesem Bereich, insbesondere von dessen Führung, zu verantworten sind. Somit müssen unternehmerische Verantwortung und Risikomanagementverantwortung übereinstimmen (vgl. BAUR/LAMPARTER, 2003, S. 367).

Auch bei der Optimierung der Aufbau- und Ablauforganisation des Risikomanagementsystems fungierte der COSO-ERMF als Handlungsleitfaden. Hier wurden die Aufgaben und Verantwortungsbereiche sowie das Informations- und Kommunikationssystem weitgehend deckungsgleich mit den Anforderungen des COSO-ERMF verwirklicht.

Aufbauorganisation

Das strategisch-qualitative Risikomanagement mit Hilfe der Risikostrukturblätter ist sowohl für Konzern- als auch für Business Unit-Ebene vorgesehen. Dabei soll – wie im COSO-ERMF vorgeschlagen – die Position des „Risikomanagers" auf beiden Ebenen (Konzern- und BU-Ebene) geschaffen werden.

Dieser Risikomanager wird unmittelbar dem Vorstand bzw. der BU-Geschäftsführung zugeordnet und unterstützt die Risikoverantwortlichen bei der Umsetzung von Risikomanagementmaßnahmen im jeweiligen Verantwortungsbereich. Darüber hinaus sorgt er auch für die konzeptionelle Weiterentwicklung des Risikomanagementsystems einschließlich der erforderlichen Maßnahmen zur Implementierung und Pflege. Des Weiteren sorgt er für die Entwicklung von einheitlichen Standards als Grundlage dezentraler Risikomanagement-Aktivitäten und dokumentiert die Verantwortlichkeiten sowie die eingeleiteten und geplanten Maßnahmen. Somit ist er auch wesentlich an der Koordination und Organisation der Risikoberichterstattung beteiligt (vgl. Abb. 6).

Die Benennung eines Risikomanagers entbindet aber den Vorstand bzw. die BU-Leitung nicht von ihrer Geschäftsführungsverantwortung hinsichtlich der eingegangenen Risiken. Deshalb verbleibt die inhaltliche Verantwortung für die Risikostrukturblätter auf Konzernebene beim Vorstand und bei den jeweiligen Geschäftsbereichen bei den einzelnen Geschäftsführungen. Sie fungieren damit als „Risk owner".

Ablauforganisation – Informationsversorgung und Kommunikation

Die Ablauforganisation des Risikomanagements sollte vor allem hinsichtlich der Informationsversorgung und Kommunikation auf allen Unternehmensebenen

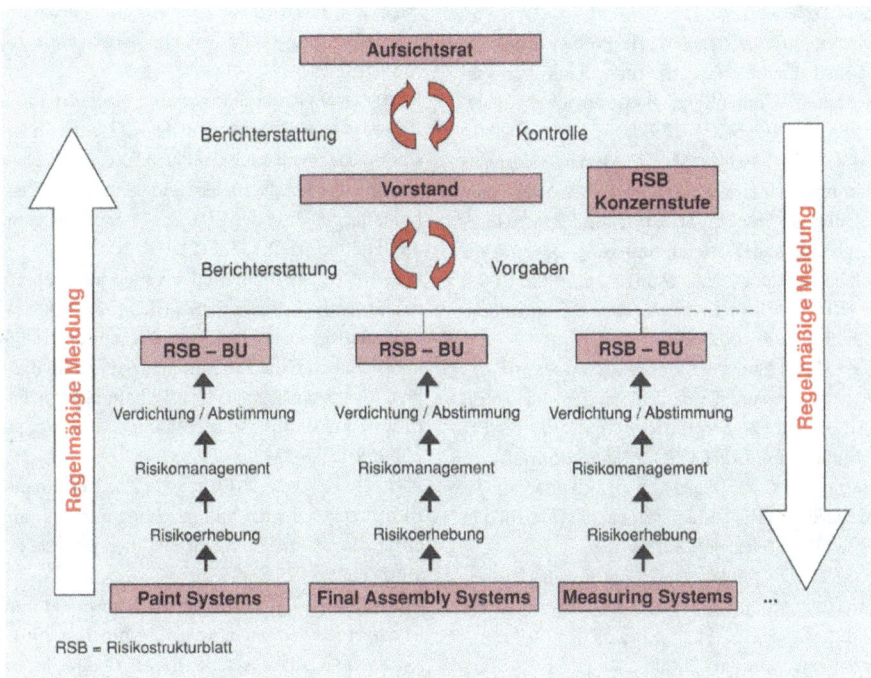

Abbildung 7: Organisation der Risikoberichterstattung bei der DÜRR AG (BU = Business Unit)

anhand des *COSO-ERMF* optimiert werden. Dabei wurde es als sehr wichtig angesehen, den vertikalen Informationsfluss zwischen den beiden Ebenen sicherzustellen (vgl. Abb. 7).

Die Informationsversorgung soll vor allem durch fest institutionalisierte und nach Bedarf durch zusätzliche Meetings sichergestellt werden. Eine sehr wichtige Rolle ist dabei den Risikostrukturblättern zugedacht.

In regelmäßigen Abständen sollen die auf Konzernebene vorliegenden Risikostrukturblätter vom Vorstand besprochen werden. Der Risikomanager auf Konzernebene ist bei diesen Vorstandsbesprechungen mit anwesend, um die Risikostrukturblätter entsprechend der Entscheidungen und Vorgaben des Vorstands zu überarbeiten. Er hat gleichzeitig auch die Möglichkeit, wichtige Punkte, die sich im Rahmen seiner Risikomanagementarbeit ergeben, anzusprechen. Da er einen regelmäßigen Kontakt mit den Risikomanagern auf BU-Ebene pflegt, ist er stets sehr gut über alle Belange des Risikomanagements im Konzern informiert. Zusätzlich wird der Vorstand mindestens einmal im Jahr eine separate Vorstandssitzung abhalten, um sich mit dem Risikomanagement innerhalb der *DÜRR* Gruppe zu befassen. Bei Bedarf können auch zusätzliche Vorstandssitzungen aufgrund aktueller Entwicklungen abgehalten werden. Alle Ergänzungen und Überarbeitungen der vorliegenden Risikostrukturblätter sind ohne Ausnahme mit dem Vorstand abzustimmen.

Das Vorgehen in den einzelnen BUs wird dem Vorgehen auf Konzernebene entsprechen. Auch hier wird es fest institutionalisierte Meetings und außerordentliche Sitzungen geben, an denen der jeweilige Risikomanager mit der Geschäftsführung der entsprechenden BU die Risikostrukturblätter bespricht und abstimmt.

Neben dem vertikalen Kommunikations- und Informationsfluss wird dieser auch horizontal sichergestellt. Aus diesem Grund wird sich der auf Konzernebene verantwortliche Risikomanager regelmäßig mit den auf BU-Ebene verantwortlichen Risikomanagern treffen. Dies dient vor allem dem Zwecke des intensiven Erfahrungsaustausches und der Förderung der Zusammenarbeit der einzelnen BUs untereinander. Die Zusammenarbeit der Funktionsverantwortlichen hat direkte Auswirkungen auf die inhaltliche Qualität des Risikomanagements und wurde deshalb fest institutionalisiert.

Zusätzlich wird der Vorstand in regelmäßigen Abständen den Aufsichtsrat über die Arbeit des Risikomanagementsystems im *DÜRR* Konzern unterrichten.

Entwicklungsperspektiven

Risiken sind dynamisch, d. h. sie können sich hinsichtlich der Wirkungen im Zeitablauf verändern. Zudem können aufgrund veränderter exogener Faktoren ständig neue Risiken entstehen oder bestehende wegfallen. Aus diesem Grund muss auch das Risikomanagement als kontinuierlicher Prozess gestaltet und ständig weiterentwickelt werden.

Weiterentwicklungen sind neben der IT-Realisierung insbesondere im Bereich der in den Risikostrukturblättern verwendeten Kennzahlen geplant. So könnten sowohl der Cashflow at Risk (CFaR) als auch der Value at Risk (VaR) zur Bestimmung der Risikoposition herangezogen werden. Der CFaR gibt das Risiko einer Abweichung der kumulierten Cashflows von den geplanten bzw. erwarteten kumulierten Cashflows an (vgl. PFENNING, 2000, S. 1300). Die Berechnung erfolgt auf der Basis von Simulationsmodellen (Monte-Carlo-Simulation). Diese Vorgehensweise berücksichtigt implizit Risikointerdependenzen. Der VaR dagegen ist definiert als „der geschätzte, maximale Wertverlust einer Einzelposition oder eines Portfolios, der unter üblichen Marktbedingungen, innerhalb eines festgelegten Zeitraums, mit einer bestimmten Wahrscheinlichkeit eintreten kann" (SCHIERENBECK, 2001, S. 17). Der VaR lässt sich mit analytischen Ansätzen oder auch mit Simulationen bestimmen. Da sich die Berechnungen dieser beiden Kennzahlen in der Praxis oft als sehr komplex erweisen, bietet sich auch hier der Einsatz von IT-Systemen an.

Außerdem ist eine weitere Vereinheitlichung des Risikomanagements der einzelnen BUs untereinander sowie zwischen der Konzern- und BU-Ebene geplant. Durch intensiven Erfahrungsaustausch sollen Synergiepotenziale aufgedeckt sowie die verstärkte Zusammenarbeit der BUs untereinander forciert werden.

Fazit

Um ein effektives Risikomanagement über alle Ebenen hinweg sicherzustellen, muss das Risikobewusstsein bei allen Mitarbeitern fest verankert sein. Dies ist nur realisierbar, wenn eine solche Haltung von der obersten Unternehmensebene mit dem notwendigen Nachdruck getragen und vorgelebt wird. Durch die Neustrukturierung des Risikomanagements anhand des *COSO-ERMF* wird die *DÜRR AG* ein modernes, integriertes Risikomanagementsystem implementieren, welches den gesetzlichen Ansprüchen sowie den aktuellen Umständen gerecht wird. Die Einrichtung der Position eines Risikomanagers sowohl auf Konzernebene wie auch in den einzelnen BUs bildet die Gewähr dafür, dass Zuständigkeiten klar definiert und Risiken über alle Ebenen kommuniziert werden sowie das Risikomanagementsystem ständig gepflegt und weiterentwickelt wird. Als zentrale Instrumente wurden die Risikolandkarte sowie vor allem die Risikostrukturblätter dargestellt.

Hinsichtlich der Verallgemeinerbarkeit des hier vorgestellten konzeptionellen Ansatzes ist folgendes zu konstatieren: Der *DÜRR* Konzern besteht aus fünf sehr unterschiedlichen, ergebnisverantwortlichen Business Units: Vom Großanlagenbau bis zum reinen Dienstleister ist alles vertreten. Dennoch konnte das hier vorgestellte Konzept eines einheitlichen Risikomanagementsystems für alle Business Units der *DÜRR AG,* angepasst werden. Eine Übertragung dieses Ansatzes auch auf andere Branchen erscheint daher realistisch. Als zentrale Aspekte für ein erfolgreiches Risikomanagement und -controlling konnten dabei die organisatorische Verankerung und die instrumentelle Unterstützung herausgearbeitet werden.

Für die Unterstützung bei der Entwicklung und Umsetzung des Konzeptes möchten wir uns bei Herrn *Alexander Wichmann* bedanken.

Literatur

BAETGE, J./JERSCHENSKY, A.: Frühwarnsysteme als Instrumente eines effizienten Risikomanagement und -Controlling, in: Controlling, 10. Jg. 1999, Heft 4/5, S. 171–176.
BAUR, W./LAMPARTER, G.: Risikomanagement als Instrument einer wertorientierten Unternehmensführung, in: HORVÁTH, P. (Hrsg.): Performancesteigerung und Kostenoptimierung. Neue Wege und erfolgreiche Praxislösungen, Stuttgart 2003.
BURGER, A./BUCHHART, A.: Risiko-Controlling, München u. a. 2002.
COSO ENTERPRISE RISK MANAGEMENT FRAMEWORK: Exposure Draft 2003; http://www.erm.coso.org/Coso/coserm.nsf/vwWebResources/PDF_Manuscript/$file/COSO_Manuscript.pdf.
DIEDERICHS, M./FORM, S./REICHMANN, T.: Standard zum Risikomanagement, in: Controlling, 16. Jg. 2004, Heft 4/5, S. 189–198.
DÖRNER, D./DOLECZIK, G.: Prüfung des Risikomanagements, in: DÖRNER, D./HORVÁTH, P./KAGERMANN, H. (Hrsg.): Praxis des Risikomanagements, Stuttgart 2000.
DEUTSCHER RECHNUNGSLEGUNGSSTANDARD Nr. 5, Risikoberichterstattung, 2001.
ERNST, C./SEIBERT, U./STUCKERT, F. (Hrsg.): KonTraG/KapAEG/StückAG/EuroEG, Düsseldorf 1998.
HALLER, M.: Risiko-Management – Eckpunkte eines integrierten Konzepts, in: JACOB, H. (Hrsg.): Schriften zur Unternehmensführung, Wiesbaden 1986.
HELTEN, E./HARTUNG, T.: Instrumente und Modelle zur Bewertung industrieller Risiken, in: HÖLSCHER, R./ELFGEN, R. (Hrsg.): Herausforderung Risikomanagement: Identifikation, Bewertung und Steuerung industrieller Risiken, Wiesbaden 2002.
HOFFMANN, K.: Risk Management: Neue Wege der betrieblichen Risikopolitik, Karlsruhe 1985.
HÖLSCHER, R.: Gestaltungsformen und Instrumente des industriellen Risikomanagements, in: SCHIERENBECK, H. (Hrsg.): Risk Controlling in der Praxis, Rechtliche Rahmenbedingungen und geschäftspolitische Konzeptionen in Banken, Versicherungen und Industrie, Zürich 2000, S. 297–363.
HÖLSCHER, R.: Von der Versicherung zur integrativen Risikobewältigung: Die Konzeption eines modernen Risikomanagements, in: HÖLSCHER, R./ELFGEN, R. (Hrsg.): Herausforderung Risikomanagement: Identifikation, Bewertung und Steuerung industrieller Risiken, Wiesbaden 2002.
HORVÁTH, P.: Controlling, 9. Auflage, München, 2003.
HORVÁTH, P./GLEICH, R.: Controlling als Teil des Risikomanagements, in: DÖRNER, D./HORVÁTH, P./KAGERMANN, H.: Praxis des Risikomanagements, Stuttgart 2000, S. 99–126.
INSTITUT DER WIRTSCHAFTSPRÜFER IN DEUTSCHLAND E.V.: IDW-Prüfungsstandards. Die Prüfung des Risikofrüherkennungssystems nach § 317 Absatz 4 HGB (IDW PS 340), in: Die Wirtschaftsprüfung (WPg), 52. Jg. 1999, Heft 16, S. 658–662.
KEITSCH, D.: Risikomanagement, Stuttgart 2000.
KOHLHOFF C./LANGENHAHN, K./ZORN, S.: Risikomanagement nach dem KonTraG – zwischen Theorie und Praxis; zugleich ein Beitrag zum Risikomanagement in der EDV, in: Interne Revision, 35. Jg. 2000, Heft 1, S. 2–11.
PFENNING, M.: Shareholder Value durch unternehmensweites Risikomanagement, in: JOHANNING, L./RUDOLPH, B. (Hrsg.): Handbuch Risikomanagement, Band 2: Risikomanagement in Banken, Asset Management Gesellschaften, Versicherungs- und Industrieunternehmen, Bad Soden 2000, S. 1295–1334.
PFITZER, N./OSER, P./ORTH, C.: Zur Reform des Aktienrechts, der Rechnungslegung und Prüfung durch das TransPubG, in: Der Betrieb, 55. Jg. 2002, Heft 4, S. 157–165.
REICHMANN, T.: Controlling mit Kennzahlen und Managementberichten, 6. Aufl., München 2001.
SARBANES-OXLEY ACT: Sarbanes-Oxley Act of 2002, http://www.sarbanes-oxley.com/displaycaob.php?=2&pub_id=Sarbanes-Oxley, Stand 05.05.2003.
SCHIERENBECK, H.: Ertragsorientiertes Bankmanagement, Band 2: Risiko-Controlling und integrierte Rendite-/Risikosteuerung, 7. Aufl., Wiesbaden 2001.
THE INSTITUTE OF CHARTERED ACOUNTANTS IN ENGLAND & WALES (Hrsg.): Internal Control – Guidance for Directors on the Combined Code, London 1999.
V. WERDER, A.: Der deutsche Corporate Governance Kodex – Grundlagen und Einzelbestimmungen, in: Der Betrieb, 55. Jg. 2002, Heft 15, S. 801–810.
WEBER, J./WEIßENBERGER, B. E./LIEKWEG, A.: Risk Tracking and Reporting, Unternehmerisches Chancen- und Risikomanagement nach dem KonTraG, in: Schriftenreihe Advanced Controlling, Band 11, Vallendar 1999.
WOLF, K./RUNZHEIMER, B.: Risikomanagement nach KonTraG: Konzeption und Implementierung, Wiesbaden 2001.

Neues vom Branchenprimus im Bereich Risikomanagement

 SAS bringt neue Lösung für das Kreditrisiko-Management auf den Markt

Die Basel-II-konforme Lösung stellt sicher, dass Banken und Finanzdienstleister immer über adäquate Risikorückstellungen verfügen und liefert ihnen – auch über Basel II hinaus – umfangreiche Funktionen zur flexiblen Finanzplanung.
SAS® Credit Risk Management kombiniert Kreditdaten-Management und Credit Scoring mit Funktionen für das Portfolio-Risk-Management, die sich sämtlich über ein zentrales Management- und Reporting-Instrument steuern lassen.

 Nr. 1 in Basel II Systems Survey von Capgemini: SAS

Capgemini Schweden analysierte den Markt hinsichtlich Software-Lösungen für Basel II. Dabei wurde SAS Risk Management als die leistungsfähigste Lösung evaluiert. Insbesondere das breite Lösungsspektrum und die große Anzahl standardisierter Schnittstellen überzeugten. Das Resultat präsentierte Capgemini Schweden auf ihrer jährlichen Konferenz in Stockholm vor über 200 Kunden.

 Größte Verlustdatenbank in SAS® OpRisk Management

OpRisk Global Data umfasst einen ständig aktualisierten, akribisch gepflegten Bestand an externen Daten zu eingetretenen Verlusten. Mehr als 10.000 Fälle mit Schadensvolumina von mindestens einer Millionen US-Dollar sind in bis zu 50 Feldern pro Datensatz hinterlegt.
Mit **SAS® OpRisk Management** wird die Verlustdatenbank zu einer Komplettlösung für das integrierte Messen und Managen operationeller Risiken für Banken, Versicherungen und andere Branchen erweitert.

 Mit SAS und IBM erfolgreich die QIS4 für Basel II bestreiten

Nutzen Sie die Chance mit QIS4 (Quantitative Impact Study 4), ihre Basel II Tauglichkeit zu testen. Profitieren Sie dabei von den Erfahrungen zweier global agierender Unternehmen, die ihre Kompetenzen in einer Partnerschaft für Basel II bündeln. Sichern Sie sich die umfassende Basel II-Beratungskompetenz von IBM gepaart mit den zukunftsweisenden Basel II Software-Lösungskomponenten von SAS.

 Analysten über SAS

Forrester Research zufolge „verfügt SAS über das Lösungsportfolio, das am weitesten über das reine Basel II-Management hinausgeht. Andere Applikationen hingegen konzentrieren sich einzig und allein darauf, Unternehmen Basel II-konform zu machen – anstatt den Blick auf das Aufdecken von Risiken zu richten."
(Quelle: Forrester Research, Inc., Turning Chaotic Apps Into An Opportunity, Forrester brief Basel II)

Mehr Informationen zu diesen und weiteren aktuellen Themen im Bereich Risikomanagement finden Sie unter **www.sas.de/risk**

The Power to Know®

Strategische Kontrolle als Element des Risikomanagements

Stefan Dierkes/Elmar Gerum/Murat Ayaz/Nils Stieglitz

Risikomanagement und strategische Kontrolle

Mit dem In-Kraft-Treten des KonTraG (Gesetz zur Kontrolle und Transparenz im Unternehmensbereich) am 01.05.1998 sind alle Vorstände von Aktiengesellschaften verpflichtet, ein Überwachungssystem bzw. Risikomanagementsystem einzurichten. Ein solches Risikomanagementsystem soll in erster Linie dazu dienen, alle wesentlichen Risiken des Unternehmens, insbesondere die mit erheblichem Einfluss auf die Vermögens-, Erfolgs- und Finanzlage, frühzeitig zu erkennen, um ihnen durch rechtzeitig ergriffene Maßnahmen zu begegnen. Die wissenschaftliche Diskussion in den vergangenen Jahren über den Sinn und die konkrete Ausgestaltung eines Risikomanagementsystems hat in weiten Teilen der betrieblichen Praxis über die gesetzliche Verpflichtung hinaus zu der Einsicht geführt, dass ein Risikomanagementsystem ein unverzichtbarer Bestandteil des Führungssystems eines Unternehmens ist.

Das Risiko unternehmerischen Handelns kann allgemein als die Möglichkeit des Abweichens künftiger Zielgrößen von ihren geplanten bzw. erwarteten Werten definiert werden, wobei das Risiko vielfach im Sinne einer Gefahr mit einer möglichen negativen Abweichung assoziiert wird (vgl. KÜRSTEN/STRASS-BERGER, 2000, S. 202 f.; ARBEITSKREIS FINANZIERUNGSRECHNUNG, 2001, S. 58 ff.). Ein Risikomanagementsystem sollte jedoch nicht auf das Erkennen und die Begegnung von Gefahren beschränkt werden, sondern es sollte ebenso auf die künftigen Chancen abstellen. Wesentliche Risiken ergeben sich für ein Unternehmen regelmäßig dann, wenn die im Rahmen der strategischen Planung angestrebten Wettbewerbsvorteile nicht erreicht werden. Der strategischen Kontrolle kommt hierbei während des gesamten Planungs- und Realisationsprozesses die Aufgabe zu, derartige Abweichungen frühzeitig zu erkennen und deren Wirkungen auf die Zielgrößen eines Unternehmens abzuschätzen, um möglichen Gefahren durch geeignete Maßnahmen zu begegnen und mögliche Chancen durch entsprechende Maßnahmen zu nutzen. Insofern ist die strategische Kontrolle für ein Risikomanagementsystem eines Unternehmens von

---

- Die strategische Kontrolle stellt ein wesentliches Element des Risikomanagements dar, weil sich für ein Unternehmen bestandsgefährdende Risiken insbesondere dann ergeben, wenn die in der strategischen Planung angestrebten Wettbewerbsvorteile nicht erreicht werden.
- Da die Inhalte einer strategischen Kontrolle jedoch bislang nicht in ausreichendem Maße konkretisiert wurden, ist sie bisher für die Praxis von vergleichsweise geringer Bedeutung geblieben.
- In diesem Beitrag werden die Inhalte der strategischen Prämissenkontrolle, der strategischen Durchführungskontrolle und der strategischen Überwachung als die Elemente der strategischen Kontrolle nun so weit konkretisiert, dass eine gewinnbringende Anwendung der strategischen Kontrolle im Risikomanagement eines Unternehmens möglich erscheint.
- Die theoretische Grundlage hierfür wird durch die Integration der gütermarktorientierten strategischen Managementlehre und der kapitalmarktorientierten Unternehmensführung gelegt.
- Für eine weitergehende inhaltliche Konkretisierung der strategischen Kontrolle sind die Zusammenhänge zwischen diesen Theorien in der Zukunft genauer herauszuarbeiten, wofür dieser Beitrag Anknüpfungspunkte liefert.

Prof. Dr. Stefan Dierkes ist Inhaber des Lehrstuhls für Allgemeine Betriebswirtschaftslehre und Controlling, Philipps-Universität Marburg.

Prof. Dr. Elmar Gerum ist Inhaber des Lehrstuhls für Allgemeine Betriebswirtschaftslehre, Organisation und Personalwirtschaft, Philipps-Universität Marburg.

besonderer Bedeutung. *Schreyögg* und *Steinmann* haben für die strategische Kontrolle ein grundlegendes Konzept entwickelt (vgl. SCHREYÖGG/STEINMANN, 1985; SCHREYÖGG/STEINMANN, 1986; SCHREYÖGG/STEINMANN, 1987). Dabei werden die Elemente der strategischen Kontrolle sorgfältig und stimmig begründet. Offen bleibt hier und in anderen, nachfolgenden Beiträgen zur strategischen Kontrolle (vgl. SJURTS, 1995, S. 253 ff.; MURALIDHARAN, 1997) jedoch weitgehend die konkrete inhaltliche Ausgestaltung, auch dort wo es möglich und erforderlich wäre. Das Ziel dieses Beitrags ist es daher, die Inhalte der Elemente einer strategischen Kontrolle – soweit sinnvoll – zu konkretisieren und deren Anwendung im Rahmen des Risikomanagements zu erläutern.

Der weitere Beitrag gliedert sich wie folgt: Aufgrund des wechselseitigen Bezugs von strategischer Planung und strategischer Kontrolle werden im nachfolgenden 2. Kapitel diese zentralen Elemente kurz dargestellt. Dabei wird zunächst versucht die Argumentationsmuster der gütermarktorientierten Strategielehre und der kapitalmarktorientierten Unternehmensführung in der strategischen Planung zu integrieren. Danach werden die Ziele und Elemente der strategischen Kontrolle im Grundsatz vorgestellt. Hierauf aufbauend werden im 3. Kapitel die Elemente der strategischen Kontrolle, die strategische Prämissenkontrolle, die strategische Durchführungskontrolle und die strategische Überwachung zu konkretisieren versucht und beispielhaft illustriert. Den Abschluss des Beitrags bilden eine Zusammenfassung der wesentlichen Ergebnisse sowie ein Ausblick auf mögliche künftige Forschungsvorhaben.

Konzeptionelle Grundlagen der strategischen Kontrolle

Zur wertorientierten strategischen Planung

Den theoretischen und inhaltlichen Bezugspunkt der strategischen Kontrolle bildet die strategische Planung. In der strategischen Planung eines Unternehmens oder einer Strategischen Geschäftseinheit (SGE) ist festzulegen, welche relative Wettbewerbsposition in einem Markt mit welchen Unternehmensressourcen erreicht werden soll (vgl. PORTER, 1980; GHEMAWAT, 1991; MINTZBERG/QUINN/VOYER, 1995; GRANT, 2002). Hierfür sind auf der Grundlage der interdependenten umweltbezogenen Chancen/Bedrohungen-Analyse und unternehmensbezogenen Stärken/Schwächen-Analyse strategische Optionen zu generieren. Um nachhaltige Wettbewerbsvorteile zu erreichen, gilt es zum einen die relevanten Unternehmensressourcen zu identifizieren und ihre Verfügbarkeit zu prüfen. Im Einzelnen geht es dabei um die finanziellen und die physischen Ressourcen, die Humanressourcen sowie die organisatorischen und technologischen Ressourcen, die insbesondere daraufhin zu überprüfen sind, ob und inwieweit sie eingeschränkt imitierbar und substituierbar sind (vgl. WERNERFELDT, 1984; BARNEY, 1991; GRANT, 1991). Zum anderen ist der relevante Markt hinsichtlich der Wettbewerbskräfte (neue Konkurrenten, Rivalität, Verhandlungsmacht der Nachfrager und Lieferanten, Substitutionsdruck) und der Attraktivität des Marktes zu analysieren (vgl. PORTER, 1980; BESANKO/DRANOVE/SHANLEY, 2000). Aus dem Abgleich von Unternehmensressourcen und Umweltentwicklung ergeben sich die strategischen Optionen, die es kapitalmarktorientiert zu bewerten gilt und die in den (finanziellen) Wertgeneratoren ihren Niederschlag finden. Die strategische Wahl zwischen diesen Optionen erfolgt im Lichte finanzieller und nicht finanzieller Ziele, wie sie sich aus dem Corporate Governance-System ergeben. Dabei wird von einer Stakeholderperspektive ausgegangen. Der in finanziellen Größen gemessene Wert einer Strategie wird aus Sicht der Eigenkapitalgeber bestimmt, wobei deren nicht finanziellen Ziele und die Ziele der anderen Stakeholder, wie z. B. die der Arbeitnehmer, als Nebenbedingungen bei der Strategiewahl berücksichtigt werden (vgl. CORNELL/SHAPIRO, 1987, S. 5 ff.).

Bei der Bestimmung des finanziellen Wertes einer Strategie aus Sicht der Eigenkapitalgeber erfreuen sich die Discounted Cashflow (DCF)-Verfahren einer zunehmend großen Beliebtheit. Das gemeinsame Merkmal aller DCF-Verfahren ist die Diskontierung künftiger Cashflows mit einem risikoangepassten Kapitalkostensatz, zu dessen Ermittlung auf den Kapitalmarkt zurückgegriffen wird (vgl. z. B. JAKUBOWICZ, 2000; BAETGE/NIEMEYER/KÜMMEL, 2002; ROSS/WESTERFIELD/JAFFEE, 2002, DRUKARCZYK, 2003, S. 199 ff. sowie COPELAND/WESTON, 1988; S. 193 ff.; FRANKE/HAX, 2004, S. 351 ff.). Die Anwendung der DCF-Verfahren in der strategischen Planung setzt voraus, dass aus den strategiespezifischen Annahmen über Unternehmen und Umwelt die Wertgeneratoren abgeleitet werden (vgl. RAPPAPORT, 1987, S. 58 ff.; RAPPAPORT, 1999, S. 71 ff. und COPELAND/KOLLER/MURRIN, 2000, S. 233 ff.). Bei Ansatz der von Rappaport verwendeten (finanziellen) Wertgeneratoren ergibt sich der Erwartungs-

Dipl.-Kfm. Murat Ayaz
ist wissenschaftlicher Mitarbeiter am Lehrstuhl für Allgemeine Betriebswirtschaftslehre und Controlling der Philipps-Universität Marburg (Prof. Dr. Dierkes).

Dr. Nils Stieglitz
ist Habilitand am Lehrstuhl für Allgemeine Betriebswirtschaftslehre, Organisation und Personalwirtschaft der Philipps-Universität Marburg (Prof. Dr. Gerum).

RISIKOIDENTIFIKATION

wert des freien Cashflows in der t-ten Periode ausgehend von dem realisierten Cashflow der vergangenen Periode gemäß dem Weighted Average Cost of Capital (WACC)-Verfahren z_t^p wie folgt (vgl. RAPPAPORT, 1999, S. 40 ff.):

$$z_t^p = u_{t-1}^p \cdot (1+w_t^p) \cdot r_t^p \cdot (1-s^p) - u_{t-1}^p \cdot w_t^p \cdot na_t^p - u_{t-1}^p \cdot w_t^p \cdot nu_t^p$$

$$= (E_t^p - A_t^p) \cdot (1-s^p) - IA_t^p - IU_t^p$$

$$= EBIT_t^p - S_t^p - IA_t^p - IU_t^p$$

$$= NOPLAT_t^p - IA_t^p - IU_t^p$$

mit

A_t	(unmittelbar) umsatzabhängige Auszahlungen (einschl. Ersatzinvestitionen) in der t-ten Periode
$EBIT_t$	Earnings Before Interest and Taxes in der t-ten Periode
na_t	Nettoinvestitionsrate in das Anlagevermögen in der t-ten Periode
$NOPLAT_t$	Net Operating Profit Less Adjusted Taxes in der t-ten Periode
nu_t	Investitionsrate in das Nettoumlaufvermögen in der t-ten Periode
IA_t	Nettoinvestitionen in das Anlagevermögen in der t-ten Periode
IU_t	Investitionen in das Nettoumlaufvermögen in der t-ten Periode
p	Plangrößenindex
r_t	Umsatzrentabilität in der t-ten Periode
s	(konstanter) Ertragsteuersatz
S_t	Ertragsteuern in der t-ten Periode
t	Periodenindex; t = 1,...,T
E_t	Einzahlungen im Umsatzbereich in der t-ten Periode
w_t	Umsatzwachstumsrate in der t-ten Periode
z_t	freier Cashflow gemäß dem WACC-Verfahren in der t-ten Periode

Im Falle eines unendlichen Planungshorizontes ist dieser in mehrere Prognosephasen mit unterschiedlichem Detailliertheitsgrad zu zerlegen. Im Folgenden wird angenommen, dass der unendliche Planungszeitraum in zwei Prognosephasen unterteilt wird: In einer T Perioden umfassenden 1. Prognosephase werden die freien Cashflows detailliert mit Hilfe der Wertgeneratoren bestimmt. Für die 2. Prognosephase wird vereinfachend unterstellt, dass die Erweiterungsinvestitionen keinen zusätzlichen finanziellen Wertbeitrag erbringen und damit einen Kapitalwert in Höhe von Null aufweisen, weshalb der NOPLAT der T-ten Periode als repräsentatives Ergebnis für alle nachfolgenden Perioden verwendet wird (vgl. RAPPAPORT, 1999, S. 48 ff.; COPELAND/KOLLER/MURRIN, 2000, S. 267 ff). Unter den Annahmen eines konstanten Verschuldungsgrades und einer konstanten Wachstumsrate des NOPLAT in der 2. Prognosephase bestimmt sich der Plan-Marktwert am Anfang der 1. Periode gemäß dem WACC-Verfahren wie folgt (vgl. RAPPAPORT, 1999, S. 39 ff.; DIERKES/HANRATH, 2004):

$$MW_{1,A}^p = \sum_{t=1}^{T} z_t^p \cdot (1+k^p)^{-t} + \frac{NOPLAT_T^p \cdot (1+w_{RV}^p)}{(k^p - w_{RV}^p) \cdot (1+k^p)^T}$$

$$= MP_{1,A}^p + RV_{1,A}^p$$

wobei $k = ek \cdot (1-\theta) + fk \cdot (1-s) \cdot \theta$

mit

ek	risikoangepasster Eigenkapitalkostensatz
fk	Fremdkapitalkostensatz
$MW_{t,A}$	Marktwert am Anfang der t-ten Periode
$MP_{t,A}$	Marktwert der Zahlungen in der 1. Prognosephase am Anfang der t-ten Periode
$RV_{t,A}$	Marktwert der Zahlungen in der 2. Prognosephase am Anfang der t-ten Periode
k	Kapitalkostensatz gemäß dem WACC-Verfahren
w_{RV}	Wachstumsrate des NOPLAT in der 2. Prognosephase
θ	Fremdkapitalquote

Auf der Grundlage der ermittelten Marktwerte alternativer Strategien ist im Rahmen der strategischen Wahl, gegebenenfalls unter zusätzlicher Berücksichtigung anderer Ziele der Unternehmensbeteiligten, eine strategische Option auszuwählen. Der Marktwert einer SGE oder eines Unternehmens kann dann in Marktwertbilanzen abgebildet werden (siehe hierzu KLOOCK, 2000a, S. 28 ff.; BAETGE/ZÜLCH, 2001; COENENBERG, 2003, S. 1085 sowie auch ALBACH, 1965; SEICHT, 1970, S. 558 ff.; LUHMER, 1992). In der Abbildung 1 ist eine Marktwertbilanz einer SGE am Anfang der 1. Periode dargestellt, auf deren „Aktivseite" die Marktwerte der künftigen Einzahlungen, wohingegen auf der „Passivseite" die Marktwerte der künftigen Auszahlungen sowie als Residualgröße der Marktwert der SGE ausgewiesen werden. Vereinfachend wird hierbei von einem für alle Zahlungsarten einheitlichen Kapitalkostensatz ausgegangen. Der Aussagegehalt einer derart aufgebauten Marktwertbilanz kann durch eine weitere Differenzierung nach Zahlungsarten sowie den Ansatz differenzierterer, gegebenenfalls auch immaterieller Wertgeneratoren weiter erhöht werden. Ferner können durch den alternativen Ansatz der Marktwerte von Produkten, Produktgruppen, Kundengruppen etc. weitere Einblicke in die Erfolgsstruktur gewonnen werden. Aus der Aggregation derart aufgebauter Marktwertbilanzen der SGE ergeben sich die Marktwertbilanzen eines Unternehmens (vgl. COPELAND/COLLER/MURRIN, 2000, S. 132 f., 301 ff.). Bei Existenz von Synergieeffekten können die synergiebedingten Marktwerte differenziert ausgewiesen werden. Des Weiteren können auf der Grundlage der Residualgewinne (oder der Economic Value Addeds (EVA)) künftiger Perioden Marktwertbilanzen mit dem kalkulatorischen Vermögen zu Buchwerten und dem Market Value Added auf der „Aktivseite" und den Marktwerten des Eigenkapitals und des Fremdkapitals auf der „Passivseite" kon-

"Aktiva"	Marktwertbilanz zu Beginn der 1. Periode		"Passiva"
Plan-MW des Umsatzes	$\sum_{t=1}^{T} U_t^p \cdot (1+k^p)^{-t}$	Plan-MW der SGE	$MW_{1,A}^p$
Plan-MW des Restwertes	$RV_{1,A}^p$	Plan-MW der umsatzabhängigen Auszahlungen	$\sum_{t=1}^{T} A_t^p \cdot (1+k^p)^{-t}$
		Plan-MW der Ertragsteuern	$\sum_{t=1}^{T} S_t^p \cdot (1+k^p)^{-t}$
		Plan-MW der Nettoinvestitionen ins Anlagevermögen	$\sum_{t=1}^{T} IA_t^p \cdot (1+k^p)^{-t}$
		Plan-MW der Investitionen ins Nettoumlaufvermögen	$\sum_{t=1}^{T} IU_t^p \cdot (1+k^p)^{-t}$

Abbildung 1: Marktwertbilanz einer SGE zu Beginn der 1. Periode

zipiert werden (vgl. DIERKES/HANRATH, 2004).

Die bisherigen Überlegungen sollen anhand eines Beispiels illustriert werden, bei dem von den in der Abbildung 2 aufgeführten geplanten Ausprägungen der Wertgeneratoren für die 5 Perioden umfassende 1. Prognosephase und einem Ist-Umsatz der vergangenen Periode in Höhe von 10.000 Geldeinheiten ausgegangen wird. Die sich aus diesen Daten ergebende Marktwertbilanz zu Beginn der 1. Periode ist in der Abbildung 3 dargestellt.

Da der gesamte Prozess der strategischen Planung mit erheblichen Risiken behaftet ist, ist dieser um eine strategische Kontrolle zu ergänzen, auf deren Ziele und Elemente im folgenden Abschnitt eingegangen wird.

Ziele und Elemente einer strategischen Kontrolle

Die wertorientierte strategische Planung benötigt, trotz andauernder Unsicherheit, Komplexität und Dynamik, schlussendlich Eindeutigkeit, um zu Entscheidungen über die strategischen Aktivitäten zu gelangen bzw. solche empfehlen zu können. Es muss demnach künstlich Eindeutigkeit hergestellt werden dadurch, dass man die Unsicherheit und Komplexität auf ein handhabbares Maß reduziert. Die strategische Planung hat also aus dem unbegrenzten Feld von Umweltinformationen durch Selektion und Verdichtung eine Grundlage für die Formulierung einer Strategie herzustellen. Erkauft wird diese Möglichkeit zur Planung jedoch durch das jeder Selektion immanente Risiko des Ausblendens und Wegfilterns. Diese Selektivität birgt zwei fundamentale Risiken in sich, nämlich das Risiko der Fehlselektion und das Risiko, das aus der Unwissenheit resultiert. Insofern bedarf es Vorkehrungen, das Selektionsrisiko zu kompensieren, quasi „unter Kontrolle" zu halten. In genau dieser Kompensationsfunktion sehen *Schreyögg* und *Steinmann* die genuine Aufgabe der strategischen Kontrolle (vgl. SCHREYÖGG/STEINMANN, 1985, S. 396).

Die Kompensationsfunktion unterscheidet dieses Konzept deutlich von anderen Ansätzen zur strategischen Kontrolle (vgl. SJURTS, 1995, S. 253 ff.; MURALID-HARAN, 1997, S. 65 ff.). Die Begründung und das Ziel der strategischen Kontrolle leiten sich also unmittelbar aus dem Selektionsrisiko der strategischen Planung ab. Kontrolle wird im strategischen Managementprozess „zur Bedingung der Möglichkeit" sinnvoller Planung.

Strategische Planung ist demnach der Versuch, auf der Grundlage von Relevanzvermutungen über die Ressourcen und die Umwelt eine Strategie zu entwerfen, die es durch strategische Kontrolle zu ermöglichen und abzusichern gilt. Strategische Kontrolle hat hier die Aufgabe, die von Anfang an potenziell revisionsbedürftigen strategischen Pläne und deren Umsetzung fortlaufend begleitend auf ihre weitere Tragfähigkeit hin zu überprüfen, um so rechtzeitig Bedrohungen und möglicherweise erforderliche Veränderungen der Strategie zu signalisieren. Primäre Rolle der strategischen Kontrolle ist es dabei nicht, (neue) strategische Chancen ausfindig zu machen oder strategische Handlungsalternativen zu entwickeln. Zentral ist vielmehr die Kompensationsfunktion, wodurch ein Gegengewicht zur Selektivität der Planung gebildet wird. Deshalb muss die strategische Kontrolle der Idee nach als nicht-selektiv, also global und ungerichtet, verstanden und konzeptionalisiert werden.

t	w_t	r_t	na_t	nu_t
1	10 %	20 %	10 %	4 %
2	15 %	22 %	9 %	5 %
3	20 %	25 %	8 %	6 %
4	15 %	28 %	8 %	6 %
5	5 %	30 %	8 %	6 %
Wachstumsrate w_{RV}				2 %
Eigenkapitalkostensatz ek				15 %
Fremdkapitalkostensatz fk				6 %
Ertragsteuersatz s				30 %
Fremdkapitalquote θ				60 %
Kapitalkostensatz k				8,52 %

Abbildung 2: Plangrößen der Wertgeneratoren zu Beginn der 1. Periode

RISIKOIDENTIFIKATION

„Aktiva"	Marktwertbilanz zu Beginn der 1. Periode		„Passiva"
Plan-MW des Umsatzes	57.522,20	Plan-MW der SGE	49.274,50
Plan-MW des Restwertes	40.011,23	Plan-MW der umsatzabhängigen Auszahlungen	42.984,15
		Plan-MW der Ertragsteuern	4.361,41
		Plan-MW der Nettoinvestitionen ins Anlagevermögen	554,36
		Plan-MW der Investitionen ins Nettoumlaufvermögen	359,00
„Plan-Bilanzsumme"	97.533,42	„Plan-Bilanzsumme"	97.533,42

Abbildung 3: Marktwertbilanz der SGE zu Beginn der 1. Periode

Differenziert man die globale Kompensationsfunktion teilweise aus, um Spezialisierungsvorteile zu realisieren, so lassen sich drei Kontrolltypen unterscheiden: Die strategische Überwachung als globale Kernfunktion sowie die beiden Spezialfunktionen strategische Prämissenkontrolle und strategische Durchführungskontrolle. Diese sollen im Folgenden kurz erläutert werden (vgl. SJURTS, 1995).

(1) Die *strategische Prämissenkontrolle* knüpft unmittelbar an das Selektionsrisiko der strategischen Planung an. Ihre Aufgabe ist es, die im strategischen Planungsprozess gesetzten Annahmen kontinuierlich auf ihre Richtigkeit hin zu überprüfen (vgl. SCHREYÖGG/STEINMANN, 1985, S. 401 ff.). Beginnend mit der Strategieformulierung werden im Kontrollprozess die gewählten Prämissen der zwischenzeitlich eingetretenen Situation in einem Plan-Ist-Vergleich gegenübergestellt. Auf der Grundlage des so gewonnenen Wissens kann dann geprüft werden, ob die gesetzten strategischen Annahmen über die Unternehmens- und die Umweltentwicklung einerseits und die geplanten Ausprägungen der Wertgeneratoren andererseits noch zutreffend sind. Insofern stellen die Annahmen und Wertgeneratoren die Kontrollobjekte der Prämissenkontrolle dar, weshalb sich diese als gerichtet kennzeichnen lässt. Daraus ergibt sich aber auch, dass sie nie eine vollständige Überwachung der für die Planung bedeutsamen Einflussgrößen gewährleisten kann. Neben den explizit gesetzten Prämissen existieren nicht nur implizite Annahmen, die zwar in die Planung eingehen, aber im Planungszeitpunkt dem Planer nicht bewusst sind, sondern auch Annahmen, die bei dem Versuch, Eindeutigkeit für den Planungsprozess herzustellen, ausgeblendet und weggefiltert wurden. Prämissenkontrolle ist insoweit selektiv und bedarf selbst noch einer Kompensation.

(2) Die Notwendigkeit für eine *strategische Durchführungskontrolle* ergibt sich aus der Einsicht in die prinzipielle Unsicherheit von Prognosen. Gegenstand der Prognosen sind hier die beabsichtigten und unbeabsichtigten Wirkungen der Handlungen in der Strategierealisation, nicht jedoch die unternehmensinternen oder -externen Rahmenbedingungen. Aufgabe der Durchführungskontrolle ist es, solche Kontrollinformationen zu gewinnen, die im ex-ante-Stadium der Prämissenformulierung bei der Planung noch nicht zugänglich waren bzw. sein konnten (vgl. SCHREYÖGG/STEINMANN, 1985, S. 402). Für die Durchführungskontrolle gilt es, strategische Zwischenziele (Meilensteine) als Planwerte zu formulieren, die dann bezüglich der realisierten Zwischenergebnisse in einem Plan-Ist-Vergleich sowie bezüglich der künftigen Zwischenergebnisse in einem Plan-Wird-Vergleich gegenübergestellt werden. Bei diesen Vergleichen soll nicht nur festgestellt werden, ob die Ergebnisse im Plan liegen, sondern ferner, ob und inwieweit die gewählte Strategie weiter beibehalten werden kann, sich Gefahren für ihre Realisierung abzeichnen oder diese revisionsbedürftig erscheint (vgl. SCHREYÖGG/STEINMANN, 1985, S. 403). So können unerkannt gebliebene oder vernachlässigte Einflussgrößen in der konkreten Situation wirksam geworden sein und zu erwartungswidrigen Zwischenergebnissen geführt haben. Die Entdeckung strategischer Störfaktoren bei der Durchführungskontrolle hat im Ergebnis eine Kompensationsfunktion für die Prämissenkontrolle (vgl. SCHREYÖGG/STEINMANN, 1986, S. 749). Ferner ist denkbar, dass die strategischen Maßnahmen und Realisationshandlungen weder in der geplanten Zeit noch zu den geplanten Kosten ausgeführt werden können. Dann bleibt zu prüfen, ob die strategische Planung im Grundsatz haltbar ist oder der Revision bedarf. Gegenstand möglicher Korrekturen ist die Unternehmensstrategie und nicht primär der Aufgabenvollzug.

(3) Da sowohl die Prämissenkontrolle als auch die Durchführungskontrolle mit der Festlegung von Meilensteinen gerichtet und insoweit selektiv sind, bedarf es der *strategischen Überwachung* als globaler Kontrollfunktion, die dieses „Rest-Selektionsrisiko" übernimmt (vgl. SCHREYÖGG/STEINMANN, 1985, S. 403). Die unspezialisierte strategische Überwachung dient als Auffangnetz für die verbleibenden Risiken der strategischen Planung. Leitend ist hier die Einsicht, dass es regelmäßig kritische Ereignisse gibt, die einerseits bei der Prämissensetzung übersehen oder falsch eingeschätzt wurden, andererseits aber noch nicht Niederschlag in den Resultaten und Wirkungen der implementierten strategischen Teilaktivitäten gefunden haben. Die strategische Überwachung ist dementsprechend nicht auf konkrete Kontrollobjekte bezogen, sondern eine ungerichtete Kontrollaktivität. Maßstab für die Gewinnung der Kontrollinformationen ist hier die potenzielle Bestandsbedrohung der Organisation. Die Bestandsbedrohung manifestiert sich in der Gestalt von Krisen, die das Erfolgspotenzial der gewählten Strategie auszuhöhlen drohen. Das Problem der Komplexität bei der strate-

gischen Überwachung wird also durch die Beobachtung von Krisenanzeichen reduziert (vgl. SCHREYÖGG/STEINMANN, 1985, S. 404 unter Bezug auf LUHMANN, 1973, S. 328). Je früher solche (potenziellen) Krisen erkannt werden, desto größer ist der verbleibende Handlungsspielraum für Reaktionen. Gegenstand der Kontroll- und Korrekturmaßnahmen ist hier die gewählte Strategie.

Damit die strategische Überwachung ihre zweifache Kompensationsfunktion, nämlich gegenüber der strategischen Planung und gegenüber den beiden anderen strategischen Kontrolltypen der Idee nach erfüllen kann, bedarf es also einer Umkehr der Kontrolllogik.

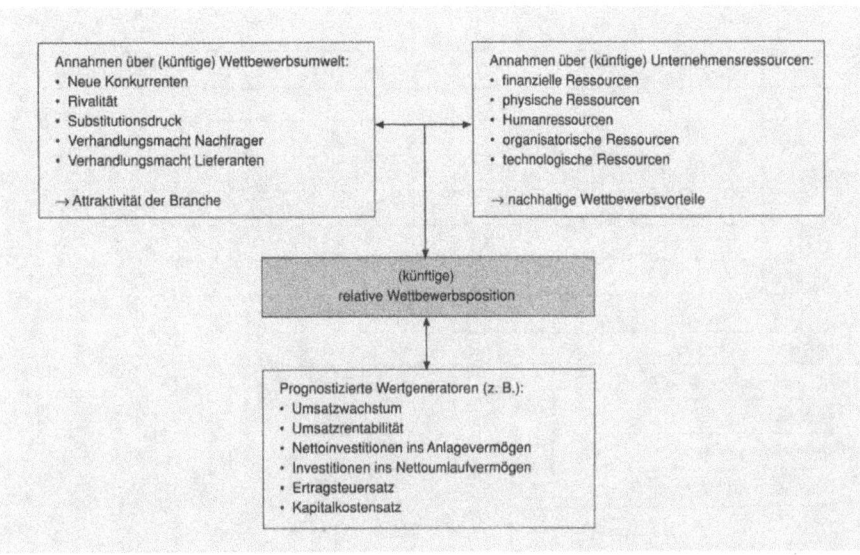

Abbildung 4: Strategische Annahmen und Wertgeneratoren in der strategischen Prämissenkontrolle

Implementation der strategischen Kontrolle

Bei der Konkretisierung und Diskussion der Elemente der strategischen Kontrolle soll versucht werden, die beiden aus der Tradition der gütermarktorientierten strategischen Managementlehre und der kapitalmarktorientierten Unternehmensführung resultierenden Vorgehensweisen begründet zu integrieren.

Strategische Prämissenkontrolle

Für die Implementierung der Prämissenkontrolle im Rahmen der wertorientierten strategischen Unternehmensführung ergeben sich zwei Anknüpfungspunkte, nämlich zum einen die Annahmen der strategischen Planung bezüglich Unternehmensressourcen und Wettbewerbsumwelt und zum anderen die prognostizierten Wertgeneratoren. Diesen Zusammenhang zeigt Abbildung 4.

(1) Die Prämissenkontrolle kann zum ersten an den strategischen Annahmen über die Umwelt- und die Unternehmensentwicklung anknüpfen, die in der strategischen Planung gesetzt wurden. Dies ist die klassische Vorgehensweise im dargestellten Konzept der strategischen Kontrolle. Durch die fortlaufende Überwachung der Planungsprämissen soll das Selektions- und das Prognoserisiko der strategischen Planung kompensiert werden. Im Mittelpunkt steht die Überprüfung der derzeitigen Wettbewerbsposition und ihrer künftigen Entwicklung. Dafür ist es erforderlich, die Annahmen über die Umwelt- und die Unternehmensentwicklung explizit zu machen. Hier sollte an die klassischen Instrumente der strategischen Planung wie etwa der Branchenstrukturanalyse angeknüpft werden. Daraus können die Annahmen über Chancen und Gefahren expliziert und dann überwacht werden. Die Stärken und Schwächen des Unternehmens drücken sich insbesondere in der internen Verfügbarkeit von wettbewerbsvorteilsstiftenden Ressourcen aus. Die Annahmen über die künftige Imitierbarkeit und Substituierbarkeit der finanziellen und physischen Ressourcen, der Humanressourcen sowie der organisatorischen und der technologischen Ressourcen bieten hier die Grundlage (vgl. HOFER/SCHENDEL, 1978, S. 149). Deren Beitrag zur Realisierung von Wettbewerbsvorteilen bildet hier den Anknüpfungspunkt für die Prämissenkontrolle. Die erwartete relative Wettbewerbsposition ergibt sich dann aus den strategischen Annahmen über die Wettbewerbsumwelt und die Unternehmensressourcen. Beobachtete Abweichungen von den zugrunde gelegten Annahmen können dann Ausgangspunkt für eine Strategierevision sein.

(2) Die Prämissenkontrolle kann zweitens an die prognostizierten Wertgeneratoren anknüpfen, die aus den strategischen Annahmen abgeleitet wurden. Sie verdichten die komplexen Annahmen in einfach zu messenden Kennzahlen, die die relative Wettbewerbsposition und deren künftige Entwicklung prägnant abbilden. Diese kommt z. B. in den Wertgeneratoren Umsatzrentabilität r_t, Umsatzwachstumsrate w_t, Nettoinvestitionsrate ins Anlagevermögen na_t, Investitionsrate ins Nettoumlaufvermögen nu_t, Ertragsteuersatz s und Kapitalkostensatz k zum Ausdruck. Im Gegensatz zu den komplexen Annahmen der strategischen Planung sind diese Wertgeneratoren relativ leicht zu vergleichen und für unterschiedliche Planungsperioden vielfach kontinuierlich verfügbar. Ein kennzahlenbasiertes System der Prämissenkontrolle lässt sich daher vergleichsweise einfach implementieren, um so die Entwicklung der Wertgeneratoren kontinuierlich überwachen zu können. Die Vorgehensweise bei einer Prämissenkontrolle auf Basis der Wertgeneratoren wird im Folgenden anhand der in den Abbildungen 2 und 5 enthaltenen Daten des Beispiels erläutert.

Die Plangrößen in der Abbildung 2 geben die zu Beginn der 1. Periode geplanten Ausprägungen der Wertgeneratoren an. Nach Ablauf der 1. Periode

RISIKOIDENTIFIKATION

t	w_t	r_t	na_t	nu_t	
1	8 %	16 %	12 %	7 %	Istgrößen
2	12 %	17 %	11 %	6 %	
3	18 %	25 %	10 %	7 %	Wirdgrößen
4	13 %	28 %	9 %	7 %	
5	4 %	30 %	8 %	7 %	
6	4 %	30 %	8 %	6 %	
Wachstumsrate w_{RV}			2 %		
Eigenkapitalkostensatz ek			20 %		
Fremdkapitalkostensatz fk			6 %		
Ertragsteuersatz s			30 %		
Fremdkapitalquote θ			60 %		
Kapitalkostensatz k			10,52 %		

Abbildung 5: Ist- und Wirdgrößen der Wertgeneratoren am Ende der 1. Periode

können einerseits die Istgrößen der Wertgeneratoren in der 1. Periode bestimmt und andererseits auf Basis des veränderten Informationsstandes in einer rollierenden Planung die Wirdgrößen der 5 Perioden umfassenden 1. Prognosephase und damit der Perioden 2 bis 6 neu geplant werden (vgl. GÜNTHER, 1997, S. 297 f.). Bei der Bestimmung der Wirdgrößen ist zunächst von der Annahme auszugehen, dass die zu Beginn der 1. Periode festgelegte Strategie beibehalten wird (siehe LENGSFELD, 1999, S. 18 ff.; KLOOCK/DIERKES, 2001, S. 205 ff.; KÜPPER, 2001, S. 173 ff.). Die Ist- und Wirdgrößen am Ende der 1. Periode sind in der Abbildung 5 angegeben. Im Rahmen einer Prämissenkontrolle am Ende der 1. Periode können zum einen die Plangrößen mit den Istgrößen und zum anderen die Plangrößen mit den Wirdgrößen verglichen werden. Hierbei kann die Diskrepanz von Plan- und Istgrößen und insbesondere von Plan- und Wirdgrößen den Ausgangspunkt für die Revision der Wettbewerbsstrategie bilden.

(3) Eine effektive Prämissenkontrolle, die die Risiken für das Unternehmen rechtzeitig erkennt, sollte im Idealfall immer diese beiden Anknüpfungspunkte, die strategischen Annahmen und die Wertgeneratoren, nutzbar machen, da sich diese sinnvoll ergänzen.

Eine Prämissenkontrolle, die ausschließlich an den Wertgeneratoren ansetzen würde, sieht sich nämlich mit zwei Problemen konfrontiert. Zum einen kommt es bei der Schätzung der Wertgeneratoren unweigerlich zu erheblichen Informationsverlusten, da sowohl die markt- als auch die unternehmensspezifischen Faktoren in deren Prognose eingehen. Mögliche Risiken, die während der strategischen Planung bereits erkannt und analysiert wurden, werden zwar zur Planung der Wertgeneratoren herangezogen, sind aber im weiteren Verlauf der Strategieumsetzung und deren Kontrolle nur implizit in den Kennzahlen enthalten. Dies führt leicht dazu, dass sie im Folgenden nicht mehr berücksichtigt werden. Zum anderen besteht das Problem, dass eine rein kennzahlenbasierte Prämissenkontrolle Wettbewerbsentwicklungen und relevante Risiken erst abbildet, wenn diese sich in den Wertgeneratoren niederschlagen. So entfaltet eine neue, konkurrierende Technologie oft erst mit erheblicher Zeitverzögerung ihre Wettbewerbswirkung auf Umsatzwachstum und Umsatzrentabilität. Eine strategische Anpassung ist dann kaum noch möglich, zumal vergangene Investitionen in plötzlich obsolet gewordene technologische Ressourcen nicht mehr rückgängig gemacht werden können (vgl. CHRISTENSEN, 1997; DAY/SHOEMAKER, 2000). Aus diesen beiden Gründen – Informationsverlust und Zeitverzögerung – greift eine rein kennzahlenbasierte Prämissenkontrolle zu kurz. Durch die explizite Kontrolle der strategischen Annahmen des Planungsprozesses können diese beiden Defizite zu kompensieren versucht werden.

Ebenso wäre auch die ausschließliche Kontrolle der Planung anhand der strategischen Annahmen nicht hinreichend, um eine effektive Überwachung der unternehmerischen Risiken zu gewährleisten. Ein bekanntes Problem der strategischen Planung und damit auch der Prämissenkontrolle ist die Komplexität der dort verwendeten Informationen und Annahmen, da eine große Bandbreite von Umwelt- und Unternehmensentwicklungen von der Unternehmensführung als potenziell relevant eingeschätzt wird, ohne dass häufig eine hinreichende Klärung hinsichtlich dieser Einflussgrößen und ihrer Bedeutung stattfindet. Die Entscheidungsqualität wird dadurch nicht verbessert (vgl. HILL/WESTERBROOK, 1997). Die Verdichtung der strategischen Annahmen bei der Schätzung von Wertgeneratoren zwingt die strategischen Entscheider, jede Annahme auf ihre qualitative und quantitative Wirkung hin zu analysieren, zu gewichten und diese Zusammenhänge explizit zu machen. Idealerweise sollten die Auswirkungen der strategischen Annahmen auf die Wertgeneratoren bereits in der strategischen Planung expliziert werden. Die Strategieprozessforschung zeigt jedoch, dass dieses leider nicht der Fall ist und Strategien tendenziell das Ergebnis unternehmensinterner „politischer Prozesse" sind, die den Unternehmenswert nicht steigern (vgl. ROBERTS, 2004, S. 100 ff.). Die Verknüpfung von kennzahlenbasierter Kontrolle der Wertgeneratoren und der Überwachung strategischer Annahmen kann ein Instrument sein, um dieses Problem zu lösen. Ferner ist aufgrund der Selektivität der strategischen Planung nicht sichergestellt, wie bereits oben dargelegt, dass alle relevanten Annahmen über das Unternehmen und die Umwelt berücksichtigt wurden. Die kennzahlenbasierte Prämissenkontrolle übernimmt hier eine (partielle) Kompensationsfunktion, da sich letztlich alle strategierelevanten Entwicklungen zwangsläufig früher oder später in den Wertgeneratoren wie bspw. der Umsatzrentabilität und dem Umsatzwachstum niederschlagen. Damit erfassen die Wertgeneratoren Risiken, die von den Unternehmen möglicherweise bislang nicht berücksichtigt wurden. Da dies jedoch erst mit Zeitverzögerung erfolgt, bedarf es einer ergänzenden Kompensation durch die strategische Überwachung. Des Weiteren erbringt der bloße Vergleich der Ausprägungen der Wertgeneratoren noch keine Informationen über die hieraus resultierenden Erfolgswirkungen, die für eine Beurteilung der Notwendigkeit einer Strategieanpassung im Prinzip unverzichtbar sind, was zur strategischen Durchführungskontrolle führt.

Strategische Durchführungskontrolle

Die strategische Durchführungskontrolle beinhaltet die Analyse der durch die Änderungen der Ausprägungen der Wertgeneratoren hervorgerufenen Erfolgswirkungen (vgl. SCHREYÖGG/STEINMANN, 1985, S. 402 f.). Auf der Grundlage der im Rahmen der Prämissenkontrolle ermittelten Istgrößen der 1. Periode und der Wirdgrößen künftiger Perioden ergibt sich in einer rollierenden Planung für den Ist-Wird-Marktwert am Ende der 1. Periode:

$$MW_{1,E}^{i,w} = z_1^i + MW_{2,A}^{w} = z_1^i + \sum_{t=2}^{T+1} z_t^w \cdot (1+k^w)^{-t+1} + \frac{NOPLAT_{T+1}^{w} \cdot (1+w_{RV}^{w})}{(k^w - w_{RV}^{w}) \cdot (1+k^w)^T}$$

mit
i   Istgrößenindex
$MW_{t,E}$ Marktwert am Ende der t-ten Periode
w   Wirdgrößenindex

Der so bestimmte Ist-Wird-Marktwert lässt sich wie folgt umformen:

$$MW_{1,E}^{i,w} = z_1^i + MW_{2,A}^{w} + MW_{1,A}^{p} \cdot (1+k^p) - MW_{1,A}^{p} \cdot (1+k^p)$$

$$= MW_{1,A}^{p} + k^p \cdot MW_{1,A}^{p} + (z_1^i - z_1^p) + (MW_{2,A}^{w} - MW_{2,A}^{p})$$

$$MW_{1,E}^{i,w} - MW_{1,A}^{p} = k^p \cdot MW_{1,A}^{p} + \underbrace{\Delta^{w,p} MW_{2,A}}_{\text{Ex-ante-Kontrolle}} + \underbrace{\Delta^{i,p} z_1}_{\text{Ex-post-Kontrolle}}$$

mit
Δ   Differenz zwischen zwei Einflussgrößenausprägungen oder Wertgrößen

Demnach bestimmt sich die Differenz zwischen dem Ist-Wird-Marktwert am Ende der 1. Periode und dem Plan-Marktwert zu Beginn der 1. Periode aus der Summe der Verzinsung des Plan-Marktwertes zu Beginn der ersten Periode, der Abweichung zwischen dem Wird-Marktwert und dem Plan-Marktwert zu Beginn der 2. Periode und der Abweichung zwischen dem Ist-Cashflow und dem Plan-Cashflow in der 1. Periode. Die Summe der ersten beiden Summanden gibt den Ökonomischen Gewinn bei unsicheren Erwartungen und damit genau den Cashflow an, der einer SGE oder einem Unternehmen am Ende dieser Periode entzogen werden kann, ohne den Marktwert am Anfang der Periode zu verändern (zur ökonomischen Gewinnkonzeption siehe KLOOCK, 1997, S. 33 ff.; SCHNEIDER, 1997, S. 264 ff. und KÜPPER, 2001, S. 123 ff.).

Die Durchführungskontrolle kann somit in eine Ex-post-Kontrolle und eine Ex-ante-Kontrolle zerlegt werden (vgl. SJURTS, 1995, S. 11 ff.; KLOOCK/DIERKES, 2001, S. 205 ff.; KÜPPER, 2001, S. 173 f.). Die Ex-post-Kontrolle als Ist-Plan-Vergleich zielt auf die Analyse der Abweichung zwischen dem realisierten und dem geplanten Cashflow in einer abgelaufenen Periode ab und gibt Aufschluss über die in der Vergangenheit eingetretenen Risiken. Die Ex-ante-Kontrolle analysiert hingegen in einem Wird-Plan-Vergleich die Abweichung zwischen dem Wird-Marktwert und dem Plan-Marktwert zu Beginn der 2. Periode und zeigt auf, inwieweit der Plan-Marktwert ohne Anpassungsmaßnahmen bei Fortführung der Strategie erreicht wird. Insgesamt können die bisherigen Überlegungen in der in der Abbildung 6 dargestellten vorläufigen Marktwertbilanz am Ende der 1. Periode zusammengefasst werden.

Auf der Grundlage der in der Abbildung 5 angegebenen Ist- und Wirdgrößen der Wertgeneratoren ergibt sich für das Beispiel die in der Abbildung 7 dargestellte Marktwertbilanz am Ende der 1. Periode.

Bezüglich der weiteren Aufspaltung der Abweichung zwischen dem Ist-Cashflow und dem Plan-Cashflow in einflussgrößenspezifische Teilabweichungen im Rahmen der Ex-post-Kontrolle kann im Prinzip auf die umfangreiche Literatur zum (operativen) Kontrollmanagement verwiesen werden (vgl. z. B. KLOOCK, 2000b; EWERT/WAGENHOFER, 2003, S. 343 ff.). So kann die Cashflowabweichung bspw. in die Teilabweichungen des NOPLAT, der Nettoinvestitionen in das Anlagevermögen (AV) und der Investitionen in das Nettoumlaufvermögen (NUV) zerlegt werden. Die Teilabweichung des NOPLAT kann dann weiter in die Teilabweichungen des EBIT und der Ertragsteuern aufgespalten werden. Erstere kann schließlich noch in die Teilabweichungen des Umsatzes und der umsatzabhängigen Auszahlungen zerlegt werden. Will man allerdings eine Antwort auf die Frage, welcher Teil der Abweichung den einzelnen Wertgeneratoren zuzurechnen ist, so ist die Abweichungsanalyse mit der differenzierten Abweichungsanalysemethode (vgl. KLOOCK, 1994, S. 634 ff.) auf Istbasis wie folgt vorzunehmen:

RISIKOIDENTIFIKATION

$$\Delta^{i,p}z_1 = z_1^i - (u_0^i \cdot (1+w_1^p) \cdot r_1^i \cdot (1-s^i) - u_0^i \cdot w_1^p \cdot na_1^i - u_0^i \cdot w_1^p \cdot nu_1^i) \quad \text{Umsatzwachstumsratenabweichung}$$

$$+ u_0^i \cdot (1+w_1^i) \cdot r_1^i \cdot (1-s^i) - u_0^i \cdot (1+w_1^i) \cdot r_1^p \cdot (1-s^i) \quad \text{Umsatzrentabilitätsabweichung}$$

$$+ u_0^i \cdot (1+w_1^i) \cdot r_1^i \cdot (1-s^i) - u_0^i \cdot (1+w_1^i) \cdot r_1^i \cdot (1-s^p) \quad \text{Ertragsteuerabweichung}$$

$$- (u_0^i \cdot w_1^i \cdot na_1^i - u_0^i \cdot w_1^i \cdot na_1^p) \quad \text{Nettoinvestitionsratenabweichung des AV}$$

$$- (u_0^i \cdot w_1^i \cdot nu_1^i - u_0^i \cdot w_1^i \cdot nu_1^p) \quad \text{Investitionsratenabweichung des NUV}$$

$$+ \text{Abweichungen höherer Ordnung}$$

Bei Kenntnis der Ist- und Plangrößenausprägungen zusätzlicher Wertgeneratoren kann eine weitere Aufspaltung der Teilabweichungen vorgenommen werden. Zur Illustration der Ex-post-Kontrolle sind die Ergebnisse für das Beispiel in der Abbildung 8 aufgeführt.

Eine derart aufgebaute Ex-post-Kontrolle gibt Aufschluss über die Bedeutsamkeit der Änderungen der Einflussgrößen und somit auch Anhaltspunkte darüber, welche Risiken die erfolgreiche Umsetzung einer Strategie gefährden können. Bei der Interpretation der Teilabweichungen ist jedoch zu beachten, dass diese sowohl auf Planungsfehler als auch auf Realisationsfehler zurückzuführen sein können. Insofern könnte man durch die Einführung von Sollgrößen als zum Kontrollzeitpunkt korrigierte Plangrößen eine getrennte Planungs- und Realisationskontrolle durchführen (vgl. z. B. DEMSKI, 1967; KLOOCK, 2000b, S. 82 ff.; EWERT/WAGENHOFER, 2003, S. 391 ff.). Die Bedeutsamkeit der einflussgrößenspezifischen Risiken sollte Anlass dazu sein, insbesondere deren Wird-Größen in der Prämissenkontrolle möglichst sorgfältig neu zu planen, wodurch die enge Verbindung zwischen der kennzahlenbasierten Prämissenkontrolle und der Durchführungskontrolle deutlich wird.

In der Ex-ante-Kontrolle ist zu untersuchen, auf welche Wertgeneratoren welcher Teil der Abweichung zwischen dem Wird-Marktwert und dem Plan-Marktwert zurückzuführen ist. Da das repräsentative Ergebnis der 2. Prognosephase oftmals nur mit großer Unsicherheit abgeschätzt werden kann, ist es zweckmäßig, die Marktwertdifferenz zunächst in die Marktwertabweichungen der 1. und 2. Prognosephase aufzuspalten:

$$\Delta^{w,p}MW_{2,A} = \sum_{t=2}^{T} z_t^w \cdot (1+k^w)^{-t+1} + RV_T^w \cdot (1+k^w)^{-T+1}$$
$$- \left(\sum_{t=2}^{T} z_t^p \cdot (1+k^p)^{-t+1} + RV_T^p \cdot (1+k^p)^{-T+1} \right)$$
$$= \sum_{t=2}^{T} z_t^w \cdot (1+k^w)^{-t+1} - \sum_{t=2}^{T} z_t^p \cdot (1+k^p)^{-t+1}$$
$$+ RV_T^w \cdot (1+k^w)^{-T+1} - RV_T^p \cdot (1+k^p)^{-T+1}$$

In dem Beispiel lässt sich die Abweichung zwischen dem Wird-Marktwert und dem Plan-Marktwert in Höhe von –16.047,35 demnach in die Martwertabweichungen der noch 4 Perioden umfassenden 1. Prognosephase in Höhe von – 1.389,61 und der 2. Prognosephase in Höhe von – 14.657,74 zerlegen. Beide Marktwertabweichungen können nun weiter in wertgeneratorenspezifische Teilabweichungen zerlegt werden. Im Folgenden wird dies beispielhaft für die Marktwertabweichung der 1. Prognosephase demonstriert. Die Teilabweichung 1. Ordnung eines Wertgenerators wird in einem Wird-Plan-Vergleich

„Aktiva"	Marktwertbilanz am Ende der 1. Periode		„Passiva"
Wird-MW des Umsatzes	$\sum_{t=2}^{T+1} U_t^w \cdot (1+k^w)^{-t+1}$	Plan-MW Anfang 1. Periode	$MW_{1,A}^p$
		+ Verzinsung des Plan-MW	$+ k^p \cdot MW_{1,A}^p$
		+ Cashflowabweichung 1. Periode	$+ \Delta^{i,p} z_1$
Wird-MW des Restwertes	$RV_{2,A}^w$	+ Abweichung MW Anfang 2. Periode	$+ \Delta^{w,p} MW_{2,A}$
		= Ist-Wird-MW Ende 1. Periode	$= MW_{1,E}^{i,w}$
		– Ist-Cashflow 1. Periode	$- z_1^i$
		= Wird-MW Anfang 2. Periode	$= MW_{2,A}^w$
		Wird-MW der umsatzabhängigen Auszahlungen	$\sum_{t=2}^{T+1} A_t^w \cdot (1+k^w)^{-t+1}$
		Wird-MW der Ertragsteuern	$\sum_{t=2}^{T+1} S_t^w \cdot (1+k^w)^{-t+1}$
		Wird-MW der Nettoinvestitionen ins Anlagevermögen	$\sum_{t=2}^{T+1} IA_t^w \cdot (1+k^w)^{-t+1}$
		Wird-MW der Investitionen ins Nettoumlaufvermögen	$\sum_{t=2}^{T+1} IU_t^w \cdot (1+k^w)^{-t+1}$
„Wird-Bilanzsumme"		„Wird-Bilanzsumme"	

Abbildung 6: Marktwertbilanz einer SGE am Ende der 1. Periode

"Aktiva"	Marktwertbilanz am Ende der 1. Periode		"Passiva"
Wird-MW des Umsatzes	56.399,78	Plan-MW Anfang 1. Periode	49.274,50
		+ Verzinsung des Plan-MW	4.198,19
Wird-MW des Restwertes	26.597,72	+ Cashflowabweichung 1. Periode	– 342,40
		+ Abweichung MW Anfang 2. Periode	– 16.047,35
		= Wird-MW Ende 1. Periode	37.082,93
		- Ist-Cashflow 1. Periode	1.057,60
		= Wird-MW Anfang 2. Periode	36.025,33
		Wird-MW der umsatzabhängigen Auszahlungen	41.725,86
		Wird-MW der Ertragsteuern	4.402,17
		Wird-MW der Nettoinvestitionen ins Anlagevermögen	498,09
		Wird-MW der Investitionen ins Nettoumlaufvermögen	346,03
"Wird-Bilanzsumme"	82.997,50	"Wird-Bilanzsumme"	82.997,50

Abbildung 7: Marktwertbilanz der SGE am Ende der 1. Periode

Abw. des NOPLAT	– 330,40	Umsatzwachstumsratenabw.	15,60
Abw. der Nettoinvestitionen ins AV	– 4,00	Umsatzrentabilitätsabw.	– 302,40
Abw. der Investitionen ins NUV	16,00	Ertragsteuersatzabw.	0,00
Abw. des EBIT	– 472,00	Nettoinvestitionsratenabw. des AV	16,00
Abw. der Ertragsteuern	– 141,60	Investitionsratenabw. des NUV	24,00
Abw. des Umsatzes	– 200,00	Abweichungen höherer Ordnung	– 15,60
Abw. der umsatzabhängigen Auszahlungen	272,00	Summe	– 342,40

Abbildung 8: Ergebnisse der Ex-post-Kontrolle

gemäß der differenzierten Abweichungsanalysemethode auf Wirdbasis bestimmt, indem von dem Wird-Marktwert ein Plan-Wird-Marktwert subtrahiert wird, der auf Basis der Plangrößenausprägung des betrachteten Wertgenerators und der Wirdgrößenausprägungen aller anderen Wertgeneratoren berechnet wird. So ergibt sich bspw. die Umsatzrentabilitätsabweichung mittels der differenzierten Abweichungsanalysemethode auf Wirdbasis gemäß dem Ausdruck:

$$\sum_{t=2}^{T} z_t^w \cdot (1+k^w)^{-t+1}$$

$$- \sum_{t=2}^{T} (u_{t-1}^w \cdot (1+w_t^w) \cdot r_t^p \cdot (1-s^w) - u_{t-1}^w \cdot w_t^w \cdot na_1^w - u_{t-1}^w \cdot w_t^w \cdot nu_1^w) \cdot (1+k^w)^{-t+1}$$

In analoger Weise sind die Teilabweichungen der anderen Wertgeneratoren zu bestimmen. Dabei ist zu berücksichtigen, dass ein Teil der Marktwertabweichung auf die Abweichung des Ist-Cashflows vom Plan-Cashflow in der 1. Periode zurückzuführen ist. Aus diesem Grund ergibt sich die Umsatzbasisabweichung gemäß dem angegebenen allgemeinen Ausdruck.

In der folgenden Abbildung 9 sind die Ergebnisse der Ex-ante-Kontrolle für das Beispiel zusammengefasst. Die Kapitalkostensatzabweichung ist bei dem Beispiel nur auf die Änderung des Eigenkapitalkostensatzes zurückzuführen;

Umsatzbasisabweichung	– 134,50
Umsatzwachstumsratenabw.	– 285,22
Umsatzrentabilitätsabw.	– 383,06
Ertragsteuersatzabw.	0,00
Nettoinvestitionsratenabw. des AV	– 72,85
Investitionsratenabw. des NUV	– 47,62
Kapitalkostensatzabw.	– 378,62
Abweichungen höherer Ordnung	– 87,74
Summe	– 1.389,61

Abbildung 9: Ergebnisse der Ex-ante-Kontrolle

eine weitergehende dbzgl. einflussgrößenspezifische Ermittlung der Teilabweichungen ist ohne weiteres möglich. Bei der Bestimmung der Ertragsteuersatzabweichung ist grundsätzlich zu berücksichtigen, dass eine Änderung des Steuersatzes zum einen Änderungen der freien Cashflows und zum anderen eine Änderung des Kapitalkostensatzes nach sich zieht.

Die so ermittelten Teilabweichungen können weiter in periodenspezifische

$$\sum_{t=2}^{T} z_t^w \cdot (1+k^w)^{-t+1} - (u_1^p \cdot (1+w_2^w) \cdot r_2^w \cdot (1-s^w) - u_1^p \cdot w_2^w \cdot na_2^w - u_1^p \cdot w_2^w \cdot nu_2^w) \cdot (1+k^w)^{-1}$$

$$- \sum_{t=3}^{T} (u_{t-1}^w \cdot (1+w_t^w) \cdot r_t^w \cdot (1-s^w) - u_{t-1}^w \cdot w_t^w \cdot na_1^w - u_{t-1}^w \cdot w_1^w \cdot nu_1^w) \cdot (1+k^w)^{-t+1}$$

Teilabweichungen aufgespalten werden. Zudem können die periodischen absoluten Teilabweichungen der NOPLAT's, der EVA's oder anderer wertorientierter Kennzahlen sowie der Investitionsauszahlungen einer gesonderten Kontrolle

RISIKOIDENTIFIKATION

unterworfen werden. Darüber hinaus lassen sich aus entsprechend aufgebauten produktart-, produktgruppen-, absatzgebiet- oder kundengruppenspezifischen Ex-ante-Kontrollen zusätzliche Informationen über die Ursachen der gesamten Marktwertabweichung gewinnen. Letztlich können sämtliche Ex-post- und Ex-ante Kontrollen nicht nur auf der Ebene der SGE, sondern ebenso auf anderen Hierarchieebenen und somit auch auf der Unternehmensebene durchgeführt werden.

Für die Auswertung der Ex-post- und Ex-ante-Kontrollen ist die Interpretation der Teilabweichungen von grundlegender Bedeutung: Die ermittelten Teilabweichungen geben die Marktwertänderungen an, die mit der isolierten Anpassung der Ist- bzw. Wirdgrößen an die Plangrößen der Wertgeneratoren realisiert werden können (vgl. KLOOCK, 1994; DIERKES, 1998 und LENGSFELD, 1999). Insofern stellt die Ermittlung dieser Marktwertänderungspotenziale sicher, dass die Aufmerksamkeit auf die für die erfolgreiche Umsetzung einer Strategie wesentlichen Wertgeneratoren bzw. Unternehmensressourcen und Umweltentwicklungen gelenkt wird und damit auf die unternehmerischen Aktivitäten, die in besonderem Maße mit Risiken behaftet sind. Im Rahmen der Auswertung der Durchführungskontrolle ist zu prüfen, inwieweit die geplanten Marktwerte durch Anpassungsmaßnahmen innerhalb der gegebenen Strategie erreicht werden können. Sofern dieses nicht in gewünschtem Maße möglich ist, stellt sich die Frage, ob nicht ein höherer Marktwert durch eine Strategieänderung erreicht werden kann. Die Auswirkungen von Anpassungsmaßnahmen innerhalb einer gegebenen Strategie und Strategieänderungen können in analog durchzuführenden Wird-Wird-Vergleichen analysiert werden. Sind die Anpassungsmaßnahmen und Strategieänderungen am Ende der 1. Periode endgültig festgelegt, so gehen die hiermit verbundenen Wirdgrößen schließlich in die endgültigen Marktwertbilanzen am Ende der 1. Periode und als die neuen Plangrößen in die Marktwertbilanzen am Anfang der 2. Periode ein.

Strategische Überwachung

Die strategische Überwachung soll unerwartete Risiken, die die Existenz des Unternehmens bedrohen, rechtzeitig erkennen. Solche Krisen gilt es durch ein Frühwarnsystem, das die strategische Prämissen- und die strategische Durchführungskontrolle ergänzt, zu identifizieren. Um der globalen Kompensationsfunktion gerecht zu werden, muss die strategische Überwachung systematisch breiter angelegt sein als die strategische Planung. Diese orientiert sich nämlich an den existierenden Unternehmensressourcen und an den tradierten Technologien sowie im Hinblick auf die Unternehmensumwelt an den bestehenden Kundengruppen und an den dominanten Wettbewerbern (vgl. ARROW, 1974, S. 37 ff.; HAMBRICK/MASON, 1984; BETTIS/PRAHALAD, 1995). Diese Fokussierung gilt auch für die globale Umweltanalyse, deren Elemente bereits indirekt in die Analyse der Wettbewerbsumwelt und damit in die strategische Planung einfließen, also eng im Hinblick auf die bereits verfolgte Strategie interpretiert wurden.

Dennoch bietet die globale Umweltanalyse von der Anlage her die Möglichkeit zu einer weiter ausgreifenden strategischen Überwachung in Bezug auf die Unternehmensressourcen und die Marktentwicklungen. Die globale Umwelt lässt sich zu diesem Zwecke strukturierend und insoweit konkretisierend in die makroökonomische Umwelt, die technologische Umwelt, die politisch-rechtliche und die soziokulturelle Umwelt unterteilen (vgl. STEINMANN/SCHREYÖGG, 2000, S. 161 ff.; GRANT, 2002, S. 66 f.).

Diese Unterscheidung bietet eine erste grobe Orientierung für die kritischen Beobachtungsfelder der ungerichteten strategischen Überwachung. Man denke nur an die krisenhaften Entwicklungen bei den Rohstoffpreisen oder Turbulenzen an den Devisen- und Kapitalmärkten als Beispiele für das makroökonomische Segment. Heute sind die wirtschaftliche und die politische Sphäre so vielfältig miteinander verflochten, dass es weiter dringend erforderlich ist, sich abzeichnende Entscheidungen von Regierungen und politischen Organisationen auf ihr „revolutionäres" Potenzial für die wirtschaftlichen Handlungszusammenhänge im Blick zu halten. Hier bieten die gesetzlichen Entscheidungen zum Bau bzw. zur Stilllegung von Atomkraftwerken und der internationale Terrorismus und die Reaktionen darauf, mit vielfältigen Wirkungen auf einzelne Branchen oder international aktive Unternehmen, plastische Beispiele. Hinter diesen krisenhaften Entwicklungen in der makroökonomischen und der politisch-rechtlichen Umwelt verbergen sich nicht selten Änderungen im soziokulturellen Segment, insbesondere im Hinblick auf vorherrschende Wertmuster oder demographische Entwicklungen. Je früher hier ein Wandel und sich daraus ergebende Konflikte erkannt werden, um so eher können Umbrüche und Diskontinuitäten in den anderen Umweltsegmenten möglicherweise identifiziert und antizipiert werden. Viel diskutierte Beispiele hierfür sind etwa das Gesundheitswesen und die Sozialsysteme, aber auch der „Kampf der Kulturen" (vgl. HUNTINGTON, 1993) bzw. der dahinter stehenden Wertesysteme und die mittelbaren politischen und ökonomischen Auswirkungen.

Neben diesen potenziell relevanten Segmenten der globalen Umwelt kommt schließlich der technologischen Umwelt in Hinblick auf eine schlagartige Entwertung von Unternehmensressourcen und der grundlegenden Veränderung von Marktstrukturen eine besondere Bedeutung zu. Krisen, die etablierte Unternehmen in ihrer Existenz bedrohen, werden nämlich häufig durch disruptive Technologien ausgelöst, deren Innovationspotenzial unterschätzt wurde (vgl. HENDERSON/CLARK, 1990; CHRISTENSEN, 1997; DAY/SHOEMAKER, 2000). Disruptive Technologien entstehen als Grundlagenforschung in Universitäten und Forschungseinrichtungen, in anderen Branchen oder aber in Nischenmärkten (vgl. KLEVORICK/LEVIN/NELSON/WINTER, 1995). Die strategische Überwachung ist auf diese Quellen von Innovationen auszurichten. Ein Instrument zur strategischen Überwachung der technologischen Umwelt bietet etwa das Konzept der „sektoralen Innovationssysteme" (vgl. MALERBA, 2002; GERUM/ SJURTS/ STIEGLITZ, 2003, S. 32 ff.; STIEGLITZ, 2004, S. 135 ff.). Ein sektorales Innovationssystem umfasst im Kern, wie Abbildung 10 zeigt, die angebotsbezogenen und nachfrageseitigen Innovationskräfte.

Den Ausgangspunkt bildet die Überwachung der genannten Quellen von Technologien. Identifizierte Technologien sind dann auf ihre (technischen) Innovationsmöglichkeiten hin zu prüfen. Hierbei gilt es zu erkennen, ob eine Technologie eine Bedrohung für die derzeitige Wettbewerbsposition des Unternehmens darstellt. Ist dies der Fall, so ist der Einfluss der neuen Technologie auf die Ressourcenbasis des Unternehmens und die Möglichkeiten des Zugangs zu dieser zu analysieren. Schließlich üben die Aneignungsbedingungen von Innovationen einen erheblichen Einfluss darauf aus, ob und inwieweit Pioniervorteile von Innovatoren nachhaltig sind. Letzteres bestimmt in einem entscheidenden Maße die Reaktionsmöglichkeiten des Unternehmens, da bei schwach ausgeprägten Aneignungsbedingungen die Imitation von erfolgreichen Innovationen möglich ist.

Mit diesen Faktoren ist zwar das Innovationspotenzial einer Technologie beschrieben. Ob eine Innovation erfolgreich ist, hängt schließlich entscheidend davon ab, inwieweit es dem Unternehmen gelingt, durch den Einsatz der Technologie neue Werte für die Kunden zu schaffen. Die bereits offenbarten und die latent vorhandenen, aber noch unbefriedigten Präferenzen der Nachfrager bilden den Ausgangspunkt, um neue günstige Wettbewerbspositionen zu erlangen und den Unternehmenswert zu erhalten und zu steigern. Disruptive Technologien entstehen auch durch die innovative Kombination von bereits bekannten Technologien, aber bislang unbefriedigten Nachfragepräferenzen. Aus diesem Grund sind es oftmals Nischenanbieter, die erfolgreich neue Wettbewerbspositionen besetzen (vgl. HENDERSON/CLARK, 1990; MARKIDES, 1997). Disruptive Technologien ergeben sich folglich aus dem dynamischen Zusammenspiel von Innovationsmöglichkeiten und Nachfragepräferenzen.

Die strategische Überwachung muss dem im Allgemeinen Rechnung tragen und ferner die Wirkungen der Innovationskräfte auf die Marktentwicklung (vgl. STIEGLITZ 2004, S. 184 ff.) analysieren.

Eine so verstandene strategische Überwachung erfordert nicht nur von den strategischen Entscheidern, sondern von allen Führungs- und Fachkräften die Fähigkeit zu strategischem Denken, da sie ungerichtet ist und deshalb nicht einzelnen Personen oder Ressorts organisatorisch zugewiesen werden kann. Soll dies gelingen, bedarf es nicht nur einer entsprechenden Rekrutierungs- und Weiterbildungspolitik, sondern auch einer Unternehmenskultur, die offene Kommunikation, Widerspruch und Initiative fördert und Fehler toleriert (vgl. näher SCHREYÖGG/STEINMANN, 1986). Daraus kann dann unternehmerisches Denken erwachsen, das die strategischen Entscheider in die Lage versetzt, durch strategische Planung nachhaltige Wettbewerbsvorteile zu erringen und Unternehmenswert zu generieren.

Zusammenfassung und Ausblick

Bei der strategischen Kontrolle handelt es sich um ein wesentliches Element des Risikomanagements, weil sich für ein Unternehmen bestandsgefährdende Risiken insbesondere dann ergeben, wenn die in der strategischen Planung angestrebten Wettbewerbsvorteile nicht erreicht werden. Da die Inhalte einer strategischen Kontrolle jedoch bislang nicht in ausreichendem Maße konkretisiert wurden, ist sie bisher für die Praxis von vergleichsweise geringer Bedeutung geblieben. In diesem Beitrag sind die Inhalte der strategischen Prämissenkontrolle, der strategischen Durchführungskontrolle und der strategischen Überwachung als die Elemente der strategischen Kontrolle nun so weit konkretisiert worden, dass eine gewinnbringende Anwendung der strategischen Kontrolle im Risikomanagement eines Unternehmens möglich erscheint. Die theoretische Grundlage hierfür wurde durch die Integration der gütermarktorientierten strategischen Managementlehre und der kapitalmarktorientierten Unternehmensführung gelegt. Für eine weitergehende inhaltliche Konkretisierung der strategischen Kontrolle sind die Zusammenhänge zwischen diesen Theorien in der Zukunft genauer herauszuarbeiten, wofür dieser Beitrag Anknüpfungspunkte liefert.

Innovationskräfte	
angebotsbezogen	nachfrageseitig
• Quellen von Technologie	• geäußerte, offenbarte Präferenzen
• Innovationsmöglichkeiten	• implizite, latente Präferenzen
• Ressourcenbasis	
• Zugang zu Technologien	
• Aneignungsbedingungen	

Abbildung 10: Angebotsbezogene und nachfrageseitige Innovationskräfte. In: GERUM/SJURTS/STIEGLITZ, 2003, S. 35 (modifiziert).

Literatur

ALBACH, H.: Grundgedanken einer synthetischen Bilanztheorie, in: Zeitschrift für Betriebswirtschaft, 35. Jg. 1965, S. 21 – 31.

ARBEITSKREIS FINANZIERUNGSRECHNUNG: Risikomanagement und Risikocontrolling in Industrie- und Handelsunternehmen – Empfehlungen des Arbeitskreises „Finanzierungsrechnung" der Schmalenbach-Gesellschaft für Betriebswirtschaft e.V., in: Zeitschrift für betriebswirtschaftliche Forschung, 53. Jg., Sonderheft 46 2001.

ARROW, K.: Limits of Organization, New York 1974.

BAETGE, J./ZÜLCH, H.: Fair Value-Accounting, in: Betriebswirtschaftliche Forschung und Praxis, 53. Jg. (2001), S. 543 – 562.

BAETGE, J./NIEMEYER, K./KÜMMEL, J.: Darstellung der Discounted-Cashflow-Verfahren (DCF-Verfahren) mit Beispiel, in: PEEMÖLLER, V. H. (Hrsg.): Praxishandbuch der Unternehmensbewertung, 2. Aufl., Herne und Berlin 2002, S. 263 – 360.

BAND, D. C./SCANLAN, G.: Strategic Control through Core Competencies, in: Long Range Planning, Vol. 28 1995, S. 102 – 112.

BARNEY, J. B.: Firm Resources and Sustained Competitive Advantage, in: Journal of Management, Vol. 17 1991, S. 99 – 120.

BESANKO, D./DRANOVE, D./SHANLEY, M.: The Economics of Strategy, 2. Aufl., Chichester u. a. 2000.

BETTIS, R. A./PRAHALAD, C. K.: The Dominant Logic: Retrospective and Extension, in: Strategic Management Journal, Vol. 16 1995, S. 5 – 14.

CHRISTENSEN, C. M.: The Innovator's Dilemma, New York 1997.

COENENBERG, A. G.: Jahresabschluss und Jahresabschlussanalyse, 19. Aufl., Stuttgart 2003.

COPELAND, T. E. /WESTON J. F. : Financial Theory and Corporate Policy, 3. Aufl., Reading (Mass.) u. a. 1988.

COPELAND, T. E. /KOLLER T./MURRIN, J.: Valuation – Measuring and Managing the Value of Companies, 3. Aufl., New York u. a. 2000.

CORNELL, B./SHAPIRO, A. C.: Corporate stakeholders and corporate finance, in: Financial Management, Vol. 16 1987, S. 5 – 14.

DAY, G. S./SCHOEMAKER, P. J.: Avoiding the Pitfalls of Emerging Technologies, in: DAY, G.S./ SCHOEMAKER, P. J./GUNTHER, R.E. (Hrsg.): Wharton on Managing Emerging Technologies, Chichester u. a. 2000, S. 24 – 52.

DEMSKI, J. S.: An Accounting System Structured on a Linear Programming Model, in: The Accounting Review, Vol. 42 1967, S. 701 – 712.

DIERKES, S. : Planung und Kontrolle von Prozeßkosten, Wiesbaden 1998.

DIERKES, S./HANRATH, S.: Unternehmensbewertung auf der Grundlage von Discounted Cash Flow (DCF)-Verfahren und des Economic Value Added (EVA), in: BRÖSEL, G./KASPERZAK, R. (Hrsg.): Internationale Rechnungslegung, Prüfung and Analyse, Oldenburg 2004, S. 500 – 509.

DRUKARCZYK, J.: Unternehmensbewertung, 4. Aufl., München 2003.

EWERT, R./WAGENHOFER, A.: Interne Unternehmensrechnung, 5. Aufl., Berlin u. a. 2003.

FRANKE, G./HAX, H.: Finanzwirtschaft des Unternehmens und Kapitalmarkt, 5. Aufl., Berlin u. a. 2004.

GERUM, E./SJURTS, I./STIEGLITZ, N.: Der Mobilfunkmarkt im Umbruch, Wiesbaden 2003.

GHEMAVAT, P.: Commitment, New York 1991.

GRANT, R. M.: The Resource-based Theory of Competitive Advantage: Implications for Strategy Formulation, in: California Management Review, Vol. 33 1991, S. 114 – 135.

GRANT, R. M.: Contemporary Strategy Analysis – Concepts, Techniques, Applications, 4. Aufl., Malden Massachusetts u. a. 2002.

GÜNTHER, T.: Unternehmenswertorientiertes Controlling, München 1997.

HAMBRICK, D. C./MASON, P. A.: Upper Echelons: The Organization as a Reflection of its Top Managers, in: Academy of Management Review, Vol. 9 1984, S. 193 – 206.

HENDERSON, R. M./CLARK, K. B.: Architectural Innovation: The Reconfiguration of Existing Product Technologies and the Failure of Established Firms, in: Administrative Science Quarterly, Vol. 35 1990, S. 9 – 30.

HILL, T./WESTERBROOK, R.: SWOT Analysis: It's Time for a Product Recall, in: Long Range Planning, Vol. 30 1997, S. 46 – 53.

HOFER, C. W./SCHENDEL, D. E.: Strategy Formulation: Analytical Concepts, St. Paul 1978.

HUNTINGTON, S.P.: The Clash of Civilizations, in: Foreign Affairs, Vol. 72, Summer 1993, S. 22 – 28.

JAKUBOWICZ, V.: Wertorientierte Unternehmensführung – Ökonomische Grundlagen, Planungsansatz, Bewertungsmethoden, Wiesbaden 2000.

KLEVORICH, A. K./LEVIN, R. C./NELSON, R. R./ WINTER, S. G.: On the sources and significance of interindustry differences in technological opportunity, in: Research Policy, Vol. 24 1995, S. 185 – 205.

KLOOCK, J.: Betriebliches Rechnungswesen, 2. Aufl., Lohmar u. a. 1997.

KLOOCK, J.: Unternehmensrechnung und Revision – Publikationsmanagement, 12. Aufl., Köln 2000a.

KLOOCK, J.: Unternehmensrechnung und Revision – Kontrollmanagement, 11. Aufl., Köln 2000b.

KLOOCK, J./DIERKES, S.: Erlöskontrollmanagement, in: G. SEICHT (Hrsg.): Jahrbuch für Controlling und Rechnungswesen 2001, Wien 2001, S. 201 – 224.

KÜPPER, H.-U.: Controlling – Konzeption, Aufgaben und Instrumente, 3. Aufl., Stuttgart 2001.

KÜRSTEN, W./STRAßBERGER, M.: Risikomessung, Risikomaße und Value-at-Risk, in: Das Wirtschaftsstudium, 33. Jg. (2000), S. 202 – 207.

LENGSFELD, S.: Kostenkontrolle und Kostenänderungspotentiale, Wiesbaden 1999.

LUHMANN, N.: Zweckbegriff und Systemrationalität, Frankfurt/Main 1973.

LUHMER, A.: Synthetische Bilanz und Controlling, in: Zeitschrift für Betriebswirtschaft, 62. Jg. (1992), S. 1105 – 1124.

MALERBA, F.: Sectoral systems of innovation and production, in: Research Policy, Vol. 31 2002, S. 247 – 264.

MARKIDES, C. C.: Strategic Innovation, in: Sloan Management Review, Vol. 38 1997, S. 9 – 23.

MINTZBERG, H./QUINN, J. B./VOYER, J.: The strategy process, New Jersey 1995.

MURALIDHARAN, R.: Strategic Control for Fast-Moving Markets: Updating the Strategy and Monitoring Performance, in: Long Range Planning, Vol. 30 (1) 1997, S. 64 – 73.

PORTER, M.: Competitive Strategy, New York 1980.

RAPPAPORT, A.: Linking Competitive Strategy and Shareholder Value Analysis, in: Journal of Business Strategy, Vol. 7 (4) 1987, S. 58 – 67.

RAPPAPORT, A.: Shareholder Value, 2. Aufl., Stuttgart 1999.

ROBERTS, J.: The Modern Firm, Oxford 2004.

ROSS, S. A./WESTERFIELD, R. W./JAFFE, J.: Corporate Finance, 6. Aufl., Boston u. a. 2002.

SCHNEIDER, D.: Betriebswirtschaftslehre – Band 2: Rechnungswesen, 2. Aufl., München 1997.

SCHREYÖGG, G./STEINMANN, H.: Strategische Kontrolle, in: Zeitschrift für betriebswirtschaftliche Forschung, 37. Jg. (1985), S. 391 – 410.

SCHREYÖGG, G./STEINMANN, H.: Zur organisatorischen Umsetzung der strategischen Kontrolle, in: Zeitschrift für betriebswirtschaftliche Forschung, 38. Jg. (1986), S. 747 – 776.

SCHREYÖGG, G./STEINMANN, H.: Strategic Control – A New Perspective, in: The Academy of Management Review, Vol. 12 1987, S. 91 – 103.

SEICHT, G.: Die kapitaltheoretische Bilanz und die Entwicklung der Bilanztheorien, Berlin 1970.

SJURTS, I.: Kontrolle, Controlling und Unternehmensführung, Wiesbaden 1995.

STEINMANN, H./SCHREYÖGG, G.: Management, 5. Aufl., Wiesbaden 2000.

STIEGLITZ, N.: Strategie und Wettbewerb in konvergierenden Märkten, Wiesbaden 2004.

WERNERFELDT, B.: A resource-based view of the firm, in: Strategic Management Journal, Vol. 5 1984, S. 171 – 180.

Erfolgreiche Implementierung der wertorientierten Unternehmenssteuerung

Inhalt:

Wertorientierte Kennzahlen

Zielplanung

Anreizgestaltung

Berichtswesen

Kapitalmarktkommunikation

Implementierung

Jürgen Weber/Urs Bramsemann/
Carsten Heineke/Bernhard Hirsch
**Wertorientierte
Unternehmenssteuerung**
Konzepte – Implementierung –
Praxisstatements
2004. XVI, 391 S. Geb. EUR 44,90
ISBN 3-409-12433-0

Wertorientierte Unternehmenssteuerung wird nur dann erfolgreich sein, wenn sie ganzheitlich, strukturiert und an den Fähigkeiten und Zielen der betroffenen Mitarbeiter ausgerichtet ist. Die Autoren verstehen wertorientierte Unternehmenssteuerung als Herausforderung der Implementierung wertorientierter Kennzahlen. Sie gehen auf die Zielplanung, die Anreizgestaltung, das interne Berichtswesen, die Kommunikation mit dem Kapitalmarkt und den eigentlichen Implementierungsprozess ausführlich ein. Statements von Praktikern geben Einblick in die Erfahrungen erfolgreicher Unternehmen bei der Einführung der Wertorientierten Unternehmenssteuerung.

Die Autoren:

Prof. Dr. Jürgen Weber ist Inhaber des Lehrstuhls für Betriebswirtschaftslehre, insbesondere Controlling und Telekommunikation an der WHU und Gründungsgesellschafter der CTcon GmbH. Er ist vielfach ausgewiesener Controlling-Experte und Herausgeber der Fachzeitschrift „Controlling & Management".

Urs Bramsemann und Carsten Heineke sind wissenschaftliche Mitarbeiter am Lehrstuhl von Professor Weber.

Dr. Bernhard Hirsch ist wissenschaftlicher Assistent am Lehrstuhl von Professor Weber und Schriftleiter der Fachzeitschrift „Controlling & Management".

Abraham-Lincoln-Str. 46, 65189 Wiesbaden, Tel: 06 11.78 78-626, www.gabler.de

RISIKOIDENTIFIKATION

Risikomanagement in Krisensituationen

Volkhard Emmrich / Rainer Doll

Aktuelle Entwicklungen und Erfordernisse

Insolvenzen auf Rekordhoch

Unternehmensinsolvenzen erreichten im Jahr 2003 eine Zahl von 39.320. Bereits im Jahr 2002 war laut statistischem Bundesamt ein Zuwachs der insgesamt gemeldeten Insolvenzfälle von 174,8 % auf 84.428 zu verzeichnen. Dieser Zuwachs ist zum Teil durch die Verabschiedung der neuen Insolvenzordnung zu erklären, mit der der deutsche Gesetzgeber neben der übertragenden Sanierung eine Unternehmensfortführung aus der Insolvenz ermöglicht hat. Im Zuge dieser Neuregelung werden auch Verbraucherinsolvenzen erfasst. Aber auch die Unternehmensinsolvenzen sind deutlich gestiegen. Ihre Anzahl betrug 37.579 Fälle im Jahr 2002, was einem Wachstum von 16,4 % im Vergleich zu 2001 entspricht. Die eingangs genannten jüngst veröffentlichten Zahlen aus dem Jahr 2003 bestätigen diesen Trend. Gegenüber 1992 stellt die aktuelle Zahl der Insolvenzfälle gar einen Anstieg um das 3,4-fache dar (vgl. PAUL 2004, S. 409).

Die Pflicht zur Stellung des Insolvenzantrags ergibt sich gemäß der neuen Insolvenzordnung aus den Tatbeständen der Zahlungsunfähigkeit (§ 17 InsO), der drohenden Zahlungsunfähigkeit (§ 18 InsO) sowie der Überschuldung (§ 19 InsO). Hiermit sind freilich nur die Auslöser beschrieben, nicht aber die Krisenursachen, deren Erkennung Voraussetzung dafür ist, rechtzeitig gegensteuernde Maßnahmen einzuleiten.

Anforderungen an die Unternehmensführung

Krisensituationen und deren Bewältigung stellen besondere Anforderungen an die Unternehmensführung. Angesichts der steigenden Anzahl an Insolvenzen und einer mithin erhöhten Krisenanfälligkeit zahlreicher Branchen kommt einem professionell betriebenen Risikomanagement zunehmende Bedeutung zu. Dabei sind zwei Dimensionen zu unterscheiden. Zum einen werden Instrumente relevant, welche auf die möglichst *frühzeitige Erkennung bestandsgefährdender Krisen* gerichtet sind. Zum anderen gilt es, Risiken bei der *Umsetzung von Sanierungskonzepten* als Antwort auf bestehende Krisen zu minimieren. Beide Dimensionen sollen im Folgenden diskutiert werden. Vorbereitend wird zuvor auf den typischen Verlauf von Krisen sowie wesentliche Krisenursachen eingegangen.

- Angesichts drastisch gestiegener Insolvenzfälle wird die Auseinandersetzung mit der Logik von Krisen und Möglichkeiten ihrer Behebung zur Pflicht.
- Zunächst wird ein Überblick über mögliche Krisenursachen und Krisenarten gegeben; empirische Ergebnisse hierzu runden das Bild ab.
- Ferner werden wichtige Instrumente der Krisendiagnose diskutiert und Empfehlungen zu ihrer Anwendung gegeben.
- Darauf aufbauend wird das Vorgehen zur Identifikation und Bewertung krisenbewältigender Maßnahmen beschrieben.
- Ausführungen zu Risiken im Bereich der Umsetzung von Sanierungskonzepten bzw. zum Sanierungsmanagement beschließen den Beitrag.

Krisenarten und -ursachen

Krisenarten und -ursachen im Überblick

Je nach dem, welche Faktoren ausschlaggebend für das Eintreten der Krisensituation sind, können strategische und ope-

Dr. mont. Volkhard Emmrich
ist Geschäftsführer der
Dr. Wieselhuber & Partner GmbH
und verantwortet den Bereich
Corporate Restructuring.
E-Mail: Emmrich@wieselhuber.de

Dr. oec. publ. Rainer Doll
ist Projektleiter bei
Dr. Wieselhuber & Partner GmbH
mit den Schwerpunkten Corporate
Finance und Corporate Restructuring.
E-Mail: Doll@wieselhuber.de

rative Krisen unterschieden werden. Im Rahmen einer *strategisch bedingten Krise* kommt es zu einer nachhaltigen, meist schleichend verlaufenden Erosion wesentlicher Erfolgspotenziale, die das Unternehmen in der Vergangenheit aufgebaut hat, die gegenwärtig jedoch an Relevanz verlieren. Ein Beispiel hierfür ist etwa eine in fortgeschrittenen Lebenszyklusstadien häufig zu beobachtende steigende Austauschbarkeit des Produktsortiments. *Operative Krisen* sind demgegenüber dadurch gekennzeichnet, dass zwar zentrale Erfolgsfaktoren wie Kundennutzen oder Marktpositionierung stimmen, der Unternehmenserfolg jedoch durch operative Faktoren beeinträchtigt wird, wie beispielsweise durch schleichende Zunahme von Overhead-Kosten oder Friktionen bei der Einführung von Neuprodukten.

Die beschriebene Krisentypologie kann in einem weiteren Schritt mit dem *Lebenszykluskonzept* verbunden werden. In Abhängigkeit des vorliegenden Stadiums im Lebenszyklus eines Unternehmens, sind erfahrungsgemäß unterschiedliche Wahrscheinlichkeiten für das Auftreten strategischer und operativer Krisen anzunehmen. Abbildung 1 zeigt diesen Zusammenhang. In der Einführungsphase haben auftretende Krisen typischerweise strategischen Charakter; Fortbestandsrisiken resultieren in diesem Stadium in erster Linie aus mangelnder Nachhaltigkeit des Geschäftsmodells. In der Wachstumsphase sowie der beginnenden Reifephase sind verstärkt operativ geprägte Krisensituationen zu beobachten. Zwar ist das Geschäftsmodell in eingeschwungenem Zustand, jedoch treten anderweitige Störgrößen auf. Dazu zählen zunächst meist hohe wachstumsbedingte Finanzmittelabflüsse, etwa infolge stark erhöhten Nettoumlaufvermögens; in einem späteren Stadium können Risiken aus renditeschwachen Nebenaktivitäten, nachlassende Effizienz etc. resultieren. Im Rahmen der fortgeschrittenen Reifephase und des Rückgangs, welcher ggf. mittels durchgeführter Relaunch-Aktionen hinausgezögert werden kann, kommt es typischerweise zum kombinierten Auftreten von strategischen und operativen Krisenmerkmalen. In diesem Stadium ist von der

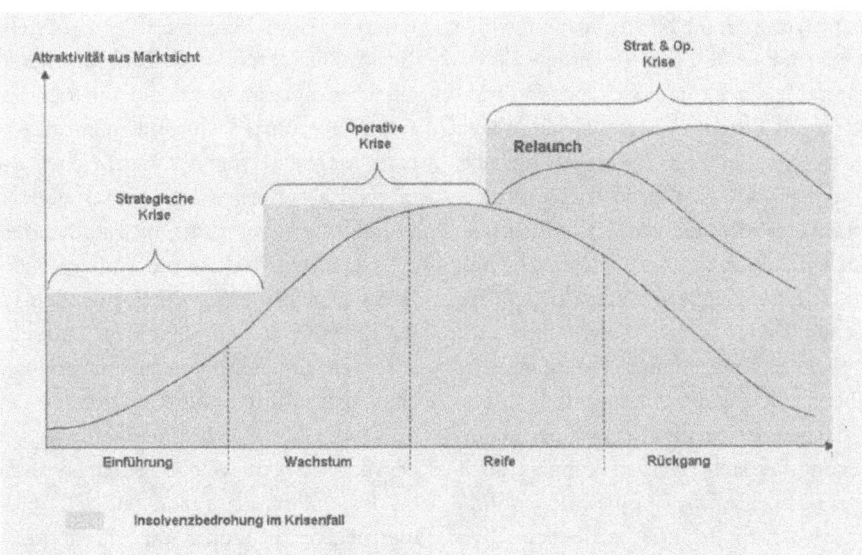

Abbildung 1: Unternehmenskrisen im Lebenszyklus

größten Insolvenzbedrohung auszugehen. Gleichzeitig steigen Handlungsdruck und Komplexität der Problembewältigung.

Neben der Abgrenzung grundlegender Krisenarten lohnt ein Blick auf mögliche *Krisenursachen*. Nach der Quelle des Entstehens von Krisensituationen können überbetriebliche, zwischenbetriebliche und innerbetriebliche Ursachen unterschieden werden.

Überbetriebliche Ursachen resultieren aus übergeordneten Faktoren wie der Wirtschafts-, Sozial- oder Umweltpolitik sowie aus der volkswirtschaftlichen Entwicklung. Insbesondere konjunkturelle Veränderungen und die längerfristige Wachstumsdynamik können die Rahmenbedingungen auf Absatz- und Beschaffungsmärkten nachhaltig beeinflussen und damit auch wesentliche Parameter der Business-Planung des Unternehmens. Das Management kann die genannten Faktoren nicht unmittelbar beeinflussen. Umso wichtiger ist es, eine ausreichende Sensibilität in bezug auf die Entwicklung relevanter Rahmenbedingungen aufrecht zu erhalten, um bei Bedarf gegensteuernde Maßnahmen ergreifen zu können.

Krisen können des Weiteren auf *zwischenbetriebliche Ursachen* zurückzuführen sein. Hiermit sind Faktoren angesprochen, welche die Wettbewerbsintensität und damit die Profitabilität der Branche bzw. des Unternehmens beeinflussen. Hierzu zählen etwa die Anzahl der Lieferanten, Wettbewerber und Abnehmer sowie der Grad der Standardisierung der Produkte, die Stabilität der Nachfrage, die Höhe der Markteintrittsbarrieren etc. Zwischenbetrieblich bedingte Krisensituationen entstehen im Zusammenspiel mit anderen Unternehmen auf den relevanten Absatz- und Beschaffungsmärkten; der Grad der Beeinflussbarkeit der krisenverursachenden Faktoren durch das Management nimmt zu (vgl. GRUNWALD/GRUNWALD, 2001, S. 22). Sie bilden gleichermaßen wichtige Anknüpfungspunkte für das Risikomanagement wie die zu diskutierenden innerbetrieblichen Krisenursachen.

Innerbetriebliche Krisenursachen sind weitestgehend vom Unternehmen selbst beeinflussbar. Unter diesen Ursachenkomplex können eine Reihe an Faktoren subsumiert werden. Eine naheliegende Ursache ist oftmals eine *unzureichende Finanzierungspolitik*. Zeichen einer solchen kann es sein, dass dem Unternehmen nicht ausreichend liquide Mittel zur Verfügung stehen. Grund hierfür ist häufig das Fehlen einer aussagekräftigen Finanz- und Liquiditätsplanung, auf Basis derer Zeitpunkt und Höhe der Zahlungsbewegungen transparent gemacht werden. „Hausgemachte" Liquiditätsengpässe können auch aus Defiziten im Bereich des Working-Capital-Managements resultieren. Nicht nur mangelnde Liquidität – auch eine zu geringe Eigenkapitaldecke kann Ausdruck undurchdachter Finanzierungsentscheidungen sein. Zwar kann der Leverage-Effekt bis zu einem gewissen Grad durch erhöhte Bankverschuldung genutzt werden; jedoch sinken mit zunehmender Verschuldung die verfügbaren Sicherheitspuffer, die im Krisenfall zur Vermeidung evtl. drohender Unterbilanz bzw. bilanzieller Überschuldung erforderlich sind.

Neben den Fehlern, die bei der Finanzierung gemacht werden können, stellt aber auch eine *falsche Investitionspolitik* eine wesentliche innerbetriebliche Krisenursache dar. Erfahrungsgemäß kommt es in diesem Bereich regelmäßig zu erheblichen Fehleinschätzungen. Zum einen werden das Gesamtvolumen der Investition sowie die induzierten Folgekosten zu gering veranschlagt. Zusätzliche Liquiditätsbelastungen verbunden mit ggf. teurer Nachfinanzierung sind die Folge. Zum anderen resultieren Fehleinschätzungen oftmals aus zu optimistischen Annahmen bezüglich der erzielbaren Überschussgrößen des Investitionsobjektes. Ergeben sich geringere Rückflüsse als erwartet, ändert sich ggf. rückwirkend die ökonomische Vorteilhaftigkeit des Gesamtprojekts. Ein weiteres Risiko kann sich aus der Investitionsfinanzierung ergeben. Häufig ist zu beobachten, dass Investitionen zu hohen Anteilen kurzfristig finanziert sind, ggf. über eingeräumte Kontokorrentkredite. Eine Fälligstellung dieser Kredite stellt eine erhebliche Gefährdung dar, da ihnen kaum entsprechend kurzfristig liquidierbare Vermögenswerte gegenüberstehen. Mit der Kurzfristfinanzierung können darüber hinaus gerade in Krisensituationen erhöhte Kosten verbunden sein (Sanierungszinssatz). Eine Risikobegrenzung kann durch Szenarioanalysen im Vorfeld der Investition erreicht werden, welche die Berechnung eines Worst Case beinhalten sollte. Eine besondere Situation ergibt sich, wenn Investitionen in Form von Unternehmensakquisitionen getätigt werden. Zwischen der theoretischen Ableitung von Synergiepotenzialen und der tatsächlichen ergebniswirksamen Vereinnahmung von Verbundeffekten besteht ein großer Unterschied. Das Bindeglied einer erfolgreichen Integration der zusammengeführten Unternehmensaktivitäten erfordert zumeist zusätzlichen internen Ressourceneinsatz, der erhebliche Liquiditätsrisiken birgt, im Rahmen der Entscheidungsfindung indes oft zu oberflächlich analysiert wird. Schließlich ist darauf hinzuweisen, dass auch unterlassene bzw. aufgeschobene Investitionen zu einer Krise führen können. Dies kann in veralteten Maschinen und Technologien begründet liegen, welche Erfolgsfaktoren wie Instandhaltungsaufwendungen, Automatisierung, Produktivität, Qualität etc. negativ beeinflussen können.

Weitere innerbetriebliche Krisenursachen können *mangelnde Innovationskraft* sowie *ineffektive Forschungs- und Entwicklungsarbeit* sein. Ein häufig zu beobachtendes Anzeichen für Mängel in diesem Bereich ist ein hoher Anteil von Altprodukten am Gesamtumsatz sowie das Vorhandensein zahlreicher Produktvarianten ohne nennenswerte Umsatzbedeutung.

Als Krisenursachen im Bereich der *Organisation* ist hinzuweisen auf ineffiziente Aufbau- und Ablauforganisation, mangelnde organisatorische Integration von Review- bzw.- Qualitätsprozessen, wertschöpfungsarme Produktionsabläufe mit zu hoher Kapitalbindung sowie unzureichende Leistungsanreize für Mitarbeiter (vgl. hierzu GRUNWALD/GRUNWALD, 2001, S. 42 ff.). Auch unzureichend qualifizierte Mitarbeiter inkl. Geschäftsführung können entscheidend zur Entstehung von Krisensituationen beitragen. Grund hierfür ist nicht zuletzt die mangelnde Erfahrung mit Risikomanagement- bzw. Frühwarnsystemen.

Empirische Ergebnisse

Zusätzliche Hinweise auf empirisch besonders häufig zu beobachtende Krisenmuster können aus der von *Dr. Wieselhuber & Partner* im Jahr 2003 durchgeführten Untersuchung „Insolvenzen in Deutschland" zu Insolvenzursachen und Erfolgsfaktoren einer Sanierung aus der Insolvenz gewonnen werden. Bei genannter Untersuchung wurden in Kooperation mit ausgewählten Insolvenzverwaltern 52 Insolvenzfälle einer detaillierten Analyse unterzogen. Der Fokus lag hierbei auf Inhaberunternehmen bzw. Unternehmen mit Inhaberprägung sowie großen mittelständisch geprägten Unternehmen mit mindestens 15 Mio. € Umsatz, bei denen ein Insolvenzverfahren abgeschlossen wurde oder kurz vor dem Abschluss stand.

Ursache der Insolvenz waren in 73 % der untersuchten Fälle nicht mehr finanzierbare *operative Verluste;* als Folge davon wurden bestehende Kreditlinien gekündigt, oder bestehende Finanzbedarfe konnten nicht gedeckt werden, da die Banken in anbetracht der Verlustsituation zusätzliche Mittel verweigerten. Zusätzlich waren mit 65 % mehr als die Hälfte der untersuchten Unternehmen überschuldet.

Die Mehrzahl der insolventen Unternehmen zeigte nachhaltige strategische Schwächen, die sich in Geschäftsstruktur und Marktposition widerspiegeln:

- 81 % des Umsatzes wurde im Durchschnitt in einem Geschäftsfeld erzielt.
- 60 % der untersuchten Unternehmen waren überhaupt nur in einem Geschäftsfeld tätig.
- Nur 45 % der analysierten Unternehmen waren in einem wesentlichen Geschäftsfeld Marktführer.
- Nahezu alle Unternehmen waren hingegen in mindestens einem Geschäftsfeld „Mitläufer".

Die in Insolvenz gegangenen Unternehmen litten somit weniger an einer Verzettelung bzw. überhandnehmenden Randaktivitäten als vielmehr an nachhaltigen Problemen in ihrem Hauptgeschäftsfeld. Ausdruck dieser Probleme war häufig eine Erosion der Wettbewerbsvorteile im Stammgeschäft mit der Folge eines „*Mitschwimmens*" *im Markt* verbunden mit hohem Preis- bzw. Margendruck. Entsprechend schwierig war die Ausgangsposition dieser Unternehmen für einen Turn Around aus dem operativen Cash-Flow heraus ohne Einsatz bilanzieller Reserven einzuschätzen.

Zu dem empirischen Befund, nach dem zahlreiche Krisenunternehmen strategisch in die Rolle eines „Mitläufers" gedrängt wurden, passt, dass 75 % der untersuchten Fälle Merkmale einer Kostenkrise aufwiesen: In der erfolgreichen Vergangenheit wurden offenbar Strukturen aufgebaut, die mit abnehmender strategischer Profilierung im Markt bzw. fehlenden Alleinstellungsmerkmalen zunehmend schwieriger aus dem Cash Flow finanziert werden konnten.

Krisenfrüherkennung und Risk-Mapping

Aktivitäten der Krisenfrüherkennung sind aus zwei Gründen von besonderer Bedeutung. Zum ersten stellen sie die Voraussetzung dafür dar, eine Krise ggf. im Anfangsstadium zu erkennen und deren finanzielle Konsequenzen abzumildern. Zum zweiten tragen Diagnoseaktivitäten dazu bei, Licht in die wesentlichen der Krisenursachen zu bringen und damit die Basis für ein situationsgerechtes Krisenbewältigungskonzept zu legen. Die Durchführung entsprechender Analysen obliegt einerseits der Unternehmensführung als Teil des betrieblichen Risikomanagements. Andererseits werden Instrumente der Krisendiagnose von unternehmensexternen Analysten genutzt, wie etwa der Risikomanagementabteilung der finanzierenden Bank oder einem externen Berater im Rahmen eines Unternehmensaudits bzw. eines Sanierungsmandats.

Bilanzanalyse

Ein wichtiges Instrument, das in der Regel in der ersten Stufe der Unternehmensanalyse eingesetzt wird, bildet die Bilanzanalyse. Mittels klassischer *Kennzahlenbildung* kann in relativ kurzer Zeit ein Einblick in krisenrelevante Bereiche wie Vermögens- und Kapitalstruktur, Kapitaldienstfähigkeit, Ertragskraft und Liquidität gewonnen werden. Auch können aus der Bilanzanalyse weitere im Rahmen des Risk-Mappings zu verfolgende Fragen abgeleitet werden, wie die nach den Motiven bestimmter bilanzieller Gestaltungen. An dieser Stelle ist auch die verbreitete Ansicht zu relativieren, dass im Rahmen der Bilanzanalyse nur die vergangene Erfolgsentwicklung untersucht werden kann.

Vielmehr können durch Extrapolationen wesentlicher Kenngrößen wie Umsatz, Aufwandsarten, Cash-Flow etc. potenzielle Trends aufgezeigt und Zukunftsrisiken sichtbar gemacht werden.

Als typische aus der Bilanzanalyse mehrerer Geschäftsjahre zu gewinnenden Warnsignale können gelten:

- Erhöhte Personalintensität gemessen am Verhältnis von Personalaufwand zu Umsatzerlösen als Zeichen abnehmender Produktivität bzw. Ertragsstärke.
- Verschlechterung der Umsatzrendite bei konstantem bzw. wachsendem Umsatz. Dies kann bedeuten, dass mit dem Umsatzwachstum eine Erosion der Deckungsbeitragsqualität einhergeht. Ursache hierfür können etwa gestiegene Komplexitätskosten infolge zunehmender Variantenvielfalt sein.
- Steigendes Fremdkapital bei konstanter Gesamtleistung als mögliches Zeichen für Verlustfinanzierung oder übermäßigen Bestandsaufbau.
- Dauerhaft höhere Abschreibungen als Neuinvestitionen. In diesem Fall ist zu vermuten, dass auf Kosten der Unternehmenssubstanz gewirtschaftet wurde und die zukünftig nötige Asset-Quality nicht vorhanden ist.
- Verschlechterungen im Bereich des Working Capitals, gemessen etwa an der zunehmend gebräuchlichen Kennzahl „Days Working Capital", welche sich aus der Lagerreichweite in Tagen zuzüglich Debitorenziel in Tagen abzüglich Kreditorenziel in Tagen errechnet. Ein Ansteigen der Kennzahl signalisiert eine erhöhte Kapitalbindung im Umlaufvermögen, welche negativ auf Liquidität und Finanzierungsaufwand wirkt. Typische Ursachen für verschlechterte Working-Capital-Kennziffern sind nicht gängige Produkte sowie unzulängliche Prozesse im Zusammenspiel von Vertriebsplanung, Produktion und Disposition.
- Änderungen von bilanzieller Bewertungsverfahren im Zeitablauf, so etwa der Abschreibungsmethoden oder der Bestandsbewertung. Beide Maßnahmen könnten Mittel zur Beschönigung einer systematisch verschlechterten Ertragslage sein.

Erweiterte finanzwirtschaftliche Analysemethoden

Neben der traditionellen Bilanzanalyse ist der Einsatz weiterer finanzwirtschaftlicher Analysemethoden zu empfehlen, welche ein genaueres Bild des Status Quo zeichnen. Im Zentrum der hiermit angesprochenen Diagnoseinstrumente steht zum einen die Analyse der Finanzflüsse mittels einer differenzierten Kapitalflussrechnung sowie die Analyse des in der Vergangenheit und aktuell erwirtschafteten Cash-Flows inklusive der wesentlichen Einflussfaktoren und deren zukünftiger Entwicklung. Zum anderen ist die vorherrschende Finanzierungsstruktur einer Detailanalyse zu unterziehen.

In Bezug auf die *Finanzierungsstruktur* ist es zweckmäßig, die Entwicklung einzelner Passivapositionen gegenüberzustellen. Hierzu zählen etwa (wirtschaftliches) Eigenkapital, Pensionsrückstellungen, sonstige Rückstellungen, langfristige Bankverbindlichkeiten, kurzfristige Bankverbindlichkeiten, Verbindlichkeiten aus L&L sowie erhaltene Anzahlungen. Die Analyse der Anteilsentwicklung einzelner Finanzierungskomponenten gewährt Einblicke in eine ggf. veränderte Risikoposition. Als Warnsignal kann etwa die regelmäßig im Zuge von Unternehmenskrisen zu beobachtende Verschiebung der Finanzierungsbeiträge in den Kurzfristbereich – insbesondere Kontokorrentkredite und Anzahlungen – gelten. Allein aus der Tatsache, dass große Teile der Verbindlichkeiten kurzfristig fällig gestellt werden können, resultieren erhöhte Liquiditätsrisiken.

Zusätzliche Erkenntnisse können aus der Gegenüberstellung von Cash-Flow-basierten Größen und Finanzierungsstruktur bzw. der *Cash-Flow-orientierten Strukturierung der Passivseite anhand von Multiplikatoren* gewonnen werden. Hierbei ist zu analysieren, wie die Strukturierung der Passivseite unter dem Gesichtspunkt der Finanzmittelgenerierung zu beurteilen ist. Bewährt hat sich die Gegenüberstellung von Fremdkapitalbestandteilen mit dem Cash-Flow-nahen EBITDA. Hierbei können die Anforderungen, welche Banken an den Investment Grade stellen, als Referenzgröße herange-

Kriterien	Risikoprofil nicht zutreffend 1	2	teils/teils 3	4	zutreffend 5
1. Bilanzverkürzung ist bereits erfolgt	☐	☐	☐	☐	☐
2. Sale-and-Lease-Back realisiert	☐	☐	☐	☐	☐
3. Kaum Anlagevermögen	☐	☐	☐	☐	☐
4. Kaum stille Reserven	☐	☐	☐	☐	☐
5. Kaum freie Sicherheiten	☐	☐	☐	☐	☐
Vermögenserosion	☐	☐	☐	☐	☐
1. Sinkende Wertschöpfung pro Kopf	☐	☐	☐	☐	☐
2. Überproportional zum Umsatz steigende Wertschöpfung	☐	☐	☐	☐	☐
3. Abnehmende DB-Qualität (Kunden, Produkte, Geschäfte)	☐	☐	☐	☐	☐
4. Steigender Break-Even	☐	☐	☐	☐	☐
5. Zunehmender Anteil des a.o. Ergebnisses am Gesamtergebnis	☐	☐	☐	☐	☐
6. Abnehmende Innovationsrate	☐	☐	☐	☐	☐
7. Keine Innovationsrente	☐	☐	☐	☐	☐
Ertragserosion	☐	☐	☐	☐	☐
1. Steigender Verschuldungsgrad	☐	☐	☐	☐	☐
2. Rückgang des Free Cash-Flow	☐	☐	☐	☐	☐
3. Rückgang liquider Mittel trotz z.B. Factoring, ABS, etc.	☐	☐	☐	☐	☐
4. Unterlassene Reinvestitionen	☐	☐	☐	☐	☐
5. Unausgewogene Finanzierungsstruktur	☐	☐	☐	☐	☐
6. Fehlende Refinanzierungen	☐	☐	☐	☐	☐
Finanzerosion	☐	☐	☐	☐	☐

Abbildung 2: Checkliste zur Analyse der Vermögens-, Finanz- und Ertragslage

zogen werden. Danach sollten vorrangige Darlehen maximal das 3fache des EBITDA, vor- und nachrangige Darlehen zusammen maximal das 4fache des EBITDA betragen. Liegen Schätzungen des zukünftigen Free Cash-Flow vor, kann zusätzlich die *Debt Capacity* errechnet werden, welche den (maximalen) Finanzierungsrahmen auf Basis diskontierter zukünftiger Cash-Flows angibt. Überschreitungen der Grenzwerte bei Multiplikatoren bzw. Debt Capacity sind als Zeichen erhöhten finanzwirtschaftlichen Risikos zu interpretieren.

Checklisten

Über die beschrieben Instrumente hinaus hat sich der Einsatz von Checklisten zur Krisendiagnose bewährt. Abbildung 2 zeigt exemplarisch, durch Prüfung welcher Kriterien das Risikoprofil des zu analysierenden Unternehmens ermittelt werden kann. Ihre Anwendung setzt freilich den Zugang zu unternehmensspezifischen Informationen voraus, welche deutlich über die im Rahmen des Jahresabschlusses gemachten Angaben hinausgehen.

Identifikation von Sanierungsmaßnahmen

Ist eine Krise als solche erkannt und sind im Rahmen einer ersten Analyse wesentliche Ursachen und Charakteristika der Krise identifiziert worden, müssen in einem nächsten Schritt adäquate Maßnahmen zur Krisenbewältigung abgeleitet werden. Hierbei ist es zweckmäßig, zwischen unmittelbar durchzuführenden Sofortmaßnahmen und strukturellen Maßnahmen zu unterscheiden.

Sofortmaßnahmen „Liquidität"

Häufig werden Krisen erst anhand manifester Symptome wie insbesondere zunehmend knapper liquide Mittel wahrgenommen. Akute Liquiditätsengpässe erschweren die geordnete und systematische Herleitung eines Sanierungskonzepts. Somit besteht das erste Ziel oft darin, die Liquidität durch Sofortmaßnahmen über einen absehbaren Zeitraum so zu steuern, dass sich ein positives Zeitfenster für die Erarbeitung konzeptioneller Maßnahmen ergibt.

In einem ersten Schritt ist das Ausmaß des Liquiditätsengpasses transparent zu machen. Für das Management ist dies aus zwei Gründen Pflicht. Erstens ist das Wissen um den Grad der Zahlungsschwierigkeiten Voraussetzung dafür, ggf. rechtzeitig Insolvenz anzumelden (Gefahr der Insolvenzverschleppung). Zweitens bestehen ab dem Zeitpunkt der Zahlungsunfähigkeit bzw. der Ungewissheit hinsichtlich der Zahlungsfähigkeit besondere Restriktionen im Hinblick auf Zulässigkeit bestimmter Handlungen; diese sind vom Management wie auch den finanzierenden Banken zu beachten, da ggf. strafrechtliche Konsequenzen drohen. Auch aus diesem Grund muss die Unternehmensführung an einer schnellen und zuverlässigen Ermittlung der Liquiditätsperspektive bis zum Ende

Liquiditätsplan	Planung der laufenden Periode Jan.	Feb.	Mrz.	Apr.	Mai	Juni	...
+ Umsatzeinzahlungen							
+ sonstige betriebliche Einzahlungen inkl. a.o.							
- Materialauszahlungen							
- Auszahlungen für bezogene Leistungen							
- Personalauszahlungen							
- sonstige betriebliche Auszahlungen							
+ Liquidität aus der Veräußerung von UV							
= Liquidität aus der Betriebstätigkeit							
- Auszahlungen für Zinsen							
+ Einzahlungen aus Zinserträgen							
+ Einzahlungen aus Beteiligungen							
+/- sonstige erfolgswirksame Finanzzahlungen							
= Zinssaldo und Beteiligungserträge							
- Auszahlungen für Steuern							
+ Einzahlungen aus Steuern (Rückvergütung etc.)							
= Liquiditätssaldo aus operativer Tätigkeit							
+ Anfangsbestand an liquiden Mitteln							
= Finanzmittelbedarf / -überschuss vor Investitionen							
- Auszahlungen für Sachinvestitionen							
- Auszahlungen für Finanzinvestitionen							
+ Einzahlungen aus Verkauf von Sachanlagen							
+ Einzahlungen auf Verkauf von Finanzanlagen							
= Finanzmittelbedarf für Investitionen / Überschuss							
= Finanzmittelbedarf / -überschuss nach Investitionen							
- Auszahlungen an die Gesellschafter (Dividende)							
+ Einzahlungen von Gesellschaftern							
= Liquiditätsabfluss (-zufluss) an (von) Gesellschafter(n)							
- Tilgung von Darlehen und sonstigen Krediten							
+ Aufnahme von Darlehen und sonstigen Krediten							
- Rückzahlung von Kontokorrentkrediten							
+ Ausweitung der Kontokorrentkreditlinien							
= Saldo Finanzierungen / Tilgungen Banken und Sonstiges							
= Endbestand an liquiden Mitteln							

Abbildung 3: Struktur der Liquiditätsplanung

der Planperiode interessiert sein, mit Hilfe derer Aufschlüsse über die *Sanierungsfähigkeit* im Sinne der *Kapitaldienstfähigkeit* gewonnen werden können.

Die Aufnahme der Liquiditätssituation erfolgt zweckmäßigerweise in Form eines *differenzierten Liquiditätsplans*, welcher die in Abbildung 3 gezeigte Struktur besitzt.

Der Liquiditätsplan beinhaltet auch die Abbildung des konsolidierten aktuellen Kontostands sowie der verfügbaren KK-, Aval- und Wechsellinien.

Des Weiteren sind im Rahmen des Sofortprogramms kurzfristig bestehende *Liquiditätsspielräume* zu nutzen. Sofort umzusetzen sind i. d. R. folgende Maßnahmen:

- Sofortiger Investitionsstopp
- Limitierung bestimmter Sachkosten
- Bestandssenkung/Reduktion von Wareneinkäufen
- Aktives Kreditorenmanagement durch Ausnutzung bestehender Zahlungsziele
- Aktives Debitorenmanagement, z. B. durch Vereinbarung von Skonti, Forderungsverkäufe, Vereinbarung von Anzahlungen etc.

Schließlich ist das Thema Liquidität und Liquiditätssteuerung entsprechend seiner Relevanz für die akute Krisensituation angemessen organisatorisch zu verankern. Bewährt hat sich die Einrichtung eines *Liquiditätsbüros,* das durch einen zu benennenden Liquiditätsmanager geführt wird – zumeist unterstützt durch einen methodisch erfahrenen Sanierungsberater. Ziel ist es, zahlungswirksame Geschäftsvorfälle bzw. Aktivitäten zu zentralisieren und Kontrollstrukturen in bezug auf die Freigabe von Zahlungen zu institutionalisieren. Eine wesentliche Aufgabe des Liquiditätsbüros besteht auch in der permanenten Fortschreibung der Liquiditätsplanung sowie in der Durchführung von Soll-Ist-Vergleichen auf Zahlungsebene.

Strukturelle Maßnahmen

Nach Verabschiedung des Sofortmaßnahmenprogramms sind in einem zweiten Schritt strukturelle Maßnahmen zu entwickeln. Deren Ziel besteht in der nachhaltigen Rückgewinnung von Wettbe-

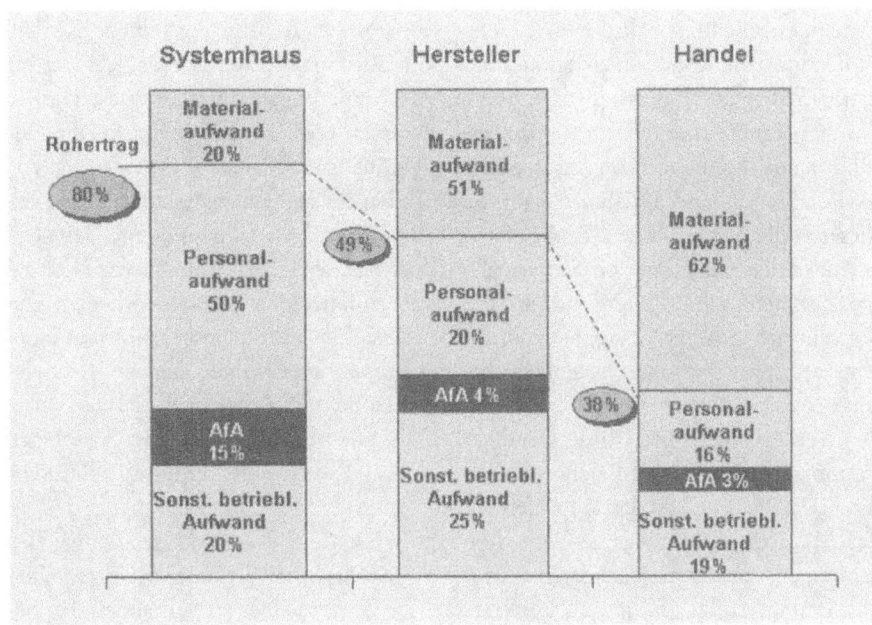

Abbildung 4: Aufwandsstrukturen als Basis des Sanierungskonzepts

werbsfähigkeit und Ertragskraft. Ferner sollen sie dazu beitragen, die Wahrscheinlichkeit weiterer Unternehmenskrisen dauerhaft zu senken.

Zu Beginn der Konzeptionsphase stehen grundsätzliche Überlegungen zur *Rekonfiguration des Unternehmens*, mit Hilfe derer mögliche Sanierungsstrategien inklusive deren Chance-Risiko-Profile abgewogen werden. Hierbei interessiert etwa die Attraktivität des Marktsegments, gemessen an bestehenden Wachstumspotenzialen, dem Marktverhalten der Wettbewerber sowie den relevanten Erfolgsfaktoren wie etwa Finanzkraft, internationale Vertriebsstärke etc. Ferner ist das *Geschäftsmodell* des Unternehmens zu betrachten, wobei etwa die Position der bestehenden Geschäfte im Produktlebenszyklus untersucht wird, aber auch, welche Geschäfts- und Ertragsquellen in Zukunft genutzt werden sollen und welche Alleinstellungsmerkmale nach erfolgter Restrukturierung im Hinblick auf einen gesicherten Fortbestand erreicht werden müssen. Auch sind die künftigen Risiken des Geschäfts transparent zu machen, etwa solche aus Überkapazitäten, Substitutionsgefahr etc. Auf Basis des beschriebenen Geschäftsmodell-Audits sollte idealerweise der strategische Pfad der Krisenbewältigung abgeleitet werden. Das Spektrum der strukturellen Alternativen ist hierbei beträchtlich: Es reicht von einer Restrukturierung im Rahmen des bisherigen Unternehmenskonzepts mit Hilfe klassischer Instrumente der Kosten- und Kapazitätsanpassung, über eine anzustrebende Fusion von (Teil-)Aktivitäten mit strategischen Partnern, eine Abspaltung von Randaktivitäten bis hin zu einem Gesellschafterwechsel durch Komplettverkauf.

Neben den angesprochenen Aspekten der Rekonfiguration des Unternehmens liegt ein Schwerpunkt des Sanierungsmanagements in Krisensituationen auf der Ableitung zweckgerechter operativer Sanierungsmaßnahmen. Je nach Geschäftsmodell sowie der damit verbundenen Aufwandsstruktur können sich hierbei unterschiedliche Potenziale und Ansatzpunkte ergeben. Abbildung 4 zeigt beispielhaft die stark auseinanderdriftenden Kostenstrukturen der Geschäftstypen Systemhaus, Hersteller und Handel.

Liegt ein Schwerpunkt der Kostenstruktur, so wie in dem hier wiedergegebenen realen Fall eines Systemhauses, im Personalbereich, sind Maßnahmen wie Prozessoptimierung und Kapazitätsanpassung von besonderer Relevanz. Bei Unternehmen vom Typ Hersteller ist dagegen von einer Dominanz des Bereichs Materialkosten/Beschaffung auszugehen;

dementsprechend ist Faktoren wie Lieferantenauswahl, Konditionenverhandlungen, Sortimentskomplexität etc. erhöhte Aufmerksamkeit zu widmen. Eine erschöpfende Diskussion von Ansatzpunkten für Sanierungsmaßnahmen kann an dieser Stelle nicht erfolgen. Zu beachten ist, dass die Ableitung von Sanierungsmaßnahmen i. d. R. nicht nur an der Kostenseite ansetzt, sondern zumeist Umsätze bzw. sonstige betriebliche Erträge sowie bilanzielle Aspekte, wie etwa den Verkauf nicht betriebsnotwendiger Vermögensteile oder Off-Balance-Gestaltungen, mit einschließt. Bei der Ableitung des Maßnahmenkatalogs ist darauf zu achten, dass eine hinreichende Operationalisierung erfolgt und jeweils konkrete Verantwortlichkeiten definiert werden.

Integrierte Finanzplanung

Die Ergebnis- und Liquiditätswirkung der identifizierten Sanierungsmaßnahmen ist in eine integrierte Finanzplanung zu überführen. Diese besteht aus GuV-Planung, Cash-Flow-Planung, Plan-Bilanz und Liquiditätsplanung, wobei die Teilplanungen aufeinander abgestimmt sein müssen. Ziel ist es, den voraussichtlichen zeitlichen Verlauf des Turn Around, das Chance-Risiko-Profil der Sanierung sowie ggf. noch zu schließende Finanzierungslücken sichtbar zu machen. Zugleich soll hierdurch eine tragfähige Basis für das Sanierungscontrolling gelegt werden. Um die genannten Zwecke zu erreichen, sind bestimmte Anforderungen an die integrierte Finanzplanung zu stellen, die im folgenden diskutiert werden.

Die *Planungsprämissen* sind klar zu dokumentieren. Dies betrifft zunächst die Annahmen zur Umsatz- und Aufwandsentwicklung, bei der Preis- und Mengengerüste transparent zu machen sind; auch die bei der Quantifizierung der einzelnen Maßnahmen zugrunde gelegten Annahmen sind festzuhalten. Die Planungssystematik sollte ferner die Durchführung von *Simulationen* wesentlicher Parameter gestatten, so dass mit dem Planungsansatz die Chancen und Risiken aufgezeigt werden können. Zu beachten ist, dass neben den für das Unternehmen üblichen operativen Risiken zusätzliche Risiken im Zusammenhang mit der Umsetzung der Sanierungsmaßnahmen bestehen. So können etwa bei Maßnahmen, die eine Veräußerung von Assets wie etwa von Teilen des Sachanlagevermögens oder von Beteiligungen beinhalten, erhebliche Unsicherheiten in Bezug auf die zu erwartenden finanziellen Effekte vorliegen. Beispiele für häufig bestehende *maßnahmeninhärente Risiken* sind:

- Höhe und Zeitpunkt der finanziellen Zuflüsse bei Verkauf von Maschinen bei Fehlen eines liquiden Sekundärmarkts
- Höhe und Zeitpunkt der finanziellen Zuflüsse bei Verkauf von Immobilien
- Eckwerte eines zu verhandelnden Sozialplans und Höhe des Restrukturierungsaufwands
- Reaktion der Abnehmer auf deckungsbeitragorientierte Sortimentsanpassung (z. B. Elimination deckungsbeitragsschwacher Produkte)
- Reaktion der Absatzmittler auf prozesskostenorientierte Marktbearbeitung (z. B. Einschränkung der Besuchshäufigkeit bei Kleinkunden)
- Wirkung des eingeleiteten Vertriebsintensivierungsprogramms
- Refinanzierung bei Leasing- und Sale and Lease Back-Maßnahmen

Um eine möglichst transparente Darstellung der Einzelmaßnahmen zu erreichen und entsprechende Risiken getrennt analysieren zu können, sollten die Sanierungsmaßnahmen einzeln im Planungssystem abgebildet werden. Üblicherweise wird jede Maßnahme in GuV-Struktur gezeigt, im Falle des Gesamtkostenverfahrens also etwa hinsichtlich ihrer Wirkung auf Umsatz, Bestandsveränderung und Kostenarten aufgeschlüsselt. Gleichzeitig ist auch der mit jeder Maßnahme verbundene Restrukturierungsaufwand auszuweisen; dieser wird für Planungszwecke regelmäßig dem außerordentlichen Aufwand zugeordnet, unabhängig davon, ob dieser Ausweis im Einzelfall auch handelsrechtlich zulässig ist. Ziel ist es, jährlich wiederkehrende Ergebnisverbesserungen systematisch von Einmaleffekten zu trennen, um ein möglichst unverzerrtes Bild davon zu erhalten, ab wann sich das Unternehmen operativ wieder in eingeschwungenem Zustand befindet.

Auf Basis der beschrieben Einzelquantifizierungen sollte die Finanzplanung das insgesamt bestehende *Liquiditätsrisiko* verdeutlichen. In Abhängigkeit der ermittelten Ergebnisse sollte den finanzierenden Banken bzw. den Gesellschaftern proaktiv ein geeigneter Vorschlag zur Überbrückung ggf. bestehender Liquiditätslücken unterbreitet werden. Ferner sind die Auswirkungen der Sanierung auf die Planbilanz sichtbar zu machen. Gegebenenfalls impliziert das Sanierungskonzept erhebliche *Eigenkapitalrisiken*. Hierzu zählen insbesondere:

- Hohe Einmalaufwendungen im Zuge von Kapazitätsanpassungen (Sozialplan), bestehend aus Abfindungen und Lohnfortzahlungen.
- Buchverluste im Zuge von Veräußerungen von Vermögensgegenständen zum Zwecke der Liquiditätsschöpfung; Risiken entstehen insbesondere bei Veräußerung bestehender Beteiligungen, da hier nötige Wertkorrekturen in der Vergangenheit oft nicht konsequent durchgeführt worden sind.
- Auflaufende operative Verluste, die nicht sofort gestoppt werden können.

Die zu errechnende Planbilanz macht deutlich, ob die Eigenkapitaldecke für die Durchführung der Sanierung ausreicht, oder ob zusätzliche Maßnahmen zur bilanziellen Restrukturierung eingeleitet werden müssen.

Risikoorientiertes Maßnahmencontrolling

Neben der (präventiven) Beschäftigung mit Krisentypen und -ursachen, dem regelmäßigen Einsatz von Früherkennungsroutinen im Sinne eines Risk-Mapping, der rechtzeitigen Identifikation bestehender Krisen und der Ableitung sachgerechter risikopolitischer Maßnahmen (Sanierungskonzept) liegt eine wesentliche Aufgabe des Risikomanagements darin, Risiken bei der Umsetzung von Einzelmaßnahmen zu begrenzen. Hierzu sind eine adäquate Projektorganisation zu definieren und Routinen des Sanierungsreportings einzurichten.

Projektorganisation und Lenkungsausschuss

Das Sanierungsprogramm ist zunächst in *Teilprojekte* zu zerlegen. In einem Projektsteckbrief sind die Top-down-Zielsetzung (z. B.: 20 % Bestandssenkung in 24 Monaten) und das Projektteam inklusive Projektleiter zu definieren. Ferner ist die Sanierungsaufgabe in *Maßnahmen* zu zerlegen. Die Maßnahmen sind in einer dritten Operationalisierungsstufe in *Einzelaktivitäten* zu zerlegen, denen jeweils (eindeutige) Verantwortlichkeiten zugeordnet werden können. Auf der Ebene der Einzelaktivitäten findet auch das Sanierungscontrolling statt, z. B. mit Hilfe detaillierter Checklisten. Zudem sind Ecktermine der Umsetzung zu definieren. Gegebenenfalls sind Anreize für das mit der Maßnahmenumsetzung betraute Projektteam zu setzen.

Neben dem Einsatz von Teilprojektteams ist eine im Hinblick auf die Gesamtprojektleitung geeignete Struktur aufzubauen. Bewährt hat sich die Einrichtung eines sog. Lenkungsausschusses. Diesem gehört neben ausgewählten Mitgliedern der Geschäftsführung bzw. des Vorstands regelmäßig ein externer Berater an. Zudem kann ein Gastrecht der Banken im Lenkungsausschuss vereinbart werden. Ziel des regelmäßig zusammenkommenden Lenkungsausschusses ist die Verabschiedung übergeordneter Sanierungsziele und -maßnahmen sowie die laufende Überwachung der Teilprojekte.

Die Beteiligung des externen Beraters ist allerdings in den seltensten Fällen auf die Arbeit im Lenkungsausschuss begrenzt. Zumeist werden von ihm zentrale Aufgaben im Rahmen der Konzeption, Planung und Umsetzung der Teilmaßnahmen übernommen. Nicht selten werden zentrale Aufgaben im Bereich des *Cash-Managements* auf Wunsch der finanzierenden Banken über einen definierten Zeitraum hinweg durch den externen Berater übernommen. Das Ziel einer derartigen Mandatierung bestand in einem jüngeren Sanierungsfall darin, das Risiko von entnahmeähnlichen Zahlungen zu vermeiden; zusätzlich sollten Liquiditätsverlagerungen in nicht in das Cash-Pooling einbezogene Konzernteile verhindert werden. Zu diesem Zweck wurde vereinbart, dass sämtliche geplanten Zahlungen einer wöchentlichen Durchsicht seitens der Beratungsgesellschaft zu unterziehen waren.

Sanierungsreporting und Plan-Ist-Vergleich

Ebenso wichtig wie die organisatorische Verankerung der Sanierungsprojekte ist die Schaffung einer geeigneten Berichtsstruktur. Diese sollte sich sowohl für das interne Erfolgscontrolling als auch für die Berichterstattung gegenüber Stakeholdern – etwa im Rahmen der meist regelmäßig stattfindenden Sitzungen des Bankenpools – eignen.

Das Sanierungsreporting knüpft eng an der Abbildung des Sanierungskonzepts im Rahmen der integrierten Finanzplanung an. Dort waren die Teilmaßnahmen im Hinblick auf die jeweils geplante Ergebnis- und Liquiditätswirkung zu erfassen. Üblich ist – zumindest für den Zeitraum eines Jahres – eine Periodisierung auf Monatsbasis. Für Zwecke des Reportings ist der Plangröße jeweils der im Hinblick auf die Einzelmaßnahme erreichte Istwert gegenüber zu stellen. Der Soll-Ist-Vergleich erstreckt sich dabei sowohl auf die Ergebniswirkung als auch auf die Liquiditätswirkung bzw. den Cash-Flow. Darauf aufbauend ist eine Abweichungsanalyse durchzuführen, auf deren Basis ggf. bestehende Umsetzungslücken erkannt werden können.

■ Fazit

In jüngster Zeit vermehrt zu verzeichnende Unternehmenskrisen stellen die Unternehmensführung vor besondere Anforderungen. Ein *krisenorientiertes Risikomanagement* hat mehrere Dimensionen. Im Hinblick auf die frühzeitige Erkennung bzw. Prävention von Krisen ist eine Auseinandersetzung mit dem Spektrum der Krisenursachen sowie der institutionalisierte Einsatz zweckgerechter Instrumente der Krisenerkennung zu empfehlen. Kommt es zum Ausbruch einer manifesten Unternehmenskrise, rückt die erfolgreiche Durchführung gegensteuernder Maßnahmen in den Mittelpunkt des Risikomanagements. Entscheidend hierfür ist die adäquate Bewertung des Risiko-Chance-Profils potenzieller Sanierungsmaßnahmen sowie die Begrenzung von Umsetzungsrisiken durch ein straffes Projektmanagement. Da Unternehmenskrisen Ausnahmesituationen darstellen, die neben dem Einsatz spezieller Analyseverfahren auch massiven zeitlichen Mitteleinsatz erfordern, erfolgt ihre Handhabung meist in enger Zusammenarbeit mit in Krisensituationen erfahren Beratern und Banken, welche die für ein krisenorientiertes Risikomanagement in der Regel erforderlich Ressourcen beisteuern.

Literatur

DR. WIESELHUBER & PARTNER GMBH: Insolvenzen in Deutschland – Insolvenzursachen und Erfolgsfaktoren einer Sanierung aus der Insolvenz, München, 2003.
GRUNWALD, E./GRUNWALD, S.: Bonitätsanalyse im Firmenkundengeschäft, 2. Aufl., Stuttgart, 2001.
PAUL, W.: Forderungsmanagement vor dem Hintergrund existenzbedrohender Insolvenzen, in: Finanz Betrieb, 6. Jg., 2004, Heft 6, S. 409–419.

RISIKOIDENTIFIKATION

Strategie und Risiko – Zum Umgang mit dem Ungewissen

Walter Schmidt

Einführung

„Prognosen sind schwierig, besonders wenn sie die Zukunft betreffen", sagte einst Carl Valentin. Und er hatte Recht. Wir können die Zukunft nicht wirklich vorherbestimmen. Andererseits müssen wir immer wieder Entscheidungen treffen, deren Konsequenzen wir nicht überschauen: die Aufnahme eines aufwändigen Forschungsprojekts mit ungewissem Ausgang, die Investition für eine größere Anlage ohne ausreichende Sicherheit für den zeitlichen Bestand des damit festgeschriebenen technologischen Niveaus, der Start einer umfassenden Marketingkampagne in Zeiten stark schwankender Märkte, die Bewilligung weitreichender Fortbildungsmaßnahmen bei gleichzeitiger Unsicherheit über die Entwicklung der Mitarbeiterzahlen etc. Da ist der Wunsch nach verlässlichen Berechnungen zukünftiger Entwicklungen schon verständlich, um die Risiken im Griff behalten zu können.

● Das Bedürfnis nach Anwendung strategischer Methoden in der Wirtschaft ist in den letzten 60 Jahren entstanden infolge der Herausbildung großer Organisationen im Prozess des Übergangs vom technischen zum technologischen Zeitalter. Dadurch ist die Entscheidungsmacht von Führungskräften stärker gestiegen als die Fähigkeiten, ihre Konsequenzen zu überschauen. Diesem Risiko soll durch Strategie entgegengetreten werden.
● Strategie im wirtschaftlichen Kontext ist der Umgang von *Organisationen* mit dem Ungewissen der Zukunft. Sie hat als *Ziel*, durch ein von allen relevanten Anspruchsgruppen akzeptiertes Gleichgewicht des Nutzens die nachhaltige Existenz der Organisation zu gewährleisten; als *Aufgabe*, besser auf die Ungewissheit der Zukunft vorbereitet zu sein als die Wettbewerber und dabei einen höheren Wirkungsgrad der eingesetzten Ressourcen zu erreichen; und als *Inhalt*, das dazu geeignete Spielfeld auszuwählen und durch konsequentes Training die erforderlichen Potenziale und wirtschaftlichen Kräfte zu entwickeln.
● Zwischen Fakten und der Ungewissheit liegt ein breiter Raum. Fakten vermitteln uns in bestimmten Grenzen Gewissheiten, weil wir uns auf die Bedeutung der ihnen zugrunde liegenden Ereignisse geeinigt haben. Aber Fakten und Ungewissheit dürfen nicht alternativ gegeneinander gestellt werden. Es geht vielmehr darum, den Raum zwischen ihnen bewusst als Einheit zu gestalten. Dazu benötigen wir auch ein leistungsfähiges Controlling-Netzwerk für ein umfassendes Business-Reporting. Es könnte aus 5 Bereichen bestehen: Finanz-Bericht, Produkt-Entwicklung, Potenzial-Entwicklung, Management-Unterstützung und Potenzial-Bericht.

Wiederentdeckung der Strategie

Und so wurde der Blick in die Zukunft zunehmend mit dem Begriff der Strategie in Verbindung gebracht. Wir suchen nach einer Unternehmensstrategie, aber wir sprechen auch in geringeren Zusammenhängen von strategischen Fragen: Einkaufsstrategie, Marketingstrategie, IT-Strategie, Entwicklungsstrategie, Produktstrategie, strategische Planung, strategisches Controlling – die Möglichkeiten scheinen unerschöpflich.

Das war nicht immer so. Strategie ist zwar ein sehr alter Begriff. Aber nicht in der Wirtschaft. Wir verbinden ihn eher mit politischen und militärischen Aspekten. Es stammt aus dem antiken Griechenland: Seit dem späten 6. Jahrhundert v. Chr. gab es in Athen ein aus zehn Strategen („strategos" als Kombination aus „stratos" = Heer und agein = führen) bestehendes Kollegium, das die Heere der zehn Phylen anführte; ab 387 v. Chr. hat-

Dr. Walter Schmidt
ist selbständiger Coach und Moderator für angewandte strategie und kommunikation (ask) und gemeinsam mit Herwig R. Friedag Verfasser der meistverkauften deutschsprachigen Bücher zum Thema Balanced Scorecard (walter@ask-schmidt.de; www.ask-schmidt.de).
Er ist Mitglied des Vorstands, Leiter des Arbeitskreises Berlin-Brandenburg und Gründungsmitglied der Ideenwerkstatt im Internationalen Controller Verein e.V.
www.controllerverein.com.

te nach dem Rotationsprinzip jeweils einer der Strategen den Oberbefehl inne. Die Strategen blieben für je ein Jahr im Amt und waren sowohl mit militärischen als auch zivilen Befugnissen ausgestattet. Sie konnten unbegrenzt wiedergewählt werden und damit zu einflussreichen Kräften im Staate werden.

Mit dem Untergang des antiken Griechenlands verschwand die besondere Rolle der Strategen. Im Byzantinischen Reich wurde der Begriff Stratege zwar noch als Bezeichnung für die Statthalter in den Militär- und Verwaltungsbezirken benutzt, aber seine ursprüngliche Bedeutung hatte er verloren. Und außerhalb von Byzanz war Strategie kein Thema mehr. Das galt für das gesamte Mittelalter.

Erst mit den großen Veränderungen im Europa des 18. und 19. Jahrhunderts trat der Strategie-Begriff aus seiner Versenkung hervor und erhielt mit *Clausewitz* seinen großen und bis heute unübertroffenen Theoretiker. *Clausewitz* lebte von 1780 bis 1831; sein Werk „Vom Kriege" erschien erstmalig 1832, herausgegeben von seiner Witwe, *Marie von Clausewitz*. Mit ihm hat er gültige Grundsätze zu Inhalt und Zweck der Strategie formuliert: *Der Inhalt einer Strategie besteht demnach im Umgang mit dem Ungewissen,* auf das wir im Wettstreit mit unseren Gegenspielern immer wieder stoßen. Und er besteht in der Vorbereitung darauf durch hartes Training im Denken und Tun. *Der Zweck einer Strategie aber besteht in der Herbeiführung des Friedens* – „Die Strategie hat ursprünglich den Sieg, d. h. den taktischen Erfolg, nur als Mittel, und in letzter Instanz die Gegenstände, welche unmittelbar zum Frieden führen sollen, als Zweck" (CLAUSEWITZ, 2003, S. 70).

Strategie als ökonomischer Begriff

Mit der Wirtschaft wurden strategische Fragen erstmals in den vierziger Jahren des 20. Jahrhunderts verbunden durch die Veröffentlichungen von *Neumann/Morgenstern* (1944) zur Spieltheorie. In den folgenden 35 Jahren erschienen weitere grundlegende Arbeiten in dieser Richtung: z. B. von *Nash* (1951) zum Gleichgewicht des gegenseitigen Nutzens als konsistentes Lösungskonzept nichtkooperativer Spiele; von *Drucker* (1956) zur Bedeutung des Managements von Organisationen; von *Penrose* (1959) zur zielgerichteten Nutzung der Ressourcen-Potenziale eines Unternehmens als Quelle seines einzigartigen Charakters; von *Chandler* (1962) zum Zusammenhang zwischen Strategie und Struktur von Unternehmen; von *Ansoff* (1965) zum Aufbau einer strategischen Planung und zur SWOT-Analyse; von *Henderson* (1971) zur strategischen Portfolio-Planung und von *Andrews* (1971) und *Mintzberg* (1973) zu Mustern der Strategie-Entwicklung.

Aber erst 1980 begann mit *Porter's* „Wettbewerbsstrategie" der eigentliche Durchbruch. Von nun an wurde die Beschäftigung mit strategischen Fragen zu einem Muss in den Führungsetagen vieler Unternehmen. Strategisches Management gelangte in die Lehrpläne der betriebswirtschaftlichen Grundlagenausbildung. Und die Literatur zum Thema ist inzwischen Legion.

Das liegt u. a. daran, dass wir es heute mit einer ähnlichen Umbruchsituation zu tun haben, wie sie *Clausewitz* zwei Jahrhunderte zuvor erlebte. Damals waren es vor allem politische und militärische Entwicklungen. Heute ist es der Übergang vom technischen zum technologischen Zeitalter, der alle wirtschaftlichen Belange durchgreifend berührt:

- Bis in die zweite Hälfte des 19. Jahrhunderts war der handwerklich geführte Kleinbetrieb das bestimmende wirtschaftliche Element. Die Baumwollspinnerei von *Friedrich Engels* mit ihren 300 Beschäftigten galt als der größte Produktionsbetrieb Englands (vgl. DRUCKER, 2002, S. 19). Diese Perspektive hat das ökonomische Denken und Handeln über Jahrhunderte geprägt. Da war Strategie für die Wirtschaft kein Thema.
- Im Verlauf von weniger als 30 Jahren hatte sich die Situation grundlegend verwandelt. Durch den Siegeszug der Technik entstand die große Industrie mit ihren riesigen Organisationen, wie man sie vorher nur als militärische Formationen kannte. Dadurch waren die Kleinbetriebe zwar nicht verschwunden; aber der dominierende Einfluss in der Wirtschaft ging seither von den großen Organisationen aus. Die Konsequenzen dieses Umbruchs fanden erst mit einiger Verzögerung Eingang in das ökonomische Denken und Handeln. Das bezog sich auch auf die Nutzung strategischer Methoden für die Führung wirtschaftlicher Organisationen. Und infolge der beiden Weltkriege wurden sie lange Zeit vorwiegend als Mittel der Kriegsführung angesehen und praktiziert. [Noch heute zeigt sich übrigens diese Herkunft an der im Zusammenhang mit strategischen Fragen benutzten militärischen Sprache – Preiskrieg, strategische Stoßrichtung oder die Aufstellung auf dem Markt sind nur einige Beispiele dafür.]
- Bevor die Betriebswirtschaft sich richtig auf die veränderte Situation einstellen konnte, hatte schon wieder ein gravierender Umbruch begonnen, der bis heute anhält. Die traditionelle Technik verliert an Bedeutung und wird von technologisch vernetzten Prozessen verdrängt, die alle bis dahin als unverrückbar geltenden Grenzen von Unternehmen und Nationen in Frage stellt (vgl. PICOT et. al., 2003). Die Möglichkeiten der Fertigung wurden enorm erweitert und haben dazu geführt, dass die meisten Märkte heute gesättigt sind. Die Kunden sind anspruchsvoller geworden und erwarten individuelle und zunehmend auch interaktive Lösungen für ihre Probleme. Entsprechend haben sich die Anforderungen an die Mitarbeiter verändert. Von ihnen werden heute Mobilität im Einsatz, Flexibilität im Denken, lebenslanges Lernen und hohes Engagement verlangt. Gleichzeitig sind die Organisationen weiter gewachsen und vereinigen nicht selten Tausende von Menschen.
- Aber die Organisationen sind nicht nur größer geworden. Ein vollkommen neues Element ist hinzugekommen: Das intellektuelle Kapital. Dabei

RISIKOIDENTIFIKATION

wird unter intellektuellem Kapital die Summe an geistigen und materiellen Potenzialen verstanden, die einer Organisation zur Verfügung stehen. Für die Potenzialentwicklung werden mittlerweile erhebliche Vorleistungen erbracht, weil wirtschaftliche Entwicklung ihrer bedarf, um Wissen in technologische Netzwerke einzubinden. Der Wert vieler Unternehmen wird dadurch heute schon stärker vom Intellektuellen als von Finanziellen Kapital bestimmt (vgl. DAUM, 2004, S. 48).

- In diesem Kontext wird der Umgang mit Informationen zu einem bedeutenden Wettbewerbsfaktor. Doch dieser Prozess verändert zugleich das Verhältnis von Mensch und Information. Früher wurde die Vermittlung zwischen den einzelnen Teilbereichen wirtschaftlicher Prozesse durch eine Befehlskette organisiert; und am Ende dieser Kette standen Menschen, die Arbeitsanweisungen auf die Technik übertrugen. Heute erfolgt die unmittelbare Steuerung der Technik bis weit hinein in die vor- und nachgelagerten Prozesse auf elektronischem Wege. Damit haben die Menschen einen Teil ihrer Macht über die Informationen an die technologischen Prozesse abgegeben. Und je komplexer elektronische Systeme sind, umso mehr erhalten sie den Charakter einer black box. Das Unbehagen, das aus diesen Problemen bewusst oder unbewusst resultiert, ist beträchtlich: „Von mehr als 2.000 Finanzvorständen haben in einer aktuellen US-amerikanischen Umfrage 98 % (!) angegeben, sie fühlten sich in ihren Unternehmen mit ungenauen Finanzinformationen versorgt" (vgl. SANDER, 2003).

Durch diesen Übergang werden die den ursprünglichen Traditionen der Industrie verhafteten Organisationen mit ihren starren, hierarchischen Strukturen, ihren finanzorientierten Budgets, ihrer patriarchalischen Kultur und ihrer nationalen Verankerung obsolet. Wer sich nicht anpasst, verschwindet vom Markt. Und mit dem enormen Veränderungsdruck ist eine für alle spürbare Verunsicherung eingetreten.

In dieser Situation wuchs allmählich das Bedürfnis, der allgemeinen Verunsicherung durch strategisches Handeln entgegen zu treten. Das erklärt das große und begründete Interesse, das strategischen Fragen heute in der Wirtschaft entgegen gebracht wird, entgegengebracht werden muss.

Aus dem Interesse allein wächst jedoch nicht zwangsläufig Klarheit im Denken und Tun. Es gibt wahrscheinlich nur wenige Begriffe, die so häufig genutzt werden und zugleich in ihrer Bedeutung so verschwommen und vieldeutig bestimmt sind wie „Strategie".

Strategie im Sprachgebrauch

In der allgemeinen Vorstellung wird Strategie meistens in Gegenüberstellung zum Operativen definiert. Wir betrachten Strategie z. B. als ein mehr oder weniger abstraktes Ziel, das wir durch „Operationalisieren" in eine konkrete Vorgabe transformieren müssen. Dabei wird unterstellt, das Konkrete sei immer operativ. Zum Teil liegt dieses Verständnis auch an nicht exakten Übersetzungen aus dem Englischen. Das Wort „operate" wird zumeist mit dem deutschen „operativ tätig sein" gleichgesetzt; aber es bedeutet nichts Anderes als operieren im Sinne von handeln, aktiv sein. Und handeln können wir sowohl strategisch als auch operativ. Dem deutschen Wort „operativ" als Gegensatz zu „strategisch" entspricht im Englischen der Begriff „operational" (vgl. LANGENSCHEIDT, 1994, S. 1180).

Zugleich verbinden wir mit Strategie generell etwas Langfristiges, während unter „operativ" das kurzfristige Tagesgeschäft verstanden wird. Nach dem Motto: Das Operative kommt sofort – das Strategische haben wir später, irgendwann.

In wieder anderem Verständnis sehen wir im Strategischen das Übergeordnete und im Operativen das daraus Abgeleitete – vielleicht gibt es deshalb so viele Führungskräfte, die Strategie als ausschließlich ihre Domäne betrachten, während das Operative dem „gemeinen Fußvolk" überlassen bleibt. Allein die Wortwahl „operative Struktureinheiten" verdeutlicht diese Denk- und Verhaltensweise.

Aber so weit verbreitet diese landläufigen Vorstellungen vom abstrakten, langfristigen und übergeordneten Charakter der Strategie auch sind, sie treffen nicht den Kern.

Strategie in der ökonomischen Literatur

In der Literatur können wir ebenfalls ein breites Spektrum an Vorstellungen finden:

- *Andrews* bezeichnet Strategie als Muster der Entscheidungsfindung, das die Ziele und Grundsätze eines Unternehmens definiert, seine Geschäftsfelder, die Art und Weise der wirtschaftlichen und menschlichen Organisation sowie die Natur des ökonomischen und nicht-ökonomischen Nutzens für Anteilseigner, Mitarbeiter, Kunden und die Gesellschaft (vgl. ANDREWS 1971, S. 52 ff.).
- Porter sieht den wesentlichen Gehalt des Begriffes „Strategie" in der Unterscheidung zwischen Zielen und Mitteln, d. h. auf welche Weise das Unternehmen den Wettbewerb führen will und welches seine spezifischen ökonomischen und nichtökonomischen Ziele sind (vgl. PORTER, 1980, S. 25).
- Vertreter der Spieltheorie betrachten Strategie als einen Plan für angepasste Handlungen auf Basis interaktiver Entscheidungen, der zugleich die Konflikte und Kooperationsmöglichkeiten der Beteiligten berücksichtigt und auf die Maximierung ihres Nutzens ausgerichtet ist (vgl. NALEBUFF / DIXIT, 1997, S. 4 f.; HOLLER / ILLING, 2003, S. 4, S. 9 ff.).
- *Deyhle* nennt Strategie das „Denken in Wettbewerbsvorteilen" (vgl. DEYHLE, 2003, S. 926).
- Im großen Controlling Lexikon wird das strategische Oberziel des Unternehmens in der nachhaltigen Existenzsicherung gesehen, während die operativen Ziele auf Gewinn- und Liquiditäts-Sicherung ausgerichtet sind (vgl. HORVÁTH / REICHMANN 2003, S. 718 ff.).
- *Prahalad* und *Ramaswamy* kennzeichnen Strategie als „Navigieren

durch den Nebel". Die über 30 Jahre geltende Auffassung, Strategie sei die Beherrschung der Regeln eines bekannten Wettbewerbsspiels mit dem Ziel, der vorteilhaften Positionierung innerhalb seiner Rahmenstrukturen, gilt nicht mehr (PRAHALAD / RAMASWAMY, 2004, S. 233 ff.).

- *Mintzberg* sieht die Zeit für eine allgemein gültige Definition von Strategie noch nicht reif. Er gibt einen Überblick über die verschiedenen Standpunkte und ihre Entwicklung, konstatiert deren jeweilige Stärken und Schwächen und das noch zu geringe empirische Fundament und fordert das Publikum auf, mehr praktische Erfahrungen zu sammeln (vgl. MINTZBERG et. al., 1999, S. 411 ff.; vgl. auch MÜLLER-STEWENS / LECHNER, 2001, S. 10 ff.; MARR / GRAY, 2004, S. 105 f.).

Wir brauchen einen einheitlichen Strategie-Begriff

Wenn wir Begriffe in unterschiedlicher Definition verwenden, besteht die große Gefahr, dass wir mit denselben Worten aneinander vorbei reden. Deshalb brauchen wir ganz pragmatisch eine Definition auf die wir uns in der konkreten Arbeit einigen können. In einer Vielzahl von Projekten zur Entwicklung und Umsetzung von Strategien, die ich bisher begleiten durfte, hat sich dabei folgendes Herangehen praktisch bewährt:

Nach Clausewitz bezieht sich Strategie auf den Umgang mit dem Ungewissen der Zukunft. Diese Ungewissheit entsteht nicht vordergründig aus den zufälligen Wechselspielen des Lebens. Die strategische Ungewissheit resultiert vor allem aus dem Umstand, dass auf dem Spielfeld der Wirtschaft, dem Markt, Wettbewerber zusammentreffen, die mit einem eigenständigen Willen ausgestattet sind und zugleich voneinander abhängen.

Aber es kommt noch etwas hinzu. Die strategisch relevanten Wettbewerber bestehen nicht nur aus Einzelpersonen sondern aus Organisationen, in denen netzwerkartig auch außerhalb des Marktes eine Vielzahl von Partnern zusammenwirken – Führungskräfte, Mitarbeiter, Investoren, Lieferanten, Gemeindeverwaltungen der einbezogenen Standorte, Meinungsbildner etc. All diese Partner haben Ansprüche an die Organisation, die sie mit mehr oder weniger starken Interessenvertretungen eigenständig artikulieren und gegebenenfalls im Konflikt durchsetzen.

Zunehmend sind auch die Kunden einer Organisation netzwerkartig miteinander verbunden und entwickeln sich zu einem weiteren, wesentlichen Partner, der eigenständige Interessen wirksam artikulieren und durchsetzen kann. Das können wir z. B. an vielen Internet-Portalen beobachten. Nehmen wir *Amazon* oder *eBay*. Dort werden nicht einfach nur Produkte angeboten. Die Kunden erhalten die Möglichkeit, sich ein auf ihre Bedürfnisse zugeschnittenes Angebot zusammen zu stellen. Sie können ihre Erfahrungen im Umgang mit den Produkten oder mit den Verkäufern anderen mitteilen, z. B. indem sie Einschätzungen der Qualität oder des Nutzens vornehmen oder die Zuverlässigkeit der Abwicklung bewerten. Inzwischen gibt es auf vielfältigsten Gebieten ähnliche Kunden-Netzwerke, die vielleicht nicht so bekannt sind wie *Amazon* oder *eBay*, aber ebenso beträchtlichen Einfluss nehmen auf die Wertschöpfung von Unternehmen, weil sie das Kaufverhalten mitbestimmen.

Strategie in der Wirtschaft bezieht sich also auf den Umgang von Organisationen mit dem Ungewissen der Zukunft. Dabei geht es zum einen um die Auseinandersetzung zwischen verschiedenen Organisationen als Wettbewerber und zum anderen um die Auseinandersetzung zwischen den verschiedenen Anspruchsgruppen *innerhalb* einer Organisation. Beide Formen der Auseinandersetzung sind Quellen der Ungewissheit, weil sie von Menschen geführt werden, die mit einem eigenständigen Willen ausgestattet sind. Einem Willen, den sie oft unvorhersehbar einsetzen – rational ebenso wie irrational, kooperativ wie konfrontativ, professionell wie stümperhaft.

Viele Menschen fürchten das Ungewisse und sind bestrebt, durch Risikovorsorge und langfristige Planung die Zukunft fassbar zu machen. Das ist zwar wichtig und wird oftmals als strategisch angesehen, hat aber nur zum Teil etwas mit Strategie zu tun. Um Risiken managen zu können, müssen wir ihre Möglichkeit wenigstens kennen. Und über die Trefferquote unserer langfristigen Planungen breiten wir gern den Mantel des Stillschweigens. Wir können auf diese Weise das Ungewisse „gewisser" aussehen lassen. Aber eigentlich verdrängen wir es lediglich aus unserem Bewusstsein. Aus der Realität verdrängen können wir es nicht.

Der Stratege geht daher einen anderen Weg; er fürchtet das Ungewisse der Zukunft nicht, sondern begreift es als Herausforderung. Denn wenn es ernst wird, sind alle Gewissheiten Makulatur. Sie waren hilfreich bis zu diesem Augenblick, da wir das Wettbewerbsfeld betreten und die Auseinandersetzung mit all jenen suchen, die auch gewinnen wollen. Selbst wenn wir uns nach unseren Plänen richten, unsere Gegenspieler werden es nicht tun. Sie werden, ohne uns zu fragen, ihre eigenen Möglichkeiten suchen. Wenn sie sich einen Vorteil versprechen, werden sie mit uns kooperieren. Aber wir müssen ebenso damit rechnen, dass sie unsere Pläne durchkreuzen wollen. Und wir werden uns nicht einmal darauf verlassen können, dass sie dabei ausschließlich faire Mittel einsetzen und immer rational entscheiden. Deshalb gilt der alte Spruch: Die Zukunft passiert; im Zweifel auch ohne uns. Aber das gilt eben auch für alle Anderen. Und gerade das ist unsere Chance.

Durch eine geeignete Strategie kann die Ungewissheit für den zu einer Chance werden, der sich besser auf sie vorbereitet als seine Wettbewerber. Dabei müssen wir nicht um jeden Preis gut sein. Wir müssen nur besser sein als diejenigen, mit denen wir konfrontiert sind; in der Auseinandersetzung auf dem Markt ebenso wie in der Auseinandersetzung mit den Anspruchsgruppen.

Es ist wie beim Fußballspiel, um ein Beispiel anzuführen: Wann die Chance zum Torschuss kommt, wo das sein wird und unter welchen Bedingungen, das kann vor dem Spiel niemand sagen. Selbst ob die Chance überhaupt kommen wird, bleibt vorher im Ungewissen. Aber wenn sie kommt, wird der im Vorteil sein, der sie mit seiner Mannschaft – und all jenen, die seine Mannschaft unterstützen – besser zu nutzen versteht, als seine Gegenspieler. Und wer gelernt hat, nicht nur auf Chancen zu warten, sondern sich auch eigene Möglichkeiten zu erarbeiten, wird weitere Vorteile haben. Zum Schluss zählen nur jene wenigen Minuten, in denen wir die Tore geschossen haben – sie sind die Fakten, an denen wir unseren Erfolg ablesen. Aber erst einmal müssen wir in den Strafraum kommen. Und davor noch liegt die harte Zeit des Trainings, in der wir die erforderlichen Fähigkeiten und unser Selbstvertrauen entwickeln, Chancen zu erarbeiten und aus jeder entstehenden Situation einen Vorteil zu generieren.

Wenn es also in der Strategie darum geht, sich auf das Ungewisse der Zukunft besser vorzubereiten, als seine Wettbewerber, dann bedeutet es praktisch nichts anderes, als systematisch jene Potenziale zu entwickeln und zu trainieren, die uns die dazu erforderliche Kraft verleihen.

Potenziale entstehen aus dem Zusammenspiel von Möglichkeiten und Fähigkeiten. Die Bereitschaft eines Kunden beispielsweise, den Bau einer Werkzeugmaschine zu ordern, verschafft uns die Möglichkeit, Geld zu verdienen. Aber erst durch die Fähigkeiten der Mitarbeiter und der von ihnen genutzten Prozesse, eine solche Maschine auch zu fertigen, durch die Fähigkeiten der Zulieferer, geeignete Materialien und Komponenten zu liefern, durch die Fähigkeiten der Kooperationspartner, die erforderlichen Dienstleistungen zu erbringen, wird aus der Bereitschaft unseres Kunden zur Auftragserteilung ein Potenzial zum Geld verdienen.

Potenzial deswegen, weil Möglichkeiten und Fähigkeiten noch kein verdientes Geld sind. Im Gegenteil, die Entwicklung von Potenzialen kostet Geld – Marketing und Befähigung zum Erfolg für die Kunden; Kompetenzentwicklung und Einbindung für die Mitarbeiter; Integration und Beziehungspflege für die Lieferanten und Kooperationspartner. Erst wenn wir die uns verfügbaren Potenziale nutzen, kommen wir zu unserem Geld – wenn wir den Auftrag vereinbarungsgemäß abwickeln, die Mitarbeiter und Prozesse effektiv einsetzen, die Lieferanten und Kooperationspartner zuverlässig disponieren – und wenn der Kunde bezahlt.

Es ist ein Wechselspiel: Ohne strategisch entwickelte Potenziale haben wir nicht einmal die Chance Geld zu verdienen. Und ohne die wirksame operative Nutzung der verfügbaren Potenziale wird uns auf die Dauer das Geld ausgehen, das wir für die strategische Entwicklung von Potenzialen brauchen. Es geht um das ausgewogene Management beider Seiten (s. Abbildung 1).

Strategie ist also das Entwickeln solcher Potenziale, die eine Organisation in die Lage versetzen, auf die Ungewissheit der Zukunft besser reagieren zu können als ihre Wettbewerber. Doch wir können nicht überall gut sein. Wir laufen Gefahr, unsere Ressourcen zu verzetteln, wenn wir nicht Schwerpunkte setzen und sie entsprechend kommunizieren.

Es gehört daher zu den Grundaufgaben jeder Strategie, jenes Spielfeld zu wählen, auf dem wir unsere verfügbaren Stärken ausspielen können. Das bezieht sich zum einen auf die inhaltliche Spezifik – um bei unserem Beispiel aus dem Sport zu bleiben: Wollen wir Fußball spielen oder vielleicht Segeln? Und es bezieht sich auf das zum jeweiligen Zeitpunkt angestrebte Niveau – Wollen wir in der Kreisklasse spielen oder in der Champions League? Oder falls wir uns für Segeln entscheiden: Wollen wir an der Müggelsee-Regatta teilnehmen oder am Admirals Cup?

Diese strategische Zielorientierung ist nicht nur eine sachliche Frage des Abwägens von Vor- und Nachteilen, von Einsatz und Ertrag. Sie ist mindestens ebenso eine Frage der Motivation; eine Frage des: *Wollen wir uns das antun?*

Denn viele Ziele artikulieren leider nicht mehr als einen frommen Wunsch. Vom Tore Schießen reden schließlich alle. Allein, wir müssen erst einmal vor das Tor kommen. Das geht nicht ohne Anstrengung und Engagement aller Spieler auf dem Platz sowie derjenigen, die sie unterstützen. Aber die Anstrengung beginnt in Form harten Trainings bereits lange bevor wir das Spielfeld überhaupt betreten. Und sie hört nicht auf, solange wir Spieler bleiben und den Platz immer wieder betreten wollen. Weil dem so ist, bedarf es entsprechender äußerer oder innerer Spannungen, damit wir nicht nachlassen, es uns anzutun.

Die *äußere* Spannung basiert auf Druck und Angst. Die Angst zu versagen, die Angst Erwartungen nicht zu genügen, die Angst sich zu blamieren, die Angst

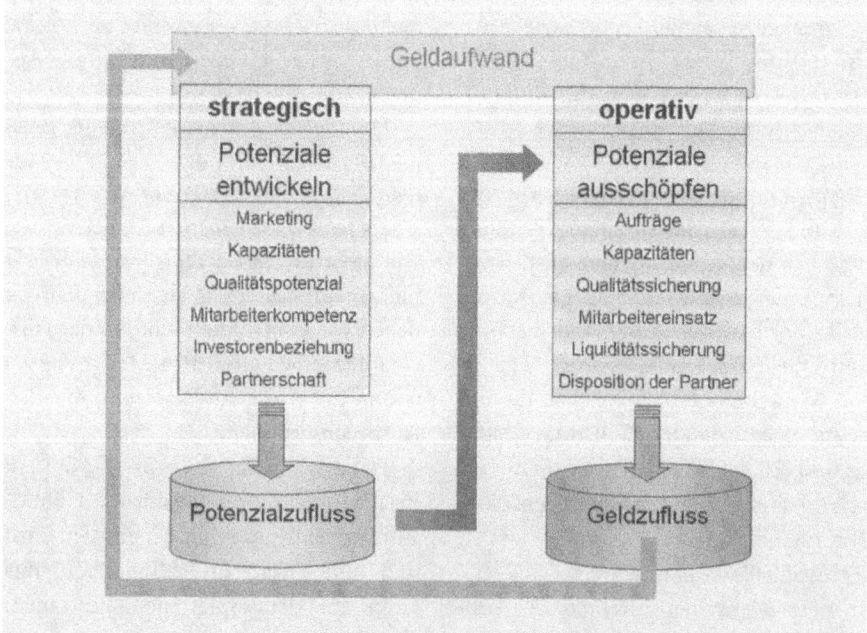

Abbildung 1: Strategisch Potenziale entwickeln und operativ Potenziale ausschöpfen

den Job zu verlieren oder die Angst, den Lebensunterhalt nicht mehr finanzieren zu können. Normalerweise wirkt Angst hemmend. Manchmal führt sie zu unkontrollierten panischen Reaktionen. Aber Angst ist auch ein nicht zu unterschätzender Antrieb. Denn der aus Angst resultierende Druck treibt uns mitunter zu Taten, die wir uns unter anderen Umständen nicht antun würden. Deswegen wird sie von so vielen Menschen ganz bewusst als Mittel eingesetzt, andere Menschen zu motivieren.

Oftmals erfolgreich, wenn wir die Nebenwirkungen ignorieren. Leider sind die Nebenwirkungen nicht sofort zu sehen. Sie wirken erst nach längerer Zeit, dafür meistens verheerend, sowohl für den, der Angst als Druckmittel einsetzt als auch für jene, die den Druck erleiden müssen. Beide werden auf Dauer krank. Der eine, weil er nie nachlassen darf, Angst zu erzeugen. Denn anderenfalls gibt er das Mittel seines Erfolgs aus der Hand. Ein solches Leben kann sehr anstrengend sein und führt in der Regel zur Vereinsamung. Und die anderen werden krank, weil sie sich ständig genötigt fühlen. Wer kann, wird sich dem Druck entziehen. Aber nicht alle können. Und so fügen sich die übrigen in ihr Schicksal. Machen das, was unbedingt nötig ist – weil es kontrolliert wird. Oder sie suchen ihre Erfolge darin, dem Kontrollsystem ein Schnippchen zu schlagen. Oder sie versuchen, den Druck weiterzugeben an andere, denen sie nun ihrerseits Angst machen. Aber gerade dadurch kommen sie noch stärker unter Druck – weil sie nun beides erleiden müssen, Nötigung und Vereinsamung. Deshalb ist Angst ein schlechter Motivator. Meistens jedenfalls, zumindest auf Dauer.

Die *innere* Spannung resultiert aus jenen Aufgabenstellungen, die wir als Herausforderungen annehmen. Herausforderungen, die uns reizen, führen zu einer ganz anderen Art von Motivation. Sie erzeugen einen Antrieb, der im Wesentlichen aus drei Quellen resultiert (vgl. CUBE, 2000):

- Die eine ist unsere Neugier. Dem entspricht der Wunsch auszuloten, was wir können, was wir uns zutrauen können. Natürlich verspürt jeder eine andere Art der Neugier. Aber grundsätzlich sind wir alle neugierig, der eine mehr, der andere weniger.
- Die zweite Quelle ist der Ehrgeiz, der Drang nach Gestaltung und nach der Anerkennung, die aus erfolgreicher Gestaltung resultiert. Die Details sind wieder von Mensch zu Mensch sehr unterschiedlich. Aber in irgendeiner Weise gestalten wollen wir alle und für den Erfolg Anerkennung finden allemal. Dieser Drang ist so stark, dass er in Aggression umschlägt, wenn er anderweitig keine Erfüllung findet.
- Die dritte Quelle schließlich ist der Drang nach Stabilität, nach Einbindung in eine Gemeinschaft. Sie gibt uns das Gefühl der Sicherheit in einer von Risiken geprägten Umwelt. Demgegenüber wird das Fehlen von Bindungen normalerweise als Mangel empfunden, ebenso wie die daraus resultierende Einsamkeit.

Die Kombination aus Neugier, Ehrgeiz und Einbindung bildet jene Kraft, die unsere innere Motivation hervorruft. Der Mix aus Angst, Aggression und Einsamkeit bildet den Gegenpol. In der Realität erleben wir meist eine Mischung von beidem. Auf die Dauer aber werden wir nur dann in der Lage sein, auch größere Widerstände nachhaltig zu überwinden, wenn die innere Motivation überwiegt.

Deshalb taugt Geld nur bedingt als Motivator. Denn Geld erzeugt vor allem äußere Spannungen, weniger innere. Als Finanzierungsquelle für den laufenden Lebensunterhalt ist es der reinen äußeren Notwendigkeit geschuldet und orientiert dementsprechend auch auf diese äußeren Probleme. Im Kontext mit Zusatzzahlungen für besondere Leistungen können Geldzuwendungen zwar durchaus als eine Form der Anerkennung für erfolgreiches Gestalten wirken. Aber wenn daraus Gewohnheit wird, erzeugt das zusätzliche Geld eher Abhängigkeiten, weil es uns zu einer finanziell aufwändigeren Lebensweise verleitet. Und wenn wir erst einmal ein entsprechendes Niveau erreicht haben, brauchen wir das Geld ständig. Was ursprünglich als Anerkennung gedacht war und vielleicht im ersten Moment auch so gewirkt hat, kann schnell in einen enormen Druck umschlagen. Nicht wenige Menschen spüren diesen Druck ganz unmittelbar als Stress und entwickeln damit verbundene Ängste. Ganz in diesem Sinne hat erst unlängst wieder eine Studie der zur *Bank of America* gehörenden *Fleet Bank* gezeigt, dass beispielsweise realistische Chancen zur Karriereentwicklung – also ein Faktor, der eher innere Spannungen hervorruft – wesentlich stärker zur Motivation beiträgt als Geldzuwendungen (vgl. NALBANTIAL/SZOSTAK, 2004, S. 38 ff.).

Neben Zielorientierung und Motivation gilt es noch einen dritten Aspekt zu beachten, wenn wir Schwerpunkte nicht nur deklarieren sondern tatsächlich leben wollen: die Zeit. Zeitliche Ressourcen für strategisches Handeln sind selten Gegenstand unserer Überlegungen. Die Zeit spielt für das Management von Projekten eine Rolle oder für Kapazitäten des Maschinen- und Personaleinsatzes; aber nicht für das Erarbeiten und Umsetzen der Strategie. Eine Ausnahme bilden meistens nur einige spezialisierte Mitarbeiter in spezialisierten Abteilungen oder Bereichen. Und das auch in oftmals nicht ausreichendem Maße. In der Konsequenz führt daher die Beschäftigung mit Strategie für die meisten Menschen zu (mehr) Überstunden. Der Preis dafür ist hoch. Zunächst bezahlen wir ihn „nur" durch Vernachlässigung unserer Familie, unserer Freunde, unserer Hobbies und unserer Gesundheit. schließlich oft durch irreparable Schäden. Spätestens dann fällt der Preis auf unsere Organisation zurück in Form von negativen Wirkungen auf die Motivation und damit auf die mobilisierbare wirtschaftliche Kraft. Wir zahlen ihn dann mit der geringeren Wirksamkeit unseres investierten Geldes – es ist faktisch so, als würden wir Geld verbrennen.

Strategie hat also etwas damit zu tun, wie wir unsere Ressourcen so mit Zielorientierung, Motivation und Zeit verbinden, dass unsere Organisation eine wirtschaftliche Kraft generiert, die es ihr ermöglicht, auf dem gewählten Spielfeld besser auf die Ungewissheit der Zukunft reagieren zu können als die Wettbewerber (vgl. Abbildung 2).

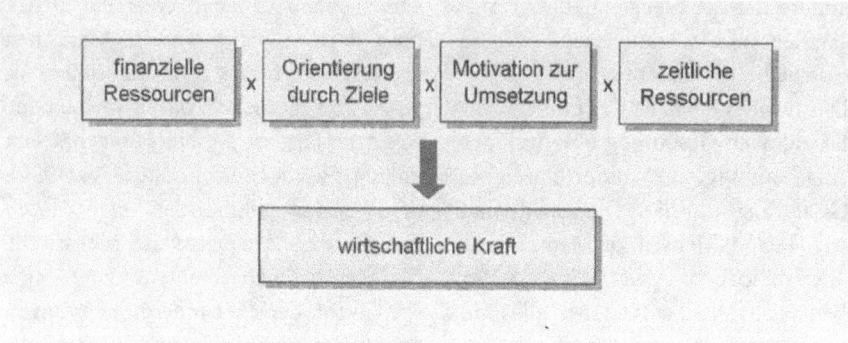

Abbildung 2: Strategie erzeugt wirtschaftliche Kraft

Das Zwingende an der wirtschaftlichen Kraft besteht darin, dass Zielorientierung, Motivation und Zeit nicht additiv zu den finanziellen Ressourcen hinzukommen, sondern multiplikativ mit ihnen verknüpft, integriert sind.

In gewisser Weise besteht eine Art Analogie zum physikalischen Kraft-Begriff:
- Dort entsteht Kraft aus der multiplikativen Verknüpfung von Energie und Impuls (gerichtete Bewegung); das Produkt von Kraft und Weg wiederum generiert Arbeit; und Arbeit in Relation zur dazu aufgewandten Zeit ergibt die Leistung.
- Hier entsteht wirtschaftliche Kraft aus der Verbindung von Geld im Sinne gesellschaftlicher Energie mit dem Impuls aus ziel-gerichteter Motivation und der erforderlichen Zeit, das Gewollte zu tun. Und auch hier hängt die wirtschaftliche Leistung letztlich damit zusammen, inwieweit wir diese Kraft in Arbeit umsetzen und welcher Zeitaufwand dazu erforderlich ist.

Die Betriebswirtschaft hat die zentrale Bedeutung des Kraft-Begriffes noch nicht erkannt. Sie konzentriert sich auf die Verwertung des eingesetzten Geldes – also in Anspielung zur oben gewählten Analogie – auf den energetischen Wirkungsgrad. Doch ohne Impuls bleibt Energie wirkungslos; es fehlt ihr die erforderliche Kraft. Und gerade das – der Aufbau ausreichender wirtschaftlicher Kraft – ist die zentrale Aufgabe der Strategie; die verfügbare Kraft entscheidet letztlich, ob wir auf die Ungewissheit der Zukunft besser reagieren können als unsere Wettbewerber.

Und so kommen wir zum letzten, aber wahrscheinlich entscheidenden Aspekt:

Weil die strategische Leistung aus der wirtschaftlichen Kraft von Organisationen entspringt, ist ihre Wirksamkeit davon abhängig, inwieweit und auf welche Weise die relevanten Anspruchsgruppen der Organisation in die Erarbeitung der Strategie und ihre Umsetzung eingebunden werden. Denn der Erfolg einer Organisation besteht in der Nachhaltigkeit ihrer Existenz, wobei die Nachhaltigkeit daran gebunden ist, dass alle die Organisation tragenden Anspruchsgruppen auf Dauer einen eigenen Vorteil aus ihr ziehen. Ansonsten werden sie sich aus dem Netzwerk verabschieden, sobald sich ihnen eine günstige Gelegenheit bietet.

Nun mag der Rückzug eines tragenden Partners nicht gleich die Existenz einer Organisation in Frage stellen. Aber eine Schwächung ihrer Kraft bedeutet es allemal und damit eine Einschränkung der Fähigkeiten, auf die Ungewissheit der Zukunft besser reagieren zu können als die Wettbewerber. Deshalb ist die frühzeitige Einbeziehung aller relevanten Gruppen, das Streben nach Akzeptanz für strategische Entscheidungen so wichtig. Sie ist die Basis für auf gemeinsame Ziele ausgerichtetes Engagement und das nötige Selbstvertrauen, das zum Schluss eben jenes Quäntchen zusätzlicher Kraft mobilisieren kann, durch das wir besser sind als die Anderen.

Dabei sind die Art und der Grad der Einbeziehung der verschiedenen Anspruchsgruppen vor allem eine Frage der Kultur. Hier hat der Wettbewerb schon einigen Wandel bewirkt; wohl weniger aus höherer Einsicht sondern vor allem, weil es sich als Vorteil erwiesen hat. Denn je größer das Gewicht des Intellektuellen Kapitals für eine Organisation ist, umso mehr kommt es auf die innere Motivation der Betroffenen an. Der Intellekt verweigert sich auf Dauer jedem äußeren Druck.

Und so ist es keine spektakuläre Ausnahme mehr, wenn Unternehmen ihre Strategie von Anfang an unter Einbeziehung des Betriebsrates erarbeiten und damit weit über die gesetzlich vorgeschriebene bzw. tariflich vereinbarte Informationspflicht hinausgehen. Auch Vertreter von besonders engen Kooperationspartnern und Lieferanten, ja selbst von Kunden werden bereits in frühen Phasen der Strategieerarbeitung involviert. In diesen Fällen ist von der ursprünglich militärischen Strategie-Kultur mit ihrer Geheimniskrämerei, der Beschränkung auf den innersten Führungszirkel und ihrer Umsetzung durch Befehl und Gehorsam nicht mehr viel übrig. An ihre Stelle ist eine kooperative Kultur getreten, die auf Akzeptanz der Strategie setzt und auf innere Motivation für ihre Umsetzung. Und die den Erfolg der Organisation in der Erreichung eines von allen relevanten Anspruchsgruppen akzeptierten Gleichgewichts des Nutzens sucht.

Natürlich darf kooperative Kultur nicht die Notwendigkeit zur Entscheidung ersetzen. Und getroffene Entscheidungen sind konsequent umzusetzen. Führungskräfte müssen darin ihre Stärken haben; selbst wenn sie in den Augen manch Betroffener dazu neigen, die Macht zur Entscheidung mehr bei sich zu konzentrieren, als es für die Organisation förderlich ist. Doch gibt es überhaupt ein eindeutiges Maß dafür, wann der Grad des Förderlichen überschritten ist? Denn die Art und Weise, wie Entscheidungen zustande kommen, die Verteilung der Befugnisse und auch die Methoden der Durchsetzung von Entscheidungen sind sehr spezifisch und werden sich – in Abhängigkeit von den beteiligten Personen – immer wieder ändern. Nur, die Verantwortung zu entscheiden, bleibt allem kulturellen Wandel zum Trotz immer die Aufgabe von Führungskräften, solange wir Organisationen brauchen.

Die Erfahrungen, die ich mit kooperativer Kultur in entsprechenden Projekten sammeln durfte, sind durchweg positiv. Das Gemeinsame dieser Erfahrungen liegt wohl darin, dass Vertrauen ein größeres Gewicht im praktischen Umgang miteinander hatte als Misstrauen; und dass folgerichtig *Konsequenz an die Stelle von Kontrolle* getreten ist. Der Unterschied liegt darin, dass Konsequenz bedeutet, auf die Einhaltung getroffener Vereinbarungen zu vertrauen und erst die tatsächlich eingetretene Verletzung von Vereinbarungen nicht folgenlos zu lassen; während Kontrolle darauf hinausläuft, die Verletzung von Vereinbarungen als übliches Verhalten von vornherein zu unterstellen. Ohne Konsequenz – die im Übrigen das Vereinbaren nachvollziehbarer Ziele voraussetzt – ist Führung auf die Dauer nicht möglich; ohne Kontrolle schon.

Aber das ist längst noch nicht überall so. Insgesamt ist die Kultur in deutschen Unternehmen noch eher von innerer Ausgrenzung als von engagierter Einbeziehung geprägt. Das ergab eine repräsentative Umfrage, bei der 52 % (!) auf die Frage, ob sie vermutlich auch im nächsten Jahr noch bei ihrem jetzigen Unternehmen beschäftigt sein werden, antworteten: „Auf keinen Fall. – Sobald ich einen anderen Job finden kann, werde ich das Unternehmen verlassen!" (FINANCIAL TIMES DEUTSCHLAND, 02.06.2004, S. 2).

Hier ist kultureller Wandel noch eine strategische Aufgabe. Hier ist das Gegeneinander, das Streben nach dem Sieg über den Gegner bestimmender als die Suche und Vereinbarung gemeinsam akzeptierter Ziele und Wege für deren Umsetzung. Das mag durchaus zweckmäßig sein, solange alle anderen Wettbewerber auf dem relevanten Spielfeld genauso verfahren. Wir sollten uns aber nicht darauf verlassen. Die positive Wirkung kooperativer Kultur wird sich auf die Dauer in allen Branchen als Wettbewerbsvorteil durchsetzen. Und zwar in dem Maße, wie das Intellektuelle Kapital zum bestimmenden Faktor wird.

Die weit verbreitete gedankliche Verknüpfung von Strategie mit Streben nach „dem Sieg" und mit anderen militärischen Metaphern sollte ohnehin grundsätzlich hinterfragt werden. Denn wirtschaftlicher Wettstreit ist kein Mittel des Krieges im militärischen Sinne. Und selbst in dem ihm eigenen militärischen Kontext hat *Clausewitz* weder den Kampf gegeneinander noch den Sieg über den Gegner als den Zweck einer Strategie bezeichnet, sondern die Herbeiführung des Friedens.

In Analogie zur Herbeiführung des Friedens können wir – wie oben schon angedeutet – als den Zweck wirtschaftlicher Strategie die Nachhaltigkeit der Existenz der betroffenen Organisation betrachten, wobei die Nachhaltigkeit daran gebunden ist, dass alle die Organisation tragenden Anspruchsgruppen auf Dauer einen eigenen Vorteil aus ihr ziehen. Das schließt widersprüchliche Erwartungen und entsprechende Konflikte ein, aus denen letztlich die Entwicklung einer Organisation getrieben wird. Aber eben nicht Krieg. Nachhaltigkeit bedeutet in diesem Kontext, dass es aus der Konfliktdynamik heraus immer wieder neu gelingt, ein von allen relevanten Anspruchsgruppen akzeptiertes Gleichgewicht des Nutzens herzustellen. Und dass es uns – aufgrund konsequenten, harten Trainings – mit einem besseren Wirkungsgrad der dabei eingesetzten Ressourcen gelingt, als den Wettbewerbern.

Der Raum zwischen Gewissheit und Ungewissheit

Wenn wir diese Erfahrungen zusammenfassen, können wir zu folgender Definition gelangen:

Strategie in der Wirtschaft ist der Umgang von Organisationen mit dem Ungewissen der Zukunft. Dabei besteht

- das *Ziel* der Strategie darin, ein von allen relevanten Anspruchsgruppen akzeptiertes Gleichgewicht des Nutzens herbeizuführen und aufrecht zu erhalten;
- die *Aufgabe* der Strategie darin, besser auf die Ungewissheit der Zukunft vorbereitet zu sein als die Wettbewerber und dabei einen höheren Wirkungsgrad der eingesetzten Ressourcen zu erreichen;
- der *Inhalt* der Strategie darin, dazu das geeignete Spielfeld auszuwählen und durch konsequentes Training die erforderlichen Potenziale und wirtschaftlichen Kräfte zu entwickeln und zu erhalten.

Eine solche Definition von Strategie mag für viele Menschen enttäuschend sein oder ernüchternd. Waren wir doch eingangs von dem Wunsch nach verlässlichen Berechnungen zukünftiger Entwicklungen ausgegangen. Und nun das – Umgang mit dem Ungewissen.

Da halten wir uns lieber an Fakten als an *Clausewitz;* dann wissen wir wenigstens, woran wir sind. Wir werden lernen, die Fakten umfangreicher und genauer zu messen, wir werden ihre Zusammenhänge tiefer erforschen und sie dadurch besser abbilden und wir werden mit Hilfe der EDV komplexe mathematische Modelle entwickeln, die uns schließlich eine ausreichend genaue Vorhersage der Zukunft ermöglichen.

Das ist richtig und falsch zugleich.

1. Das Problem mit den Fakten
Es ist richtig, dass wir heute wesentlich mehr Daten erfassen und verarbeiten können als früher. Und diese Entwicklung wird sich weiter fortsetzen. Aber stehen uns dadurch mehr Fakten zur Verfügung?

Um diese Frage zu beantworten, sollten wir uns vergegenwärtigen, was mit Daten passiert, ehe wir sie als Fakten unseren Entscheidungen zugrunde legen können:

- Daten entstehen aus Spuren, die irgendwelche Ereignisse hinterlassen. Nehmen wir wieder unser Fußballspiel – ein Spieler hat ein Tor geschossen und das ist mit einem 1 : 0 auf der Stadiontafel dokumentiert.
- Damit wir dieses Datum als einen Fakt wahrnehmen können, muss es zunächst einmal zu einem Signal werden und zu uns gelangen – das besorgen in diesem Falle die Lichtstrahlen, die das „1 : 0" von der Stadiontafel auf die Netzhaut unserer Augen übertragen. Ein Datum, das kein für uns relevantes Signal erzeugt, geht verloren.

RISIKOIDENTIFIKATION

- Aber ein Signal ist noch keine Information. Zur Information wird ein Signal erst, wenn wir aktiv mit ihm in Wechselwirkung treten, also in diesem Fall hinsehen. Wie viele Signale gehen an uns vorbei, weil wir ihnen keine Aufmerksamkeit schenken. Haben Sie es schon einmal erlebt, dass Sie zu einem Menschen sprechen und er hört Ihnen nicht zu? Dann wissen Sie, was der Unterschied ist zwischen einem Signal und einer Information. Mit Ihren Worten haben Sie zweifelsfrei ein Signal erzeugt – bewegte Luft. Aber wenn keiner zuhört, ist das nicht einmal ein Geräusch; für Sie durchaus, aber nicht für die Anderen.

- Doch selbst wenn das Datum zu einem Signal und das Signal zu einer Information geworden sind, haben wir es noch nicht mit einem Fakt zu tun. Wir haben jetzt das Muster „1:0" wahrgenommen. Aber noch kann diese Information alles Mögliche bedeuten. Erst durch die Einordnung in den Kontext unseres Wissens – es geht um ein Fußballspiel; auf der Stadiontafel wird das aktuelle Ergebnis angezeigt; die „1" steht für die geschossenen Tore der Mannschaft A und die „0" für jene der Mannschaft B – geben wir der Information eine Bedeutung.

- Allein, auch die Bedeutung geriert noch keinen Fakt. Wir haben dem Muster „1:0" *unsere* Bedeutung gegeben. Nur, unser Nachbar muss das nicht zwangsläufig genauso sehen. Das können Sie an den heftigen Diskussionen erleben, die umstrittene Schiedsrichter-Entscheidungen hervorrufen. Das Ereignis ist passiert; es kann sich nicht mehr verändern. Aber die Bedeutungen, die wir ihm beimessen, können weit auseinander gehen. *Ein Fakt wird ein Ereignis offensichtlich erst dann, wenn sich eine relevante Zahl von Menschen auf seine Bedeutung geeinigt hat.*

Der einfache Umstand, dass wir heute wesentlich mehr Daten erfassen und verarbeiten können als früher, muss also nicht zwangsläufig dazu führen, dass uns mehr Fakten zur Verfügung stehen. Vielleicht sind es auch viel zu viele Daten, die auf uns einströmen. Vielleicht führt diese enorme Datenflut zu wachsenden Informationsverlusten, weil unsere aktive Wahrnehmungsfähigkeit durch die Überflutung gemindert wird. Vielleicht nehmen auch die Deutungsmöglichkeiten zu, weil die Zusammenhänge zwischen den verschiedenen Daten immer komplexer werden. Zum Schluss kann es durchaus sein, dass uns nicht mehr sondern weniger Ereignisse zur Verfügung stehen, auf deren Bedeutung wir uns einigen können. Das führt eher zur Verunsicherung als zu Gewissheiten. Wir müssen behutsam mit unseren Fakten umgehen.

2. Das Problem der Expertensysteme

Es ist richtig, dass wir die Zusammenhänge der gemessenen Daten immer tiefer erforschen und sie dadurch besser abbilden können. Ausgefeilte statistische Methoden erlauben uns, große Datenmengen zu strukturieren und wiederkehrende Muster zu erkennen. Aber dieser Umstand führt zugleich zu einigen Problemen:

- Je komplexer die Auswertungsmethoden großer Datenmengen werden, umso stärker führen sie zur Herausbildung von Expertensystemen, die – wie der Name schon sagt – Expertentum voraussetzen, um sie durchschauen zu können. Alle Anderen müssen den Aussagen der Experten glauben. Das gilt auch für Führungskräfte, sofern sie nicht unmittelbar zum Kreis der jeweiligen Experten gehören.

Die Trennung von Experten auf der einen Seite und Führungskräften, die unternehmerische Entscheidungen treffen, auf der anderen Seite ist heute die Regel. Sie hat sich zwar im Bereich der Wirtschaft erst in den vierziger und fünfziger Jahren des 20. Jahrhunderts herausgebildet (vgl. GEUS, 1998, S. 53 f.). Aber inzwischen ist sie immer wieder vertieft worden. Die Experten haben ihre Methoden weiter verfeinert und damit ihren Sonderstatus verstärkt.

Doch sofern sie nicht in die unternehmerischen Entscheidungen einbezogen und von den Konsequenzen ihrer Aussagen nicht unmittelbar betroffen sind, löst sich ihr Kontext, in den sie die aus der Datenanalyse gewonnenen Informationen einordnen, immer stärker von jenem der entscheidenden Führungskräfte.

Das eröffnet ein nicht zu unterschätzendes Konfliktpotenzial. Wenn der Kontext verschiedener Personen nicht mehr ausreichend ähnlich ist, messen sie den Ereignissen, von denen die Informationen ausgehen, eine unterschiedliche Bedeutung zu. Und in dem Maße wie die unterschiedliche Deutung von Ereignissen zunimmt, haben die gewachsenen Möglichkeiten, große Datenmengen zu strukturieren und wiederkehrende Muster zu erkennen, immer weniger praktische Relevanz. Sie werden von den entscheidenden Führungskräften schlicht und einfach ignoriert – nicht weil sie die Experten missachten, sondern weil sie aus ihrem Kontext heraus nicht einmal die Möglichkeit haben, die praktische Bedeutung der Expertenmuster zu erkennen.

- Verstärkt wird der Konflikt noch dadurch, dass es nicht nur um das Erkennen der Bedeutung strukturierter Muster größerer Datenmengen geht. An die Bedeutung dieser Muster werden Annahmen über Ursache und Wirkungen geknüpft und aus diesen Annahmen wiederum werden Schlussfolgerungen abgeleitet. Und Führungskräfte müssen sowohl die strukturierten Muster als auch die daran geknüpften Annahmen und Schlussfolgerungen erst einmal akzeptieren; nur dann werden sie diese als Basis ihrer Entscheidungen verwenden. Solange diese Akzeptanz gegeben ist, bleibt der Konflikt irrelevant.

Doch werden Muster und Annahmen auch noch akzeptiert, wenn sie nicht in die Vorstellungswelt der Führungskräfte passen? Normalerweise nicht. Nehmen wir dazu wieder ein Beispiel aus der Welt des Fußballs: Die Experten waren durchaus in der Lage, der theoretischen Möglichkeit, dass Griechenland 2004 Europameister im Fußball werden würde, bereits im Vorfeld eine gewisse Wahrscheinlichkeit zuzuordnen – aber wer hätte das schon als ein ernsthaftes Szenario akzeptiert und gar als Ausgangspunkt darauf aufbauender Entscheidungen genommen?

Also auch hier gilt: Der einfache Umstand, dass wir heute in der Lage sind, die Zusammenhänge der gemessenen Daten immer tiefer zu erforschen und sie dadurch besser abbilden können, muss nicht zwangsläufig dazu führen, dass unsere praktischen Entscheidungen davon positiv beeinflusst werden. Vielleicht vertiefen sich dadurch die Gräben zwischen Experten und Entscheidern, die sich wechselseitig nicht verstanden und missachtet fühlen. Vielleicht entstehen daraus in der Folge Grabenkämpfe, die unsere wirtschaftliche Kraft verschleißen, bevor wir sie im Wettbewerb einsetzen können. Wir müssen behutsam auch mit der Datenanalyse und dem Expertentum umgehen.

3. Das Problem der EDV-Modelle

Es ist richtig, dass wir mit Hilfe der EDV komplexe mathematische Modelle entwickeln können, die uns helfen, mit der Vielfalt des wirtschaftlichen Lebens umzugehen. Das gilt sowohl für technologische Prozess-Ketten als auch für betriebswirtschaftliche Zusammenhänge. Aber auch hier werden wir mit einigen Problemen konfrontiert:

- Daten, die ausschließlich elektronisch verarbeitet werden, stehen uns als Information nicht zur Verfügung. Ein Rechner tritt mit den entsprechenden Signalen in Wechselwirkung und generiert daraus Informationen, nicht wir. So wie unsere gesprochenen Worte für Andere nicht einmal ein Geräusch sind, wenn keiner zuhört, sind die ursprünglichen Ereignisse, deren Daten *ausschließlich* von einem Rechner erfasst und verarbeitet werden, für uns nicht einmal existent. Das Einzige, was wir als Information wahrnehmen können, ist das Datum, das uns der Rechner als sein Ergebnis präsentiert.
- Wenn ein Rechner von ihm wahrgenommene Informationen verarbeitet, ordnet er sie in *seinen* Kontext ein. Dieser Kontext besteht zum einen aus der entsprechenden Software zum Erfassen von Signalen als Information, zum Zuordnen und Kombinieren dieser Informationen zu einem Ergebnis sowie zur Ausgabe dieses Ergebnisses als Datum für andere Rechner oder für uns. Zum anderen besteht er aus einer Vielzahl von Stammdaten, Koeffizienten und Konstanten, die den unterschiedlichen Rechenoperationen zugrunde liegen. Und obwohl dieser Kontext ursprünglich von Menschen geschaffen wurde, ist er uns – wenn der Rechner erst einmal arbeitet – vollkommen fremd. Wer würde noch von sich behaupten, die inneren Vorgänge eines *SAP R 3* – Prozesses zu überschauen. Selbst die Ergebnisse wesentlich einfacherer Excel-Programme sind bereits nach der Verknüpfung relativ weniger Formeln nur noch schwer nachvollziehbar. Und wie verlässlich sind Rechenoperationen, wenn sie auf Stammdaten, Koeffizienten und Konstanten zurückgreifen, die mehrere Monate, mitunter Jahre alt sind?
- Wenn Führungskräfte die Ergebnisse elektronischer Datenverarbeitung als Grundlage ihrer Entscheidungen nutzen wollen, müssen sie diese zunächst erst einmal als Information wahrnehmen. Viel zu häufig werden allerdings EDV-Ergebnisse in einer Weise präsentiert, dass wir in einer Datenflut untergehen und nur einen geringen Prozentsatz als Information aufnehmen können. Denn wie schon gesagt: Das Ergebnis elektronischer Datenverarbeitung ist selbst wieder nur ein Datum; erst wenn dieses Datum als Signal zu uns gelangt und wir mit dem Signal in aktive Wechselwirkung treten, wird daraus für uns eine Information. Und wenn der Prozentsatz, mit dem das gelingt, geringer wird, erfahren wir weniger von den Ereignissen um uns herum.
- Die als Information wahrgenommenen EDV-Ergebnisse werden nun wieder in den Kontext der Führungskräfte eingeordnet, ehe sie als Grundlage von Entscheidungen dienen. Aber dieser Kontext ist nicht der Kontext der EDV. Und so gilt dasselbe, was wir schon im Zusammenhang mit den Expertensystemen erörtert haben. Führungskräfte sind darauf angewiesen, den Ergebnissen der EDV zu glauben. Wenn dieses Vertrauen zerrinnt, werden sie die elektronischen Daten ebenso ignorieren, wie die Aussagen der Experten.

So ist es also hier wie in den beiden Abschnitten vorher: Der einfache Umstand, dass wir heute mit Hilfe der EDV komplexe mathematische Modelle entwickeln können, muss nicht zwangsläufig dazu führen, dass wir mit der Vielfalt des wirtschaftlichen Lebens besser umgehen können. Vielleicht verarmen auf diese Weise unserer Informationswege, so dass wir nicht mehr sondern weniger wissen über die tatsächlichen Ereignisse in unserer Organisation und in ihrem Umfeld. Deutet das eingangs zitierte Umfrageergebnis, dass 98 % von mehr als 2.000 befragten US-amerikanischen Finanzvorständen angegeben haben, sie fühlten sich in ihren Unternehmen mit ungenauen Finanzinformationen versorgt, nicht genau in diese Richtung?

Bei Lichte betrachtet scheint also das Streben nach Gewissheit leicht in sein Gegenteil umzuschlagen. Statt der erstrebten Klarheit und Sicherheit erreichen wir eher nebulöse Vieldeutigkeit und Verunsicherung. Müssen wir daher wie *Dante* in seiner göttlichen Komödie ausrufen: „Lasst, die ihr eingeht, alle Hoffnung fahren", wenn wir dem Ungewissen entrinnen wollen?

Ich denke nicht so. Im Gegenteil, *wir müssen das Streben nach Gewissheit verbinden mit der Strategie, dem Umgang mit dem Ungewissen*. Es geht darum, nicht das Eine gegen das Andere zu stellen, sondern den „Raum", der sich zwischen beiden Polen spannt, als Ganzes zu gestalten, wenn wir nachhaltig Erfolg haben wollen (vgl. Abbildung 3).

Auf dem Gebiet der *Fakten* geht es darum, in einer für einen breiten internen und externen Kreis von Menschen nachvollziehbaren Form zu berichten, welche für die Organisation relevanten Ereignisse eingetreten sind und wie wir die vorliegenden Daten analysieren. Dabei gilt es

RISIKOIDENTIFIKATION

darauf achten, dass den Ereignissen möglichst eine gleiche oder ähnliche Bedeutung beigemessen wird. Anderenfalls erlangen die Berichts- und Analyse-Daten nicht den Status von Fakten und wir müssen uns über die Einschätzung der bestehenden Situation erst einmal verständigen, ehe wir Schlussfolgerungen daraus ziehen – ansonsten sind Missverständnisse vorprogrammiert. Den Status von Fakten können wir nicht voraussetzen; er bleibt auch nicht zwangsläufig bestehen, wenn er einmal gegeben war. Wir müssen ihn uns durch Verständigung und gegenseitige Abstimmung immer wieder neu erarbeiten. Das Bemühen um die Fakten ist eine wesentliche Voraussetzung für die Erarbeitung und Umsetzung der Strategie.

Auf dem Gebiet der *Annahmen* geht es um die transparente Vermittlung der für die Zukunft aus *unserer* Sicht und zum *gegenwärtigen* Zeitpunkt relevanten Ursache-Wirkungs-Beziehungen. Auch hier gilt es, ein möglichst gleiches oder ähnliches Verständnis dieser Beziehungen anzustreben, wenn wir die Akzeptanz der Pläne und Konzepte erreichen wollen. Schließlich werden davon der Einsatz unserer personellen, materiellen und finanziellen Ressourcen sowie die Aufteilung der erzielten Resultate maßgeblich bestimmt. Fehlende Akzeptanz in diesen Fragen führt zu unnötigen Grabenkämpfen, in denen ein gewichtiger Teil unserer wirtschaftlichen Kraft paralysiert wird und damit für den Wettbewerb nicht zur Verfügung steht. Die Wirksamkeit der Umsetzung unserer Strategie hängt wesentlich davon ab.

Auf dem Gebiet der *Chancen und Risiken* geht es um das Verständnis für die Vielfalt an Varianten möglicher Ursache-Wirkungs-Beziehungen, *bevor* wir uns auf eine für die Planung relevante Version einigen. Hier gilt es das Denken und Handeln in Szenarien zu trainieren, um die Grenzen traditioneller Planung zu überwinden (vgl. FINK et. al., 2002, S. 20 ff.). Es ist eine unmittelbare Vorbereitung auf den Umgang mit dem Ungewissen der Zukunft; in etwa vergleichbar mit dem Üben von Standardsituationen oder Kombinations- und Aufstellungs-Varianten im Fußball. Leider wird dieses Gebiet weitgehend spezialisierten Mitarbeitern überlassen, die sich dazu eigener Expertensysteme bedienen und dadurch meist einen exklusiven Status erhalten – sofern es überhaupt bearbeitet wird. Risiko-Management-Systeme sind aufgrund der gesetzlichen Bestimmungen (KonTraG) zumindest in Konzernbetrieben heute üblich; darüber hinaus eher nicht. Ein weitergehendes, auch die Chancen einbeziehendes Szenario-Management ist noch weniger verbreitet. Beides – die geringe Verbreitung und der exklusive Status von Risiko- und Szenario-Management – tragen maßgeblich zu den unzureichenden Fähigkeiten vieler Organisationen bei, breit akzeptierte Strategien erarbeiten und umsetzen zu können.

Auf dem Gebiet des *Ungewissen* schließlich geht es um Orientierung durch Werte und Grundsätze der Führungstätigkeit; um die Vereinbarung von Leitbild (wie wollen wir gesehen werden), Leitziel (was wollen wir erreichen) und Leitkennzahl (woran wollen wir unsere Zielerreichung messen); um das Festlegen von Schwerpunkten für das strategische Tun durch die Ableitung von strategischen Themen und Entwicklungsgebieten relevanter Potenziale, die wir für das Erreichen des Leitziels als wesentlich ansehen; um die Konkretisierung dieser Schwerpunkte durch Aktionen und deren Bündelung in strategischen Projekten, für deren konsequente Umsetzung eindeutig Verantwortliche definiert sind. Der Erfolg auf diesem Gebiet wird wesentlich davon abhängen, inwieweit es gelingt, die aufgezählten Fragen in der gesamten Organisation so zu kommunizieren, dass sie akzeptiert und mit der Entwicklung von Selbstvertrauen, Spaß an der Herausforderung und Ehrgeiz es zu packen verbunden werden. Dabei gilt es dem Trend zur Technokratie, der aus der Trennung von Experten und Entscheidern resultiert, entgegen zu wirken durch vielfältige Möglichkeiten, die verschiedenen Kontexte kennenzulernen (gemeinsame Teilnahme an Projekten, Workshops etc.). Und es gilt redundante Informationswege zu schaffen, die elektronische Daten, Aussagen von Experten und eigene Erfahrungen nebeneinander stellen und miteinander vergleichen. Redundanz wird oft als Verschwendung angesehen; hier aber kann sie Verschwendung vermeiden, weil sie frühzeitig das Risiko des Auseinaderlaufens von Ereignissen und wahrgenommenen Informationen signalisiert.

Um in dieser Weise den Raum zwischen Gewissheit und Ungewissheit ziel-

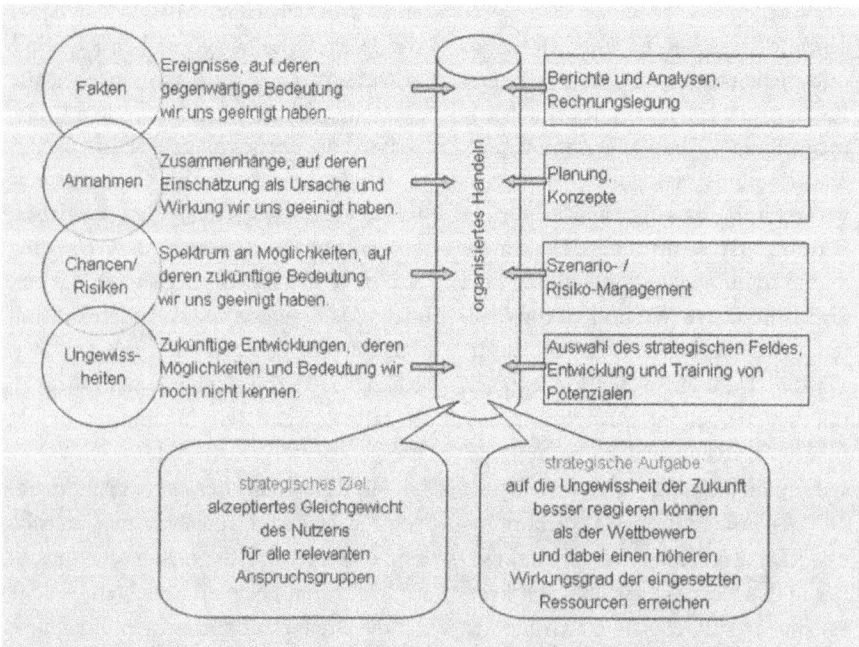

Abbildung 3: Den Raum zwischen Fakten und Ungewissheit als Ganzes gestalten

gerichtet als eine Einheit gestalten zu können, brauchen wir ein Controlling-Netzwerk, das die Transparenz dieser einheitlichen Gestaltung ermöglicht; das einen vergleichbaren Rahmen bieten kann für die verständliche Darstellung unserer Bemühungen sowie der daraus entstandenen Resultate. Seit einigen Jahren bemüht sich *Jürgen H. Daum* um eine derartige Entwicklung (vgl. DAUM, 2004, S. 70 ff.); inzwischen hat sich auch eine internationale Arbeitgruppe diesem Thema zugewandt (vgl. BPM STANDARDS GROUP, 2004). In Weiterentwicklung der *Daum*'schen Grundidee könnte ich ein derartiges Controlling-Netzwerk durch folgendes Bild charakterisieren (s. Abb. 4):

Zum *Finanz-Bericht* ist nicht viel zu sagen. Er entspricht dem traditionellen Jahresabschluss. Allerdings könnte er durch die parallele Bereitstellung eines Potenzial-Berichtes von all jenen Elementen bereinigt werden, die keine realisierte Leistungen repräsentieren sondern eben Potenziale. Dadurch würde seine Aussagekraft wieder eindeutiger.

Der *Bericht zur Produkt-Entwicklung* ist eine erweiterte Fassung des heutigen Lageberichtes. Er stellt die operativen Bemühungen des Managements dar, die verfügbaren Potenziale durch effiziente Leistungen in Produkte umzuwandeln und zu vermarkten.

Der *Bericht zur Potenzial-Entwicklung* wäre eine Erweiterung des Lageberichtes um einen Abschnitt über die strategischen Bemühungen des Managements, die geeigneten Potenziale für den Umgang mit dem Ungewissen der Zukunft aufzubauen. Er entspricht in seiner hier dargestellten Gliederung mit geringen Modifikationen dem in Dänemark inzwischen obligatorischen intellectual capital statement mit seinen Elementen *Knowledge Narrative* (strategische Grundorientierung und Ziele), *Management challenges* (Management-Herausforderungen; hier in Form strategischer Themen und Potenzial-Entwicklungsgebiete), *initiatives* (strategische Initiativen und Projekte) und *indicators* (Kennzahlen; hier für das Multiprojekt-Management) (vgl. DANISH MINISTRY OF SCIENCE, 2003, Part 1, Chapter 2).

Der *Bericht zur Management-Unterstützung* wäre als separater Bereich des Lageberichts auch etwas Neues; allerdings sind viele Teile schon heute in Berichterstattungen enthalten. Die *Berichts-Scorecard* stellt die entscheidenden strategischen Steuerungs-Kennzahlen den adäquaten operativen Kennzahlen gegenüber; damit soll der Zusammenhang zwischen strategischer Entwicklung und operativer Nutzung von Potenzialen begründet und gemessen werden. Im *Akzeptanz-Management* wird dargestellt, mit welchen Methoden, Instrumenten und Ergebnissen die Akzeptanz der strategischen und operativen Ziele bei den relevanten Anspruchsgruppen angestrebt wird. Der Teil zum *Szenario- und Risiko-Management* ent-

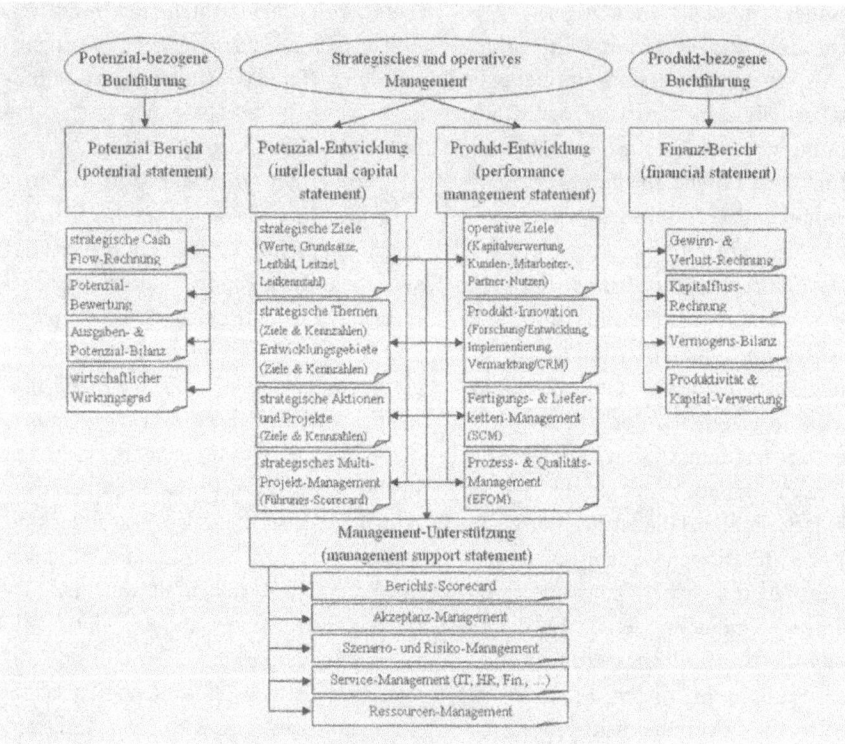

Abbildung 4: Controlling-Netzwerk für ein umfassendes Business-Reporting

spricht in erweiterter Fassung den heutigen KonTraG-Berichtspflichten; es sollte in dieser erweiterten Form für alle großen Unternehmen obligatorisch werden. Das *Service-Management* ist heute schon Bestandteil der meisten Berichte; es stellt insofern nichts Neues dar. Das *Ressourcen-Management* soll die Aufteilung der eingesetzten Ressourcen auf die drei Management-Bereiche (Produkt-Entwicklung, Potenzial-Entwicklung, Management-Unterstützung) darstellen; dabei wäre es sinnvoll, diese Aufteilung nicht nur finanziell sondern auch zeitlich zu erfassen.

Der *Potenzial-Bericht* ist eine Erweiterung der Buchhaltung um einen potenzial-bezogenen Teil und stellt damit eine grundlegende Neuerung dar. Ausgehend von einer aus der alltäglichen Buchführung abgeleiteten direkten Cash Flow Rechnung werden alle für die Entwicklung von Potenzialen erfolgten Ausgaben aktiviert und ihr Potenzial bewertet. Diese Bewertung (qualitativ, zeitlich und monetär) erfolgt auf der Grundlage jener Daten, die für die Entscheidung über die Ausgabe der Mittel herangezogen wurden. Sie wird in einen Potenzialspiegel eingestellt. Auf dieser Basis werden eine Ausgaben- und eine Potenzial-Bilanz erstellt, wobei die zeitliche Dynamik durch entsprechende Entwertungen zu berücksichtigen ist. Der fortgeschriebene Potenzialwert erlaubt es schließlich, ihn dem im operativen Geschäft aus der Potenzial-Nutzung realisierten Überschuss gegenüberzustellen und somit einen wirtschaftlichen Wirkungsgrad zu bestimmen (vgl. FRIEDAG/SCHMIDT, 2003, S. 258 ff.).

Damit schließt sich der Kreis zwischen der strategischen Befähigung zum Umgang mit dem Ungewissen und der operativen Realisierung von Ergebnissen, auf deren faktische Bedeutung wir uns einigen können.

Literatur

ANDREWS, K. R.: The concept of corporate strategy, Homewood/Ill. 1971.
ANSOFF, H. I.: Corporate strategy, New York 1965.
BPM STANDARDS GROUP: www.bpmstandardsgroup.org, 30. Juli 2004.
CHANDLER, A.: Strategy and structure, Cambridge 1962.
CLAUSEWITZ, C. VON: Vom Kriege, Erftstadt 2003.
CUBE, F. VON: Lust an Leistung, München 2000.
DAUM, J. H.: Transparenzproblem Intangible Assets, in: HORVÁTH, P./MÖLLER, K., Intangibles in der Unternehmenssteuerung, München 2004.
DANISH MINISTRY OF SCIENCE, Technology and Innovation, Intellectual Capital Statements – The New Guideline, in: www.videnskabsministeriet.dk/ fsk/ publ/ 2003/ guideline_uk/ html/ toc.htm, 2003.
DEYHLE, A.: Controller Handbuch, 5. Aufl., Offenburg 2003.
DRUCKER, P. F.: Die Praxis des Managements, München 1956.
DRUCKER, P. F.: Was ist Management?, München 2002.
FINK, A./SCHLAKE, O./SIEBE, A.: Erfolg durch Szenario-Management, Frankfurt 2002.
FRIEDAG, H. R./SCHMIDT, W.: Balanced Scorecard at work, Freiburg 2003.
GEUS, A. DE: Jenseits der Ökonomie, Stuttgart 1998.
HENDERSON, B. D.: Construction of a business strategy, Boston 1971.
HOLLER, M. J./ILLING, G.: Einführung in die Spieltheorie, Heidelberg 2003.
HORVÁTH, P./REICHMANN, T. (Hrsg.): Vahlens großes Controlling Lexikon, München 2003.
LANGSCHEIDTS Handwörterbuch Englisch, Berlin 1994.
MINTZBERG, H.: The nature of managerial work, New York 1973.
MINTZBERG, H./AHLSTRAND, B./LAMPEL, J.: Strategy safari, Wien 1999.
NASH, J. F.: Non-Cooperativ Games, in: Annals of Mathematics, Vol. 54 (1951), S. 286 – 295.
NALEBUFF, B./DIXIT, A.: Spieltheorie für Einsteiger, Stuttgart 1997.
NEUMANN, J. VON/MORGENSTERN, O.: Theory of games and economic behaviour, Princeton 1944.
NALBANTIAN, H. R./SZOSTAK, A.: So halten Sie Ihre Mitarbeiter, in: Harvard Business Manager, 2004, Heft 7, S. 38 – 52.
MÜLLER-STEWENS, G./LECHNER, C.: Strategisches Management, Stuttgart 2001.
MARR, B./GRAY, D.: The three reasons why organizations measure their intellectual capital; in: HORVÁTH, P./MÖLLER, K.: Intangibles in der Unternehmenssteuerung, München 2004.
PENROSE, E.: The theory of the growth of the firm, Oxford 1959.
PICOT, A./REICHWALD, R./WIGAND, R. T.: Die grenzenlose Unternehmung, Wiesbaden 2003.
PORTER, M. E.: Competitive strategy, New York 1980.
PRAHALAD, C. K./RAMASWAMY, V.: Die Zukunft des Wettbewerbs, Wien 2004.
SANDER, P.: CONTROLLER'S E-NEWS, Nr. 36, 23. Juli 2003; hp.sander@eastwestcom.net.

Besser einsteigen – schneller aufsteigen

Berufs- und Karriere-Planer
für Studenten und Hochschulabsolventen

Gabler / MLP Berufs- und Karriere-Planer 2004/2005: Wirtschaft
Für Studenten und Hochschulabsolventen
Mit Stellenanzeigen und Firmenprofilen
7., vollst. überarb. u. akt. Aufl. 2004.
XXVI, 594 S. Br.
EUR 15,90
ISBN 3-409-73639-5

Gabler / MLP Berufs- und Karriere-Planer 2004/2005 : Technik
Maschinenbau, Elektrotechnik, Bauwesen, Informationstechnologie u.v.a.
Mit Stellenanzeigen und Firmenprofilen
6., vollst. überarb. u. akt. Aufl. 2004.
XXIV, 584 S. Br.
EUR 15,90
ISBN 3-409-63640-4

Gabler / MLP Berufs- und Karriere-Planer 2003/2004: IT und e-business
Informatik, Wirtschaftsinformatik und New Economy
Mit Stellenanzeigen und Firmenprofilen
4., vollst. überarb. u. akt. Aufl. 2003.
XXIV, 290 S. Br.
EUR 14,90
ISBN 3-409-43641-3

Gabler / MLP Berufs- und Karriere-Planer 2003/2004: Life Sciences
Für Studenten und Hochschulabsolventen.
Mit Stellenanzeigen und Firmenprofilen
2003. XX, 280 S. Br.
EUR 14,90
ISBN 3-409-12430-6

www.karriereplaner.de

Änderungen vorbehalten.
Erhältlich im Buchhandel
oder beim Verlag.

Gabler Verlag
Abraham-Lincoln-Str. 46
65189 Wiesbaden
Tel.: 06 11.78 78-626

EINZELFRAGEN

Risikocontrolling in kleinen und mittleren Unternehmungen mit Auftragsfertigung

Ernst Troßmann / Alexander Baumeister

Besondere Risikosituation im Klein- und Mittelbetrieb

In kleinen und mittleren Unternehmungen nehmen einzelne Aufträge oder die Aufträge einzelner Kunden umfangreiche Anteile am Gesamtjahresumsatz ein, so insbesondere im Maschinen- und Anlagenbau (vgl. ähnlich FRANKE, 1993, S. 3 f.). Damit einher geht ein geringes Diversifikationspotential in der Gesamtrisikostruktur. Das Eintreten des Risikofalls bei einem größeren Einzelauftrag kann so leicht existenzbedrohend werden. Schon deshalb, aber auch generell ist eine fundierte risikoorientierte Kostenplanung vor allem für kleine und mittlere Unternehmungen von besonderer Wichtigkeit (vgl. z. B. die empirische Erhebung bei deutschen Anlagebauern durch REINER, 2002, S. 103). Angesichts dessen ist jedoch in der Unternehmungspraxis der Umfang an methodischer Unterstützung gerade bei kleineren Unternehmungen schwach ausgeprägt. So zeigt eine groß angelegte Studie im Handwerksbereich, dass nur knapp ein Viertel der Handwerksbetriebe mit weniger als zehn Mitarbeitern überhaupt Kalkulationsverfahren einsetzen; insgesamt korreliert der erfolgskritische Einsatz von Instrumenten des internen Rechnungswesens deutlich mit der Unternehmungsgröße (vgl. GLASL, 2000, S. 81 ff.).

Ein ähnliches Bild ist wohl auch für die Instrumente des Risikomanagements bei kleinen und mittleren Unternehmungen anzunehmen. Neben den oftmals kaum beeinflussbaren Risiken etwa aus der Marktentwicklung gibt es jedoch auch zahlreiche antizipativ gut steuerbare Risikofaktoren. Wird eine Analyse z. B. noch disponibler Risiken bei der Auftragsentscheidung unterlassen, gibt man freiwillig Handlungsflexibilität auf; die dadurch dann eintretende Verschärfung der Risikolage wäre vermeidbar gewesen. Der geringe Methodeneinsatz wird mitunter mit möglichen Zeitengpässen im Führungsbereich begründet, die gerade bei kleineren, häufig inhabergeführten Unternehmungen etwa aus dem Handwerksbereich auftreten können. Genau deshalb ist jedoch eine effiziente Methodenunterstützung im Risikomanagement entscheidend. Sie ist daher eine wichtige Aufgabe des Risikocontrolling.

Herausforderungen an das Risikocontrolling im Klein- und Mittelbetrieb

Auftragsfertigung als verbreiteter Produktionstyp im Klein- und Mittelbetrieb

In kleinen und mittleren Unternehmungen ist eine auftragsorientierte Fertigung weit

---

- Die vor allem in kleinen und mittleren Unternehmungen verbreitete auftragsorientierte Fertigung stellt besondere Anforderungen an das Risikomanagement.
- Das Risikocontrolling berücksichtigt die Risikoanforderungen in der Führungskoordination und unterstützt das betriebliche Risikomanagement.
- Ein Schwerpunkt dieser Unterstützung liegt darin, geeignete Methoden für die Risikoerfassung und -bewertung bereitzustellen.
- Zur Risikoanalyse bieten sich z. B. Risikomatrizen, Risikochecklisten und Value-at-Risk-Modelle an.
- Eine adäquate Risikoanalyse ist insbesondere für die Entscheidung über die Auftragsannahme sowie die auftragsbegleitende Risikosteuerung grundlegend.
- Die für das Risikocontrolling in der Auftragsfertigung wichtige Lebenszyklusrechnung lässt sich damit kombinieren.

Professor Dr. Ernst Troßmann ist Inhaber des Lehrstuhls Controlling im Institut für Betriebswirtschaftslehre der Universität Hohenheim

Dr. Alexander Baumeister ist wissenschaftlicher Assistent am Lehrstuhl Controlling der Universität Hohenheim

verbreitet. Sie wird erst durch Kundenbestellungen angestoßen. Typisch ist ein geringer Wiederholungsgrad in der Erbringung gleicher Leistungsspezifikationen, der u. a. wegen der oftmals sehr kundenindividuellen Lösungen entsteht (vgl. ähnlich FRANKE, 1993, S. 2 ff.; GUSERL, 1996, S. 520 ff.). Konsequenz der Auftragsverhandlungen ist darüber hinaus häufig eine geringe Standardisierung in der Vertragsgestaltung, die sich z. B. in der Berücksichtigung kundenspezifischer Wünsche zur Finanzierung und Zahlungsabwicklung, von Liefervorgaben oder verlängerten Gewährleistungsfristen zeigt.

Hieraus ergeben sich für auftragsfertigende Unternehmungen, zu denen etwa Anlagen- und Sondermaschinenbauer mit ausgeprägtem Projektcharakter der Einzelaufträge oder die überwiegende Zahl klassischer Handwerksbetriebe zählen, zusätzliche Probleme in der Risikosteuerung. Im Vergleich zur Vorratsproduktion für den anonymen Absatzmarkt sind die Planungsbedingungen einerseits aufgrund möglicher Diskontinuitäten im Auftragseingang, andererseits aufgrund der geringen Leistungsstandardisierung generell erschwert. Besondere Risiken der Auftragsfertigung liegen dabei im Neuigkeitsgrad der Auftragslösung wie etwa bei Konstruktionsprozessen im Sondermaschinenbau oder häufig wechselnden Leistungserstellungsbedingungen so z. B. bei witterungsabhängigen Außenmontagen. Typische Standardinstrumente des Risikomanagements von Großunternehmungen z. B. zur Risikoabsicherung scheiden aus, weil die Umsetzungsvoraussetzungen fehlen und eine Spezifität der jeweiligen auftragsbezogenen Risikosituation zu hoch ist. Diese Gesamtproblematik trifft bei kleinen und mittleren Unternehmungen auf die dort ohnehin knappen Planungskapazitäten im Führungsbereich. Deshalb sind dort effizient umsetzbare Instrumente zur auftragsbezogenen und gesamtbetrieblichen Risikosteuerung besonders vonnöten.

Probleme der Risikoanalyse vor der Auftragsannahme

Für ein antizipatives Risikomanagement ist die Risikoanalyse vor der Auftragsannahme besonders bedeutend, da hier das Risiko noch weitgehend disponibel ist. So kann eine unzureichende Risikoberücksichtigung in der Angebotsstellung etwa durch Festpreisangebote oder unvollständige Auftragsspezifikationen zu einer hohen, eigentlich vermeidbaren Risikofixierung führen. Daher ist es wichtig, in der Kalkulation Risiken vorab zu erfassen und monetär zu bewerten; risikoorientierte Preisgrenzen können dabei als Entscheidungshilfe für die Frage fungieren, ob ein Auftrag unter Risikogesichtspunkten übernommen werden soll.

Die Risikoproblematik in der Kalkulation verschärft sich oft dadurch, dass sich die betroffenen betrieblichen Bereiche nur schlecht informatorisch abstimmen. So muss der Absatzbereich z. B. für die Angebotsstellung von Maschinenkonstruktionen über Daten etwa der Beschaffungs- und der Konstruktionsabteilung verfügen. Fehlt ein standardisierter Abgleich der Neubeschaffungspreise von Wiedereinsatzkomponenten ähnlicher Maschinenvarianten oder der technischen Umsetzungsmöglichkeiten, sind leicht Fehlentscheidungen möglich. Außerdem kann die Risikolage vor der Auftragsannahme bei Verwendung klassischer Kalkulationsansätze falsch eingeschätzt werden, da diese regelmäßig zeitlich nachlaufende Kosten- und Erlöswirkungen nicht berücksichtigen. So können durch Gewährleistungen lange nach der ursprünglichen Auftragserfüllung Kosten anfallen, die dem Auftrag zuzurechnen sind. Besonders bei kleinen und mittleren Unternehmungen sind solche Probleme aus einer fehlenden oder geringen Verzahnung von Kosten- und Risikoinformationen und der Vernachlässigung von Kostenrisiken durch klassische Kalkulationsansätze häufig vorzufinden.

Probleme bereitet in der Kalkulation insbesondere die Bewertung der Risiken. Die weit verbreiteten pauschalen Ansätze zur Risikokorrektur durch Zuschläge verzichten auf eine Analyse und Auswertung der tatsächlichen Risikosituation. Stattdessen werden die Kalkulationsergebnisse mit einem Zuschlag versehen, der als eine Art Risikopuffer zu verstehen ist. Er ist allerdings in seiner Höhe regelmäßig kaum begründet. Derartige Korrekturen können auch bei extremer Vorsichtshaltung nicht angebracht sein, lassen sie doch die Eintrittswahrscheinlichkeit des damit pauschal erfassten ungünstigen Umweltzustandes unberücksichtigt und erhöhen das Risiko von Fehlentscheidungen noch zusätzlich, insbesondere wenn es um einen Vergleich mehrerer risikobehafteter Projekte geht (vgl. TROßMANN, 1998a, S. 153 f.).

Ansätze, die explizit die Risikosituation in den Angebotspreisen abbilden, berücksichtigen oftmals nur Spezialfälle und gehen an der konkreten Problemlage und den Umsetzungsmöglichkeiten kleiner und mittlerer Unternehmungen vorbei (vgl. ausführlich BAUMEISTER, 2002, S. 55 ff.). So existiert z. B. eine relativ breite Forschungsrichtung zur gewinnmaximalen Preissetzung bei Risiko. Meist berücksichtigt sie jedoch Unsicherheiten über die Reaktionen von Wettbewerbern und der Nachfrageseite nur unter eher speziellen Annahmen wie Marktmonopolen. In der Regel sind diese Ansätze für die Gesamtrisikosituation der hier betrachteten kleinen und mittleren Unternehmungen nicht passend. Für deren Auftragsbewertung sind Kalkulationsansätze notwendig, die trotz einer einfachen Umsetzbarkeit eine systematische und möglichst durchgängige Risikoerfassung der relevanten Auftragsrisiken erlauben.

Probleme einer auftragsbegleitenden Risikosteuerung

Nach der Risikodisposition mit der Auftragsübernahme ist eine konsequente auftragsbegleitende Risikoüberwachung und -steuerung wichtig. Auch hieran mangelt es, obwohl mitunter hohe Risiken durch eine fundiertere Planung vermieden werden könnten. Die Haupt-

---

Universität Hohenheim
Lehrstuhl Controlling (510 L)
Schloß Osthof-Nord, 70599 Stuttgart
Tel.-Nr.: 0711/459-3415
Fax-Nr.: 0711/459-3719
E-Mail: control@uni-hohenheim.de

chance kleinerer Unternehmungen liegt häufig gerade in der Flexibilität bei der Bearbeitung von Kundenwünschen. Diese stellt allerdings zugleich einen wesentlichen Risikofaktor dar. Ein Beispiel sind kundenindividuelle Konstruktionslösungen. Ein von Informationen zu den Kostenwirkungen und auch zu möglichen Umsetzungsrisiken einzelner konstruktiver Alternativen losgelöster Konstruktionsprozess verschlechtert die Risikolage. Umsetzungsrisiken entstehen dabei z. B., wenn besondere konstruktive Varianten Fertigungsumrüstungen erfordern, Engpässe Terminierungs- und Einlastungsprobleme in der Fertigung auslösen oder notwendige Spezialwerkzeuge zu neuen Fixkosten führen. Bei Festpreisbindungen kann somit der zu erwartende Auftragsdeckungsbeitrag durch konstruktionsbedingte Kostenvordispositionen oder entwicklungsbedingte Zusatzkosten schnell verloren gehen. Dies löst Erfolgsrisiken in Bereichen aus, die sich oftmals einer erfolgs- und risikoorientierten Steuerung weitgehend entziehen. Auch weitere operationale Risiken können existenzbedrohend werden. Dazu gehören etwa Maschinenausfälle, Konstruktionsmängel oder unerwartete Beschaffungsengpässe. Fundierte Kennzahlensysteme zur Steuerung nichtfinanzieller Risikofaktoren fehlen jedoch, ebenso Ansätze zur praktikablen Erfassung und Bewertung von Risikointerdependenzen. Dies ist jedoch für die betriebliche Gesamtrisikobeurteilung von hoher Wichtigkeit, um Risikoausgleichseffekte erkennen zu können.

Methoden des Risikocontrolling bei Auftragsfertigung in Klein- und Mittelbetrieben

Kernaufgaben des Risikocontrolling im Risikomanagement

Die Aufgabe des Risikomanagements ist es, risikobehaftete betriebliche Prozesse zielgerichtet zu planen und zu steuern (vgl. BAUMEISTER, 2002, S. 73 ff. sowie BRAUN, 1984 und BRÜHWEILER, 2002). Da betriebliche Entscheidungen regelmäßig bestimmte Risiken mit sich bringen, die für eine vollständige Erfassung der Zielwirkungen in der Alternativenbewertung zu berücksichtigen sind, gehört das Risikomanagement originär zur Unternehmungsführung. Der Begriff Risikomanagement betont damit lediglich die besondere Bedeutung der Risikoberücksichtigung im betrieblichen Planungs- und Steuerungsprozess.

So verstanden, lässt sich auch innerhalb des Controlling kein Aufgabenbereich als Risikocontrolling so separieren, dass eine isolierbare Teilfunktion entstehen würde. Die Hauptfunktion des Controlling kann in der Koordination innerhalb der betrieblichen Führungsfunktionen und zwischen ihnen gesehen werden (vgl. auch nachfolgend TROßMANN, 1999, S. 110, sowie TROßMANN/BAUMEISTER/WERKMEISTER, 2003, S. 2 ff.). Risikocontrolling stellt dabei innerhalb der Führungskoordination auf die speziellen Probleme ab, die sich aus der unsicheren Informationslage ergeben. In der praktischen Umsetzung kann es allerdings durchaus zweckmäßig sein, für betriebliche Bereiche mit besonderer Risikorelevanz ein eigenes Risikocontrolling zu definieren, dem insbesondere die Aufgaben einer Risikoanalyse und die Vorbereitung einer entsprechenden Risikopolitik zukommen. In jedem Fall müsste ein solches Risikocontrolling eng in das Gesamtcontrolling eingebunden sein.

Die Koordinationsaufgabe des Controlling kann generell systemdefinierend oder systemausfüllend umgesetzt werden. Ein systemdefinierendes Risikocontrolling wäre z. B. die Einführung eines risikoorientierten Kalkulationssystems, das eine bislang unpassende Rechnung mit pauschalen Risikozuschlägen ersetzen kann. Im Gegensatz dazu werden bei der systemausfüllenden Koordination bestehende Systeme beibehalten, aber besser aneinander angepasst. Beispielsweise Risikointerdependenzen, die sich erst bei einer Gesamtbetrachtung sämtlicher Exposure-Positionen im Währungsbereich zeigen, können durch betriebsintern vorgegebene Wechselkurse deutlicher sichtbar und so einer Optimierung zugänglich gemacht werden.

Zusätzliche führungsunterstützende Servicefunktionen eines Risikocontrolling liegen in der Methoden- und Informationsbereitstellung, der Entscheidungsunterstützung und der Initiativfunktion. Insbesondere der fundierten Methodenbereitstellung kommt in kleinen und mittleren Unternehmungen besondere Bedeutung zu. Hier kann ein Risikocontrolling z. B. Verfahren zur Risikoanalyse mit normierten Risikochecklisten entwickeln und als betriebliche Standardmethoden bereitstellen. Innerhalb der Informationsfunktion des Controlling können spezielle Risikoberichte entwickelt und bereitgestellt werden. Hierbei sind u. a. die Risikoverantwortlichen (risk owners) zu bestimmen; es sind Risikokennzahlen oder -kennzahlensysteme für die kompakte Darstellung der Berichtsinhalte zu definieren, Schwellenwerte festzulegen, bei deren Überschreiten ein Risikobericht generiert werden soll, oder es ist der Umfang der Risikoprüfung vor einer Angebotsabgabe zu steuern. Gerade bei wenig standardisierten Prozessen in der Erhebung von Risikoinformationen ist die Bereitstellung eines organisatorischen Ablaufrahmens mit Vorgaben für die zu erhebenden (Mindest-)Informationen vorteilhaft. So ist es problematisch, wenn Vertriebsmitarbeiter ohne weiteren Informationsabgleich mit Konstruktions-, Fertigungs- und Beschaffungsverantwortlichen Kundenaufträge über Neukonstruktionen akquirieren, deren Risikopotential im Vertriebsbereich alleine jedoch nicht abschätzbar ist. Gerade bei der Auftragsannahme wirkt sich das Fehlen von Vorgaben zum Risikomanagement schnell nachteilig aus. Es wird noch verschärft, wenn umsatzabhängige Provisionen Fehlanreize ausüben und im Vertriebsbereich Risikoüberlegungen eher unterdrücken. Auch deshalb kann ein Risikocontrolling Verbesserungen im (Risiko-)Informationssystem nicht unabhängig vom bestehenden Planungssystem erzielen. Die Aufgabe der Informationsbereitstellung im Risikocontrolling ist daher in vielen Fällen sehr eng mit der systemdefinierenden und systemausfüllenden Koordination verknüpft.

Neben der Methoden- und Informationsbereitstellung liegt eine weitere wichtige Controlling-Servicefunktion in der Entscheidungsunterstützung. Sie ist in komplexen Entscheidungssituationen von besonderer Bedeutung (vgl. für eine Fallstudie zum Projektrisikocontrolling TROßMANN / BAUMEISTER / WERKMEISTER, 2003, S. 247 ff.). Beispielhaft kann hier an die korrekte Bewertung von Risikointerdependenzen etwa in einem betrieblichen Währungsportfolio, die Entwicklung von Absicherungsalternativen zur Risikohandhabung, die Ausarbeitung risikoorientierter Performancegrößen oder den Vorschlag von Risikolimits gedacht werden. Eine Initiativfunktion im Risikocontrolling kann die bisher genannten Servicefunktionen ergänzen. Hier geht es um die Früherkennung von Risikoentwicklungen und die Formulierung von strategischen Alternativen der Risikopolitik.

Abbildung 1 zeigt zusammenfassend die Eingliederung möglicher spezieller Aufgaben eines Risikocontrolling in die generellen Gesamtaufgaben des Risikomanagements. Eine Abgrenzung von den grundlegenden Generalaufgaben des Managements ist nach den bisherigen Darlegungen schon deshalb nicht möglich, weil Risikoaspekte in jedem Fall Teilgebiete eines bestimmten Entscheidungszusammenhangs sind und keine isolierbaren, eigenen Entscheidungsbereiche bilden.

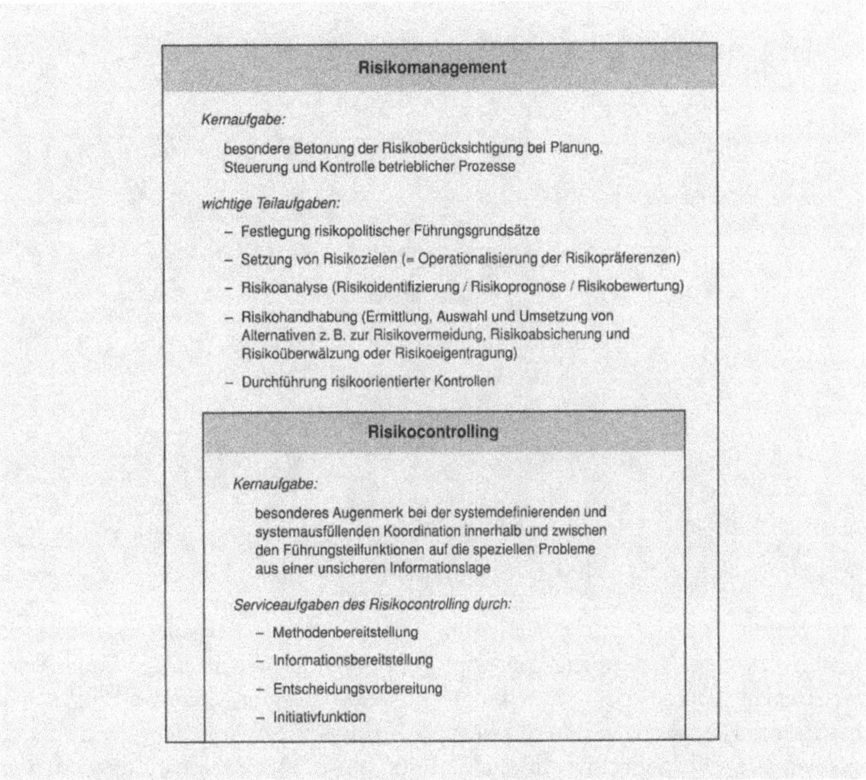

Ansatzpunkte für die Risikomessung

Entscheidungen im Risikomanagement setzen stets eine fundierte Risikoanalyse voraus. Die dazu notwendigen Festlegungen für die Risikoprognose und -bewertung sind eine typische Controlling-Gestaltungsaufgabe. So müssen für eine Risikoprognose die zentralen Risikofaktoren identifiziert und das Wahrscheinlichkeitsprofil der interessierenden Zielgrößen ermittelt werden. Für die Risikobewertung müssen die Art der Risikomessung und der Umgang mit ggf. interdependenten Risikogrößen geregelt sein.

Mit der Risikomessung wird die Entscheidungssituation vereinfacht, indem das Wahrscheinlichkeitsprofil der Zielgröße in einer oder mehrerer Kennzahlen verdichtet wird (vgl. zur Kennzahlenfunktion generell TROßMANN, 1994, S. 521 ff., zu Risikokennzahlen BAUMEISTER, 2004, S. 15 ff.). Dabei sind mögliche Vereinfachungen in der Risikoanalyse mit den Folgen der damit einhergehenden Abbildungs- und ggf. Entscheidungsfehler abzuwägen. Referenzpunktunabhängige Ansätze messen die Risikohaftigkeit einer Zielgröße nicht über deren mögliche Abweichungen von einem vorab festgelegten Wert. Das Wahrscheinlichkeitsprofil der Zielgröße wird damit unabhängig von solchen Referenzpunkten bewertet. Zu dieser Art der Risikomessung gehören z. B. das Konzept stochastischer Dominanz oder das Bernoulli-Prinzip. Unabhängig davon, dass manche Auswertungskonzepte prinzipiell umstritten sind – so z. B. als prominentester Vertreter der Bernoulli-Nutzen (vgl. zur Kritik u. a. KLEIN / SCHOLL, 2004, S. 410 ff.) – gibt es gute Gründe dafür, in eine Risikobeurteilung die gesamte Wahrscheinlichkeitsverteilung einfließen zu lassen. Freilich bedeutet dies regelmäßig auch einen gewissen Berechnungs- und Analyseaufwand. Er kann schnell die Planungskapazitäten insbesondere kleiner und mittlerer Unternehmungen überfordern.

Bei referenzpunktabhängigen Risikomessungen werden die Eintrittswahrscheinlichkeiten möglicher Abweichungen der Zielgröße von einem festgelegten Referenzwert in einer Risikokennzahl komprimiert. Deren Informationsgehalt hängt stark von der gewählten Risikodefinition ab. Diese kann sich entweder auf die gesamte Wahrscheinlichkeitsverteilung der Zielgröße oder nur einen Teil davon beziehen, so dass verteilungsunbeschränkte und verteilungsbeschränkte Risikomaße unterschieden werden können. Verteilungsunbeschränkte Risikomaße enthalten sowohl positive als auch negative Abweichungen von einer festgelegten Ausprägung der Zielgröße. Beispiele hierfür sind die klassischen zentralen Verteilungsmomente wie die Varianz oder die Verteilungsschiefe, die sich am Erwartungswert der Zielgröße orientieren. Werden negative und positive Abweichungen vom Referenzpunkt vor-

Abbildung 1: Eingliederung der Aufgaben des Risikocontrolling in die Gesamtaufgaben des Risikomanagements

EINZELFRAGEN

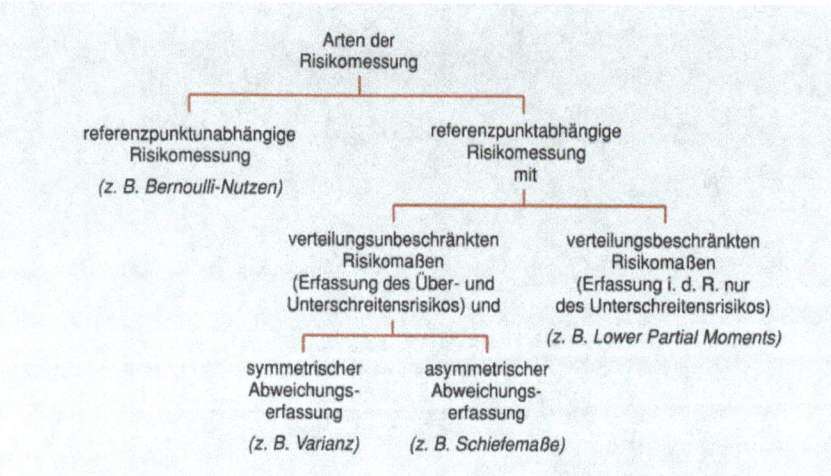

Abbildung 2: Überblick über mögliche Arten der Risikomessung

zeichentreu erfasst, spricht man von asymmetrischen, andernfalls von symmetrischen Risikomaßen. Verteilungsbeschränkte Risikomaße unterscheiden das negative und das positive Abweichen von Referenzpunkten. Entsprechend gibt es Unterschreitensrisiken (downside risks) und Überschreitensrisiken (upside risks). Abbildung 2 gibt einen zusammenfassenden Überblick über die verschiedenen Ansätze der Risikomessung.

Unterschreitensrisiken

Im Anwendungsfall konzentrieren sich die verteilungsbeschränkten Risikomaße auf Unterschreitensrisiken. Eine allgemeine Definition einer ganzen Klasse davon ist durch den Ansatz der statistischen Momente gegeben, und zwar durch die linksseitigen Teilmomente („Lower Partial Moments"). Für eine stetige Zufallsvariable x mit der Dichtefunktion φ(x) ist das linksseitige Teilmoment s-ter Ordnung zum Referenzpunkt x_0 definiert als

$$L^s(x_0) = \int_{-\infty}^{x_0} (x - x_0)^s \cdot \varphi(x)dx \quad (1)$$

(vgl. KOTZ/JOHNSON, 1985, S. 605). Ein Lower Partial Moment nullter Ordnung (s = 0) gibt dabei die Gesamtwahrscheinlichkeit an, mit welcher der Referenzwert x_0 nicht erreicht wird; es wird daher auch als Unterschreitenswahrscheinlichkeit (Target-Shortfall-Probability) bezeichnet. Das Moment erster Ordnung $L^1(x_0)$ gibt den Erwartungswert aller zu x_0 linksseitigen Wertausprägungen der Zielgröße an. Für $x_0 = 0$ ergibt sich so mit $L^0(x_0 = 0)$ die Verlustwahrscheinlichkeit und mit $L^1(x_0 = 0)$ der Verlusterwartungswert, wenn Erfolgszielgrößen zugrunde liegen.

Der in den vergangenen Jahren breit diskutierte Value at Risk lässt sich ebenfalls mit Hilfe der Unterschreitenswahrscheinlichkeit erklären (vgl. OEHLER/UNSER, 2002, S. 26 ff.). Der Value at Risk ist allgemein die Größe, die mit einer Konfidenzwahrscheinlichkeit, beispielsweise 98 %, maximal auf dem Spiel steht. Dies bedeutet, dass bei einem Value at Risk von z. B. 100 die Ergebnisgröße mit der Gegenwahrscheinlichkeit, hier also 2 %, unterhalb von $x_0 = -100$ bleibt. Dies drückt die linksseitige Unterschreitenswahrscheinlichkeit, hier $L^0(x_0) = 2\ \%$ aus. Sie ist die Gegenwahrscheinlichkeit zum Konfidenzniveau des Value at Risk. Der Value at Risk kann also über die Umkehrfunktion von L^0 berechnet werden.

Im Vergleich zu manch anderen Risikomaßen sind der Value at Risk und die Unterschreitenswahrscheinlichkeit sehr eingängig und deshalb für den praktischen Einsatz besonders geeignet. Referenzgrößen können dabei z. B. ein Projekterfolg von null als klassischer Break-even-Punkt, ein Mindest-Zielerfolg, der mitunter aus bestimmten Renditevorstellungen abgeleitet sein mag, oder der wahrscheinlichste Projekterfolg sein, der oftmals dem geplanten Projekterfolg entspricht. Setzt man den Erwartungswert des Projekterfolgs als Referenzgröße, kommt man zu Risikoteilmaßausprägungen zentraler Verteilungsmomente. Abbildung 3 zeigt beispielhaft mögliche Ermittlungsansätze im Konzept der Unterschreitenswahrscheinlichkeit.

Eignung von Portfoliomodellen zur Risikoanalyse

In der Literatur werden für die Risikoanalyse eine ganze Reihe möglicher Instrumente vorgeschlagen. So finden sich häufig – allerdings meist ohne konkrete Ermittlungshinweise – Portfoliodarstellungen mit einer Gegenüberstellung von

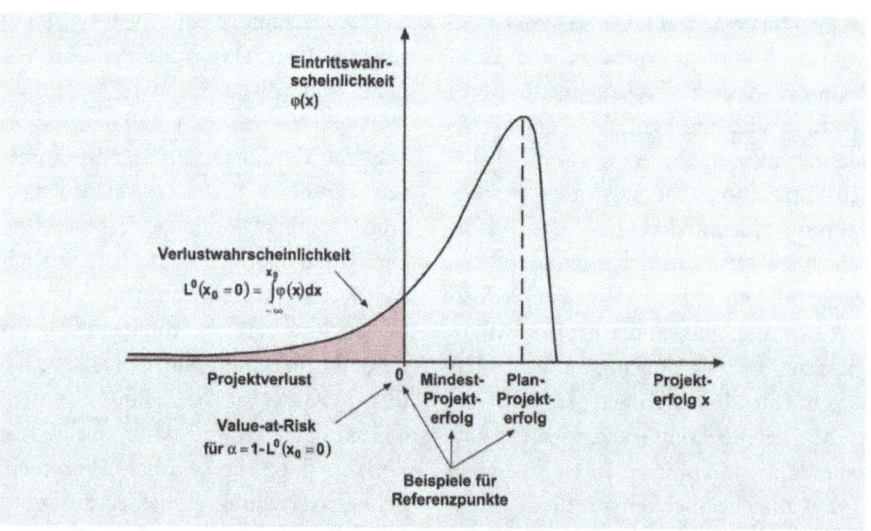

Abbildung 3: Zusammenhang zwischen dem Value-at-Risk und der Unterschreitenswahrscheinlichkeit

Eintrittswahrscheinlichkeit und Schadenshöhe bzw. -potential einzelner Risikoarten (z. B. BURGER / BUCHART, 2003, S. 162 ff.; HORVÁTH, 2003, S. 780). Der Einsatz einer solchen Risikomatrix (Risk Map) in kleinen und mittleren Unternehmungen liegt nahe, da die visualisierte Risikostrukturierung und der damit verbundene Vorschlag einer Standardstrategie eine implizite Lenkung der knappen Management-Kapazität bezweckt (vgl. TROßMANN, 1998b, S. 143 ff.). Solche in Portfoliokonzepten gängigen Standardstrategieempfehlungen knüpfen hier an das Überschreiten festgelegter Risikoschwellen bestimmte Handlungsvorschläge, die den weiteren Planungsumfang steuern (vgl. z. B. BURGER / BUCHHARDT, 2003, S. 163 ff.).

Für das Risikocontrolling ist es wichtig, im Umgang mit Risikomatrizen auf die korrekte Interpretation der Portfoliodimensionen zu achten. Dies gilt zunächst für den Schadensbegriff, der gerade bei Auftragsfertigung erst zu präzisieren ist. Versteht man darunter mögliche negative Abweichungen von einem Erfolgsziel, so ist vorab der notwendige Referenzerfolgswert x_0 festzulegen, der je nach getroffener Risikooperationalisierung unterschiedlich gewählt sein kann (vgl. Abbildung 3). Eine konsistente Risikoabbildung setzt voraus, dass für alle Abbildungsobjekte einheitliche Referenzpunkte verwendet werden. Zudem sind passende Risikomaße festzulegen. Verwendet man Einzelaufträge als Abbildungsobjekte in der Risikomatrix und den Auftragserfolg als Zielgröße, wird die überwiegend in der Literatur zugrunde gelegte Sichtweise einer einwertigen Risikoauswirkung im praktischen Anwendungsfall meist zu kurz greifen (vgl. z. B. SCHIERENBECK / LISTER, 2002, S. 350 f.). Stattdessen bietet sich die Verwendung von Unterschreitenswahrscheinlichkeiten wie etwa der Verlustwahrscheinlichkeit an. Das Schadenspotential bzw. die Risikohöhe kann dann mit höheren partiellen Momenten zum selben Referenzwert ausgedrückt werden. So kommt man mit $L^1(x_0 = 0)$ zum Verlusterwartungswert (generell: tail conditional expectation) oder mit $L^2(x_0 = 0)$ zur unteren Semiva-

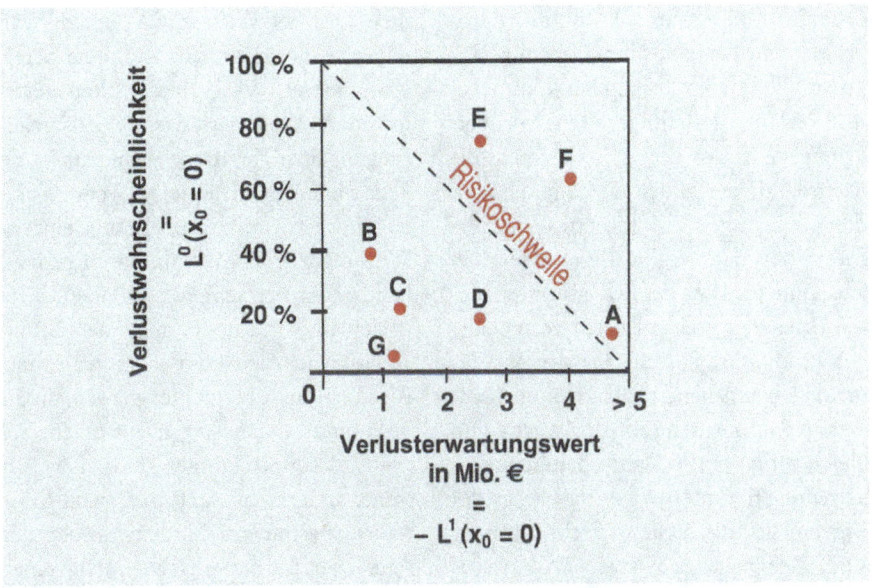

Abbildung 4: Beispiel für die Anwendung einer Risikomatrix

rianz. Die Portfolioeinordnung partieller Momente ungerader Ordnung erfolgt dabei zumeist mit deren Betragswert. Aufgrund der handlungsvordisponierenden Wirkung der Risikoschwelle liegt eine weitere zentrale Aufgabe des Risikocontrolling darin, im konkreten Anwendungsfall die Eignung der getroffenen Grenzziehung kritisch zu hinterfragen (vgl. TROßMANN, 1998b, S. 145 f.). Abbildung 4 zeigt zusammenfassend ein Beispiel für die Einordnung verschiedener Einzelaufträge in eine Risikomatrix.

Dem Grundgedanken der Risikomatrix entsprechende Verknüpfungen aus Eintrittswahrscheinlichkeit und Schadenswert zur Risikomessung finden sich in der betrieblichen Praxis häufig. So ist z. B. nach der Qualitätsnorm QS-9000 der Einsatz einer Fehlermöglichkeits- und Einflussanalyse (FMEA) obligatorisch, nach anderen Normen wie den DIN EN ISO-Normen 900 ff. wird er empfohlen (vgl. DEUTSCHE GESELLSCHAFT FÜR QUALITÄT E. V., 2001). Die Risikobewertung in der FMEA basiert dabei auf einer multiplikativen Verknüpfung der Bedeutung, Auftretens- und Entdeckenswahrscheinlichkeit eines Fehlers, die jeweils ordinal in einer Zehnerskala erfasst werden. Methodisch ergeben sich hier für das Risikocontrolling ähnliche grundsätzliche Gestaltungsfragen.

Grundkonzeption von Risikochecklisten für die Risikoanalyse

Gerade in kleinen und mittleren Unternehmungen sind Risikoanalysen sowohl inhaltlich als auch von ihrer Auslösung her eher kaum standardisiert. Fehlentscheidungen durch eine unzulängliche Berücksichtigung der tatsächlichen Risikolage können die Folge sein. Wie generell zur Problemwahrnehmung und Relevanzeinordnung bieten sich speziell auch für ein Risikocontrolling Checklisten an (vgl. z. B. FRANKE, 1993, S. 193 ff.). Grundidee ist, die Beschreibung der Ist-Situation sowie die darauf aufbauende Diagnose und Beurteilung nicht pauschal, sondern analytisch in Teilschritten anzugehen. Im Falle der Risikobetrachtung heißt dies, eine Gesamtrisikowirkung nicht direkt prognostizieren zu wollen, sondern zunächst mögliche, in der Checkliste vorgegebene Risikofaktoren zu betrachten. Häufig werden solche Risikofaktoren in der Checkliste an den betrieblichen Funktionsbereichen orientiert. Die Beurteilung der Gesamtrisikolage beruht dann, wie Abbildung 5 verdeutlicht, auf den Prognosen für die Risikofaktoren in der Checkliste.

Im Gegensatz zu zahlreichen Checklisten zur Untersuchung von sachlichen Teilbereichen (etwa Checklisten zum Beschaffungsverfahren, zur Fertigungsorganisation, zum Produktionsprogramm usw.) ist eine Checkliste zur Risikoverteilung vom Prinzip her komplexer und verlangt deshalb präzisere Vorüberlegungen. Risiko bedeutet allgemein die Mehrdeutigkeit in der Wirkung. Ist aber die betrachtete Wirkung etwa eine Erfolgsgröße, dann ergibt sich einerseits ein Zusammenwirken der Erfolgskomponenten (Mengen, Preise, Kosten verschiedener Produktarten, Aufträge usw.) – das sachlich weitgehend problemlos auch auf diese Komponenten zerlegbar wäre – und gleichzeitig eine Wahrscheinlichkeitsverteilung für unterschiedliche Höhen des Ergebnisses, die nicht so leicht trennbar sind. Beispielsweise ist es im Anwendungsfall nutzlos, zu fragen, welches Risiko für den Deckungsbeitrag zusätzlich dadurch entsteht, dass die Absatzmenge als Variable hinzutritt – die Frage ist müßig, denn ohne Menge gibt es keinen Deckungsbeitrag. Möglich wäre dagegen die Frage, wie sich eine bereits vorhandene Wahrscheinlichkeitsverteilung dadurch ändert, dass ein Zusatzauftrag mit einer Zusatzmenge hinzutritt, der aber vielleicht in anderer Weise risikobehaftet ist. Um also überhaupt einzelne Wirkungen von Risikofaktoren gedanklich isoliert betrachten zu können, bietet es sich an, von einer bestehenden Grundsituation auszugehen. Von ihr aus können Risikoeinflüsse betrachtet werden, die aus bestimmten Änderungen entstehen. Solche Änderungen können zusätzliche Aufträge, andere Kundentypen, neue Materialien, besondere Kundenwünsche u.a. sein. Dies ist der Ansatz, der in einem Hohenheimer Projekt zum Risikocontrolling in Klein- und Mittelbetrieben derzeit praktisch erprobt und hier in Grundzügen vorgestellt wird. Das Prinzip zeigt Abbildung 10. Es geht um die Erfolgsprognose eines Kundenauftrags. Die Ausgangslage wird durch einen typischen Kundenauftrag erfasst, der eine „typische" Risikosituation umfasst. Genauer: als „typisch" wird eine bestimmte Situation definiert, etwa die Durchschnittslage einer Vergangenheitsperiode. Jeder spezielle Einflussfaktor des betrachteten Auftrags kann die Wahrscheinlichkeitsverteilung des Erfolgs ändern. Das Instrument der Checkliste soll es ermöglichen, Punkt für Punkt mögliche Risikofaktoren daraufhin zu überprüfen, ob sie die Wahrscheinlichkeitsverteilung so markant beeinflussen, dass eine relevante Abweichung von der typischen Situation entstehen kann.

Allgemein sind Risikochecklisten das Ergebnis einer Identifizierung möglicher Risikofaktoren und dienen durch ihre Erfassungsvorgaben der systematischen Risikoprognose. In der Folge kann auch die Risikobewertung darauf aufbauen.

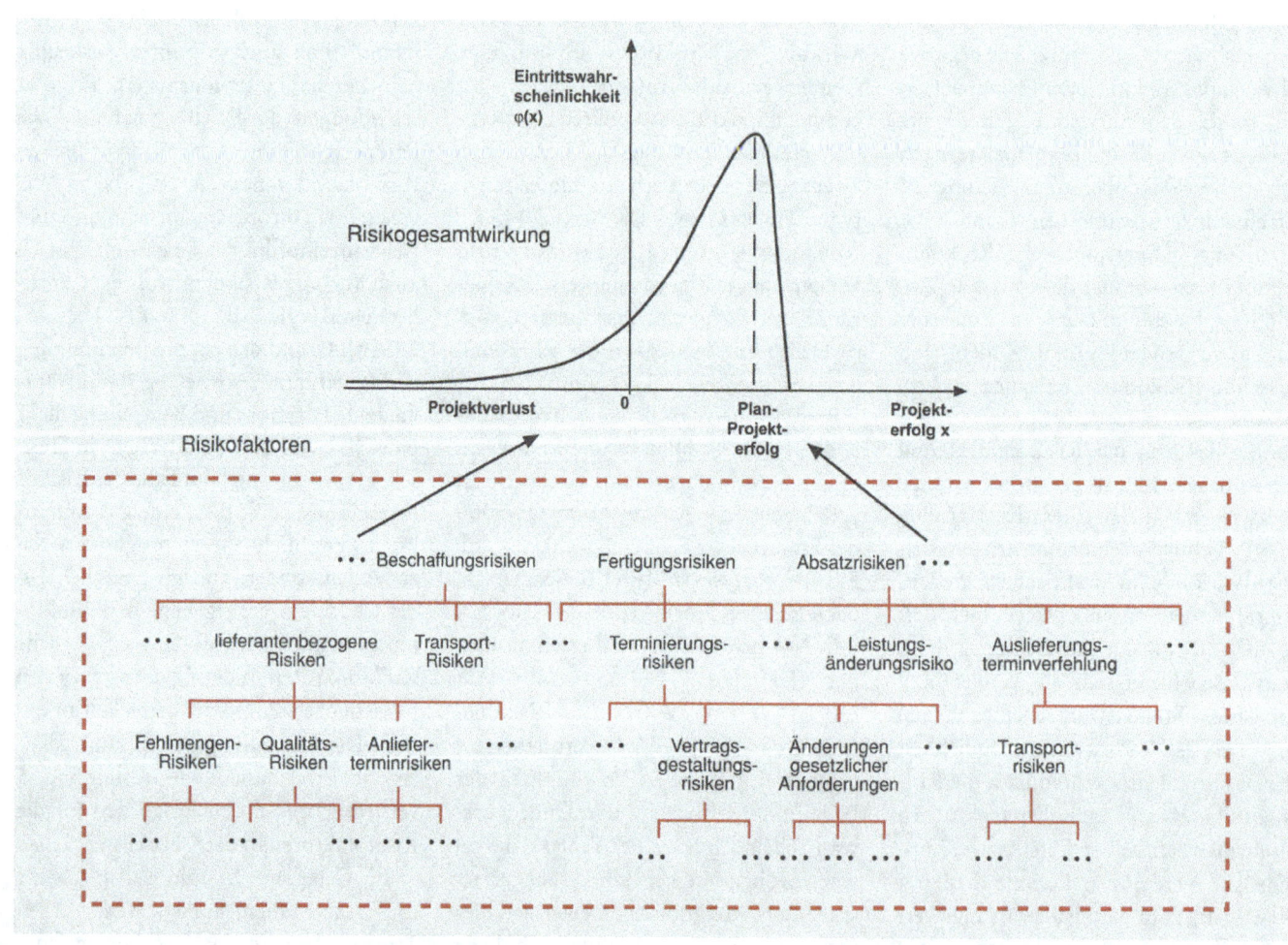

Abbildung 5: Strukturelle Grundidee des Einsatzes von Risikochecklisten

Risikochecklisten ermöglichen damit standardisierte Prozessabläufe bei der Risikoanalyse; insbesondere bei Zuweisung von Risikoverantwortlichen (risk owner) zu einzelnen Teilbereichen können sie darüber hinaus jedoch auch Orientierungsrahmen für die Risikohandhabung und -kontrolle sein. Ausgewählte Vorteile des Einsatzes von Risikochecklisten zeigt zusammenfassend Abbildung 6.

Vorteile von Risikochecklisten

Risikochecklisten ermöglichen z. B.

- eine systematische, standardisierte Erfassung möglicher Risikoursachen,
- eindeutige Aufgabenzuordnungen an Risikoverantwortliche ("risk owner") im Risikomanagementprozess,
- die Dokumentation eines implementierten Risikomanagements gegenüber Unternehmungsexternen,
- den Aufbau einer Wissens-Basis zur Risikoeinschätzung,
- die Gestaltung eines strukturierten Berichtssystems speziell für Risiken,
- Hinweise für eine konsistente Risikobewertung
- und eine Unterstützung der Erfordernisse des Risikomanagements in bestehenden Planungs- und Berichtssystemen.

Abbildung 6: Vorteile des Einsatzes von Risikochecklisten im Risikomanagement

Controlling-Aspekte bei Risikochecklisten

Die Unterstützung des Risikomanagements bei der Gestaltung von Risikochecklisten gehört zu den Servicefunktionen des Risikocontrolling. Neben der Beratung des Risikomanagements bei der Auswahl der Risikofaktoren stehen dabei insbesondere die methodische Unterstützung bei der Erfassung der Einzelrisikofaktoren und deren Aggregation zur Gesamtrisikoinformation sowie die Steuerung der Checklistenanwendung im Vordergrund. Abbildung 7 zeigt beispielhaft weitere Festlegungsfragen bei der Gestaltung von Risikochecklisten. Dabei ist die eigentliche Checklisten-Funktion, die im Kern in der Wahrnehmung von Risikofaktoren liegt, von einer erweiterten Anwendung zur Risikomessung zu trennen.

Ein allgemeines Controlling-Anliegen ist es, einen effizienten Einsatz knapper Managementkapazitäten zu unterstützen. Daher bietet sich unabhängig vom Ausmaß ihrer EDV-gestützten Umsetzung eine hierarchische Strukturierung des Checklistensystems an. Zweck ist es, die Risikoidentifikation stufenweise zu detaillieren (vgl. FRANKE, 1993, S. 194). Die methodische Detaillierung wird beispielsweise über Risiko-Schwellenwerte gesteuert. Eine feinere Untergliederung und damit zusätzliche Eingabeerfordernis für den Anwender ergibt sich also nur dann, wenn festgelegte kritische Größen überschritten werden. Abbildung 8 verdeutlicht das Strukturierungsprinzip für das Beispiel aus Abbildung 5. Die Risikobewertung der vorherigen Stufe bestimmt, ob es eine nächste Stufe gibt, in der feiner vorgegangen wird. Da dies anhand eines Schwellenwerts geprüft wird, ist die Validität des Gesamtsystems stark davon abhängig, wie das Risiko gemessen wird. Soweit dafür Kombinationen aus Eintrittswahrscheinlichkeit und Risikoausmaß gewählt werden, können auch hier die oben geschilderten Probleme auftreten. Allerdings könnte sich auch eine einheitliche Erfassung der Projekterfolgsauswirkungen der Risikofaktoren auf einem bestimmten Unterschreitens-Niveau anbieten. Wie stets bei einer isolierten Erfassung von Einzelrisiken ist in diesem Zusammenhang zu klären, in welcher Weise mögliche Risikoverbundwirkungen abgeschätzt werden, die bei Zusammentreffen der isolierten Faktoren entstehen.

Möglichkeiten risikoorientierter Kalkulationen auf Basis von Risikochecklisten

Während funktional gegliederte Risikochecklisten etwa für die systematische Erfassung der betrieblichen Gesamtrisikolage Vorteile zeigen können, ist ihr Fragekonzept in typischen Entscheidungssituationen der Auftragsfertigung oft unzweckmäßig. So erzwingen sie vom Anwender implizit, die Risikobewertungen für die Einzelfragen vom Vorliegen auftragsspezifischer, nicht in der Checkliste erfasster Einflussgrößen abhängig zu sehen. Beispielsweise entstehen auftragstypische Risiken etwa durch einen be-

Gestaltungsfragen beim Einsatz von Risikochecklisten

Allgemeine Gestaltungsaufgaben für den Checklisteneinsatz:

- inhaltliche Bestückung mit Risikofaktoren;
- Bestimmung der Anwendungsbedingungen für den Einsatz von Risikochecklisten;
- Schwellenwertfestlegung für die Benutzerführung bei hierarchischen Checklistensystemen.

Spezielle Gestaltungsaufgaben bei erweitertem Einsatz zur Risikomessung:

- Festlegung der Art der Risikomessung bei den Risikofaktoren;
- Bestimmung des Aggregationsverfahrens der Teilrisiken zur Gesamtrisikowirkung.

Spezielle Gestaltungsaufgaben beim Einsatz zur Frühwarnung:

- Ermittlung von Frühwarnindikatoren;
- Beurteilung der Plausibilität eingesetzter Prognoseverfahren bei EDV-technischer Umsetzung;
- Festlegung der Beobachtungsfrequenz von Frühwarnindikatoren;
- Bestimmung der Rhythmik in der Überarbeitung von Frühwarnindikatoren.

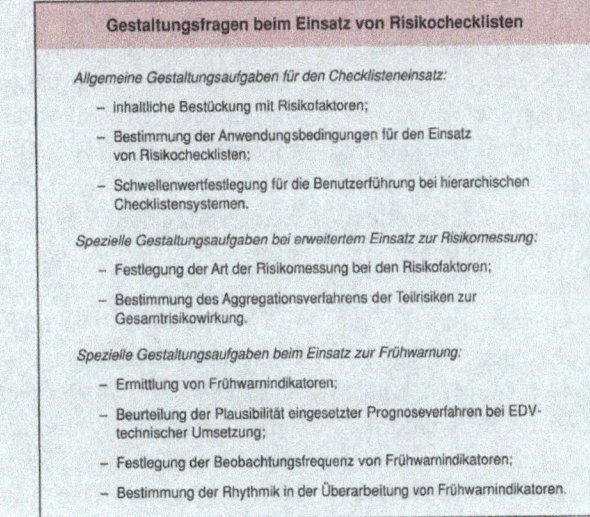

Abbildung 7: Ausgewählte Gestaltungsaspekte bei Risikochecklisten

EINZELFRAGEN

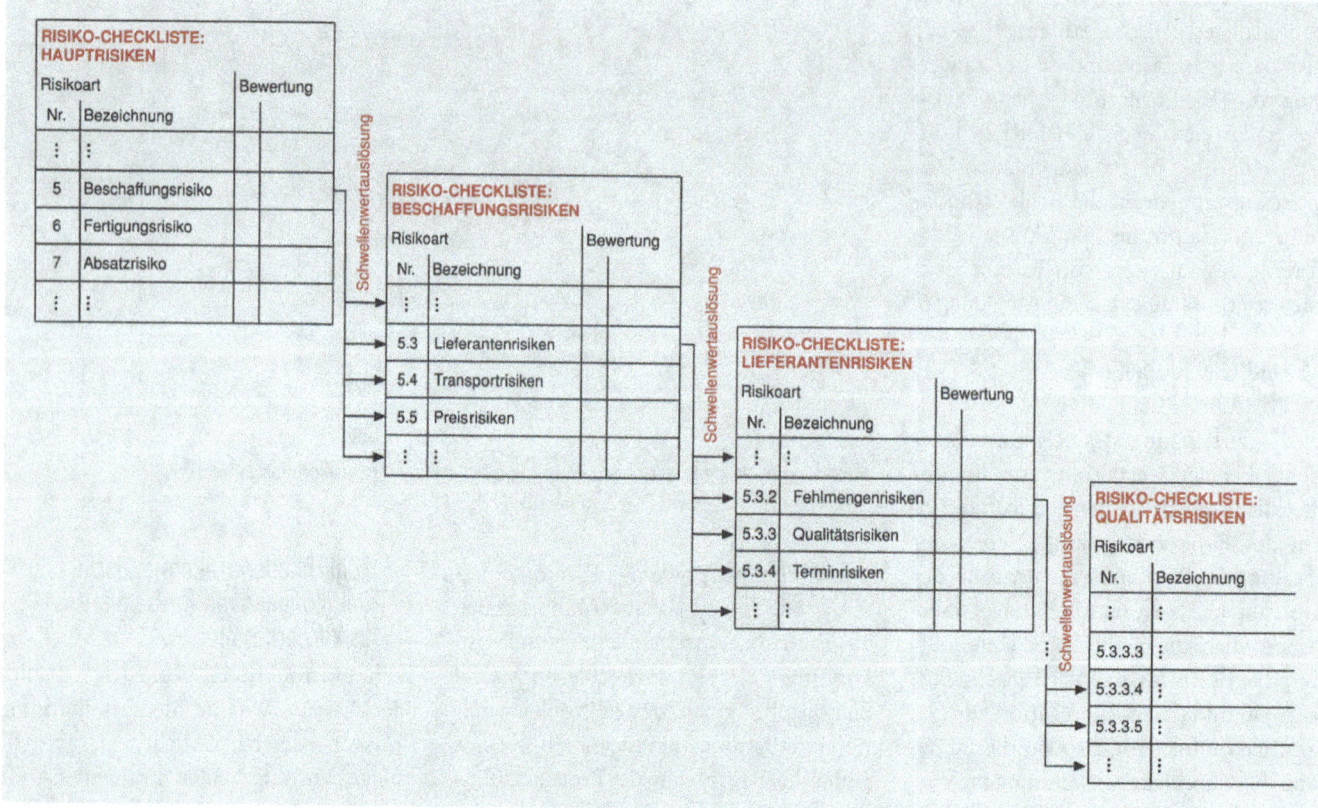

Abbildung 8: Prinzip der Schwellenwertsteuerung in der Checklistenfragehierarchie

stimmten Sonderwunsch des Kunden. Die Auswirkung ist nicht auf einen Teil des betrieblichen Produktionsprozesses beschränkt, etwa auf den Materialeinsatz, sondern modifiziert viele funktionale Teilschritte: z. B. die Beschaffung, Qualitätsprüfung, Montage, Verpackung, usw., allerdings jeweils nur in einem Teilaspekt. Daher ist es günstig, die Tatsache und die Art eines solchen Sonderwunsches als entscheidungsrelevante Risikoeinflussgröße vorzusehen. Da dies generell gilt, ist es zweckmäßig, in einer betriebsspezifischen Checkliste gerade solche typischen Risikoeinflussgrößen als Checklistenpositionen vorzusehen. Nicht nur bei kleinen und mittleren Unternehmungen ist daher zur stärkeren Anwenderunterstützung eine Konzentration auf die jeweils tatsächlich entscheidungsrelevante Risikoinformation vorteilhaft.

Für die Risikoanalyse des Auftrags sind daher vornehmlich diejenigen Einflussgrößen relevant, die zu einer Veränderung des bereits erfassten Risikoprofils führen könnten. Dies können z. B. spezielle Auftrags-, Kunden- oder Vertragsmerkmale sein, die Abweichungen zu den Standardauftragsbedingungen für die Leistungserbringung bedeuten. Sie können sich in unterschiedlichen Phasen des Leistungserstellungsprozesses isoliert oder kombiniert niederschlagen und dort sowohl zu einer Erhöhung als auch einer Verminderung der typischen Risikolast eines Standardauftrags führen. Diese Einflussgrößen der Risikosituation sollen daher im Folgenden auch als auftragsspezifische Risikofaktoren charakterisiert werden. Abbildung 9 zeigt mögliche Beispiele aus unterschiedlichen Bereichen.

Beim Einsatz derartiger auftragsspezifischer Risikofaktoren in Risikochecklisten ist die Erfassung des Risikoprofils für den Standardfall von der Prüfung, ob auftragsspezifische Besonderheiten zu einer Veränderung der Risikolage führen können, getrennt. Dies bringt mehrere wichtige Vorteile mit sich:

- Da auf Risikoänderungen abgestellt wird, konzentriert sich die Risikoanalyse in der Entscheidungssituation jeweils auf entscheidungsrelevante Risikoinformationen. Dabei kann eine explizite (quantitative) Erfassung des Standardrisikoprofils für eine erleichterte Einschätzung der Änderungsmöglichkeiten vorausgehen. Insbesondere für kleine und mittlere Unternehmungen ist jedoch aufgrund der begrenzten Planungskapazitäten von besonderer Bedeutung, dass dies für eine erfolgreiche Umsetzung des Ansatzes keineswegs zwingend ist. So genügt losgelöst von der Kenntnis eines exakten Risikoprofils für den Standardfall eine Einschätzung darüber, welche Änderungen dazu auftreten können.
- Die auftragsspezifischen Risikofaktoren dienen im Checklistensystem als Filterkriterien für eine tiefer gehende Risikoanalyse. Dies führt zu einer stärker fokussierten und damit effizienteren Risikoanalyse.
- Die Risikoeinschätzung durch den Anwender ist generell erleichtert, da

dieser in einem ersten Schritt lediglich mögliche Risikoänderungen durch konkrete Auftragseigenschaften einschätzen muss, unabhängig davon, an welcher Stelle des Leistungserstellungsprozesses diese auftreten können. Die Checkliste beinhaltet dabei vorausgewählte Indikatoren, die mit hinreichender Wahrscheinlichkeit eine Risikoänderung erwarten lassen.

Bei der beschriebenen Vorgehensweise ist es eine wichtige Funktion des Risikocontrolling, auf eine konsistente Bewertungsmethodik zu achten. Diese kann an Veränderungen in der Risikostruktur des Auftragsdeckungsbeitrags ansetzen. Das Ausmaß einer solchen Veränderung kann als zentrale Beurteilungsgröße für die Entscheidung zur Auftragsannahme dienen. Auch sie ist allerdings noch schwierig unmittelbar zu ermitteln. Deshalb bietet sich zur Komplexitätsvereinfachung an, Risikomaßgrößen der sie bestimmenden Kosten- und Erlöskomponenten geeignet zusammenzufassen, etwa Erwartungswerte und Value-at-Risk-Größen.

Ausgangspunkt für Häufigkeitsverteilungen können Kosten- und Erlöskomponenten für bereits realisierte Aufträge sein. Hat man daraus ein Standardwahrscheinlichkeitsprofil für den Durchschnittsauftrag ermittelt, genügt es, wenn der Anwender mögliche Veränderungen der ausgewählten Risikomaße prognostizieren kann. Wie stets kann eine Aggregation der Gesamtrisikoänderung mit referenzpunktabhängigen Risikomaßen zu Informationsverlusten führen, wenn sich die Gestalt der Dichtefunktion insgesamt ändert. Dies wirft jedoch keine zusätzlichen methodischen Probleme auf, da bereits der ursprünglichen Entscheidung im Risikomanagement, ausgewählte Risikomaße einzusetzen, die Abwägung zwischen Analysevereinfachung und möglicher Fehlentscheidungskonsequenz zugrunde liegen muss. Abbildung 10 zeigt den Zusammenhang im Überblick; bei den Auftragserlösen werden dabei keine auftragsspezifischen Risikofaktoren relevant.

Beispiele auftragsspezifischer Risikofaktoren

technische Kundenvorgaben zu den Leistungsmerkmalen des Produkts:
- Einsatz untypischer elektronischer Steuerungselemente
- Vorgabe vom Standard abweichender Antriebsdrehmomente
- Werkzeugaufnahmen in ungewohnter (Material-, Form-, ...) Ausführung

Montagevorgaben:
- vom Standard abweichende Anzahl vorgegebener Kooperationspartner
- untypischer Leistungsumfang der Vor-Ort-Montage

Bedingungen aus dem Auslieferungsland:
- vom Niveau der Standardanlagen abweichende sicherheitstechnische Vorgaben
- zusätzliche Dokumentationspflichten für Einfuhrerlaubnis
- abweichende landesspezifische Stromspannung

Vertragsbedingungen:
- Verlängerung üblicher Gewährleistungszeiten
- Vereinbarung von Wechselkursanpassungsklauseln
- untypischer Gefahrenübergang

Abbildung 9: Beispiele auftragsspezifischer Risikofaktoren

Einsatz risikoorientierter Lebenszyklusrechnungen

Mit dem skizzierten Vorgehen eröffnet sich zugleich die Möglichkeit, die gewonnene quantitative Risikoinformation in Kalkulationsrechnungen zu integrieren. Die methodische Ausarbeitung risikoorientierter Kalkulationsinstrumente ist dabei eine wichtige Serviceaufgabe des Risikocontrolling. Neben einer adäquaten Risikoberücksichtigung hat es auf eine passende kostenrechnerische Kalkulationsbasis zu achten. So birgt eine klassische periodenbezogene Kostenrechnung zur Auftragskalkulation bereits ohne weitere Beachtung der Risikoproblematik die Gefahr von Fehlentscheidungen in sich, da vor- oder nachlaufende Auftragskosten und -erlöse nicht adäquat berücksichtigt werden. Diese sind aber – etwa als Vorlaufkosten für Umkonstruktionen oder mitunter zeitlich erst lange nach der Auftragsabwicklung anfallende Gewährleistungskosten – gerade in der Auftragsfertigung kleiner und mittlerer Unternehmungen typisch.

Neben solchen Kostenrisiken müssen bei der Angebotsstellung gleichermaßen die Chancen einer späteren Erlösgenerierung z. B. aus dem Ersatzteilgeschäft oder aus Wartungsverträgen berücksichtigt werden. So erzwingt oftmals die Wettbewerbssituation, Erstaufträge nicht kostendeckend anzunehmen, um damit eine Option auf mögliche Folgeaufträge zu erhalten. Ein Beispiel sind in der Prototypenfertigung im Automobilzulieferbereich Folgeaufträge für Vorserienteile bis zum Serienanlauf der Fahrzeugproduktion. Bereits vor der Annahme des ersten Auftrags müssen daher die Deckungsbeiträge möglicher späterer Folgeaufträge berücksichtigt werden, um die Angemessenheit der Optionsprämie in Höhe des Verlusts beim Erstauftrag beurteilen zu können.

Im Risikocontrolling empfehlen sich zur Berücksichtigung solcher Effekte vor allem Lebenszyklusrechnungen (vgl. grundlegend TROßMANN, 1998a, S. 542 ff., und 2004). Diese sind durch die Verknüpfung investitions- und kostenrechnerischer Elemente geeignet, mehrperiodige, sachlich verbundene Zielwirkungen kompakt etwa als Deckungsbeitragsbarwerte abzubilden und unterschiedlich weit gefasste Projekt- bzw. Auftragsentscheidungen zu unterstützen. Bei der Entscheidung zur Auftragsannahme könnten dazu sämtliche mit der Auftragsannahme verbundenen Kosten- und Erlöswirkungen, also auch solche des Ersatzteilgeschäfts oder für Gewährleistungen, prognostiziert und zusammen mit der Information über zeitliche Versetzungen in den Zahlungswirkungen

EINZELFRAGEN

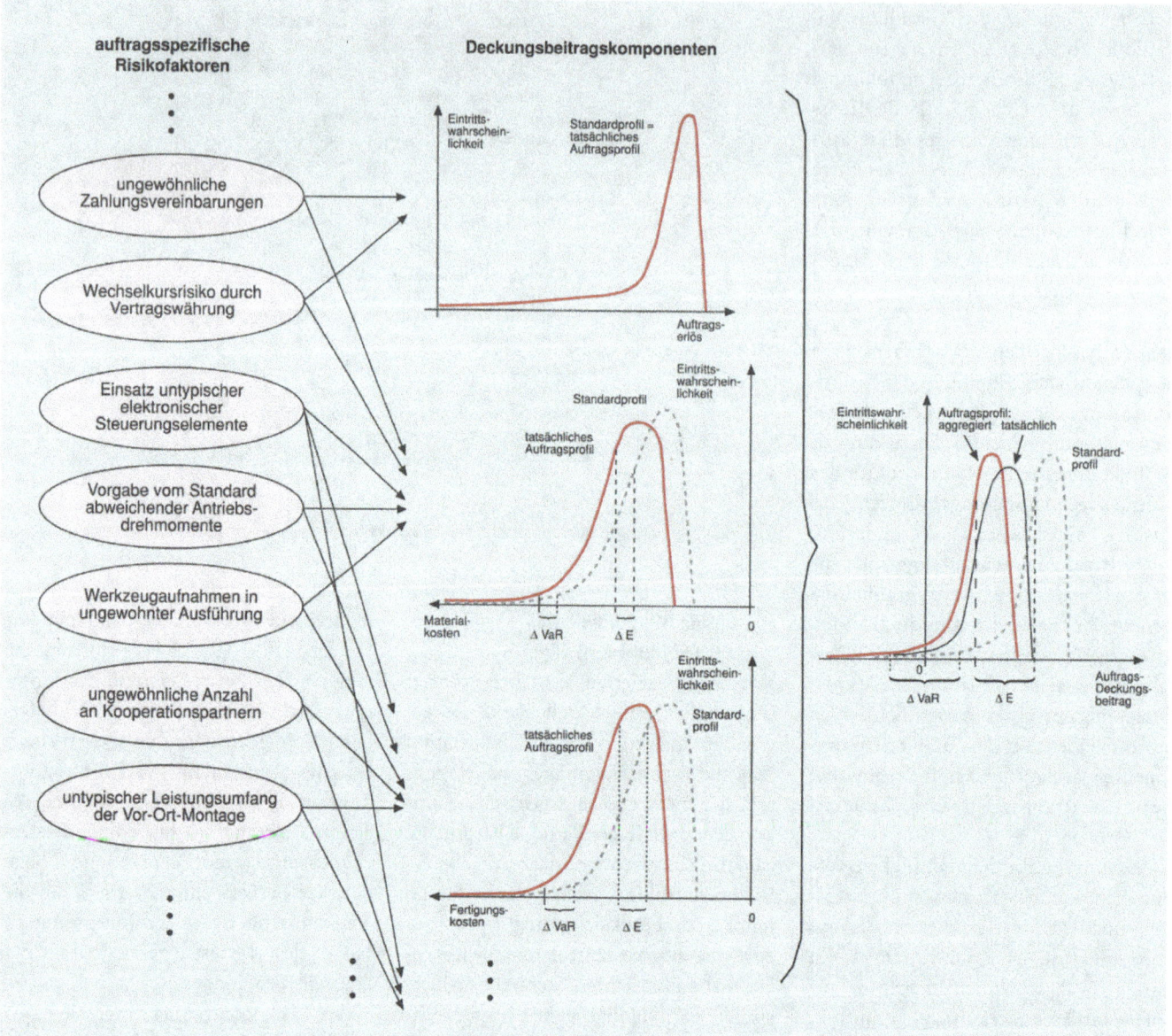

Abbildung 10: Hilfsweise Erfassung von Änderungen in der Risikogrundlast mit Erwartungswert- und Value-at-Risk-Abweichungen

dieser Größen tabellarisch zusammengefasst werden (vgl. zu einem Fallbeispiel TROßMNN/BAUMEISTER, 2000). Eine Barwertermittlung führt dann zum Auftragsdeckungsbeitragsbarwert. Dieser gibt an, ob die Auftragsannahme unter Berücksichtigung sämtlicher Verbundwirkungen vorteilhaft ist.

Im Grundkonzept arbeitet eine Lebenszyklusrechnung mit Erwartungswerten (vgl. TROßMANN, 1998a, S. 551), prinzipiell ist sie somit auf risikoneutrales Entscheidungsverhalten ausgerichtet. Durch entsprechende Modifikationen lassen sich jedoch auch weitere Risiko-

maßgrößen leicht erfassen. Dazu kann die Lebenszyklusrechnung mit Risikochecklisten auf Basis von Risikotransformatoren verknüpft werden. Stellt man die Entscheidungsfindung etwa auf den Deckungsbeitrag eines Auftrags als Erwartungswert mit einer bestimmten Unterschreitenswahrscheinlichkeit ab, so könnte die Lebenszyklusrechnung für den Standardfall in einer Nebenrechnung zum Erwartungswertansatz um die Kosten- und Erlöskomponenten für das vorgegebene Wahrscheinlichkeitsniveau ergänzt werden. Damit kann sich auch hier analog zum Vorgehen in Abbildung

10 der Anwender in der Entscheidungssituation auf die Angabe von Veränderungen in den beiden Risikomaßen für die einzelnen Komponenten der Lebenszyklusrechnung beschränken, die durch auftragsspezifische Risikofaktoren ausgelöst werden. Im Vergleich etwa zu lediglich ordinal skalierten Risikobeurteilungen hat ein derart durchgängiges Konzept den Vorteil einer verminderten Schnittstellenproblematik, gerade dann, wenn Informationen aus der Risikoanalyse in weitergehende Entscheidungsrechnungen eingehen. Aufgrund der hohen Standardisierbarkeit des Ermitt-

Nutzen eines Risikocontrolling für kleine und mittlere Unternehmungen

Durch seine Servicefunktionen ist das Risikocontrolling insbesondere in kleinen und mittleren Unternehmungen besonders wertvoll. Direkten Nutzen stiftet es im Risikomanagement z. B. durch eine passende Methoden- und Informationsbereitstellung. Seine Einzelaufgaben können dabei sehr vielschichtig sein; beispielhaft wurde in diesem Beitrag ein genaueres Augenmerk auf die Konzeption von Risikochecklisten und risikoorientierter Lebenszyklusrechnungen gelegt, die eine antizipative Risikosteuerung unterstützen können. Auftragsorientierte Unternehmungen zeigen dabei eine Reihe von Besonderheiten, die bei den Gestaltungsüberlegungen im Risikocontrolling berücksichtigt werden müssen und trotz einer zunächst scheinbar komplexeren Risikolage etwa im Ansatz auftragsspezifischer Risikofaktoren sogar vorteilhaft in die Gesamtlösung eingebracht werden können.

Daneben zeigt ein Risikocontrolling jedoch auch indirekte Nutzeffekte. So kann es ein Qualitätssignal für Unternehmungsexterne darstellen. Dies gewinnt für kleine und mittlere Unternehmungen nach dem Basel II-Akkord besondere Bedeutung. Da die Eigenkapitalunterlegung und in Folge davon auch die Bepreisung der Kredite risikoorientiert nach Ratingeinschätzungen erfolgen soll, werden insbesondere für mittelständische Unternehmungen Finanzierungsprobleme befürchtet (vgl. Beispielrechnungen bei GRUNERT et al., 2002). Allerdings wird in den internen Rating-Systemen von Banken qualitativen Beurteilungskriterien eine hohe Stellung zukommen. Ein entsprechend dokumentiertes Risikocontrolling könnte daher zu einer verbesserten Erfüllung der qualitativen Anforderungen, hierdurch zu einem verbesserten Rating und günstigeren Finanzierungskonditionen führen. Die Einrichtung eines Risikocontrolling kann sich somit für kleine und mittlere Unternehmungen aus verschiedenen Motivationen heraus als wertvoll erweisen.

Literatur

BAUMEISTER, A.: Portfolioorientierte Preisgrenzenbestimmung bei Währungsrisiko, Wiesbaden 2002.

BAUMEISTER, A.: Risikomanagement bei Immobilieninvestments: Entscheidungshilfen für institutionelle Anleger, Wiesbaden 2004.

BRAUN, H.: Risikomanagement: Eine spezifische Controllingaufgabe, Darmstadt 1984.

BRÜHWEILER, B.: Risk Management als Führungsaufgabe: Methoden und Prozesse der Risikobewältigung für Unternehmen, Organisationen, Produkte und Projekte, Bern et al. 2003.

BURGER, A. / BUCHHARDT, A.: Risikocontrolling, München, Wien 2002.

DEUTSCHE GESELLSCHAFT FÜR QUALITÄT E. V. (Hrsg.): FMEA: Fehlermöglichkeits- und Einflussanalyse, 2. Aufl., Berlin et al. 2001.

FRANKE A.: Risikobewußtes Projekt-Controlling, Köln 1993.

FRIEDL, B.: Controlling, Stuttgart 2002.

GLASL, M.: Controllinginstrumente als Erfolgsfaktoren im Handwerk: Gestaltung des Informationssystems in Handwerksunternehmen, München 2000.

GRUNERT, J. et al.: Mittelstand und Basel II: Der Einfluss der neuen Eigenkapitalvereinbarung für Banken auf die Kalkulation von Kreditzinsen, in: Zeitschrift für Betriebswirtschaft, 72. Jg. (2002), Heft 10, S. 1045 – 1064.

GUSERL, R.: Risiko-Management im industriellen Anlagengeschäft, in: Zeitschrift für Betriebswirtschaft, 66. Jg. (1996), Heft 5, S. 519 – 535.

HORVÁTH, P.: Controlling, 9. Aufl., München 2003.

KLEIN, R. / SCHOLL, A.: Planung und Entscheidung, München 2004.

KOTZ, S. / JOHNSON, N. L. (Hrsg.): Encyclopedia of Statistical Sciences, Vol. 5, New York et al. 1985.

KÜPPER, H.-U.: Controlling: Konzeption, Aufgaben und Instrumente, 3. Aufl., Stuttgart 2001.

OEHLER, A. / UNSER, M.: Finanzwirtschaftliches Risikomanagement, 2. Aufl., Berlin et al. 2002.

REINER, N.: Preismanagement im Anlagengeschäft: Ein entscheidungsorientierter Ansatz zur Angebotspreisbestimmung, Wiesbaden 2002.

SCHIERENBECK, H. / LISTER, M.: Value Controlling: Grundlagen wertorientierter Unternehmensführung, 2. Aufl., München, Wien 2002.

TROßMANN, E.: Kennzahlen als Instrument des Produktionscontrolling, in: CORSTEN, H. (Hrsg.): Handbuch Produktionsmanagement. Strategie – Führung – Technologie – Schnittstellen, Wiesbaden 1994, S. 517 – 536.

TROßMANN, E.: Investition, Stuttgart 1998a.

TROßMANN, E.: Wissensbasis quantitativer Management-Instrumente, in: BÜRGEL, D. (Hrsg.): Wissensmanagement, Heidelberg et al. 1998 b, S. 129 – 151.

TROßMANN, E.: Planungs- und Steuerungssysteme für die Potentialgestaltung, in: CORSTEN, H. / FRIEDL, B. (Hrsg.): Einführung in das Produktionscontrolling, München 1999, S. 107 – 139.

TROßMANN, E.: Produktentscheidungen mit jahrgangsdifferenzierten Lebenszyklusrechnungen, in: BRAßLER, A. / CORSTEN, H. (Hrsg.): Entwicklungen im Produktionsmanagement: Festschrift zum 65. Geburtstag von HERFRIED SCHNEIDER, München 2004, S. 51 – 73.

TROßMANN, E. / BAUMEISTER, A.: Entscheidungsfragen einer Lebenszyklusrechnung, in: Wirtschaftswissenschaftliches Studium, 29. Jg. (2000), Teil 1: Heft 10, S. 599 – 600, Teil 2: Heft 11, S. 657 – 660.

TROßMANN, E. / BAUMEISTER, A. / WERKMEISTER, C.: Management-Fallstudien im Controlling, München 2003.

EINZELFRAGEN

Controlling von Finanzrisiken in Industrieunternehmen

Matthias Kropp / Robert M. Gillenkirch

Einführung

Das Controlling finanzwirtschaftlicher Risikopositionen liegt im Selbstinteresse einer Unternehmung bzw. seines Managements. Seit Einführung des Gesetzes zur Kontrolle und Transparenz im Unternehmensbereich (KonTraG) im April 1998 werden zudem Aktiengesellschaften verpflichtet, „ein Überwachungssystem einzurichten, damit den Fortbestand der Gesellschaft gefährdende Entwicklungen frühzeitig erkannt werden…" [§ 91 Abs. 2 AktG]. Wie ein solches System allerdings auszusehen habe, wird durch den Gesetzgeber nicht spezifiziert. Dies stellt Industrieunternehmen auch im Hinblick auf finanzwirtschaftliche Risiken vor grundlegende Fragestellungen, denn anders als bei Kreditinstituten werden integrierte Ansätze zum Risikomanagement und Risikocontrolling in Industrieunternehmen erst in jüngster Zeit verstärkt wissenschaftlich diskutiert und haben sich in der Praxis noch nicht etabliert.

Bereits die Identifikation und Quantifizierung finanzwirtschaftlicher Risiken erweist sich in Industrieunternehmen als komplexer als bei Banken: Marktrisiken, z. B. Währungsrisiken, sind für Industrieunternehmen keine reinen Preisrisiken, da diese beispielsweise von Mengenrisiken überlagert werden. Einflüsse der Änderungen von Marktparametern sind daher nicht nur erheblich schwieriger prognostizierbar. Auch ist zweifelhaft, ob die von Banken für Eigenhandelsaktivitäten verfolgte – und regulatorisch vorgegebene – Zielsetzung einer Identifikation und Messung der Risiken aus Wertänderungen ihrer Finanzinstrumente sowie die in Banken existierenden Risikomodelle für Industrieunternehmen adäquat sind. Und schließlich wären auch die im Bankrisikocontrolling unterstellten Zeithorizonte für Industrieunternehmen grundsätzlich zu kurz gewählt (vgl. stellvertretend für viele andere BÜHLER, 1998, S. 218–220, HOMBURG/UHRIG-HOMBURG, 2004, S. 311–312). Ungeachtet dieser Schwierigkeiten gehört die Ent-

---

- Das Controlling finanzwirtschaftlicher Risiken umfasst die Identifikation und Messung finanzieller Risiken, die Risikoallokation sowie die fortlaufende Überwachung des Risikomanagements, insbesondere des Einsatzes derivativer Finanzinstrumente.
- Finanzrisikocontrolling in Industrieunternehmen ist durch besondere Komplexität gekennzeichnet, so dass die einfache Übernahme von Konzepten aus dem Bankrisikocontrolling nicht möglich ist.
- Als wichtigste operationale Zielgröße für das Finanzrisikocontrolling in Industrieunternehmen erscheint das Cash Flow-Risiko, aber auch das bilanzielle Erfolgsrisiko ist relevant. Wertänderungsrisiken hingegen haben eine geringere Bedeutung als in Banken.
- Die Bedeutung dieser Zielgrößen deckt sich weitgehend mit Untersuchungen über das Risikomanagement in Industrieunternehmen. Gleichwohl lassen die Untersuchungen auf bestehende Defizite und Inkonsistenzen in der Praxis des Risikocontrolling schließen.
- Entsprechend der Bedeutung von Cash Flow-Risiken ergibt sich der Cash Flow at Risk als naheliegende Kennzahl für das Risikocontrolling. Das alleinige Stützen auf diese Kennzahl ist jedoch unzureichend.
- Auch die praktische Ermittlung des Cash Flow at Risk erscheint gegenwärtig ein kaum überwindbares Problem. Bestehende Ansätze vernachlässigen entweder maßgebliche Einflussfaktoren auf das Cash Flow-Risiko, oder sie nehmen signifikante Schätzfehler in Kauf.

Prof. Dr. Matthias Kropp
ist Professor für Allgemeine Betriebswirtschaftslehre, insbesondere Finanzwirtschaft, an der Fachhochschule Pforzheim – Hochschule für Gestaltung, Technik und Wirtschaft,

Tiefenbronner Str. 65,
75175 Pforzheim.
E-Mail:
matthias.kropp@fh-pforzheim.de

wicklung von integrierten Risikocontrolling-Systemen in Industrieunternehmen angesichts der steigenden Bedeutung von Marktpreisrisiken für den Unternehmenserfolg zu den dringlichsten Aufgaben.

Das Controlling von Finanzrisiken in Industrieunternehmen gehört zu den Kernaufgaben der Finanzabteilung (Treasury). In einem weiten Sinne umfasst es nicht nur die Identifikation und Messung finanzieller Risiken, sondern auch die Risikoallokation sowie die fortlaufende Überwachung des Risikomanagements, insbesondere des Einsatzes derivativer Finanzinstrumente. Im einzelnen ist (i) eine dem Risikomanagement vorzugebende *Zielsetzung* zu formulieren, die aus übergeordneten Unternehmenszielen (Wertsteigerung, Erhaltung der Zahlungsfähigkeit) abgeleitet wird. Daraus sind (ii) Kennzahlen als Zielvorgaben für Maßnahmen des Risikomanagements, wie auch Zielvorgaben und *Richtlinien* für den Einsatz von Derivaten zu entwickeln und (iii) entsprechende Methodiken der Identifikation und Quantifizierung von Finanzrisiken wie auch der Ermittlung der Kennzahlen vorzugeben. Schließlich ist zu klären, wie (iv) *aufbau- und ablauforganisatorische Regelungen*, Kontroll-, Budget- und Anreizsysteme ergänzend auszugestalten sind. Wesentliche Instrumente des Risikocontrolling sind dementsprechend Kennzahlen, Limit- und Anreizsysteme (vgl. RUDOPH/JOHANNING, 2000, S. 18).

Gegenstand des Beitrages sind die drei erstgenannten Fragestellungen. Dazu wird im folgenden Abschnitt zunächst ein kurzer Überblick über Typen von Finanzrisiken, grundlegende Möglichkeiten zu ihrer Reduktion und über die Erkenntnisse zur Praxis des Risikomanagements in Industrieunternehmen gegeben. Anschließend werden aus konzeptionellen Überlegungen zur Relevanz des Hedgings von Finanzrisiken die vorzugebende(n) Zielsetzung(en) abgeleitet. Hierauf aufbauend werden die Kennzahlen Value at Risk, Cash Flow at Risk und Earnings at Risk sowie die entsprechenden Messmethodiken kurz dargestellt und beurteilt.

Finanzrisiken in Industrieunternehmen

Typen von Finanzrisiken

Finanzrisiken werden typischerweise in Marktrisiken, Kreditrisiken, operationale Risiken, rechtliche Risiken und Liquiditätsrisiken unterteilt (vgl. z. B. JORION, 2001, S. 15–21). Davon beziehen sich Markt-, Kredit-, operationale und rechtliche Risiken auf ihre jeweiligen „Verursacher": Marktrisiken entstehen aufgrund der Unsicherheit von Marktpreisen (Aktienkurse, Währungen, Zinsen, Güterpreise), Kreditrisiken aufgrund der Unsicherheit, dass Zahlungsansprüche des Unternehmens an Vertragspartner von diesen erfüllt werden, operationale Risiken aufgrund möglicher Fehler in unternehmensinternen Abläufen und rechtliche Risiken aufgrund der Unsicherheit der rechtlichen Durchsetzung von Zahlungsansprüchen. Das Liquiditätsrisiko richtet sich zum einen Teil nach der Verursachung (Unsicherheit über die Liquidität von Märkten), zum anderen Teil aber ist damit die Gefahr der Zahlungsunfähigkeit gemeint.

Nachfolgend werden Finanzrisiken nicht nur wie üblich nach ihrer Ursache, sondern auch nach ihrer Wirkung unterschieden und hierzu drei Risikoarten voneinander abgegrenzt: Wertänderungsrisiko, Cash Flow-Risiko und bilanzielles Erfolgsrisiko. Das *Wertänderungsrisiko* bezeichnet die Gefahr einer nachteiligen Markt- bzw. Barwertänderung eines Vermögensgegenstandes, einer Verbindlichkeit oder eines schwebenden Geschäftes. Das *Cash Flow-Risiko* bezeichnet die Gefahr einer nachteiligen Veränderung des Betrages künftiger Zahlungen, das *bilanzielle Erfolgsrisiko* die Gefahr einer nachteiligen Veränderung künftiger, in der externen Rechnungslegung ausgewiesener Erfolge.

Da Wertänderungen aus Änderungen von Cash Flows (und/oder Zinsen) resultieren und sich der bilanzielle Erfolg ebenfalls (nach Periodenabgrenzungen) aus dem Cash Flow ergibt, ist diese Differenzierung willkürlich. Dennoch erscheint sie sinnvoll, da operative und finanzwirtschaftliche Maßnahmen (etwa der Umsatz in einem Fremdwährungsraum und ein entsprechendes Sicherungsgeschäft), sich nicht in gleicher Weise in Cash Flows, Markt- bzw. Barwerten oder bilanziellem Erfolg niederschlagen. So besitzt etwa eine Bundesanleihe kein Cash Flow-Risiko, denn Zinszahlungen und Rückzahlung stehen fest. Sie besitzt aber ein Wertänderungsrisiko, da ihr Marktwert von der Entwicklung der Marktzinsen abhängt. Ob dieses Wertpapier einem bilanziellen Erfolgsrisiko unterliegt, ist abhängig von der Ausgestaltung der relevanten Rechnungslegungsnormen. Alle drei Risiken lassen sich durch Sicherungsgeschäfte, insbesondere derivative Finanzinstrumente, steuern. Allerdings beeinflussen solche Sicherungsgeschäfte diese Risiken häufig ebenfalls nicht in gleicher Weise. So kann es ökonomisch sinnvoll sein, erwartete Einzahlungen in Fremdwährung aus einem geplanten Exportgeschäft bereits heute durch ein Devisentermingeschäft

Prof. Dr. Robert M. Gillenkirch
ist Professor für Allgemeine Betriebswirtschaftslehre mit dem Schwerpunkt Finanzcontrolling an der Georg-August-Universität Göttingen,

Platz der Göttinger Sieben 3,
37073 Göttingen.
E-Mail: rgillen@uni-goettingen.de.

zu hedgen. Das Cash Flow-Risiko aus diesem Geschäft wird hierdurch reduziert. Das bilanzielle Erfolgsrisiko würde hierdurch nach deutschem Handelsrecht allerdings erhöht, da nach (noch) herrschender Meinung rein geplante Transaktionen nicht in eine Bewertungseinheit einbezogen werden dürfen.

Wie sich die ursächlichen Risiken – Währungsänderungen, Zinsänderungen usw. – auf Cash Flows, Werte oder bilanzielle Erfolge auswirken, hängt schließlich auch von zusätzlichen Einflussfaktoren wie etwa der Wettbewerbssituation ab.

Sicherungsinstrumente

Die Instrumente zum Management von Finanzrisiken sind äußerst vielfältig. Sie lassen sich nach den grundlegenden Risikoreduktionsstrategien – Risikovorsorge, Risikoabwälzung, Versicherung und Hedging – unterscheiden. *Hedging-Maßnahmen* können wiederum nach realwirtschaftlichen und finanzwirtschaftlichen Maßnahmen unterschieden werden (vgl. z. B. ARBEITSKREIS FINANZIERUNG, 2001, S. 32 – 35). Zu den realwirtschaftlichen Maßnahmen zählt beispielsweise die Reduktion des Währungsrisikos durch Verlagerung von Produktionsstätten in den Währungsraum der maßgeblichen Absatzmärkte, so dass (ein größerer Teil der) Herstellungskosten in derselben Währung anfallen wie der Umsatz. Finanzwirtschaftliche Maßnahmen sind im Kern der Einsatz derivativer Finanzinstrumente. Für die für Industrieunternehmen wichtigsten Risikoursachen – Währungsrisiken, Zinsänderungsrisiken und Güterpreisrisiken – stehen insbesondere Forwards und Futures, Swaps und Optionen zur Verfügung. Bei diesen Finanzinstrumenten ist zu unterscheiden, ob sie als standardisierte Kontrakte (z. B. Futures) an organisierten Börsen oder aber z. B. in Form von Forwards oder Swaps individualisiert Over the Counter (OTC) gehandelt werden. Bei börsengehandelten Kontrakten können sich eigenständige Zahlungsverpflichtungen aus sogenannten Margin-Requirements ergeben: So muss beispielsweise der Käufer eines Rohöl-Futures im Falle eines sinkenden Kurses des Futures einen Betrag in Höhe des Produktes aus Kursänderung und Kontraktliefermenge bei der Börse hinterlegen (sog. „Margin Call").

Finanzrisikomanagement: Blick in die Praxis

Der Einsatz derivativer Finanzinstrumente zum Hedging von Marktrisiken in Industrieunternehmen hat über die vergangenen Jahrzehnte signifikant zugenommen. Dies belegt die gestiegene Bedeutung und intensivere Wahrnehmung finanzieller Risiken in Unternehmen.

Abbildung 1 präsentiert einige Ergebnisse einer internationalen Studie von *Bartram/Brown/Fehle* 2004 zum Einsatz derivativer Finanzinstrumente durch Unternehmen (ohne finanzieller Sektor) in 48 Ländern. In der Abbildung bezeichnen die Prozentzahlen den Anteil der Unternehmen, die in ihren Geschäftsberichten angaben, die jeweils aufgeführten Derivate zu verwenden. Interpretiert man die Häufigkeit der Verwendung von Derivaten als Beleg für die Bedeutung der damit hedgbaren Risiken, so nehmen Währungsrisiken offenbar die bedeutendste Rolle ein, gefolgt von Zinsänderungsrisiken, wohingegen Güterpreisrisiken untergeordnete Bedeutung haben.

Am häufigsten setzen japanische Firmen Derivate ein. Deutsche Unterneh-

	Anzahl	gesamt	Währungs-Derivate					Zins-Derivate					Güterpreis-Derivate				
			gesamt	Forward	Future	Swap	Option	gesamt	Forward	Future	Swap	Option	gesamt	Forward	Future	Swap	Option
USA	2207	64,8	37,4	30,3	0,2	6,3	7,2	40,4	0,4	0,2	35,8	6,9	16,3	3,8	6,2	5,1	3,4
Japan	368	81,3	75,5	71,2	0,3	33,4	18,2	60,6	0,0	0,5	59,5	14,4	9,8	3,0	3,8	1,9	1,6
Deutschland	412	46,8	39,1	21,8	6,1	10,9	12,9	24,0	0,2	1,7	18,0	9,7	4,6	1,0	1,7	0,5	0,5
Frankreich	163	66,9	53,4	33,7	5,5	22,7	25,8	44,8	0,6	1,8	38,7	14,7	4,3	0,6	1,2	1,2	0,6
Großbritannien	886	64,2	54,5	48,8	0,0	17,2	7,9	36,6	0,5	0,1	31,9	10,8	3,8	1,5	1,5	1,4	0,8
Europa gesamt	2520	61,5	51,0	40,2	2,6	15,5	12,7	32,4	1,1	0,9	27,1	9,3	5,0	1,3	1,5	1,4	1,0
Alle	7263	60,3	45,2	36,5	1,2	11,1	9,7	33,0	0,7	0,5	29,0	7,4	10,0	2,8	3,1	2,9	2,4
nach ausgewählten Branchen (alle Länder):																	
Bergbau	241	58,9	41,5	34,9	0	5,0	10,8	20,3	0,4	0	17	5,4	35,7	25,7	2,5	2,9	16,6
Öl	270	71,5	38,1	28,9	1,5	11,1	9,3	38,5	0,7	0,4	34,1	5,2	51,1	6,3	16,3	25,9	12,2
Konsumgüter	280	51,8	43,2	36,4	1,1	15,0	15,7	31,1	1,8	1,1	27,1	7,9	3,6	1,1	1,4	1,0	1,4
Chemie	176	78,4	68,8	61,9	1,7	17,0	15,3	48,3	0,0	0,6	46,0	8,5	17,0	4,0	6,3	4,5	4,0
Metall	163	73,6	60,7	51,5	1,8	16,6	12,3	43,6	1,8	0,0	38,7	9,2	30,7	13,5	11,0	3,7	3,7
Maschinenbau	919	68,7	60,5	51,6	1,7	9,0	13,1	29,9	0,8	0,1	25,7	6,1	3,4	1,1	0,7	0,5	0,1
Fahrzeugbau	159	72,3	61,6	47,8	1,9	19,5	11,9	42,1	0,6	0,6	40,9	8,2	5,0	2,5	1,3	0,6	0,0
Versorgung	242	84,3	43,8	29,8	2,1	26,9	9,5	62,0	2,5	0,8	57,4	13,2	44,6	11,2	17,4	18,2	15,7

Abbildung 1: Einsatz derivativer Finanzinstrumente (Unternehmen ohne finanzieller Sektor; Quelle: BARTRAM/BROWN/FEHLE, 2004, S. 43 – 44).

men verwenden trotz einer überdurchschnittlichen Quote von Ausfuhren außerhalb des EU-Raums – ca. 45 % der deutschen Exporte verlassen den EU-Raum, EU-weit sind es nur ca. 38 % (Quelle: Eurostat) – vergleichsweise weniger Derivate zum Management von Währungsrisiken als der EU-Durchschnitt. Auch Zinsderivate werden in Deutschland in relativ geringerem Maße eingesetzt. Der Einsatz derivativer Finanzinstrumente variiert dabei in Abhängigkeit der Risiken: Insgesamt wird das Management von Währungsrisiken durch den Einsatz von Forwards, das Management von Zinsänderungsrisiken durch Swaps dominiert. Für das Management von Güterpreisrisiken ergibt sich keine klare Dominanz eines Derivate-Typs. Auch bezüglich der Verwendung bestimmter Derivate ergeben sich Unterschiede in Deutschland: So verwenden beispielsweise verhältnismäßig weniger deutsche Unternehmen Forwards, dafür mehr Unternehmen Futures zum Management von Währungsrisiken.

Die Tabelle führt weiterhin die Ergebnisse bezüglich ausgewählter Branchen auf. Sie belegen naheliegende Erklärungen für den Derivateeinsatz von Industrieunternehmen: Güterpreisrisiken sind hauptsächlich für Unternehmen aus den Branchen Bergbau, Öl, Metall und Versorgung relevant, für andere Branchen aber von nur geringer Bedeutung. Auch werden Derivate zur Absicherung von Währungsrisiken von den typisch exportstarken Branchen (Chemie, Fahrzeugbau, Maschinenbau, Metall) überdurchschnittlich häufig eingesetzt.

Eine frühere Studie über große deutsche Unternehmen haben *Gebhardt/Ruß*, 1999 vorgelegt. Sie berichten im Gegensatz zu *Bartram/Brown/Fehle*, dass von den von ihnen befragten 128 deutschen Unternehmen 77,8 % Derivate einsetzen (zum Vergleich: 46,8 % in der *Bartram/Brown/Fehle*-Studie), in der Gruppe der Unternehmen mit Umsätzen über 5 Mrd. DM waren es über 81 %. Dies deutet auf die naheliegende Abhängigkeit des Derivate-Einsatzes von der Unternehmensgröße hin, welche auch *Bartram/Brown/Fehle* bestätigen.

	Unternehmenswert		Cash Flow		Bilanzieller Erfolg	
	Deutschland	USA	Deutschland	USA	Deutschland	USA
> 10 Mrd.*	18,5 %	15,4 %	48,1 %	65,4 %	37,0 %	23,1 %
5 – 10 Mrd.*	12,5 %	5,3 %	25,0 %	57,9 %	50,0 %	36,8 %
2,5 – 5 Mrd.*	10,0 %	12,5 %	30,0 %	37,5 %	70,0 %	50,0 %
1 – 2,5 Mrd.*	10,0 %	0,0 %	35,0 %	34,5 %	55,0 %	65,5 %
0,5 – 1 Mrd.*	0,0 %	9,5 %	18,2 %	42,9 %	91,8 %	38,1 %
Gesamt	11,7 %	8,3 %	34,0 %	48,6 %	55,3 %	44,0 %
Keine Bedeutung	42,6 %	23,9 %	19,1 %	3,7 %	10,6 %	5,5 %

* Umsatz in DM. Für USA umgerechnet in US-$ zum Kurs 1,50 DM/$

Abbildung 2: Zielgrößen für den Einsatz derivativer Finanzinstrumente in Deutschland und den USA. (Unternehmen nach Umsatzgrößenklassen ohne finanzieller Sektor; Quelle: BODNAR/GEBHARDT, 1999, S. 161).

Wie auch der „Wharton Survey" (vgl. BODNAR/HAYT/MARSTON, 1998) haben *Gebhardt/Ruß* die Motive und Zielsetzungen für den Einsatz von Derivaten explizit erfragt. Eine vergleichende Analyse der Untersuchungen findet sich in *Bodnar/Gebhardt,* 1999. Abbildung 2 präsentiert einige der Resultate. Mehr als die Hälfte der befragten, Derivate einsetzenden deutschen Unternehmen nennt als Motiv für deren Einsatz die Senkung der Volatilität des handelsrechtlichen Ergebnisses, ein Drittel die Senkung der Volatilität der Cash Flows. Die Steigerung des Unternehmenswertes wird nur von 11,7 % der deutschen Unternehmen genannt; eine (direkte) Beziehung zwischen dem Einsatz von Derivaten und dem Unternehmenswert – Grundvoraussetzung für deren Nutzen – wird also offenbar nicht gesehen. Für US-amerikanische Unternehmen hat das Cash Flow-Risiko eine relativ stärkere Bedeutung, aber auch hier wird die übergeordnete Zielsetzung Steigerung des Unternehmenswertes nur selten angegeben.

Eine Aufgliederung der Risikomanagement-Zielsetzungen auf die Bereiche Währungsrisiko, Zinsänderungsrisiko und Güterpreisrisiko ergibt kein eindeutiges Bild. Die angegebenen Motive für den Einsatz von Zinsderivaten lassen zumindest darauf schließen, dass hier das Cash Flow-Risiko im Vordergrund steht (vgl. GEBHARDT/RUß, 1999, S. 61–62).

Aufschluss über die Beziehung zwischen Wertänderungs-, Cash Flow- und bilanziellen Erfolgsrisiken geben auch Befragungen zum Einfluss von Bilanzierungsvorschriften auf den Derivate-Einsatz. Mehr als die Hälfte der Unternehmen gaben an, dass sie von optimal angesehenen Positionen aus Bilanzierungsgründen abweichen (GEBHARDT/RUß, 1999, S. 46–47).

Ansatzpunkte für das Finanzrisikocontrolling

Um adäquate Zielvorgaben und operationale Kriterien für das Risikocontrolling in Industrieunternehmen zu definieren, ist der Rückgriff auf übergeordnete Zielsetzungen des Unternehmens erforderlich. Als übergeordnete Zielsetzung dient dabei die Orientierung am Unternehmenswert. Risikomanagement und Risikocontrolling sind dann so auszugestalten, dass sie Wert schaffen. Grundvoraussetzung dafür, dass Risikomanagement Wert schafft, sind Unvollkommenheiten und Unvollständigkeiten des Kapitalmarktes. Im einzelnen kommen vor allem drei Ansatzpunkte in Betracht (für einen Überblick über mögliche Hedging-Motive vgl. z. B. STULZ 2003, Kapitel 3, mit weiteren Literaturhinweisen):

- Senkung erwarteter direkter und indirekter Insolvenzkosten.

EINZELFRAGEN

- Verringerung von Transaktionskosten der Finanzierung und von Informationsproblemen in der Beziehung zu externen Kapitalgebern.
- Verringerung von Anreizproblemen innerhalb der Unternehmung.

Direkte *Insolvenzkosten* (insbesondere die Kosten des Insolvenzverfahrens) werden grundsätzlich in Höhe ihres Erwartungswertes auf Fremdkapitalzinsen aufgeschlagen und damit von der kreditnehmenden Unternehmung getragen. Indirekte Insolvenzkosten entstehen dadurch, dass suboptimale unternehmerische Entscheidungen bei, vor allem aber vor der Insolvenz getroffen werden. Auch diese Kosten trägt – bei rationalen Kapitalgebern, die Anreizprobleme antizipieren – das kreditnehmende Unternehmen. Eine Verringerung der erwarteten Insolvenzkosten bedarf primär der Senkung der Insolvenzwahrscheinlichkeit. Das deutsche Recht kennt für Kapitalgesellschaften zwei Insolvenztatbestände: (Drohende) Zahlungsunfähigkeit und Überschuldung. Zahlungsunfähigkeit bezieht sich auf Cash Flows, im Hinblick auf die Überschuldung ist für den Finanzcontroller vor allem die mögliche Wertentwicklung der Aktiva von Interesse. Für das Finanzrisikocontrolling impliziert dies, dass grundsätzlich sowohl Cash Flow- als auch Wertänderungsrisiken relevant sind.

Risikomanagement kann zudem dabei helfen, *Transaktionskosten* der externen Finanzierung zu senken und *Informationsprobleme* zu verringern, die dadurch entstehen, dass externe Kapitalgeber über weniger Informationen verfügen als die Entscheidungsträger im Unternehmen. In der Realität werden Investitionsvorhaben – nicht zuletzt aufgrund von Informations- und Anreizproblemen in der Beziehung zu externen Kapitalgebern – überwiegend mit *Innenfinanzierungsmitteln* finanziert. Externe Finanzierungsformen werden erst dann in Anspruch genommen, wenn die Innenfinanzierungskraft nicht ausreicht. Unter den externen Finanzierungsformen wiederum dominiert die Fremdkapitalfinanzierung, so dass ein Bild der Finanzierung als „Hackordnung" („Pecking Order", vgl. MYERS, 1984, MYERS/MAJLUF, 1984) entsteht. Die Priorität der Inanspruchnahme von Innenfinanzierungsmitteln zur Vermeidung von Transaktionskosten und Informationsproblemen impliziert konkrete Ansatzpunkte für das Risikomanagement (vgl. FROOT/SCHARFSTEIN/STEIN, 1993). Voraussetzung dafür ist eine funktionierende *Finanzplanung*, die sowohl die erwarteten Cash Flows als auch deren Risikobehaftung erfasst. Werden aber externe Finanzierungsformen in Anspruch genommen, hängen die Kosten dieser Finanzierungsformen auch davon ab, wie gut potenzielle Eigen- und Fremdkapitalgeber informiert sind und damit, welche Aussagekraft die verfügbaren Daten des externen Rechnungswesens für diese Kapitalgeber haben. Unternehmen sind folglich darüber besorgt, wie finanzielle Risiken in der externen Rechnungslegung abgebildet werden. Für das Finanzrisikocontrolling impliziert dies, dass im Hinblick auf Transaktionskosten und Informationsprobleme Cash Flow-Risiken, aber auch bilanzielle Erfolgsrisiken und die Risiken der Änderung bilanzieller Kennzahlen relevant sind.

Risikomanagement kann schließlich auch dabei helfen, *Anreizprobleme* innerhalb des Unternehmens zu verringern. So kann es sinnvoll sein, Finanzrisiken zu begrenzen, um weniger volatile Erfolgsmaße als Bemessungsgrundlagen für Vergütungssysteme bereitstellen zu können. Werden Manager beispielsweise auf der Basis periodischer Erfolgsgrößen entlohnt, deren Berechnungsbestandteile (nach Modifikationen) aus der Gewinn- und Verlustrechnung gewonnen werden, ergibt sich wiederum die Relevanz bilanzieller Erfolgsrisiken.

Für das Risikocontrolling ergibt sich aus diesen Grundüberlegungen, dass primär Cash Flow-Risiken, aber auch bilanzielle Erfolgsrisiken und – zum geringeren Teil – Wertänderungsrisiken relevant sind, gleichwohl nicht simultan in gleicher Weise gesteuert werden können. Dies erschwert die Ableitung operationaler Zielvorgaben, die Definition geeigneter Kennzahlen wie auch die Formulierung von Risikomanagement-Strategien und von Kriterien für die Auswahl von Hedging-Instrumenten. Einen ersten Einblick in die auftretenden Probleme geben theoretische Arbeiten zu optimalen Hedging-Strategien unter Berücksichtigung der Liquiditätssicherung und damit von Cash Flow-Risiken. So untersuchen *Mello/Parsons,* 2000, den Einfluss unterschiedlicher Hedging-Strategien auf den Unternehmenswert bei expliziter Berücksichtigung der Liquiditätssicherungsproblematik. Die optimale Hedging-Strategie senkt erforderliche Liquiditätsreserven und damit die (Opportunitäts-)Kosten des Kapitals. Die Minimierung des Wertänderungsrisikos erweist sich als suboptimal, da dabei die Cash Flow-Risiken und mit ihnen die Liquiditäts-Nebenbedingung ignoriert würden. *Korn,* 2004, untersucht ebenfalls den Einfluss von Liquiditätsrisiken auf optimale Hedging-Strategien. Dabei bildet er explizit die in der Praxis überwiegend als Sicherungsinstrumente verwendeten Forwards (vgl. Abbildung 1) ab. Cash Flow-Risiken entstehen hier, weil berücksichtigt wird, dass Banken in der jüngeren Vergangenheit ebenfalls „Margin Calls" eingeführt haben (vgl. KORN, 2004, S. 1, mit weiteren Nachweisen).

Messung von Preisrisiken
Controlling von Preisrisiken: Nicht nur für Derivate

Die nachfolgend beschriebenen Verfahren zur Messung von Preisrisiken (Währungs-, Zinsänderungs- und Güterpreisrisiken) in Industrieunternehmen beschränken sich nicht auf die Messung lediglich der Risiken aus derivativen Geschäften. Betrachtet wird vielmehr die *Gesamtheit der Finanzrisiken,* insbesondere auch aus den Grundgeschäften: Werden derivative Finanzinstrumente als Sicherungsgeschäfte eingesetzt, wie dies für die überwiegende Mehrzahl der Industrieunternehmen der Fall sein dürfte, so macht es für die Ermittlung des Cash Flow- wie auch des Wertänderungsrisikos des Unternehmens keinen Sinn, solche Hedging-Zusammenhänge zu zerreißen.

Bei der Erfassung der Grundgeschäfte ist in allen Verfahren den Gestaltungen der Liefer- und Abnahmeverträgen besondere Beachtung zu schenken, verbergen sich doch hinter einigen Vertragsklauseln Optionalitäten, die für das Risikocontrolling entscheidende Bedeutung haben können. Ein Beispiel hierfür sind Korridore für Abnahmemengen in langfristigen Festpreislieferverträgen (vgl. GÉNÉREUX/LAMARRE/LEAUTIER, 2003, S. 5). Auch faktische Verpflichtungen können ähnlich wirken: Muss etwa ein NE-Produzent seinen Kunden nachträglich Preisnachlässe gewähren, wenn im Zeitpunkt der Lieferung der Wert der verarbeiteten Metallbestandteile deutlich gesunken ist (vgl. ARBEITSKREIS FINANZIERUNG, 1999, S. 20), so schließt er wirtschaftlich einen Festpreisliefervertrag ab und gewährt zugleich eine Verkaufsoption. Sinkt der Marktpreis unter den Basispreis (= vereinbarter Lieferpreis), so erhält der Kunde einen Barausgleich, der durch Verrechnung mit dem festen Lieferpreis zum entsprechenden Preisnachlass führt. Werden solche eingebetteten Derivate identifiziert, so hat dies nicht nur Folgen für das Risikocontrolling. Es stellt sich zugleich die für die Preispolitik wichtige Frage, ob solche Derivate bisher richtig bepreist wurden.

Value at Risk

Beschäftigt man sich in Industrieunternehmen mit Verfahren zur Risikoquantifizierung von Finanzrisiken, so liegt es nahe, die Erfahrungen anderer Branchen zu nutzen, in denen Finanzrisiken eine bedeutende Rolle spielen. Hierbei stößt man schnell auf Risikocontrollingverfahren, die von Banken für die Steuerung ihres *Eigenhandels* in Finanzinstrumenten verwendet werden.

Bereits zu Beginn der neunziger Jahre haben große Banken sich intensiv darum bemüht, die verschiedenen Risiken, denen sie in ihren Handelsaktivitäten unterworfen sind, vergleichbar zu machen. Gesucht wurde idealerweise eine einzige statistisch basierte Maßzahl, die eine Aussage über die mögliche Höhe eines Handelsverlustes erlaubt und dabei Diversifikationseffekte zwischen unterschiedlichen Risiken berücksichtigt. Diese Bemühungen resultierten in der Entwicklung interner Modelle zur Ermittlung eines Value at Risk (VaR). Der VaR gibt den Wertverlust eines Portefeuilles an, der mit einer vorgegebenen Wahrscheinlichkeit (Konfidenzniveau), z. B. 99 %, innerhalb einer vorgegebenen Frist (Haltedauer) nicht überschritten wird. In der Mitte der 90er Jahre wurde dieses Konzept von *JP Morgan* unter dem Begriff RiskMetrics™ popularisiert. RiskMetrics™ beinhaltete erstmals eine öffentlich zugängliche Dokumentation der zugrunde liegenden Messkonzepte und war mit der kostenlosen Bereitstellung aufbereiteter Marktdaten verbunden.

Zur Ermittlung des VaR werden in der Praxis unterschiedliche Grundverfahren verwendet, die jeweils unterschiedliche Stärken und Schwächen aufweisen (vgl. ausführlicher DOWD, 1998, S. 61–120, HAGER, 2004, S. 103–161, JORION 2001, S. 205–230, KROPP 1999, S. 334–399):

- Der *Varianz/Kovarianz-Ansatz* beruht im Grundgedanken auf der Portefeuilletheorie und entspricht dem Grundmodell zur Ermittlung des VaR in RiskMetrics™. Ausgehend von den Marktrisikofaktoren, die den Wert der Finanzinstrumente im Portefeuille beeinflussen, werden für diese Risikofaktoren sowohl Volatilitäten als auch Kovarianzen bzw. Korrelationen auf Basis täglicher Marktdaten ermittelt. Die Ermittlung dieser Verteilungsparameter erfolgt inzwischen mit zunehmend aufwändigeren statistischen Methoden. Die einzelnen Finanzinstrumente werden durch Sensitivitätsfaktoren mit den Risikofaktorausprägungen verknüpft, so dass sich hieraus die jeweiligen Wertänderungen der Finanzinstrumente ergeben. Im Ergebnis erhält man eine Varianz der Wertänderungen des Portefeuilles, aus der dann durch Anpassungen für das Konfidenzniveau, für die Haltedauer und eventuell für eine erwartete Rendite des Portefeuilles der VaR ermittelt werden kann. Das Varianz-/Kovarianzverfahren ist nicht nur das im Hinblick auf die Rechenzeit schnellste Verfahren, es erlaubt auch die Ermittlung des VaR in analytischer Form, so dass sich als Nebenprodukt z. B. marginale Risikobeiträge einzelner Instrumente ermitteln lassen. Die Kritik an diesem Grundansatz bezieht sich vor allem auf die implizite Normalverteilungsannahme der Risikofaktoren sowie das Unvermögen, nicht-lineare Instrumente (insbesondere Optionen) adäquat zu erfassen.
- Die *historische Simulation* bedient sich der Beobachtung historischer Realisationen der Risikofaktoren (z. B. der Entwicklung des USD-Wechselkurses). Die Verknüpfung der Änderungen der Risikofaktoren mit den Finanzinstrumenten des Portefeuilles ergibt eine Reihe von Beobachtungen, die jeweils Auskunft darüber geben, welche Gewinne oder Verluste man in der Vergangenheit mit den heutigen Beständen an Finanzinstrumenten gemacht hätte. Ordnet man diese Beobachtungen der Größe nach, so erhält man durch Abzählen den VaR des Portefeuilles. Dieses Grundverfahren hat zwar den Charme, frei von problematischen Verteilungsannahmen zu sein. Auch lässt sich der Rückgriff auf problematische Sensitivitäten zur Näherung von Wertänderungen vermeiden, indem unter Rückgriff auf die historischen Realisationen der Risikofaktoren die Finanzinstrumente vollständig neu bewertet und die Wertänderungen durch Differenzenbildung ermittelt werden. Die historische Simulation hat jedoch dafür andere Probleme. So ist sie – gerade bei kürzeren Datenhistorien – anfällig für Trends, ist problematisch, wenn für Risikofaktoren nur unterschiedlich lange Datenhistorien vorliegen, und lässt im Gegensatz zu Verfahren, die auf Verteilungsparameter zurückgreifen, keine Aussage für Risikofaktorränderungen zu, die in den historischen Daten nicht enthalten waren. Die historische Simulation scheint inzwischen zugunsten des nachfolgend besprochenen Verfahrens an Boden zu verlieren.
- Im Unterschied zur historischen Simulation basiert die *Monte-Carlo-Simulation* auf Verteilungsparametern, die zunächst ermittelt werden müssen.

Die Annahme einer Normalverteilung ist zwar nicht zwingend, wird aber häufig getroffen, um auf die bereits für das Varianz-/Kovarianz-Verfahren verfügbaren RiskMetrics™-Daten zrückgreifen zu können. Auf Basis der Verteilungsparameter lassen sich unter Zuhilfenahme einer standardnormalverteilten Zufallsvariable strukturierte Szenarien der Ausprägungen von Risikofaktoren generieren. Die Monte-Carlo-Simulation i. e. S. ist die Methode der Ziehung dieser standardnormalverteilten Zufallsvariablen unter Beachtung der Korrelationen der verschiedenen Risikofaktoren entsprechend der Schätzung der Kovarianzen bzw. Korrelationen. Die einzelnen mit der Monte-Carlo-Simulation generierten Szenarien für die künftigen Risikofaktoren erlauben ebenfalls eine vollständige Neubewertung der im Portefeuille enthaltenen Finanzinstrumente, so dass auch hier die Wertänderungen der im Portefeuille enthaltenen Finanzinstrumente durch Differenzenbildung ermittelt werden können. Wie bei der historischen Simulation lässt sich der VaR durch Sortierung der Wertänderungen der einzelnen Szenarien und einfaches Abzählen ermitteln. Die Monte-Carlo-Simulation kennzeichnet sich durch eine hohe Flexibilität aus: So erlaubt sie nicht nur die Ermittlung der Verteilung der Risikofaktoren am Ende des Betrachtungshorizonts (Halteperiode), sondern ist auch in der Lage, den dorthin führenden Pfad zu beschreiben. Einer der Hauptkritikpunkte an diesem Verfahren ist der hohe Rechenaufwand, der sich aber angesichts permanent steigender Rechnerleistungen bereits in den letzten Jahren stark relativiert hat. Die Monte-Carlo-Simulation erfreut sich daher zunehmender Verbreitung.

Da *interne* VaR-Modelle unter bestimmten Bedingungen seit Ende der neunziger Jahre auch seitens der Bankenaufsicht anerkannt werden, um die Höhe der notwendigen Eigenmittelunterlegung von Handelsrisiken bei Banken zu ermitteln, haben sich auf diesem Gebiet eine Reihe von Anbietern EDV-gestützter Risikocontrollingsysteme etabliert. Häufig arbeiten diese Anbieter auf Basis von Varianz-/Kovarianzen, die via Internet aus laufend aktualisierten RiskMetrics™-Datenbanken bezogen werden. Damit bestehen im Bankenbereich inzwischen günstige Standardprodukte, die eine erheblich kostengünstigere und damit attraktive Alternative zum Aufbau eines eigenen Risikomodells, der eigenständigen Beschaffung der Marktdaten und deren notwendiger statistischer Aufbereitung darstellen. Auch Industrieunternehmen sind daher der starken Versuchung ausgesetzt, sich solcher Standard-Produkte zu bedienen. Sind diese Produkte aber für das Finanzrisikocontrolling von Industrieunternehmen überhaupt geeignet? Bei näherer Betrachtung sind Zweifel angebracht (vgl. auch KROPP, 1999, S. 404–406):

- VaR-Verfahren wurden zur Abschätzung der Änderungen des *Wertes* von Finanzinstrumenten entwickelt. Unsere Grundüberlegungen haben dagegen deutlich gemacht, dass sich das Interesse von Industrieunternehmen vor allem auf die Volatilität künftiger *Cash Flows* bzw. künftiger Ergebnisse richten sollte. Wie *Gebhardt/Ruß* berichten, verwendet jedoch der überwiegende Anteil der von ihnen befragten deutschen Unternehmen einerseits für die Messung von Zinsänderungsrisiken VaR-Verfahren, setzt andererseits aber Zinsderivate vornehmlich dazu ein, ihr Cash Flow-Risiko zu reduzieren (vgl. ebenfalls GEBHARDT/RUß, 1999, S. 61–63). Die Unternehmen scheinen damit zumindest im Hinblick Zinsänderungen das Cash Flow-Risiko zu hedgen, jedoch das Wertänderungsrisiko zu messen. In Teilbereichen, etwa zur Risikosteuerung von Wertpapieranlagen und zugehöriger Derivate oder zur Messung des potenziellen Adressenausfallrisikos aus Derivaten (vgl. DOWD, 1998, S. 169–175 und S. 239), mag die Verwendung eines VaR-Verfahrens allerdings sinnvoll sein.
- Selbst wenn die Ermittlung eines VaR für Industrieunternehmen grundsätzlich interessant wäre, so ist die einfache Übernahme banküblicher Verfahren kaum zu empfehlen: Die darin unterstellte Haltedauer schwankt i. d. R. zwischen einem und 25 Tagen. Demgegenüber müssten Industrieunternehmen auch an deutlich längeren *Prognosehorizonten* interessiert sein (zu den immanenten Gefahren eines kurzsichtigen Risikomanagements mit VaR vgl. FRANKE, 2000). Die Ausdehnung des Prognosehorizontes hat jedoch erhebliche Implikationen: So lassen sich weder die grundlegende Normalverteilungsannahme noch Schätzungen von Verteilungsparametern für banktübliche VaR-Modelle einfach übernehmen. Das letztgenannte Problem wird schon beim kurzfristigen VaR deutlich, werden doch in RiskMetrics™ für die Halteperioden von einem bzw. 25 Tagen unterschiedliche Parameterschätzungen verwendet. Zur Lösung der statistischen Probleme einer Modellierung der Entwicklung der Marktparameter bei längeren Prognosezeiträumen werden z.T. komplexe statistische Verfahren herangezogen (für einen Überblick der Vorgehensweise in LongRun™ vgl. KIM/MALZ/MINA, 1999, insb. S. 81–121, zur Szenario-Simulation vgl. dies., 1999, S. 137–152).
- Die Ausweitung der Halteperiode impliziert jedoch auch, dass von einer Konstanz der Risikopositionen, wie sie in VaR-Verfahren unterstellt wird, nicht mehr ausgegangen werden kann. So müssten idealerweise u. a. auch lediglich geplante Transaktionen berücksichtigt werden.

Cash Flow at Risk

Ausgehend von den vorgenannten Überlegungen liegt es nahe, die Idee des VaR so zu modifizieren, dass der Interessenlage von Industrieunternehmen besser Rechnung getragen werden kann. Derartige Ansätze – etwa in Form von CorporateMetrics™ (vgl. LEE, 1999) in Verbindung mit LongRun™ – wurden parallel zur Entwicklung des VaR zunächst *bottom-up* konzipiert: Durch Simulationsverfahren wird ausgehend von den Einzelgeschäften die aggregierte

Verteilung der Netto-Cash Flows für einen gegebenen Planungshorizont des Unternehmens ermittelt. Aus dieser simulierten Verteilung kann dann ein absoluter oder auch ein relativer *Cash Flow at Risk* (CFaR) bestimmt werden (vgl. HOITSCH/WINTER, 2004, S. 240, ausführlicher vgl. BARTRAM, 2000, S. 1283–1289 mit weiteren Nachweisen):

- Der *absolute* CFaR entspricht jenem Netto-Cash Flow, der mit einer gegebenen Wahrscheinlichkeit, z. B. 99 %, am Ende des Planungshorizonts nicht unterschritten wird.
- Der *relative* CFaR entspricht der betragsmäßigen Unterschreitung einer festgelegten Netto-Cash Flow-Zielgröße, die mit einer gegebenen Wahrscheinlichkeit am Ende des Planungshorizonts nicht übertroffen wird.

Angesichts der Akzeptanz des VaR bei Finanzunternehmen verwundert es nicht, dass mit dem CFaR eine verwandte Kennzahl auch für Industrieunternehmen propagiert wird. Wie aussagekräftig ist aber etwa die Information, dass ein geplanter Netto-Cash Flow von + 50 Mio EUR mit einer Wahrscheinlichkeit von 99 % auf Jahressicht um nicht mehr als 200 Mio EUR unterschritten wird? Interessanter könnte eine Aussage darüber sein, mit welcher Wahrscheinlichkeit ein als notwendig erachteter Mindest-Cash Flow von z. B. –20 Mio EUR unterschritten wird. Diese Wahrscheinlichkeit entspricht einem Downside-Risikomaß, dem *Lower Partial Moment* LPM_0, das sich bei einer Verwendung einer Monte-Carlo-Simulation unmittelbar aus der Verteilung der Netto-Cash Flows ermitteln lässt (vgl. KROPP, 1999, S. 405). Liegt mit der Monte-Carlo-Simulation die Verteilung der Netto-Cash Flows vor, so kann im übrigen die Analyse der Verteilung selbst wichtige Informationen liefern, die bei einer Aggregation in einem Risikomaß verloren gehen.

Die Ausrichtung auf Cash Flows statt Marktwertänderungen impliziert, dass es für ein Unternehmen nicht lediglich eine Halteperiode geben darf, vielmehr muss eine Reihe von Cash Flow-Verteilungen und darauf aufbauender Kennzahlen für unterschiedliche Planungshorizonte berechnet werden, da im Gegensatz zum barwertorientierten VaR-Ansatz ja gerade das Timing der Cash Flows eine wesentliche Rolle spielt: Ein CFaR auf einen Planungshorizont von 12 Monaten ist wenig hilfreich, wenn unterjährige Cash Flow-Fehlbeträge nicht erkannt werden können. Als Ausgangspunkt für derartige Berechnungen bietet sich der Rückgriff auf die interne Unternehmensplanung und hier insbesondere zunächst die *Finanzplanung* an (vgl. DOWD, 1998, S. 240). Eine rudimentäre Cash Flow-Analyse setzt zunächst an fest kontrahierten Transaktionen an und untersucht den Einfluss von simulierten Änderungen der Risikofaktoren Wechselkurse, Zinsen und Rohwaren.

Die Grundidee einer Cash Flow-orientierten Analyse und die Abgrenzung zum VaR lässt sich an einem Beispiel aus dem Währungsmanagement darstellen. Ein deutsches Unternehmen habe gerade zwei Aufträge erhalten, die in USD denominiert sind und aus denen in 4 bzw. 7 Monaten Zahlungen erwartet werden. Bei einer Cash Flow-orientierten Analyse ist zu untersuchen, welche Verteilung der Cash Flows in EUR sich aus Änderungen des USD-Wechselkurses ergeben kann. Beträgt der Planungshorizont des Unternehmens zur Berechnung des CFaR 3 Monate, so ist in diesem Zeitraum keiner der Aufträge im CFaR enthalten. Plant das Unternehmen auf 6 Monate, so ist nur der erste Auftrag enthalten und wird in der Berechnung des 6-Monats-CFaR berücksichtigt, der zweite Auftrag allerdings noch nicht. Bei einem VaR-Verfahren interessiert die Cash Flow-Struktur dagegen nicht. Bereits bei Abschluss der Kontrakte würden beide in die Berechnung des VaR eingehen, um zu ermitteln, welche Wertänderung dieser Kontrakte innerhalb der (kurzen) Planungsperiode mit einer vorgegebenen Wahrscheinlichkeit nicht überschritten wird. Die Kontrakte würden dabei barwertig bewertet. Während damit die VaR-Berechnung das Timing der Cash Flows nicht mehr erkennen lässt, stellen Cash Flow-orientierte Verfahren genau hierauf ab. Deutlich wird aber auch ein Anwendungsrisiko der Cash Flow-orientierten Verfahren: Risiko-behaftete Grundpositionen, deren Fälligkeit sich jenseits des längsten betrachteten Planungshorizonts befindet, werden in der Risikomessung nicht berücksichtigt. Dies ist einer der Gründe, warum für fest kontrahierte Positionen auch VaR-Verfahren weiterhin eine Berechtigung haben.

Die beschriebene rudimentäre Vorgehensweise berücksichtigt nur kontrahierte Cash Flows, nicht aber die für die Liquiditätsplanung mit zunehmendem Zeithorizont immer wichtigeren unsicheren Cash Flows aus noch nicht kontrahierten Transaktionen, die neben Preis- auch Mengenrisiken unterliegen. Die Aussagekraft ist daher nur beschränkt und vermittelt eben nur eine Vorstellung von der Cash Flow-Variabilität des kontrahierten Geschäftes. In der Praxis behilft man sich häufig mit der Einbeziehung auch lediglich geplanter Cash Flows in die Risikomessung, wobei man der Unsicherheit auf Mengenebene durch Sicherheitsabschläge von den geplanten Mengen begegnet, die mit zunehmendem Zeithorizont und damit zunehmender Planungsunsicherheit größer werden. Diese Vorgehensweise ist nicht nur theoretisch problematisch, sondern auch mit anderen Cash Flow-Planungsrechnungen des Unternehmens, z. B. dynamischen Investitionsrechnungen, inkonsistent.

Cash Flow-basierte Risikorechnungen sollten daher idealerweise auch Mengeneffekte explizit modellieren können, um auf diese Weise zu einer Art *stochastischer Liquiditätsplanung* übergehen zu können (vgl. Abbildung 3).

Problematisch hieran ist allerdings die kaum übersehbare Vielzahl der möglichen Wirkungsmechanismen, die an einigen Beispielen aus dem Währungsrisiko verdeutlicht werden sollen:

- Absatzmengen, die von einem deutschen Hersteller zu einem konstanten USD-Preis am US-Markt angeboten werden, unterliegen einem wechselkursinduzierten Risiko, wenn ein japanischer Konkurrent seine Produkte auf dem US-Markt anbietet und aufgrund einer Abschwächung des Yen gegenüber dem USD (ohne vergleichbare Veränderung im EUR) seine

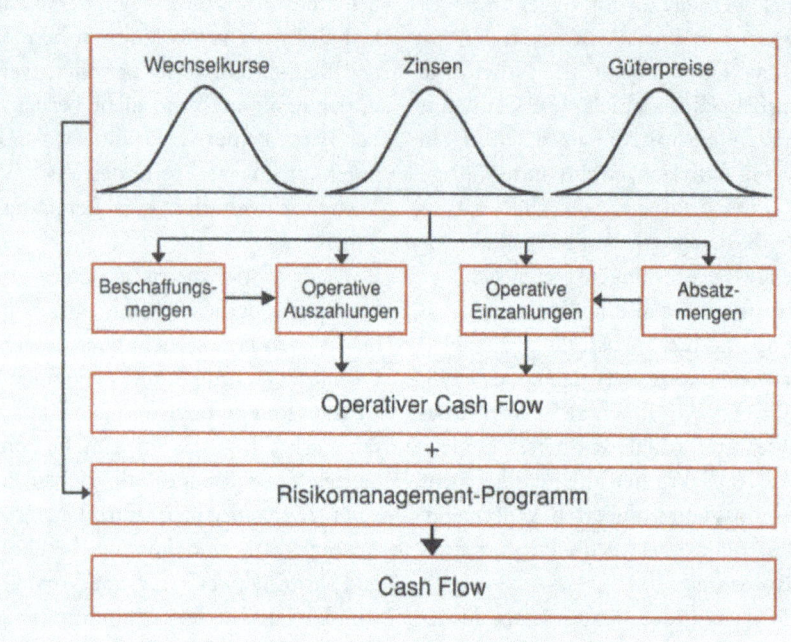

Abbildung 3: Cash Flow-orientiertes Risikocontrolling (in Anlehnung an JORION, 2001, S. 369).

Preise senkt, was sich bei unveränderten eigenen Preisen üblicherweise nachfragesenkend auf die eigenen Produkte auswirkt.
- Auch Inlandsabsätze in EUR beinhalten ein Wechselkursrisiko, wenn man mit Anbietern außerhalb des eigenen Währungsraums konkurriert. Ein stärkerer EUR eröffnet dem Wettbewerber des betreffenden Landes einen Spielraum für Preissenkungen.
- Ein Zulieferer liefert an einen Produzenten in EUR, wohingegen der Produzent in den USD-Raum absetzt, so dass das Mengenrisiko des Produzenten (siehe das erste Beispiel) auf den Zulieferer durchschlägt.

Alle diese Zusammenhänge müssten im Rahmen eines auf Cash Flows gerichteten Risikocontrollings quantifiziert werden, was eine funktionale Abbildung der bestehenden Abhängigkeiten und deren Interdependenzen erfordern würde.

Hat die Veränderung eines Risikofaktors eine bekannte Auswirkung auf das Mengengerüst (z. B. eine Nachfrageänderung aufgrund einer Preisanpassung an geänderte Wechselkurse), so lässt sich ein solcher Zusammenhang etwa unter Verwendung von Preiselastizitäten durchaus modellieren. Als nur schwer lösbar erweist sich allerdings der Fall, dass sowohl die Risikofaktoren als auch die Mengenkomponente Zufallseinflüssen unterliegen. In diesem Fall wären im Rahmen einer Monte-Carlo-Simulation nicht nur Szenarien für die Risikofaktoren zu erstellen, sondern auch für die Absatzmengen. Die Absatzmengen selbst hängen aber von Faktoren ab, deren Ausprägungen ihrerseits simuliert werden müssten, wobei wiederum auf Zusammenhänge dieser Faktoren mit den Risikofaktoren geachtet werden müsste (vgl. GÉNÉREUX/LAMARRE/LEAUTIER, 2003, S. 5). In analoger Weise wäre auch die Veränderung des Investitionsvolumens – und damit des Zahlungsmittelbedarfs – des Unternehmens in Abhängigkeit von Veränderungen der Marktrisikofaktoren und der Mengenkomponente zu modellieren. Die Komplexität dieser branchen- und unternehmensspezifischen Zusammenhänge macht Standardlösungen ungeeignet und erfordert ein Unternehmensmodell, das entweder auf Gleichungen ökonomischer Modelle beruht oder doch zumindest auf vereinfachende Verhaltensannahmen, die sich auf die ökonomische Theorie stützen (vgl. DOWD, 1998, S. 240 sowie LEE, 1999, S. 39–50 mit einer Beschreibung des sog. Exposure-Mapping in CorporateMetrics™).

Wie bei allen Verfahren der Risikomessung sind Sicherungsgeschäfte in der Risikomessung zu berücksichtigen, um bestehende Zusammenhänge mit abbilden zu können. Durch Vergleichssimulationen ist es dabei möglich, die Wirkungsweise implementierter, aber auch geplanter Sicherungsstrategien zu erfassen. Im Unterschied zu VaR-Verfahren sollen Cash Flow-orientierte Verfahren allerdings nicht primär die Wertentwicklungen der Derivate abbilden, sondern die resultierenden Cash Flows und deren Timing. So bleibt ein klassischer Devisenterminverkauf mit sechsmonatiger Fälligkeit bei der Ermittlung der Verteilung der Cash Flows für einen dreimonatigen Planungshorizont unberücksichtigt. Aus Änderungen der Marktrisikofaktoren resultierende Cash Flows aus Sicherungsgeschäften, die zeitlich früher anfallen können als die zu sichernden Zahlungen aus dem operativen Geschäft, erhöhen die Cash Flow-Volatilität in kürzerfristigen Prognosezeiträumen. Dass daher Sicherungsgeschäfte mit Futures aufgrund möglicher zwischenzeitlicher Margin-Calls sowie rollierende Sicherungen mit kürzerfristigen Kontrakten tendenziell ungeeignet sind, kann nicht überraschen. Angesichts der zwischenzeitlich zu beobachtenden Tendenz der Banken, von ihren Kontraktpartnern auch bei OTC-Geschäften Nachschüsse zu verlangen, müssen allerdings auch deren Vertragsbedingungen genau untersucht und in der Cash Flow-orientierten Risikomessung abgebildet werden. Neben Maßnahmen des Finanzrisikomanagements sind darüber hinaus gegebenenfalls auch operative Anpassungsmaßnahmen, z. B. Produktionsverlagerungen in Betriebsstätten im Währungsraum des Exportlandes, abzubilden.

Ob sich – trotz ihrer theoretischen Überlegenheit – angesichts des erforderlichen Aufwands fortgeschrittene Cash Flow-orientierte Risikorechnungen in der Industrie durchsetzen werden, bleibt abzuwarten, zumal auch das Modellrisiko einer falschen Spezifikation von Zusammenhängen hoch ist. Andererseits werden im Rahmen eines solchen Modells nur jene Überlegungen formalisiert, die im Rahmen der strategischen Unternehmensplanung ohnehin erfolgen sollten. Bereits die Entwicklungsarbeiten an einem fortgeschritteneren Cash Flow-orientierten Risikomodell können dabei bisher unbeachtete Risikozusammenhänge im operativen Bereich aufdecken und wichtige Impulse für die strategische Unternehmensplanung, aber auch für das Risikomanagement geben (vgl. DOWD, 1998, S. 240, HAGAR, 2004, insbesondere S. 218–256). So dürfte in einigen Fällen die separate Sicherung gegen Änderungen einzelner Marktrisikofaktoren (Währungen, Zinsen, Güterpreise) bei aggregierter Betrachtung nicht zu einer Risikoreduktion führen, welche die Transaktionskosten deckt (vgl. GÉNÉREUX/LAMARRE/LEAUTIER, 2003, S. 1–3).

Wurde bisher die Bottom-up-Methode zur Ermittlung der Verteilung künftiger Cash Flows – und damit von Kennzahlen wie CFaR oder LPM_0 – dargestellt, so lassen die mit dieser Methode verbundenen Implementierungsprobleme das Interesse an sogenannten *Top-Down*-Ansätzen wachsen, welche die Schwankungsbreite der Cash Flows unmittelbar aus Vergangenheitsdaten auf Ebene des Gesamtunternehmens ermitteln. Rein technisch scheitert ein solches Unterfangen regelmäßig an einem Mangel an Daten, da quartalsweise oder bestenfalls monatliche Cash Flow-Daten nicht den Aufbau einer Zeitreihe mit einer hinreichenden Zahl von Beobachtungen erlauben.

Erhebliche Beachtung hat daher ein Top-Down-Ansatz der Beratungsgesellschaft *National Economic Research Associates (NERA)* für in den USA ansässige Unternehmen gefunden, der unter dem Namen C-FaR™ vermarktet wird (vgl. STEIN U. A., 2001). Die Grundidee dieses Ansatzes ist es, das Problem fehlender Daten durch Rückgriff auch auf entsprechende Daten von Vergleichsunternehmen zu umgehen. Der Cash Flow wird als EBITDA gemessen und auf Basis der Bilanzsumme standardisiert.

Als Volatilitätsmaß wird die Abweichung der realisierten EBITDA von ihrem Erwartungswert verwendet, der anhand eines autoregressiven Models ermittelt wird. Dieser Prognosefehler wird auf Basis eines 5-Jahreszeitraums für alle einbezogenen Unternehmen ermittelt, so dass rund 85.000 Beobachtungen vorliegen. Die zugehörigen Unternehmen werden dann gemäß vier Kriterien (darunter z. B. die Börsenkapitalisierung) und jeweils drei Abstufungen schrittweise 81 Feldern zugeordnet. Für das betrachtete, ebenfalls einem der Felder zugeordnete Unternehmen entsteht so eine Datenmenge von etwa 1.000 Prognosefehlern, die der Konstruktion der geschätzten Cash Flow-Verteilung dienen.

Die Bestimmung und Anwendung des C-FaR™ gemäß der Top-down-Methode beinhalten allerdings signifikante, konstruktionsbedingte Probleme: Zum einen bilden die verwendeten Daten allenfalls grobe Näherungen der operativen Cash Flows ab. Dies ist insbesondere deshalb problematisch, weil die vergangenen EBITDA auch Sicherungsgeschäfte sowie alle realwirtschaftlichen Maßnahmen zur Begrenzung finanzwirtschaftlicher Risiken beinhalten. So wird das Cash Flow-Risiko immer nach (optimalem?) Risikomanagement erfasst. Im Grunde verschleiert damit die Top down-Methode eben jene Schwierigkeiten, die die Bottom up-Methode als kaum anwendbar erscheinen lassen. Zum anderen bleibt offen, welche Implikationen ein so ermittelter und als zu hoch empfundener CFaR für das Risikomanagement konkret haben sollte: Da die Risikofaktoren und Szenarien, welche den CFaR generieren, in einem Top-Down-Ansatz ja bewusst nicht identifiziert werden, wird es kaum gelingen, konkrete Empfehlungen für eine Risikomanagement-Strategie abzuleiten.

Earnings at Risk

Neben dem Cash Flow dürften wie dargestellt für viele Unternehmen die Auswirkungen der Änderungen von Marktrisikofaktoren auf den bilanziellen Erfolg von maßgeblichem Interesse sein. Vor diesem Hintergrund wird z. B. in CorporateMetrics™ alternativ auch die Möglichkeit diskutiert, die Verteilung möglicher bilanzieller Erfolge zu simulieren und hieraus Kennzahlen etwa in Form eines Earnings at Risk (EaR) abzuleiten (zum EaR vgl. etwa HAGER, 2004, S. 216 f.). Der Grundgedanke ähnelt sehr stark dem Bottom-up-Verfahren für die Simulation der Verteilung künftiger Cash Flows, so dass beide Verfahren z. T. in einem Atemzug genannt werden. Dabei ist jedoch zu betonen, dass die Simulation künftiger bilanzieller Erfolge durchaus andere und teilweise weitergehende Informationen erfordert, müssen doch diese Erfolge dem relevanten Normgefüge (z. B. HGB, IFRS) und der Bilanzierungspolitik des jeweiligen Unternehmens Rechnung tragen.

Die Konsequenzen sollen lediglich anhand eines einfachen Beispiels angedeutet werden: Betrachtet man ein schwebendes Exportgeschäft in Fremdwährung, so sind bereits deutliche Unterschiede zu einer Cash Flow-Betrachtung zu konstatieren: Der Zeitpunkt der Umsatzrealisierung liegt häufig vor dem Zahlungszeitpunkt, so dass dieses Geschäft bereits bei Verwendung eines kürzeren Planungshorizonts in einem EaR zu erfassen ist. Der realisierte Umsatz wird als Forderung aus Lieferungen und Leistungen aktiviert; ob nachfolgende Wechselkursschwankungen unmittelbar erfolgswirksam werden, ergibt sich aus den jeweiligen Rechnungslegungsnormen (bei IFRS stets, bei HGB dagegen tendenziell imparitätisch). Wechselkursschwankungen können schließlich sogar vor dem eigentlichen Realisationszeitpunkt erfolgswirksam werden, wenn aufgrund einer nachteiligen Wechselkursentwicklung Verluste drohen. Um diese abzuschätzen, wären weitergehende Informationen erforderlich (insbesondere Herstellungskosten).

Auch wenn daher Risikocontrollingsysteme zur Ermittlung künftiger Cash Flow-Verteilungen bereits implementiert sein sollten, ist die Weiterentwicklung zu einem Earnings at Risk-Verfahren alles andere als trivial. Andererseits dürften solche Bemühungen im Hinblick auf die Generierung von Planerfolgsrechnungen und Planbilanzen durchaus fruchtbar sein.

EINZELFRAGEN

■ Ausblick

Das Controlling finanzwirtschaftlicher Risiken in Industrieunternehmen wird weiter erheblich an Bedeutung gewinnen, wenn es gelingt, die Risiken in ihrer Komplexität zumindest ansatzweise zu erfassen. Ein Blick auf die Praxis des Risikomanagements in Industrieunternehmen lässt vermuten, dass das gegenwärtige Risikocontrolling noch durch die mangelnde Verfügbarkeit geeigneter Risikomessverfahren beeinträchtigt wird und zu stark von bankspezifischen Verfahren beeinflusst ist. Hier ist insbesondere die Wissenschaft gefordert, spezifischere Konzepte weiterzuentwickeln und einer breiteren Leserschaft zugänglich zu machen. Nicht zuletzt setzt ein erfolgreiches Finanzrisikocontrolling die Integration von Risiko in die unternehmerischen Finanzplanungen voraus. Die beiden zuletzt vorgestellten Verfahren bieten hierzu einen wichtigen Ansatzpunkt und beinhalten das Potential für eine Ausweitung zu einem umfassenden Geschäftsrisikomodell.

Literatur

ARBEITSKREIS FINANZHIERUNG DER SCHMALENBACH GESELLSCHAFT: Risikomanagement und Risikocontrolling in Industrie- und Handelsunternehmen, hrsg. v. G. GEBHARDT UND H. MANSCH, Zeitschrift für betriebswirtschaftliche Forschung, 53. Jg., Sonderheft 46 2001.
BARTRAM, S. M.: Verfahren zur Schätzung finanzwirtschaftlicher Exposures von Nichtbanken, in: Handbuch des Risikomanagements, hrsg, v. L. JOHANNING UND B. RUDOLPH Band 2, Bad Soden 2000, S. 1267 – 1294.
BARTRAM, S. M./BROWN, G. W./FEHLE, F. R.: International Evidence on Financial Derivatives Usage. Working Paper, SSRN 2004.
BODNAR, G. M./GEBHARDT, G.: Derivatives Usage in Risk Management by US and German Non-Financial Firms – A Comparative Survey, in: Journal of International Financial Management and Accounting, 10. Jg. (3) 1999, S. 153 – 187.
BODNAR, G. M./HAYT, G. S./MARSTON, R. C.: 1998 Wharton Survey of Financial Risk Management by US Non-Financial Firms, in: Financial Management, 27. Jg. (4) 1998, S. 70 – 91.
BÜHLER, W.: Risikocontrolling in Industrieunternehmen, in: Controlling und Rechnungswesen im internationalen Wettbewerb, hrsg. v. C. BÖRSIG und A. COENENBERG, Stuttgart 1998, S. 205 – 233.
DOWD, K.: Beyond Value at Risk. The New Science of Risk Management, Chichester u. a. 1998.
FRANKE, G.: Gefahren kurzsichtigen Risikomanagements durch Value-at-Risk, in: Handbuch des Risikomanagements, hrsg. v. L. JOHANNING und RUDOLPH, Band 1, Bad Soden 2000, S. 53 – 83.
FROOT, K. A./SCHARFSTEIN, D. S./STEIN, J. C.: Risk Management: Coordinating Corporate Investment and Financing Decisions, in: Journal of Finance, 48. Jg. (5) 1993, S. 1629 – 1658.
GEBHARDT, G./RUß, O.: Einsatz von drivativen Finanzinstrumenten im Risikomanagement deutscher Industrieunternehmen, in: Zeitschrift für betriebswirtschaftliche Forschung 51. Jg., Sonderheft 41, 1999, Rechnungswesen und Kapitalmarkt, hrsg. v. G. GEBHARDT und B. PELLENS, S. 23 – 83.
GÉNÉREUX, C./LAMARRE, E./LEAUTIER O. (2003): The Special Challenge of Measuring Industrial Company Risk, in: McKinsey on Finance, 6 Jg. 2003, S. 1 – 5.
HAGER, P.: Corporate Risk Management. Cash Flow at Risk und Value at Risk, Frankfurt a. M. 2004.
HOITSCH, H.-J./WINTER, P.: Die Cash Flow at Risk-Methode als Instrument eines integriert-holistischen Risikomanagements, in: Zeitschrift für Controlling & Management, 48. Jg. 2004, S. 235 – 246.
HOMBURG, C./UHRIG-HOMBURG, M.: Zentrales und dezentrales Risikocontrolling in Industrieunternehmen, in: Zeitschrift für betriebswirtschaftliche Forschung, 56. Jg. (6) 2004, S. 311 – 332.
JORION, P.: Value at Risk. The New Benchmark for Managing Financial Risk, 2nd ed., New York u. a. 2001.
KIM, J./MALZ, A. M./MINA, J.: LongRun Technical Document, RiskMetrics Group 1999 (http://www.riskmetrics.com/corpvv.html).
KORN, O.: Liquidity Risk and Hedging Decisions, erscheint in: Zeitschrift für Betriebswirtschaft 2004.
KROPP, M.: Management und Controlling finanzwirtschaftlicher Risikopositionen, Bad Soden 1999.
LEE, A. Y.: CorporateMetrics™ Technical Document, RiskMetrics Group 1999 (http://www.riskmetrics.com/lrovv.html).
MELLO, A. S./PARSONS, J. E.: Hedging and Liquidity, in: Review of Financial Studies, 13. Jg. (1) 2000, S. 127 – 153.
MYERS, S. C.: The Capital Structure Puzzle, in: Journal of Finance, 39. Jg. 1984, S. 575 – 592.
MYERS, S. C./MAJLUF, N.: Corporate Financing and Investment Decisions when Firms have Information that Investors do not have, in: Journal of Financial Economics, 13. Jg. 1984, S. 187 – 221.
RUDOLPH, B./JOHANNING, L.: Entwicklungslinien im Risikocontrolling, in: Handbuch des Risikomanagements, hrsg. v. L. JOHANNING und B. RUDOLPH, Band 1, Bad Soden 2000, S. 15 – 52.
STEIN, J. C. u. a.: A Comparables Approach to Measuring Cash Flow-at-Risk for Non-financial Firms, in: Journal of Applied Corporate Finance, 13. Jg. (4) 2001, S. 8 – 17.
STULZ, R. M.: Risk Management & Derivatives, Mason (Ohio) 2003.

AS KOMPETENZ-PAKET

Die ganze Welt der Wirtschaft: Betriebswirtschaft, Volkswirtschaft, Recht und Steuern im GABLER WIRTSCHAFTSLEXIKON

NEUE AUFLAGE!

Gabler Wirtschaftslexikon
16., vollständig überarbeitete
und aktualisierte Auflage 2004.
3.478 Seiten, gebunden.
€ 179,–
ISBN 3-409-12993-6

ngen vorbehalten. Erhältlich im Buchhandel oder beim Verlag.

GABLER VERLAG
Abraham-Lincoln-Straße 46
65189 Wiesbaden
Telefon: 0611.7878-624
Telefax: 0611.7878-420
www.gabler.de

EINZELFRAGEN

Erfassung, Modellierung und Steuerung zufallsabhängiger Risiken

Eine Darstellung anhand der Bilanzierung betrieblicher Altersvorsorge

Jochen Zimmermann

■ Einleitung

Ansätze und Methoden des Risikocontrollings beschäftigen sich in unterschiedlichen Formen mit unsicheren Erwartungen. Hierbei kann das Gewicht stärker auf Controlling- oder auf Risikoaspekte gelegt werden. In diesem Beitrag soll aufgezeigt werden, wie vielschichtig der Begriff des Risikos ist und was bei der Erfassung, Modellierung und Steuerung von Risiken grundsätzlich zu beachten ist. Einer eher risikotheoretischen Perspektive verpflichtet, wird die Untersuchung dabei auf *zufallsabhängige Ereignisse* eingeschränkt. Damit bleiben schon solche unsicheren Erwartungen ausgeschlossen, die nicht zuverlässig mit einem wahrscheinlichkeitstheoretischen Instrumentarium gemessen werden können.

Um das Phänomen des Risikos rational zu bewerten und zieladäquat zu steuern, müssen nicht nur geeignete Zielgrößen festgelegt werden, sondern auch Risikomaße und Bewertungskalküle. Wie zu zeigen sein wird, hängen „klassische" Interpretationsformen von Risiken, insbesondere die Verdichtungsgrößen wie etwa Erwartungswert oder Standardabweichung, in entscheidendem Maße von bestimmten Annahmen über die Struktur der Risikosituation ab. Darüber hinaus gibt es, selbst wenn Risiken wie in dem hier zu diskutierenden Fall präzise definiert sind, keine generell akzeptierten Mess- und Bewertungsmethoden des Risikos wenn man einen Mehrpersonen-Entscheidungskontext und einen Mehrperiodenfall analysiert. Einzelne Zielkategorien müssen dann gegeneinander abgewogen werden.

Die *betriebliche Altersvorsorge* stellt eine (fast) ideale Illustration dieser Sachverhalte dar. Zunächst einmal sind hier die Risikosituationen als zufallsabhängige Ereignisse erfassbar: Welche möglichen Zustände der Welt eintreten können, ist identifizierbar; es gibt keine diffusen Unschärfebereiche. Als Nächstes lässt sich betriebliche Altersvorsorge in ein realwirtschaftliches und ein informationswirtschaftliches Problem zerlegen. Man ist gezwungen, sowohl die *Cash Flows*, das realwirtschaftliche Problem, zu betrachten als auch die Abbildung in den Rechenwerken *Bilanz und Erfolgsrechnung*, die ihrerseits auf den Kapitalmarkt ausstrahlen und dort (zumindest zeitlich begrenzt) eigenständige realwirtschaftliche Wirkungen entfalten. Zudem stellt die betriebliche Altersvorsorge gleichzeitig ein Einperioden- wie ein Mehrperiodenproblem dar. Aus einperiodiger Sicht spielen Erfolgszahlen und Liquiditätsabflüsse eine bedeutende Rolle, aus mehrperiodiger Sicht (hier: über die gesamte Laufzeit der Altersvorsorge) muss gesichert sein, dass sich das System in einem stabilen Finanzierungsstatus befindet. Neben dieser betriebs-

● Schwankungs- und Chancenanalysen benötigen ein jeweils eigenständiges Instrumentarium.
● Verteilungstypen müssen bekannt sein, um Fehlinterpretationen klassischer Risikomaße zu vermeiden.
● Wertsteigerungsmaße, Zahlungs-, Bilanz- und Erfolgskenngrößen müssen simultan analysiert werden, da sie nicht ineinander überführbar sind.
● Ohne die Berücksichtigung unternehmensindividueller Rahmenbedingungen können keine Vorteilhaftigkeitsaussagen getroffen werden.
● Eine Fallstudie aus der betrieblichen Altersversorgung zeigt, wie Schwankungsinformationen interpretiert werden können und welche Steuerungsmöglichkeiten existieren.

Prof. Dr. Jochen Zimmermann ist Inhaber des Lehrstuhls für Allgemeine Betriebswirtschaftslehre, Unternehmensrechnung und Controlling an der Universität Bremen, Hochschulring 4, 28359 Bremen.

wirtschaftlichen Vielschichtigkeit interessiert die betriebliche Altersvorsorge auch wegen ihrer schlichten Größe. Viele mittlere und große Betriebe erteilen ihren Mitarbeitern Pensionszusagen, ohne die damit verbundenen finanziellen Lasten, insbesondere aber auch die hieraus entstehenden Risiken, zu kennen, zu analysieren oder etwa schon ex ante Maßnahmen zu ergreifen, sie zu steuern. Dieses Problem wird mit der Einführung neuer Rechnungslegungsvorschriften, die grundsätzlich anders gestaltet sind als die bisherigen HGB-Regelungen, noch drängender.

Das Thema soll nun folgendermaßen behandelt werden: Zunächst einmal wird darauf eingegangen, in welcher Form zufallsabhängige Ereignisse messbar sind und auf welche ein- und mehrperiodigen Zielgrößen abgestellt werden soll. Einigt man sich (sinnvoller Weise) auf finanzwirtschaftliche Zielgrößen, dann müssen die Regeln, nach denen eine Abbildung des Mehrperiodenproblems erfolgt, dargestellt werden. Die Risiken, die aus der Zusage einer betrieblichen Altersversorgung entstehen, lassen sich wegen ihrer Zufallsabhängigkeit dann modelltheoretisch fassen. Hier soll gezeigt werden, wie man stochastische Simulationsmodelle einsetzen kann, mit deren Hilfe einzelne Szenarien auf ihre finanziellen und bilanziellen Auswirkungen untersucht werden können.

Erfassung und Bewertung von Risikosituationen

Risiko als Verteilung von Ergebnissen oder Abweichung von Zielgrößen

Schon über den Begriff des Risikos besteht Uneinigkeit. In einer Definition kann man Risiko als die Verteilung von Ergebnissen auffassen *(Mehrwertigkeit)*. Sowohl für Planung als auch für Kontrolle gilt, dass Handelnde nicht von einem konkreten Ergebnis, sondern mehreren möglichen ausgehen müssen. Hierfür bestehen im Wesentlichen zwei Gründe: Zufälligkeit von Ereignissen und Ungewissheit über Wirkungszusammenhänge. Ergebnisse werden durch unvorhersehbare Umstände mitbestimmt, die aus der wirtschaftlichen, technischen oder natürlichen Umwelt auf den unternehmerischen Ergebnisentstehungsprozess einwirken. Dieses Ursachenbündel wird als Zufall im weitesten Sinne verstanden. Neben dieser Zufälligkeit können Ergebnisse dadurch verursacht sein, dass der Planende oder Kontrollierende keine vollständige Kenntnis über die Ursache-Wirkungs-Beziehungen hat, die auf den zu beurteilenden Prozess einwirken. Diese unvollständige Information ist der zweite Grund dafür, warum eine Verteilung möglicher Ergebnisse vorliegen kann. In der unternehmerischen Realität überlagern sich diese beiden Prozesse und sind für praktische Fragen nur schwer voneinander trennbar.

Die Anwendung eines statistischen Instrumentariums bedeutet, dass sich die Verteilung von Ergebnissen als Wahrscheinlichkeitsverteilung beschreiben lässt. Dieses setzt gewissermaßen eine vollständige *Gewissheit über die Ungewissheit* voraus: Alle möglichen Ergebnisse sind anzugeben, darüber hinaus noch, mit welcher Wahrscheinlichkeit das mögliche Ereignis eintritt. Hierbei darf es offen bleiben, ob es sich um Einschätzungen der Entscheider (personale oder subjektive Wahrscheinlichkeiten) oder um Größen handelt, die aus Beobachtungen abgeleitet werden (objektive Wahrscheinlichkeiten).

Liegt eine Wahrscheinlichkeitsverteilung von Ergebnissen vor, dann lässt sich diese mit bestimmten Kenngrößen verdichten bzw. auswerten. Die beiden „klassischen" Kennzahlen der Auswertung von Wahrscheinlichkeitsverteilungen sind die Kenngrößen Erwartungswert und Standardabweichung. Der *Erwartungswert* berechnet sich als das mit den Eintrittswahrscheinlichkeiten gewichtete Mittel aller möglichen Ereignisse; die *Standardabweichung* bestimmt sich als die Quadratwurzel aus der ebenso gewichteten quadrierten Abweichung der Ereignisse vom Mittelwert. Diese beiden Kenngrößen haben ihre Popularität der Normalverteilung zu verdanken.

Die Normalverteilung wird durch den Erwartungswert und die Standardabweichung vollständig charakterisiert; sie ist symmetrisch. Dies bedeutet, dass der Medianwert der Verteilung dem Erwartungswert entspricht und Abweichungen „nach oben" genauso wahrscheinlich sind wie Abweichungen „nach unten". Diese Feststellung ist keineswegs trivial: So gibt der Median den Wert an, der mit 50 %iger Wahrscheinlichkeit übertroffen und mit 50 %iger Wahrscheinlichkeit verfehlt wird. Diese *Symmetrieeigenschaft* erlaubt ebenso eine sinnvolle Interpretation der Standardabweichung, die die Abweichung vom Erwartungswert in beide Richtungen misst.

Die Normalverteilung wird bei der Beurteilung von Risikosituationen aus zwei Gründen gerne verwendet: Sie ist erstens rechentechnisch leicht zu handhaben und zweitens ergibt sie sich bei *Massenphänomenen* wegen der Gültigkeit des Zentralen Grenzwertsatzes (falsch oft als das Gesetz der Großen Zahlen bezeichnet). Nach dem Zentralen Grenzwertsatz (ZGWS) strebt die Verteilung einer Summe beliebig verteilter unabhängiger Zufallsvariablen gegen die Normalverteilung. Addiert man also viele zufallsabhängige Sachverhalte, so kann der gesamte interessierende Sachverhalt mit

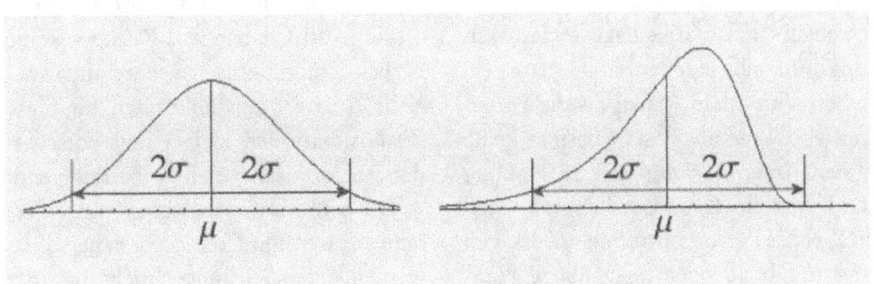

Abbildung 1: Interpretationsschwierigkeiten bei verschiedenen Verteilungstypen

einer Normalverteilung beschrieben werden. Dabei hängt es sowohl von der Anzahl der einbezogenen Sachverhalte als auch von deren unterliegenden Verteilungen ab, wie schnell der ZGWS wirksam wird.

Die Kenntnis des *Verteilungstyps* ist wichtig bei der Interpretation der beiden Kenngrößen Erwartungswert und Standardabweichung. Abbildung 1 zeigt, wie sich bei Identität dieser beiden Verteilungsparameter Unterschiede in der Ergebnisverteilung ergeben können. Die linke Verteilung ist eine Normalverteilung, die rechte eine „schiefe" Verteilung. Während im ersten (linken) Fall Ergebnisse symmetrisch sind, weichen Ergebnisse im zweiten (rechten) Fall zwar wahrscheinlicher nach oben (vom Erwartungswert) ab – die Wahrscheinlichkeitsmasse ist hier größer –, aber der absolute Wert der Veränderung ist nicht groß. Doch können hier, wenn auch mit geringer Eintrittswahrscheinlichkeit, sehr große Abweichungen nach unten eintreten. Erwartungswert und Standardabweichung sind damit nur schwer interpretierbar. Der Grund liegt darin, dass auf einer Seite der Verteilung Ereignisse außerhalb des Schwankungsintervalls (in Abbildung 1: 20) liegen.

Die Analyse von Risiken kann sich in solchen Fällen nicht auf eine sofortige Verdichtung von Ergebnissen zurückziehen. Bei nicht symmetrischen Verteilungen müssen entweder Wahrscheinlichkeitsverteilungen zumindest qualitativ beschrieben werden (links schief, rechts schief) oder aber weitere Risikomaße (die aber ebenso schwer interpretierbar sind) angegeben werden. Auch die Bestimmung mehrerer Mittelwerte (Erwartungswert, Median) kann sinnvoll sein, weil sich hieraus Aufschlüsse über die Schiefe und die relative Lage des Schwankungsintervalls ergeben.

Betrachtet man Risiko als die Verteilung von Ergebnissen, so besteht keine *systematische Verknüpfung* zu Planung und Kontrolle. Grundsätzlich ist es auch ein Ziel des Risikocontrollings, Aussagen über mögliche oder tatsächliche Planabweichungen zu treffen. Weil man Risiko als Ergebnisverteilung konzipiert,

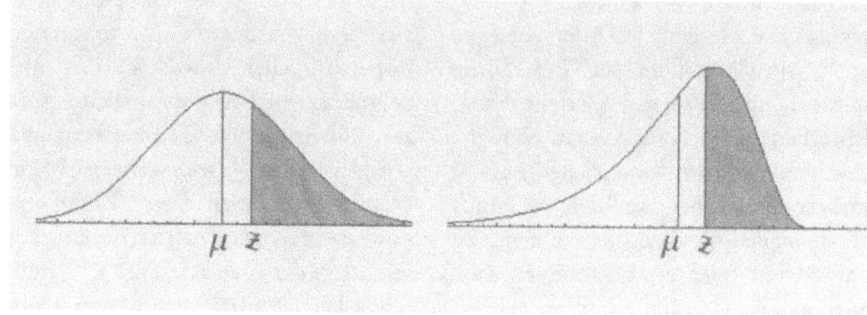

Abbildung 2: Risiko- und Chancenpotenziale

schweigt man zunächst über die Bedeutung der Plangrößen. Lediglich dann, wenn der Erwartungswert oder Median gleichzeitig Zielwert ist, besteht eine unmittelbare Beziehung von Risikoerfassung und -auswertung. Ansonsten müssen Ziel- oder Planwerte gesondert in die Auswertung von Verteilungen eingebaut werden. Diese sind dann die Referenzmaßstäbe für Abweichungen. Ein prominentes Beispiel hierfür sind die Value at Risk-Ansätze. Mit dem Einbau von Ziel- oder Planwerten wird die Verteilung in einen Risikobereich (unterhalb des Werts, in Abbildung 2: Z) und einen Chancenbereich (oberhalb des Werts) geteilt. Dies zeigt Abbildung 2.

Bewertungsprobleme von Risikolagen

Die Auswertung von Verteilungen, noch mehr aber die Auswertung von Risiko-Chancen-Potenzialen, ist problematisch und nicht für alle Konstellationen befriedigend gelöst. Betrachtet man Risiko als die Verteilung von möglichen Ergebnissen, kann eine Risikonutzenfunktion für die Bewertung solcher Verteilungen eingesetzt werden. Unbefriedigend dabei ist, dass das finale, auf Zielgrößen gerichtete Verständnis von Risiko – also die Konzeption von Chance und Risiko – keine Berücksichtigung findet. Aber auch spezielle Auswertungsfunktionen für diese Risikosituationen bleiben aus entscheidungstheoretischer Sicht unbefriedigend.

Die Situation wird dann weiter erschwert, wenn Entscheidungen getroffen werden, deren Wirkungen nicht nur über *mehrere Perioden* hinausreichen, sondern deren Wirkungen sich in den Rechenwerken mehrerer Perioden niederschlagen. Typisch hierfür sind Investitionsrechnungen. Oft analysiert man das mehrperiodige Entscheidungsproblem unter Unsicherheit wie auch unter Sicherheit mit einem periodenübergreifenden Maß, etwa dem Kapitalwert. Im Falle der Mehrwertigkeit wird dann eine Verteilung der jeweiligen Barwerte untersucht.

Eine solche Vorgehensweise vernachlässigt allerdings den *Zwischenzielcharakter* von Maßgrößen des Rechnungswesens, etwa Bilanzsumme, Bilanzstruktur oder Gewinn. Ebenso wenig werden mit einer solchen Analyse Liquiditätsfragen thematisiert. Dies ist deswegen problematisch, weil aus externer Sicht lediglich die bilanziellen Maßgrößen beobachtet werden können, aus denen Investoren Rückschlüsse über die Vermögens-, Finanz- und Ertragslage ziehen müssen. Weisen etwa kapitalwertpositive Investitionen einen hohen Bedarf an erfolgsbelastender Anschubfinanzierung auf, werden gegenwärtige Gewinn- und Verlustrechnungen belastet, ohne dass die zukünftigen Erfolge gezeigt werden können. Dies kann zu erheblichen Bewertungsabschlägen führen. Daher muss auch im mehrperiodigen Fall eine Analyse der einzelnen periodischen Erfolgsmaße vorgenommen werden.

In einem solchen Fall lassen sich Maßgrößen nicht in eine Zielhierarchie ordnen. Aus theoretischer Sicht ist – bei einem Einzelentscheider – der Zahlungsstrom die wesentliche Maßgröße, die ein Urteil über die Vorteilhaftigkeit erlaubt. Bilanzielle Größen (auch Größen der Gewinn- und Verlustrechnung) sind aus

Zahlungen abgeleitete periodisierte Größen, die bei Kenntnis der Periodisierungsregeln keinen weiteren Beitrag zur Lösung des Entscheidungsproblems leisten. Diese Regeln sind aber denjenigen nicht bekannt, die außerhalb des Unternehmens stehen. Externe orientieren sich daher ebenso an den periodisierten Zahlungsströmen und damit an Bilanzkennzahlen oder Jahresüberschüssen.

Ein Entscheider, der im Auftrag der Anteilseigner handelt, darf daher diese *abgeleiteten Bilanzkenngrößen* nicht ignorieren. Es ist deshalb notwendig, diese Kenngrößen in das Entscheidungskalkül – neben der Betrachtung von Zahlungen – einzubeziehen. Cash Flow-, Bilanz- oder GuV-Kennzahlen lassen sich aber nicht gemeinsam in ein einfaches Beurteilungsschema fassen, weil sie nicht auf sachlogische Weise hierarchisiert werden können. Gerne entzieht man sich der Beurteilung dieses Problems, indem man auf Aktienmärkte als Bewertungsmechanismus zurückgreift, „Wertsteigerung" misst und ignoriert, wie die Kenngrößen Cash Flow, Gewinn und Bilanzstruktur im Einzelnen verarbeitet werden. Aus Managementperspektive ist dies unbefriedigend, weil sich hieraus keine Handlungsanweisungen ableiten lassen.

Allerdings kann es aus theoretischer Perspektive ebenso wenig gelingen, allgemein gültige Regeln anzugeben, die die einzelnen periodischen Größen zu einem geschlossenen Ganzen zusammenfügen, eben weil sich deren Ausstrahlungswirkung auf Externe nur aus der Betrachtung der individuellen Interessen der Stakeholder erschließt: Unternehmen, die beispielsweise Kreditbesicherungsklauseln in Abhängigkeit von Bilanzstrukturkennzahlen gegen sich wirken lassen müssen, können Risikosituationen anders bewerten als solche, die etwa vollständig eigenfinanziert sind. Diese unterschiedliche Bewertung greift sogar dann, wenn das unterliegende Entscheidungsproblem völlig gleichartig (aus der Perspektive der Zahlungsströme) strukturiert ist. Die Analyse der Risikosituation darf daher nicht nur eine Kenngröße des Entscheidungsproblems verwenden, sondern muss *simultan auf mehrere Kenngrößen* auch des Rechnungswesens zurückgreifen. Dies soll nun anhand der Bilanzierung betrieblicher Altersvorsorge näher dargestellt werden.

Grundlagen der Abbildung betrieblicher Altersversorgung

Äquivalenzprinzip

Betriebliche Altersversorgung stellt ein komplexes Versorgungsversprechen dar, das zeitgleich mehrere Risiken abdeckt. Zentrales Element ist dabei die Altersrente, die bis zum Tod des Versicherten periodisch ausgezahlt wird. Die erste Ergänzungsversicherung ist die Invaliditätsrente. Diese wird fällig, wenn der Arbeitnehmer aus gesundheitlichen Gründen bereits vor Erreichen des Pensionsalters seinen Beruf nicht mehr ausüben und somit kein Erwerbsentgelt mehr erzielen kann. Als zweite Ergänzungsversicherung ist die Hinterbliebenenversorgung gebräuchlich. Sie kann als Witwenrente und als Waisenrente ausgestaltet werden und damit der Versorgung von auf das Erwerbsentgelt des verstorbenen Planbegünstigten angewiesenen Angehörigen dienen.

Grundlage der Abbildung von Versorgungsverpflichtungen ist das versicherungsmathematische *Äquivalenzprinzip*. Bei seiner Anwendung müssen die Leistungen aus dem Versorgungsversprechen für den Arbeitnehmer mit den Gegenleistungen des Unternehmens verglichen werden. Das Äquivalenzprinzip fordert dann, dass sich die mit den Zeitwerten angesetzten Leistungen und Gegenleistungen entsprechen. Diese Forderung bedeutet jedoch weder, dass für jeden einzelnen Begünstigten Leistung des Unternehmens und Gegenleistung an den Versicherten übereinstimmen müssen, noch dass die Leistungen des Unternehmens den Gegenleistungen an alle Planbegünstigten exakt gleich sind. Vielmehr bedeutet es, dass der Barwert der aufgrund der identifizierten Zufallsgesetzmäßigkeiten erwarteten Leistungen an die Planbegünstigten mit dem Barwert der zukünftigen Leistungen des Unternehmens übereinstimmen soll.

Zum einen ist der Zeitpunkt ungewiss, ab dem Versorgungsleistungen zu erbringen sind. Dies gilt insbesondere für die Invaliditäts- und Hinterbliebenenversorgung, kann aber auch für die reine Altersrente Bedeutung erlangen, wenn sich das Renteneintrittsalter im Zeitablauf verändert. Zum anderen ist auch die Dauer, für die periodische Versorgungsleistungen auszuzahlen sind, unsicher. Die aus diesen Risikoquellen entstehenden Übergänge werden durch stochastische Modelle abgebildet. Hierzu werden Beobachtungsdaten ausgewertet, aus denen dann Wahrscheinlichkeiten für die einzelnen Übergänge (Tod, Invalidität usf.) abgeleitet werden.

Neben den Wahrscheinlichkeiten müssen *Verzinsungsverläufe* berücksichtigt werden. Ihre Anwendung begründet sich daraus, dass die Versorgungsleistung im Regelfall aus periodisch fälligen Zahlungen an den begünstigten Personenkreis bestehen, die vom Eintritt des Versorgungsfalls bis zum Tod der Begünstigten bis zu einem definierten Höchstalter oder über einen bestimmten Zeitraum vom verpflichteten Unternehmen zu erbringen sind. Diese periodisch fälligen Zahlungen müssen miteinander verknüpft werden, so dass Diskontierungsmodelle zum Einsatz gelangen.

Bilanzielle Grundlagen

Mit der Abbildung von Barwerten kann das „klassische" Realisationsprinzip keine Anwendung finden; es ist auf Alternativen auszuweichen. Die wesentliche Referenzgröße bei der bilanziellen Abbildung betrieblicher Altersversorgung ist der so genannte Verpflichtungsbarwert. Ein auf Grundlage des Äquivalenzprinzips ermittelter Verpflichtungsbarwert entspricht einer *Nettoeinmalprämie*, zu der ein Unternehmen seine Zusagen aus der betrieblichen Altersversorgung auf einmal ablösen könnte. Der Verpflichtungsbarwert wird dann mit denjenigen Vermögenswerten verglichen, die allein zur Befriedigung der Forderungen aus der betrieblichen Altersversorgung dienen. So können zur Finanzierung der Verpflichtung Vermögenswerte in einen rechtlich unabhängigen Fonds ausgegliedert werden. Bei einer Übereinstimmung von Verpflichtungsbarwert und Fondsvermögen ist die Äquivalenzforderung erfüllt und ein Bilanzausweis von Verpflichtungen aus betrieblicher Altersversorgung unterbleibt. Besteht ein Überhang an Fondsvermögen, weist das Unternehmen einen Vermögensgegenstand aus. Im Falle einer Deckungslücke des Pensionsfonds ist die Subsidiärhaftung in Höhe des Differenzbetrags als *Pensionsrückstellung* zu passivieren. Eine korrespondierende Vorgehensweise findet sich in der Gewinn- und Verlustrechnung. Steigen Verpflichtungsmaßgröße und Fondsvermögen um den gleichen Betrag, erfolgt kein Ausweis von Ergebniseffekten aus betrieblicher Altersversorgung. Steigt die Verpflichtung jedoch stärker, so ist ein Pensionsaufwand auszuweisen; auch der umgekehrte Fall und damit ein Ertragsausweis ist möglich. Die dargestellte Vorgehensweise gilt ebenso bei reiner Rückstellungsfinanzierung. Dann wird das Fondsvermögen mit dem Wert Null angesetzt, so dass in der Bilanz eine Pensionsrückstellung in Höhe des Verpflichtungsbarwerts und in der GuV ein Pensionsaufwand in Höhe des Zuwachses der Maßgröße ausgewiesen wird.

Man unterscheidet zwischen zwei grundlegend verschiedenen Berechnungsmethoden, den *Anwartschaftsbarwertverfahren* und den *Anwartschaftsdeckungsverfahren*. Grundlage der Anwartschaftsbarwertverfahren ist die Zuordnung des Anspruchserwerbs auf die einzelnen Abrechnungszeiträume während der Dienstzeit eines Arbeitnehmers. Der Barwert bestimmt sich dann aus den erdienten Versorgungsansprüchen zum Abschlussstichtag; der periodische Versorgungsaufwand ist von den in der jeweiligen Periode durch Arbeit erdienten Versorgungsansprüchen und der kalkulatorischen Verzinsung der bereits bestehenden Verpflichtung abhängig. Die Höhe der erdienten Versorgungsansprüche wird durch eine unternehmensindividuell festgelegte Planformel bestimmt.

Den für den Bilanzansatz in der Regel entscheidenden Wert stellt die *Projected Benefit Obligation* – PBO dar. Sie berücksichtigt alle Ansprüche auf Basis des für die Zukunft angenommenen Gehaltsniveaus und schließt in die Berechnung auch die nach dem Renteneintritt zu erwartenden Steigerungen der Versorgungsbezüge mit ein. Die PBO ist der Barwert der zukünftigen erwarteten Rentenzahlungen. Dadurch ist die PBO der dem Äquivalenzprinzip entsprechende Maßstab.

In der HGB-Rechnungslegungspraxis finden Anwartschaftsdeckungsverfahren in Form des Gegenwarts- und Teilwertverfahrens Anwendung. Anwartschaftsdeckungsverfahren werden definiert als Methoden, bei denen die bis zur Pensionierung erreichten Versorgungsansprüche zunächst hochgerechnet werden und der so gewonnene Gesamtbetrag der Verpflichtung annuitätisch auf die Perioden der Arbeitstätigkeit verteilt wird. Dadurch kommt es zu einer gleichmäßigen Verteilung des Versorgungsaufwands.

Beide genannten Anwartschaftsdeckungsverfahren berechnen die Verpflichtungsmaßgröße, indem eine Differenz aus dem auf den jeweiligen Bilanzstichtag diskontierten Barwert aller zukünftigen Pensionszahlungen bei Eintritt des Versorgungsfalls und dem Barwert der zwischen Bilanzstichtag und Pensionsbeginn noch zu erbringenden fiktiven Nettoprämien. Der entscheidende Unterschied zwischen Teilwert- und Gegenwartswertverfahren liegt in dem Zeitraum, über den der Versorgungsaufwand verteilt wird. Das Teilwertverfahren nimmt eine Verteilung über den gesamten Zeitraum vom Dienstbeginn bis zur Pensionierung vor, während das Gegenwartswertverfahren hierfür nur den Zeitraum von der Erteilung der Zusage bis zur Pensionierung benutzt.

Abbildung in der Bilanz

Der Bilanzausweis ergibt sich aus der berechneten Verpflichtungsmaßgröße. Ist die Verpflichtung rückstellungsfinanziert, so ist grundsätzlich die Verpflichtungsmaßgröße zu passivieren. Bei den IAS werden Verpflichtungsbarwert und Fondsvermögen saldiert; der Saldo wird als Pensionsrückstellung ausgewiesen und somit die Subsidiärhaftung des verpflichteten Unternehmens aus der nur mittelbaren Versorgungszusage bilanziert.

Bei der zukunftsgerichteten Bilanzierung können *Schätzfehler* auftreten. Diese Schätzfehler können auf zwei Arten entstehen: zum Ersten kann es eine Abweichung zwischen dem erwarteten und dem tatsächlichen im Fondsvermögen erzielten Wertzuwachs geben. Zum Zweiten kommt es bei einer Änderung finanzieller oder biometrischer Annahmen zu einer Wertverschiebung bei der Verpflichtungsmaßgröße. Damit ergeben sich bei einer betrieblichen Altersversorgung regelmäßig zunächst erhebliche Schwankungsrisiken der passivierten Pensionsrückstellung, die die Planungssicherheit der Unternehmen massiv beeinträchtigen. Dabei sind diese Ergebnisschwankungen vom Unternehmen selbst nicht beeinflussbar.

Angesichts dieser Problematik sieht etwa IAS 19 vor, versicherungsmathematische Gewinne und Verluste nicht unmittelbar erfolgswirksam abzubilden, sondern zunächst so genannte „Unrecognized Gains and Losses" nur in Nebenbüchern zu führen, weil unerwartet niedrige Renditen auf das Fondsvermögen durch unerwartet hohe Renditen in Folgeperioden ausgeglichen werden können. So kann die nicht zu verantwortende Volatilität reduziert werden. Alle Arten von Gains and Losses werden mit den kumulierten Werten der Vorjahre verrechnet.

Für den Fall, dass es dennoch zu keinem Ausgleich kommt, ist die Berücksichtigung und die zeitliche Verteilung der Gains and Losses in einem *Korridor* vorgesehen. Bei Anwendung des Korridors werden zunächst die kumulierten versicherungsmathematischen Gewinne und Verluste mit dem Verpflichtungsbarwert und dem Fondsvermögen verglichen. Erfolgswirksame Buchungen sind vorzunehmen, wenn die bisher nur in Nebenbüchern berücksichtigten Unrecognized Gains and Losses jeweils 10 % des größeren der beiden Werte übersteigt. Der außerhalb dieses Korridors fallende Betrag ist dann zu amortisieren; seine zeitliche Verteilung richtet sich dabei nach der durchschnittlich verbleibenden aktiven Zeit der Arbeitnehmer. Einerseits bietet die Korridor-Lösung damit eine Möglichkeit zur Volatilitätsreduktion, andererseits jedoch können innerhalb des Korridors erhebliche Belastungen lange Zeit unberücksichtigt bleiben. Daher wird hier nicht der aktuariell exakt berechnete Wert ausgewiesen, sondern diese Größe um den Wert der in den Anhang ausgelagerten und (noch) nicht berücksichtigten Bestandteile korrigiert.

Aufgrund der abweichenden Berechnungsmethode für die Verpflichtungsmaßgröße ist die Behandlung von Schätzfehlern in der HGB-Praxis mit diesem Ansatz nicht vergleichbar. Versicherungsmathematische Gewinne und Verluste werden zunächst unmittelbar in die Berechnung der Verpflichtung einbezogen. Über das angewendete Teil- oder Gegenwartswertverfahren erfolgt dann allerdings mit der Berechnung fiktiver Nettoprämien eine Verteilung des zusätzlichen erfolgswirksamen Bestandteils auf die gesamte Dienstzeit. So werden Auswirkungen der Schätzfehler hier zwar sofort vollständig in die Verpflichtungsmaßgröße einbezogen, aber letztendlich doch langfristig verteilt. Zu einer expliziten Auslagerung von Belastungen in Nebenbüchern kommt es dabei nicht; stille Lasten werden hier methodenbedingt still und damit für den externen Leser nicht erkennbar vorgetragen.

Abbildung in der Gewinn- und Verlustrechnung

Der ausgewiesene Pensionsaufwand setzt sich aus einer oder mehreren Größen zusammen. Hier bestehen wiederum erhebliche Unterschiede zwischen dem auszuweisenden Aufwand bei Anwartschaftsbarwert- (IAS) und Anwartschaftsdeckungsverfahren (HGB). In der HGB-Rechnungslegung wird der Pensionsaufwand durch den Anstieg des Teilwerts gemessen und entspricht damit der fiktiven, periodischen Nettoprämie dieses Verfahrens. Die Bestimmung des Aufwands nach IAS gestaltet sich komplexer. Es handelt sich dabei um eine *Saldoposition* aus (vereinfacht) vier unterschied-

lichen Größen. Dies sind erstens die Dienstzeitkosten für im Abrechnungszeitraum hinzuerdiente Versorgungsansprüche, zweitens der Zinsaufwand aus dem Näherrücken des Versorgungsfalls und drittens der Ertrag aus dem Fondsvermögen. Dabei wird hier wegen des Korridor-Ansatzes nicht der tatsächliche, sondern der mittelfristig erwartete Ertrag ausgewiesen. Bei dem vierten Element handelt es sich um die Amortisationsbeträge der den Korridor überschreitenden kumulierten versicherungsmathematischen Gewinne und Verluste, die als „Amortization of Unrecognized Gains and Losses" bezeichnet wird.

Abbildung der Altersversorgungs-Risiken in einem Analysemodell

Felder für die Risikoanalyse

Aus der Darstellung der real- und informationswirtschaftlichen Probleme der betrieblichen Altersvorsorge entstehen die folgenden Felder für eine Risikoanalyse:

- Welches sind die Zielgrößen der betrieblichen Altersvorsorge, und welche sind die real- und welche die informationswirtschaftlichen Größen?
- Welcher sachlogische Zusammenhang besteht zwischen den Zielgrößen, insbesondere wie sind sie hierarchisierbar?
- Wie sind die Zielgrößen verteilt (etwa: symmetrisch oder schief) und welche Verdichtungsmaße können verwendet werden?
- Wie kann ein Entscheider die Zielgrößen interpretieren?

Beschränkt man sich bei der Betrachtung der betrieblichen Altersvorsorge auf finanzielle Größen – und lässt damit weiterführende personalwirtschaftliche Aspekte außer Acht – dann stellen die Auszahlungen aus den Versorgungsplänen die erste Kenngröße dar. Auszahlungen entstehen einmal aus der Dotierung des Plans, zum anderen entstehen sie, wenn das Unternehmen subsidiär für den Plan einstehen muss, sollte dieser un-

terfinanziert sein. Bei den Zahlungen müssen sowohl Periodenliquidität als auch die Summe der (diskontierten) Zahlungen betrachtet werden. Letztere ist die entscheidende Größe für die Beurteilung der Vorteilhaftigkeit aus der Perspektive des einzelnen Entscheiders. Neben dieser realwirtschaftlichen Größe sind die informationswirtschaftlichen Größen Pensionsaufwand und Höhe der Pensionsrückstellung bedeutsam. Beide beeinflussen das Jahresergebnis bzw. die Bilanzstruktur in unter Umständen erheblichem Ausmaß. Diese Größen spielen für die externen Bilanzleser eine wichtige Rolle, weil sie allein den Externen zur Abschätzung des Verhaltens des Pensionsplans zur Verfügung stehen.

Obwohl die diskontierten Pensionsaufwendungen keine unmittelbare entscheidungslogische Bedeutung haben, können sie als Kenngröße für das Ausmaß des front- oder backloading der Aufwendungen eines Systems der betrieblichen Altersvorsorge dienen. Immer dann, wenn die diskontierten Aufwendungen im Verhältnis zum Gesamtaufwand gering sind, liegen Anzeichen für backloading vor. Wichtig ist darüber hinaus die Schwankungsbreite der Aufwendungen, sowohl was die Gesamtaufwendungen als auch was die einzelnen Periodenaufwendungen betrifft. Zahlungen für den bzw. aus dem Versorgungsplan und Pensionsaufwendungen müssen auch von einem unternehmensinternen Entscheider simultan beurteilt werden, weil die interne Vorteilhaftigkeitsperspektive und Schwankungen der Liquiditätsbelastung nicht in die externe (bilanzielle) Vorteilhaftigkeitsperspektive mit Schwankungen der Ergebnisse überführbar ist.

In welcher Form die möglichen Ergebnisse verteilt sind und ob Risikolagen in klassischen Verdichtungsmaßen erfassbar sind, lässt sich nicht ohne ein Simulationsmodell bestimmen. Eine analytische Bestimmung und Auswertung der Verteilungen ist wegen der Komplexität der Entscheidungssituation nicht möglich. Im Folgenden soll daher gezeigt werden, mit welchen Überlegungen Modelle für die Zielgrößen konstruiert werden können.

Risikoquellen der betrieblichen Altersversorgung

Hat ein Unternehmen betriebliche Altersversorgung zugesagt, dann entsteht hieraus eine Reihe von Risiken, die sich aus vier Quellen speisen. Bei der ersten *Risikoquelle* handelt es sich um das *Langlebigkeitsrisiko*. Pensionsverpflichtungen werden auf Grundlage von geschätzten zukünftigen Sterblichkeitsraten bestimmt. Verlängert sich nun die Lebenszeit für eine Population, dann sind bei gegebener Dauer des Arbeitsverhältnisses über einen längeren Zeitraum Pensionsleistungen auszuzahlen. So hat sich etwa in den letzten 40 Jahren die Lebenserwartung von Männern und Frauen in Deutschland um knapp neun Jahre verlängert. In Japan war die Verlängerung mit knapp 13 Jahren für Männer und knapp 15 Jahren für Frauen noch dramatischer. Bislang haben Statistiken die zukünftige fernere Lebenserwartung immer unterschätzt, obwohl man stets versucht hat, die Effekte des medizinischen Fortschritts bei der Abschätzung der Sterblichkeiten zu berücksichtigen.

Als zweite Risikoquelle ist das (individuelle) *Sterblichkeitsrisiko* zu nennen. Dieses Risiko tritt ein, wenn einzelne Beschäftigte der kollektiven Lebenserwartung nicht entsprechen, wenn sie also – entgegen der Erwartung – länger (oder kürzer) leben und dementsprechend über einen längeren Zeitraum hinweg Zahlungen geleistet werden müssen, für die keine finanziellen Mittel zurückgelegt wurden. Durch eine Reihe von Simulationsläufen kann abgeschätzt werden, in welchem Umfang sich hieraus Belastungen für Bilanz, GuV und die Cash Flows der Perioden ergeben können.

Zinsrisiken stellen die dritte Risikoquelle dar. Sie schlagen sich in Kapitalanlagerisiken und Bewertungsrisiken der Pensionsrückstellung nieder. Kapitalanlagerisiken entstehen in der betrieblichen Altersversorgung immer, unabhängig von der Finanzierungsform. Bei einer unmittelbaren Versorgungszusage liegen die Risiken in einer falsch abgeschätzten Performance des zusagenden Unternehmens. Bei einer Fondsfinanzierung entstehen Risiken durch eine falsch abgeschätzte Kapitalmarktperformance. Auch bei der Bewertung der Pensionsrückstellungen entstehen zinsseitige Risiken. Außer bei der handelsbilanziellen Verwendung steuerlich zulässiger Werte (was nur im Rahmen der HGB-Rechnungslegung geschehen kann) müssen sich die Zinssätze, die zur Diskontierung von Pensionsrückstellungen verwendet werden, an der Rendite erstrangiger Industrieanleihen orientieren. Dies bedeutet, dass der Wert der Pensionsrückstellung mit der Rendite der Referenz-Industrieanleihen schwankt. Als Faustformel gilt, dass sich der Wert einer Pensionsrückstellung um 10 % verändert, wenn sich die Referenzrendite um einen Prozentpunkt ändert. Zinsrisiken lassen sich durch entsprechende Renditemodelle erfassen.

Die vierte Risikoquelle entsteht durch die Fehlschätzung der zukünftigen *Gehaltssteigerungen*. Pensionsrückstellungen sind (zumindest nach den internationalen Regeln) auf Grundlage zukünftiger Gehälter zu bestimmen. Die Steigerungsrate der ruhegehaltsfähigen Bezüge kann falsch bestimmt sein. Wird die Rate der Gehaltssteigerungen überschätzt, ergeben sich außerordentliche Gewinne, ansonsten außerordentliche Verluste.

Modellierung: Entscheidungsparameter und Zufallsvariable

Das zur Analyse der Risikosituation verwendete Modell kombiniert Entscheidungsparameter und Zufallsvariable. Als wichtiger realwirtschaftlicher Entscheidungsparameter des Managements gilt die *Finanzierung des Pensionsplans*. Deren Dotierung liegt innerhalb gewisser Grenzen im Ermessen der Unternehmensführung. Liegt ein Defizit vor, übersteigt also die Verpflichtungsmaßgröße das vorhandene Fondsvermögen, muss dieses nicht unmittelbar ausgeglichen werden. Der Grund hierfür liegt in der Auszahlungsstruktur der Pläne. Die Verpflichtungsmaßgröße erfasst den Gegenwartswert zukünftiger Auszahlungen. Verpflichtungsüberhänge führen daher nicht unmittelbar zur Zahlungsunfähigkeit. Solange ein Plan solvent ist, d. h. solange absehbar ist, dass die laufenden Verpflichtungen erfüllt werden können, muss keine Aufstockung erfolgen. Für die Modellierung wurde zunächst angenommen, dass Einzahlungen jeweils 50 % des Finanzierungsstatus betragen, also mögliche Defizite zur Hälfte ausgeglichen werden. Als Begrenzung wurde im Modell vorgegeben, dass nicht mehr als 10 % der Verpflichtungsmaßgröße eingezahlt werden soll.

Die Dotierung eines Plans muss im Zusammenhang mit dem Liquiditätsbedarf des laufenden Kerngeschäfts gesehen werden. Jede Zuführung von Zahlungsmitteln entzieht dem Unternehmen Investitionsmöglichkeiten, zumindest dann, wenn der Zugang zu Eigen- und Fremdkapital beschränkt ist. Es kann daher in Abhängigkeit von der Finanzplanung zweckmäßig sein, einen Pensionsfonds finanziell knapp auszustatten.

Der zweite wesentliche Entscheidungsparameter ist die *Planformel*, die die Höhe der Versorgungsleistungen und deren zeitliche Verteilung bestimmt. Das hier verwendete Modell ist strukturell einfach gehalten – es findet weder front- noch backloading statt – und gewährt pro Arbeitsjahr 2 % der letzten Vergütung als Ruhegehalt.

Der zentrale Abbildungsparameter für den Pensionsfonds ist die (in bestimmtem Rahmen) frei wählbare *erwartete Fondsrendite* für die Pensionsrückstellung. Die erwartete Fondsrendite geht als Abzugsposition in die Aufwendungen für Altersversorgung ein. Je höher sie gewählt wird, desto geringer fallen zunächst diese Aufwendungen aus. Wird sie jedoch nachhaltig überschätzt, entstehen hierdurch versicherungsmathematische Verluste, die die Gewinn- und Verlustrechnung in späteren Perioden belasten.

Als exogen vorgegebene Zufallsvariablen werden die real erwirtschaftete Verzinsung des Planvermögens, die Sterbefälle, die *Fluktuationsrate* der Mitarbeiter und die *Gehaltsdynamik* gewählt. Die Diskontrate wird in diesem Modell als zufallsabhängig erfasst, weil sich durch die Kapitalmarktbezogenheit der Diskontrate Schwankungen ergeben. Für die Kapitalmarktrendite wird eine Normalverteilung um den Mittelwert

5 % angenommen; die Standardabweichung beträgt 0,5 %. Über eine Strukturierung der Kapitalanlagepolitik des Fonds sind alternative Verteilungen denkbar und möglich. Die Diskontrate wird in dem hier verwendeten Modell ebenfalls als normalverteilt angenommen, mit gleichem Erwartungswert, aber halbierter Standardabweichung. Die Gehaltsdynamik folgt einer Normalverteilung mit einem Mittelwert von 3 % und einer Standardabweichung von 0,9 %. Die Fluktuation beträgt 0,5 %.

Mit diesen Daten wurde nun ein Simulationslauf gestartet, der eintausend Mitarbeiter zum Ausgangspunkt hatte. Deren Alter war zwischen 20 und 40 gleich verteilt. Das Pensionsalter wurde auf 70 Jahre gesetzt; das maximal erreichbare Lebensalter beträgt 90 Jahre. Alle Mitarbeiter beginnen mit einem Gehalt von 100 GE. Inhaltlich lässt sich die Modellierung als ein *geschlossener Pensionsfonds* beschreiben. Zunächst zeigt Abbildung 3 die Verteilungen einiger Kerngrößen, um erkennen zu lassen, ob diese in den statistischen Kenngrößen Erwartungswert und Standardabweichung beschrieben werden können.

Während die erste Kenngröße beispielsweise recht gut an die Normalverteilung angenähert ist, kann dies für die Zahlungen nicht gefolgert werden. Hier liegt eine links schiefe Verteilung vor. Der Grund hierfür ist in der Konstruktion des Pensionsplans zu suchen: Während unterdotierte Pläne weiterer Einzahlungen bedürfen, erhält das Unternehmen bei einer Überdotierung keine Zahlungen zurück. Durch diese einseitige Einzahlungsbeziehung entstehen so Verschiebungen in der Verteilung. Eine Beurteilung dieser Kenngrößen im Sinne von Risiko-Chance-Potenzialen ist zunächst nicht möglich; es handelt sich um die Erfassung der Risiken als *Schwankungsrisiken*. Lediglich dann, wenn man aus bilanzpolitischer Perspektive Vorstellungen in Form einer Zielgröße vorgibt, können zusätzliche Angaben über Risikopotenziale gegeben werden.

Abbildung 4 zeigt grafisch den zeitlichen Verlauf der Stromgrößen für den mittleren Simulationslauf. Die Summe

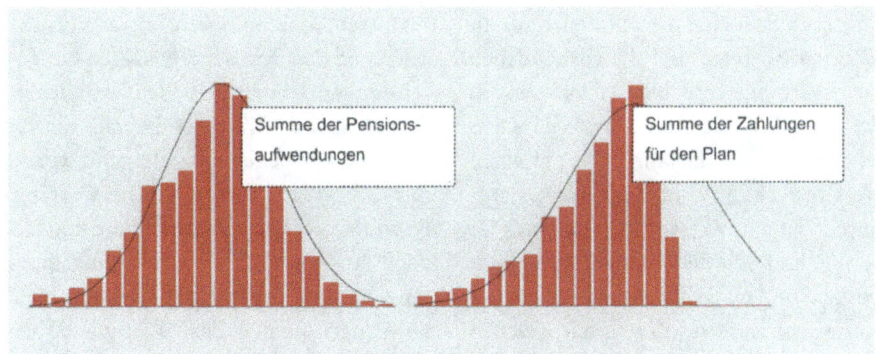

Abbildung 3: Verteilungen ausgewählter Output-Kenngrößen des Simulationsmodells

der insgesamt durch das Unternehmen zu erbringenden Aufwendungen liegt bei 58.353 GE, ihr durchschnittlicher Wert bei 821 GE und ihr diskontierter Wert bei 20.155 GE. Zur Plandotierung sind aus dem Unternehmen 63.487 GE abgeflossen, die einen Gegenwartswert von 18.311 GE aufwiesen. Die durchschnittliche Periodenzahlung beträgt 894 GE. Die Aufwendungen (Zahlungen) zeigen eine statistische Standardabweichung von 827 (946) GE, also etwa in Höhe der Durchschnittsgröße. Aus der grafischen Darstellung ist gut erkennbar, dass die Höhe der Aufwendungen geglättet verläuft und Schwankungen vor allem bei den Zahlungen eintreten. Diese Schwankungen sind im Wesentlichen durch die Dotierungspolitik in Abhängigkeit von den erzielten Kapitalmarktrenditen bestimmt.

Szenario-Analyse für ausgewählte Problemfelder

Das Modell der Altersvorsorge, das sowohl die realwirtschaftlichen Konsequenzen und die bilanziellen Effekte von Pensionszusagen erfasst, kann nun dazu genutzt werden, Risikolagen zu identifizieren und Maßnahmen abzuleiten. Besonders nahe liegend wären etwa die Erfassung des Langlebigkeitsrisikos oder Trendeffekte im Hinblick auf die Verzinsung der Vermögenswerte. So wird beispielsweise in manchen Szenarien zur demografischen Entwicklung angenommen, dass die erzielbare Rendite von Fonds langfristig sinkt, weil die gesamtwirtschaftliche Nachfrage aufgrund der Alterung und Schrumpfung der Bevölkerung abnimmt.

Besonders bedeutsam – auch im Hinblick auf die aktuellen Entwicklungen –

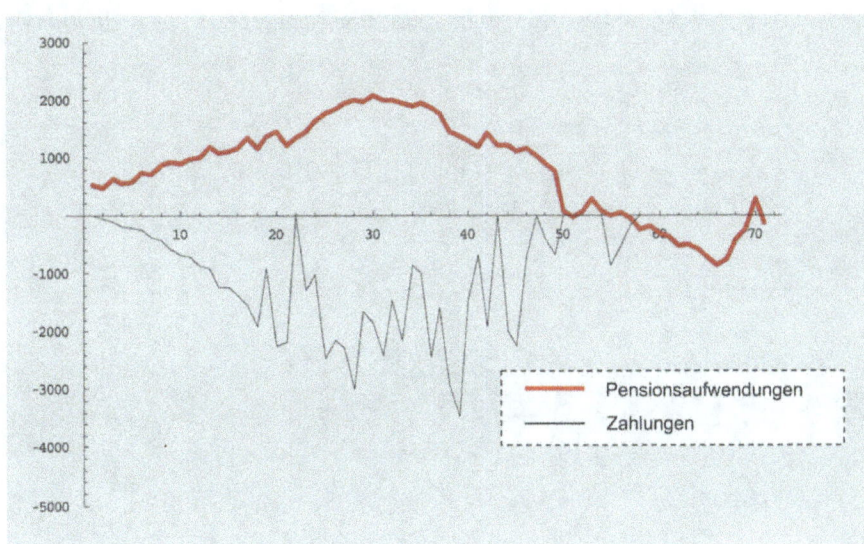

Abbildung 4: Zeitliche Verteilung der Output-Stromgrößen

sind aber Schocks, die auf den Kapitalmärkten eintreten und die vorhandenen Fondsvermögen erheblich reduzieren. So fiel der DAX von seinem Index-Höchststand von 6266 im Jahr 2000 auf einen Wert von 2853 im Jahr 2001. Dies entspricht einem Wertverlust von 54,5 %. Beispielhaft soll dieser Effekt modelliert werden, und im Rahmen des Modells soll untersucht werden, ob und mit welchen Konsequenzen einem solchen Risiko begegnet werden kann.

Zur Analyse des *Kapitalmarktschocks* wird 30 Jahre nach Schließung des Pensionsplans einmalig die Fondsrendite auf –50 % gesetzt. Damit halbieren sich die Vermögenswerte. Eine solche Annahme ist keinesfalls extrem, wie das auf den DAX bezogene Beispiel zeigt. Noch dramatischere Entwicklungen ergeben sich für Fonds einzelner Unternehmen, die die Grundsätze der Mischung und Streuung weniger berücksichtigt haben. Bei der Analyse dieses Kapitalmarktschock-Szenarios müssen die stochastischen Einflüsse aller anderen Variablen ausgeschaltet sein, um den Effekt der jeweils betrachteten Umweltveränderung isolieren zu können. Daher werden in diesem Fall alle zufälligen Ereignisse der Simulationsläufe aus dem Ausgangsmodell fixiert, so dass ein Vergleich auch der jeweiligen Handlungsoptionen möglich ist.

Unternehmen können (jenseits der Anlagepolitik, auf die nicht immer Einfluss besteht) mit zwei möglichen *Verhaltensänderungen* auf diese Risikosituation reagieren. Sie könnten etwa vorausschauend den Satz der erwarteten Fondsrendite anpassen, also den möglichen Schock in den Wert der Durchschnittsrendite einbeziehen. Nachfolgend wurde mit 3 % statt bisher 5 % erwarteter Rendite gerechnet. Unternehmen können auch durch ein anderes Dotierungsmuster den Zahlungsverlauf steuern. Hier wird angenommen, dass zwar wie bisher auch nur 50 % des Zahlungsüberhangs eingezahlt werden sollen, erhebliche Lücken aber schneller ausgeglichen werden. Daher wurde die Beschränkung der Einzahlungen auf 10 % der Verpflichtungsmaßgröße aufgegeben. Das Modell gibt nun Antwort, welche Auswirkungen die unterschiedlichen Handlungsalternativen aufweisen.

Abbildung 5 zeigt das Verhalten der wichtigen Stromgrößen „Einzahlung in den Fonds" und „*Pensionsaufwendungen*". Im Vergleich zum Ursprungsmodell erhöhen sich (erwartungsgemäß) die Zahlungen an den Fonds sowie die Pensionsaufwendungen. Abbildung 6 stellt die Ergebnisse in tabellarischer Form zusammen.

Diese Gegenüberstellung erlaubt nun eine Analyse der einzelnen Handlungsalternativen. Zunächst einmal unterscheiden sich alle Varianten kaum im Hinblick auf die typische Maßgröße der Vorteilhaftigkeitsbeurteilung, der Summe der diskontierten Zahlungsströme. Unterschiede hingegen bestehen bei allen anderen Kenngrößen. Die Reduktion des erwarteten Ertrags (Handlungsalternative 1) verändert die Summe der *Pensionsaufwendungen* nicht wesentlich, verlagert sie zeitlich allerdings stärker nach vorne. Ein Vergleich der diskontierten Aufwendungen als Unterscheidungskriterium ist sinnlos, da diskontierte Aufwendungen keine entscheidungslogische Vorteilhaftigkeitsinterpretation haben. Zudem verursacht Alternative 1 eine erhöhte *Volatilität* in den Pensionsaufwendungen. Die Schwankung der Zahlungsströme kann sich nicht verändern, weil keine realwirtschaftliche Korrektur vorgenommen wurde; die Zahlungsmuster sind identisch. Insgesamt erscheint also die Vorwegnahme möglicher Schwankungen durch Absenken der erwarteten Fondsrendite – ein „Vorsichts"-Ansatz – wenig geeignet, größeren Werteinbrüchen zu begegnen.

Ein verändertes Dotierungsschema (Handlungsalternative 2) führt hingegen auch auf der realwirtschaftlichen Ebene zu Veränderungen. Legt man zunächst die Maßgröße *Kapitalwertveränderung* an, ist Alternative 2 den beiden anderen Szenarien unterlegen. Die Summe der diskontierten Zahlungen ist (wenn auch nur geringfügig) höher. Allerdings zeigt sich bei Handlungsalternative 2 eine Reihe von „Vorteilen" aus bilanzpolitischer Sicht. So weist die Alternative 2 die geringste Summe an Aufwendungen aus; zudem sind diese in die Zukunft verlagert. Die Schwankungsbreite der Aufwendungen – und damit die Volatilität des Jahresergebnisses – liegt unterhalb der anderen betrachteten Szenarien. Erkauft wird dies durch eine höhere Volatilität der Zahlungsströme. Allerdings wird, wie Abbildung 5 erkennen lässt, die erhöhte Varianz im Wesentlichen durch die erhöhten Einzahlungen im Schock- und in den Folgejahren beeinflusst. Rechnet man diese Effekte heraus, so liegt die (trunkierte) Standardabweichung bei 1.192. Unternehmen, die einen schnellen Zugang zum Kapitalmarkt haben oder die hohe Zahlungsrückflüsse (Free Cash Flow) aufweisen, dürften die Alternative 2 als attraktiv empfinden. Ähnliche Analysen können nun auch für andere Abbildungsalternativen, Dotie-

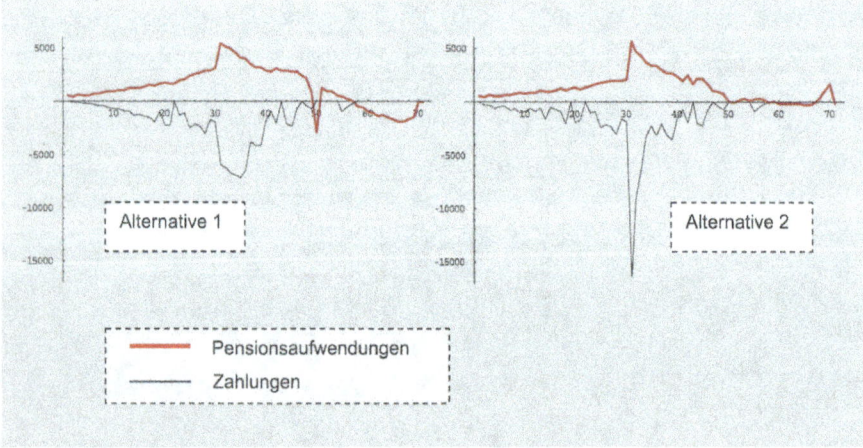

Abbildung 5: Der Verlauf der Stromgrößen für die Handlungsalternativen

	ohne Verhaltensänderung	Anpassen von	
		erwarteter Rendite	Dotierung
Summe der Zahlungen (diskontierter Wert)	97.545 (25.067)	97.545 (25.067)	92.546 (25.105)
Summe der Pensionsaufwendungen (diskontierter Wert)	92.414 (25.333)	92.861 (28.581)	87.413 (23.656)
Durchschnitt der Zahlungen (Aufwendungen)	1.373 (1.301)	1.373 (1.308)	1.303 (1.231)
Standardabweichung der Zahlungen (Aufwendungen)	1.908 (1.327)	1.908 (1.812)	2.364 (1.237)

Abbildung 6: Auswirkungen verschiedener Handlungsalternativen auf die Kernergebniskenngrößen

Fazit

Die Analyse der betrieblichen Altersversorgung als Beispielfall für die Erfassung und Steuerung von zufallsabhängigen Risiken hat gezeigt, wie komplex sich das Verarbeiten von Risikosituationen darstellt. Zunächst einmal muss die Risikosituation – die in diesem Zusammenhang auf wahrscheinlichkeitstheoretisch messbare Zusammenhänge beschränkt war – im Hinblick auf die zu betrachtenden Zielgrößen charakterisiert werden. Dies kann nur im Rahmen des Unternehmenskontexts und der spezifischen Entscheidungssituation erfolgen. Bei Mehrpersonenzusammenhängen benötigt man stets eine simultane Betrachtung von nebeneinander stehenden Zielgrößen. In der Bilanzierung und Dotierung der betrieblichen Altersversorgung sind neben den Zahlungsgrößen auch die auf die Bilanz und GuV wirkenden Aufwendungen zu beachten. Nur die beiden letzteren erfassen die Effekte auf den Jahresüberschuss, der für Externe von besonderer Bedeutung ist.

Ein auf mehrere Perioden bezogenes Entscheidungsproblem, das aus verschiedenen Ursachen risikobehaftet ist, wurde hier im Rahmen eines stochastischen Simulationsmodells analysiert. Dies ist in der Regel schon deswegen erforderlich, weil analytisch nicht abgeschätzt werden kann, wie die Zielgrößen (wahrscheinlichkeitstheoretisch) verteilt sind. Liegen etwa schiefe, also nicht symmetrische Verteilungen vor, dann wird die Interpretation deterministischer oder auf klassische Kenngrößen wie Erwartungswert und Standardabweichung beschränkter stochastischer Zielgrößen problematisch. Sind jedoch – wie in dem hier vorliegenden Fall – die Kernentscheidungsgrößen näherungsweise symmetrisch verteilt, können Erwartungswerte und Standardabweichungen von Cash Flows, den realwirtschaftlichen Größen und Aufwendungen, den informationswirtschaftlichen Größen, eine gute Richtschnur für das Handeln geben. Das Abwägen zwischen den einzelnen Zielmaßen bleibt jedoch Aufgabe des Managements, weil nicht nur die unternehmensindividuelle Erfolgslage, sondern auch Rückwirkungen auf den Kapitalmarkt (oder die Analyseinstrumente anderer Stakeholder, wie etwa Kreditgeber) zu beachten sind. Abzuwägen ist etwa zwischen der zeitlichen Verlagerung von Aufwendungen und ihren Schwankungen oder zwischen einer finanzwirtschaftlichen Vorteilhaftigkeit (die möglicherweise nicht glaubwürdig kommuniziert werden kann) und einem ungünstigen Bilanzbild.

Das hier dargestellte Szenario eines Kapitalmarktschocks – angelehnt an die Entwicklungen des deutschen Aktienmarkts in den Jahren 2000 und 2001 – hat beispielsweise gezeigt, welche Effekte eine bilanzielle Vorwegnahme eines solchen Ereignisses in Form verringerter bilanzieller Durchschnittsrenditen hervorruft. Erst aus der Modellanalyse wird deutlich, dass dieser Vorwegnahme-Effekt ganz andere Wirkungen als eine Anpassung von Dotierungsplänen für Fonds entfaltet. Dies entzieht sich jedoch einer eindeutigen Beurteilung. Wegen der grundsätzlich unterschiedlichen periodenbezogenen Liquiditätsbelastung und der unterschiedlichen Aufwandsentstehung und -verteilung kann nur eine situative, von den Unternehmensdaten abhängige Aussage über die Vorteilhaftigkeit der einzelnen Handlungsalternativen getroffen werden.

Literatur

ALBRECHT, P.: Zur Messung von Finanzrisiken, in: Mannheimer Manuskripte zur Risikotheorie, Portfolio Management und Versicherungswirtschaft, Nr. 143, Mannheim 2003.

ALBRECHT, P. / MAUER, R. / MÖLLER, M.: Shortfall-Risiko / Exzess-Chance-Entscheidungskalküle: Grundlagen und Beziehungen zum Bernoulli-Prinzip, in: Zeitschrift für Wirtschafts- und Sozialwissenschaften, 118. Jg. (1998), S. 249–274.

BEAVER, W. H.: Financial Reporting: An Accounting Revolution, 3. Aufl., Upper Sadle River (New Jersey) 1998.

BOWERS, N. L. / GERBER H. U. / HICKMAN, J. C. / JONES, D. A. / NESBITT, C. J.: Actuarial Mathematics, 2. Aufl., Schaumburg (Illinois) 1997.

EISENFÜHRER, F. / WEBER, M.: Rationales Entscheiden, 4. Aufl., Berlin 2002.

FEDERMANN, R. / IASCF (Hrsg.): IAS / IFRS-stud.: International Accounting Standards/ International Financial Reporting Standards mit SIC/IFRIC-Interpretationen, 2. Aufl., Berlin 2004.

HELTEN, E.: Ist Risiko ein Konstrukt?, in: HESBERG, D. / NELL, M. / SCHOTT, W. (Hrsg.): Risiko – Versicherung – Markt, Karlsruhe 1994, S. 19–25.

LAUX, H.: Erfolgssteuerung und Organisation 1, Berlin 1995.

PALEPU, K. G. / HEALY, P. M. / BERNARD, V. L.: Business Analysis and Valuation: Using Financial Statements, 2. Aufl., Cincinnati (Ohio) 2000.

PELLENS, B.: Internationale Rechnungslegung, 4. Aufl., Stuttgart 2001.

PENMAN, S. H.: Financial Statement Analysis and Security Valuation, 2. Aufl., New York 2003.

SCHNEIDER, D.: Betriebswirtschaftslehre, Band 3: Theorie der Unternehmung, München/Wien 1997.

WOLFSDORF, K.: Versicherungsmathematik Teil 1: Personenversicherung, 2. Aufl., Stuttgart 1997.

ZIMMERMANN, J. / SCHILLING, S.: Ergebnisrisiko betriebliche Altersvorsorge?, in: Kapitalmarktorientierte Rechnungslegung, 3. Jg. (2003), S. 14–21.

Risikocontrolling aus der Sicht des Abschlussprüfers

Volker Hampel / Marcus Lueger / Ute Roth

■ Einführung

Mit dem Inkrafttreten des Gesetzes zur „Kontrolle und Transparenz im Unternehmensbereich" (KonTraG) zum 1. Mai 1998 wurden weitreichende Reformen des Aktien- und Handelsrechts vorgenommen. Die relevanten Neuerungen zielen vorrangig auf den Schutz von Gläubigern sowie Investoren ab und wurden explizit eingeführt, um unvorhergesehene Insolvenzen deutlich zu reduzieren sowie eine stärkere Ausrichtung der Rechnungslegungsvorschriften an die Anforderungen an internationale Kapitalmärkte vorzunehmen (vgl. BT-DRUCKSACHE 13/9712, 1998, S. 11). Auslösende Momente für das KonTraG waren unter anderem tatsächliche bzw. potenzielle Insolvenzen von Aktiengesellschaften, die z.T. eine große Öffentlichkeitswirksamkeit mit sich brachten und geeignet waren, das Vertrauen der Anleger in den Kapitalmarkt deutlich zu beeinträchtigen. Ein weiterer wesentlicher Aspekt des KonTraG liegt in der Zielsetzung, Maßnahmen umzusetzen, die über eine stärkere Orientierung der bestehenden Steuerungsmechanismen an Risiken eine langfristige Wertsteigerung für die Anteilseigner unterstützen sollen (vgl. BT-DRUCKSACHE 13/9712, 1998, S. 11).

Unter die veränderten Rahmenbedingungen, die unter dem Begriff „Risikomanagement" zusammengefasst wurden, fallen nicht nur die Unternehmensorgane, es wurde vielmehr gleichzeitig bei börsennotierten Unternehmen für das eingerichtete Risikomanagement-System eine unternehmensexterne Prüfungspflicht durch den Abschlussprüfer kodifiziert. Auf diesem Wege soll die vom Aufsichtsrat auszuübende unternehmensinterne Kontrolle gestärkt werden (vgl. BT-DRUCKSACHE 13/9712, 1998, S. 11).

Im Folgenden soll zunächst auf die wesentlichen gesetzlichen Vorschriften, welche die rechtlichen Rahmenbedingungen sowohl für das Unternehmen als auch für den Abschlussprüfer bestimmen, eingegangen werden (vgl. NEUBECK, 2003, S. 171 ff.). Anhand der festgelegten Rahmenbedingungen wird anschließend auf die praktische Ausprägung von Risikomanagement-Systemen und das damit einhergehende Risikocontrolling eingegangen, um hieran schließlich die kodifizierten Prüfungsvorgaben an Wirtschaftsprüfer (hier insbesondere die einschlägigen Prüfungsstandards) aufzuzeigen.

■ Rechtliche Grundlagen des Risikomanagements

§ 91 Abs. 2 AktG: Einrichtung eines Überwachungssystems

Die Vorschrift des § 91 Abs. 2 AktG verpflichtet den Vorstand „geeignete Maßnahmen zu treffen, insbesondere ein Überwachungssystem einzurichten, damit den Fortbestand der Gesellschaft gefährdende Entwicklungen frühzeitig erkannt werden." Obwohl § 93 Abs. 1 AktG bereits festgeschrieben hatte, dass Vorstandsmitglieder „... bei ihrer Geschäftsführung die Sorgfalt eines ordentlichen und gewissenhaften Geschäftsleiters anzuwenden [haben]" und § 93 Abs. 2 AktG weiter kodifizierte, dass „Vorstandsmitglieder, die ihre

---

● Das Gesetz zur Kontrolle und Transparenz im Unternehmensbereich (KonTraG) stellt zusätzliche Anforderungen an Unternehmen und Wirtschaftsprüfer.
● Eine reine Ausrichtung an den gesetzlichen Anforderungen wird der Funktion eines Risikomanagements/Risikocontrollings nicht hinreichend gerecht.
● Der Nutzen eines funktionsfähigen Risikocontrollings liegt in der nachhaltigen Optimierung der Unternehmenssteuerung.
● Für den Abschlussprüfer ergeben sich unterschiedliche Facetten für die Prüfung eines Risikomanagement-Systems im Hinblick auf die unternehmensrelevanten Risiken und deren Abbildung im Lagebericht.

Dipl.-Kfm. Volker Hampel ist Partner und Leiter des Dienstleistungsbereichs Interne Revision bei Ernst & Young AG, Wirtschaftsprüfungsgesellschaft, Stuttgart.

Magister rer. soc. oec. Marcus Lueger ist Senior Manager und Certified Internal Auditor bei Ernst & Young AG, Wirtschaftsprüfungsgesellschaft, Stuttgart.

Pflichten verletzen, der Gesellschaft zum Ersatz des daraus entstehenden Schadens als Gesamtschuldner verpflichtet [sind]", sah es der Gesetzgeber als erforderlich an, die Überwachungsanforderungen an die Vorstände nochmals gesondert zu betonen. Der Gesetzgeber führt hierzu aus: „Dabei werden aber überwiegend ohnehin gebotene und im Grunde selbstverständliche Pflichten der Unternehmensorganisation geregelt, die bei gut geführten und kontrollierten Unternehmen schon jetzt erfüllt werden." (Vgl. BT-DRUCKSACHE 13/9712, 1998, S. 12)

Aus diesen Regelungen leitet sich unmittelbar die Intention des Schutzes von Investoren und als einer der Kernfaktoren des KonTraG die Vermeidung kurzfristiger unvorhergesehener Insolvenzen ab. Da nach § 111 Abs. 1 AktG der Aufsichtsrat die Geschäftsführung zu überwachen hat, leitet sich aus diesen Vorschriften explizit ab, dass der Aufsichtsrat die Einführung eines ordnungsmäßigen Überwachungssystems durch den Vorstand sicherzustellen hat. Obwohl der Gesetzgeber im GmbHG keine analoge Vorschrift zu § 91 Abs. 2 AktG festgeschrieben hat, kann dennoch auch dort von einer Verpflichtung zur Einführung eines Überwachungssystems ausgegangen werden, da der § 43 Abs. 1 GmbHG (analog zu § 93 Abs. 1 AktG) sowie § 43 Abs. 2 GmbHG (analog zu § 93 Abs. 2 AktG) festlegt, dass die Geschäftsführer die Sorgfalt eines ordentlichen Geschäftsmannes anzuwenden haben und solidarisch für den entstandenen Schaden haften. Die sogenannte Ausstrahlungswirkung hat der Gesetzgeber auch in seiner Begründung zu § 91 Abs. 2 AktG angeführt (vgl. BT-DRUCKSACHE 13/9712, 1998, S. 15), ohne hier jedoch eine klare Regelung zu schaffen. Bestimmende Faktoren sind demnach die Größe, die Komplexität der Struktur und weitere nicht genannte Faktoren der GmbH.

Vor der Einführung des KonTraG konnte bereits grundsätzlich von einer betriebswirtschaftlichen Notwendigkeit zur Einführung eines Überwachungssystems ausgegangen werden. Dies ergibt sich unter anderem aus § 76 AktG, wonach es zu den allgemeinen Leitungsaufgaben gehört, ein zweckentsprechendes Überwachungssystem einzurichten. Bei den in der Öffentlichkeit diskutierten Unternehmensschieflagen hätten bereits Verstöße gegen diese allgemeinen Leitungsaufgaben und demnach gegen ohnehin schon vorhandene rechtliche Regelungen festgestellt werden können (vgl. BÖCKING/ORTH, 2000, S. 246). Der Gesetzgeber sah es trotzdem als notwendig an, die Verpflichtung zur Einführung eines Überwachungssystems noch einmal explizit in § 91 Abs. 2 AktG aufzunehmen.

Berichterstattung durch die Unternehmen an die Öffentlichkeit

Eine rechtliche Pflicht der unternehmensinternen Überwachungsorgane zur Berichterstattung an die Öffentlichkeit ergibt sich nach § 91 Abs. 2 AktG grundsätzlich nicht. Die Berichtspflicht über Risiken sowohl für die Aktiengesellschaft als auch für die Gesellschaft mit beschränkter Haftung ergibt sich vielmehr indirekt aus §§ 289 Abs. 1 und 315 Abs. 1 HGB, da „im Lagebericht ... auch auf die Risiken der künftigen Entwicklung einzugehen" ist. Dies kann als ein erster Ausfluss aus den Anforderungen an ein Risikomanagementsystem angesehen werden, da ohne ein funktionierendes Überwachungssystem die Risiken nicht erfassbar sein dürften. Hervorzuheben ist dabei, dass der Gesetzgeber im Rahmen der Berichtspflichten im Lagebericht abweichend von den Regelungen im § 91 Abs. 2 AktG keine Einschränkungen auf bestandsgefährdende Risiken getroffen hat. Über welche Risiken zu berichten ist und in welchem Umfang eine solche Berichterstattung zu erfolgen hat, bleibt sowohl im Gesetz selbst als auch in der Begründung dazu unerwähnt. Diese Lücke wurde jedoch durch den Berufsstand im Rahmen des IDW RS HFA 1 (Aufstellung des Lageberichts) sowie den Deutschen Rechnungslegungsstandard Nr. 5 (DRS 5 – Risikoberichterstattung) geschlossen. Es ist zwischenzeitlich Praxis, dass sich die Berichterstattung auf die für das jeweilige Unternehmen wesentlichen Risiken beschränken kann.

Gesetzliche Prüfungspflicht

Die Pflicht, das Risikomanagement-System zu prüfen, ergibt sich direkt aus § 317 Abs. 4 HGB („Bei einer börsennotierten Aktiengesellschaft ist außerdem im Rahmen der Prüfung zu beurteilen, ob der Vorstand die ihm nach § 91 Abs. 2 des Aktiengesetzes obliegenden Maßnahmen in einer geeigneten Form getroffen hat und ob das danach einzurichtende Überwachungssystem seine Aufgaben erfüllen kann."), in dem die besondere Prüfungspflicht der Einführung sowie Funktionsfähigkeit des Überwachungssystems bei börsennotierten Aktiengesellschaften kodifiziert wurde. Zudem besteht eine indirekte Prüfungspflicht durch die Anforderungen des § 317 Abs. 2 HGB, wonach im Rahmen der Prüfung des Lageberichts „... auch zu prüfen ist, ob die Risiken der künftigen Entwicklung zutreffend dargestellt sind." Wie bereits argumentiert wurde, werden die Risiken der künftigen Entwicklung i. d. R. im Rahmen eines funktionierenden Überwachungssystems erfasst.

Obwohl in § 91 Abs. 2 AktG keine Unterscheidung zwischen börsennotierten und nicht börsennotierten Aktiengesellschaften getroffen wurde, beschränkt der Gesetzgeber die Prüfungspflicht auf börsennotierte Aktiengesellschaften.

Dr. Ute Roth
ist Riskcontrollerin und Assistentin des Beirats bei Adolf Würth GmbH & Co. KG, Künzelsau.

BERICHTERSTATTUNG

Berichterstattung durch den Abschlussprüfer im Rahmen des Prüfungsberichtes

Eine separate Berichterstattung zu den Ergebnissen der Prüfung des Überwachungssystems ergibt sich aus § 321 Abs. 4 HGB, wonach der Abschlussprüfer in einem gesonderten Berichtsteil des Prüfungsberichts darüber berichten muss. In diesem Berichtsteil hat der Abschlussprüfer nicht nur die Ergebnisse der Überprüfung darzustellen, sondern auch die Bereiche zu benennen, in denen Verbesserungsbedarf besteht. Konkrete Maßnahmen bzw. Verbesserungsvorschläge sind jedoch nicht Bestandteil der Berichterstattung durch den Abschlussprüfer. Ergänzend sei darauf hingewiesen, dass der Abschlussprüfer bei Unternehmen, die zwar keiner gesetzlichen Prüfungspflicht hinsichtlich der Einhaltung des § 91 Abs. 2 AktG nach § 317 Abs. 4 HGB unterliegen, bei denen jedoch eine Erweiterung des Auftrags zur Abschlussprüfung aus dem Gesellschaftsvertrag, der Satzung oder aufgrund einer Vereinbarung vorliegt, über die Ergebnisse seiner Prüfung ebenfalls schriftlich in einem gesonderten Abschnitt des Prüfungsberichts zu berichten hat (vgl. IDW, 2003, Tz. 108).

Zudem wurde die Berichterstattungsverpflichtung des Wirtschaftsprüfers allgemein erweitert. Der Wirtschaftsprüfer muss entsprechend der §§ 321 und 322 HGB u. a. auch über Verstöße gegen gesetzliche Vorschriften sowie Tatsachen berichten, die den Bestand des geprüften Unternehmens oder des Konzerns gefährden oder seine Entwicklung wesentlich beeinträchtigen können. Die Redepflicht des Abschlussprüfers geht demnach über die Berücksichtigung der lediglich bestandsgefährdenden Risiken hinaus. Hieraus lässt sich ableiten, dass ein Überwachungssystem auch nicht bestandsgefährdende Risiken zu erfassen und zu steuern hat.

Berichterstattung durch den Abschlussprüfer im Rahmen des Bestätigungsvermerks

Eine Berücksichtigung der Ergebnisse der Prüfung des Überwachungssystems im Bestätigungsvermerk ist in § 322 HGB

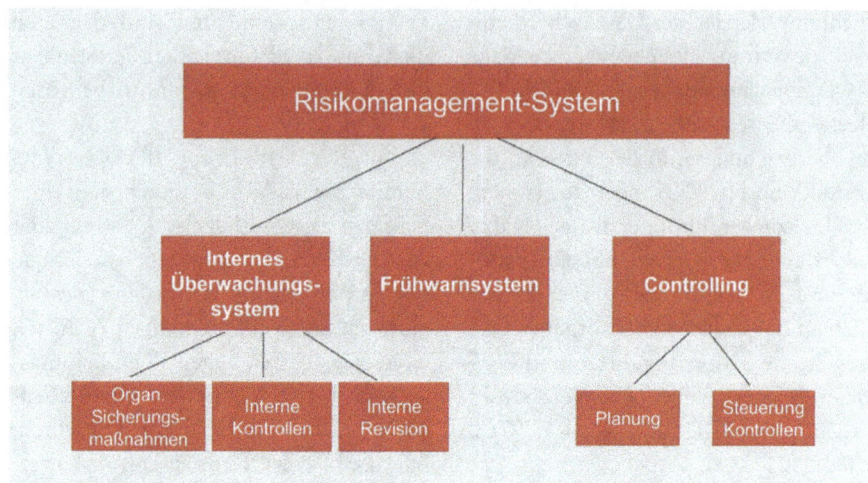

Abbildung 1: Risikomanagement und Überwachungssystem in Anlehnung an Lück (vgl. LÜCK, 1998b)

nicht aufgenommen worden (vgl. IDW, 2000a, Tz. 32; IDW, 2003, Tz. 106; IDW, 2003, Tz. 72). Im Rahmen der Einführung des KonTraG wurde durch § 322 Abs. 2 Satz 2 HGB der Abschlussprüfer jedoch nunmehr verpflichtet, gesondert auf bestandsgefährdende Risiken im Bestätigungsvermerk einzugehen. Diese Verpflichtung besteht selbst dann, wenn im Lagebericht zunächst eine ausreichende Darstellung der existierenden bestandsgefährdenden Risiken erfolgt ist. Auf diesem Wege soll den Jahresabschlussadressaten nochmals verdeutlicht werden, dass ein uneingeschränkter Bestätigungsvermerk keineswegs impliziert, dass das betreffende Unternehmen wirtschaftlich erfolgreich und finanziell gesund ist.

Bei der Betrachtung der rechtlichen Gegebenheiten und der einschlägigen Begründungen fällt auf, dass der Gesetzgeber weder Kriterien für die Beurteilung der Eignung von Risikomanagement-Maßnahmen noch für das eigentliche Überwachungssystem vorgegeben hat. Solche Kriterien sind u. E. auch nicht ohne weiteres zu definieren, da diese nach Branche, Unternehmensgröße und Märkten sowie insbesondere der Struktur des Unternehmens bzw. des Konzerns (z. B. global versus regional agierend) sehr stark divergieren können (vgl. BT-DRUCKSACHE 13/9712, 1998, S. 11). Einzig das Thema unternehmensinterne Kontrolle durch den Vorstand in Form der Bereiche Interne Revision sowie Controlling findet in der Begründung zum Gesetzentwurf explizit Erwähnung (vgl. BT-DRUCKSACHE 13/9712, 1998, S. 11 sowie S. 15).

In Ermangelung eines „Idealzustands" haben sich jedoch in den letzten Jahren bestimmte „Muss-Bestandteile" von Risikomanagement-Systemen herausgebildet. Im Folgenden sollen diese Bestandteile näher untersucht werden.

Ansätze des Risikocontrollings in der Praxis

Definition und Abgrenzung des Risikocontrollings

In der praktischen Anwendung finden sich ca. sechs Jahre nach Inkrafttreten des KonTraG unterschiedliche Ausprägungen des Risikomanagements und des Risikocontrollings. Sowohl die verwendeten Mechanismen zur Bestandsaufnahme und Steuerung von Risiken als auch die eingesetzten Strukturen (organisatorisch und formal) wie auch die Berichtswege im so genannten Risiko-Berichtswesen differieren in der Praxis von Unternehmen zu Unternehmen erheblich. In Anlehnung an Lück (vgl. LÜCK, 1998b) kann die Strukturierung der Risikomanagement-Komponenten wie folgt vorgenommen werden.

Für die nachfolgenden Erörterungen soll zunächst eine Abgrenzung des Begriffs Risikocontrolling im Vergleich zum allgemeinen Begriff des Controllings erfolgen.

Wesentlicher Gegenstand des Controllings ist die Generierung von Planungs-, Steuerungs- und Kontrollinformationen. Das Controlling unterstützt die Geschäftsleitung insofern bei der Formulierung von Geschäftszielen (häufig schwerpunktmäßig aufgegliedert auf finanzielle Zielgrößen) und bei der Überwachung der Zielerreichung.

Abbildung 2: Prozesse des Risikomanagements

Unter Risikocontrolling seien alle Kernelemente des Risikomanagement-Kreislaufs ausgehend von der Identifikation und Bewertung über die Kontrolle und Steuerung von Risiken bis hin zum eingesetzten Risiko-Berichtswesen verstanden. Des weiteren sollen unter Risikocontrolling sowohl die relevanten Vorgaben zu Steuerungsmechanismen und -formaten wie auch die Kontrolle der Einhaltung aller bestehenden Vorgaben zum Risikomanagement subsumiert werden (vgl. LÜCK, 1998a, S. 1929 f.). Auf diesem Wege werden die operativen Einheiten, die letztlich für die Steuerung der Risiken verantwortlich sind hinsichtlich einzuhaltender Strukturen, Prozesse und Formate instruiert sowie in ihren Risikomanagement-Aktivitäten gesteuert und überwacht.

Risikocontrolling als Kern des Risikomanagement-Systems

Abgeleitet aus den rechtlichen Rahmenbedingungen ergeben sich für die Abdeckung der wesentlichen Anforderungen an das Risikocontrolling gegenüber der „herkömmlichen" Organisation spezifische Ausprägungen. Diesen Anforderungen wird in der Praxis unterschiedlich begegnet: sowohl Lösungen mit einer engen Anbindung des Risikocontrollings an die Controlling-Funktion des Unternehmens als auch vollständig autonome – d. h. direkt an den Vorstand/die Geschäftsführung berichtende – Einheiten (über ggf. mehrere Hierarchiestufen) sind anzutreffen. Gemeinsam ist allen Konstellationen die Notwendigkeit, zentrale Vorgaben zu unterstützen, mit denen die Identifikation, Bewertung und Steuerung der wesentlichen Risiken – ausgehend von den operativ verantwortlichen Bereichen bis hin zur Unternehmensspitze – strukturiert und formal einheitlich gelingt. Wichtig ist u. E. hierbei die Anmerkung, dass sich Risikocontrolling und Risikomanagement sinnvollerweise nicht nur auf bestandsgefährdende Risiken beschränkt.

Zentrale Aufgaben des Risikocontrollings

Zur Aufrechterhaltung eines funktionsfähigen Risikomanagement-Systems stellen sich in der Praxis folgende Kernaufgaben:
1. Definition und Überwachung strukturierter Prozesse zum Risikomanagement
2. Definition und Überwachung einheitlicher Kommunikationswege und -formate
3. Gewährleistung einer aktuellen Risikoinventur (Überblick über alle für das Unternehmen bzw. die Unternehmensgruppe relevanten Risiken) inklusive Bewertung der Risiken
4. Gewährleistung eines aktuellen bzw. zeitnahen Risiko-Berichtswesens
5. Verfolgung und Überwachung von Maßnahmeplänen, die zur Steuerung der wesentlichen Risiken mit den operativen Bereichen vereinbart wurden
6. Sicherstellung einer aktuellen und vollständigen Dokumentation des Risikomanagement-Systems

Diese Kernaufgaben werden in der praktischen Anwendung häufig nicht allumfassend durch das Risikocontrolling abgedeckt; oft findet sich eine Abgrenzung zwischen der Vorgabe von Mechanismen und Strukturen (Punkte 1 und 2) und der operativen Abwicklung des Risikomanagements (Punkte 3 und 4 bzw. Punkte 3 bis 6).

Elementar für die Funktionsfähigkeit eines Risikomanagement-Systems ist die Existenz von *einheitlichen Strukturen und Prozessen*. Insbesondere in komplexen Unternehmensgruppen (Mehrproduktstruktur, internationale Diversifizierung) ist es erforderlich, eine Grundmenge einheitlicher Prozesse zu definieren, um die konsistente Funktion des Risikomanagement-Systems zu definierten Zeitpunkten zu gewährleisten. Des weiteren ist die Einhaltung fixierter Meilensteine für einen effizienten Informationsfluss zu regeln. Als problematisch erweist sich hierbei häufig die Vereinheitlichung von Prozessen und Strukturen bei einer größeren Anzahl von Geschäftseinheiten bzw. bei einem hohen Grad an Internationalisierung. Ursache ist oft die Verwendung einer vereinheitlichten Struktur, die nicht in allen Fällen den spezifischen Gegebenheiten aller betroffenen Geschäftseinheiten gerecht wird. Ein weiteres Problem liegt häufig in der Verfügbarkeit der zur Abdeckung der Anforderungen benötigten Ressourcen in kleinen bzw. geographisch weit entfernten Einheiten innerhalb der Risikomanagement-Struktur.

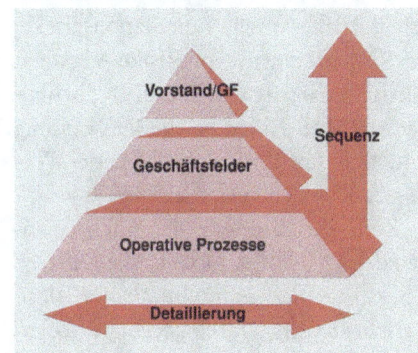

Abbildung 3: Hierarchie des Risikoreportings

Der Informationsfluss im Risikomanagement ist durch die *Definition einheitlicher Kommunikationswege und -formate* zu unterstützen. Eine Vielzahl von Instanzen entlang der Berichtswege ist zur zeitnahen Kommunikation eher hinderlich. In der Praxis liegen hier häufig Probleme bei der Festlegung von Formaten und Inhalten: nicht in allen Fällen ist ohne weiteres eine Strukturierung zu finden, die einen Informationsfluss auf einheitlicher Basis bzw. auf einer für alle betroffenen Einheiten einheitlichen Detaillierungstiefe erlaubt. Exemplarisch sei hier die Verwendung einheitlicher Steuerungsindikatoren bzw. Risikoindikatoren genannt, anhand derer die Kernrisiken bereits entlang der betrieblichen Prozessketten „gemessen" werden können.

Essenziell für alle Aktivitäten im Kontext des Risikomanagements ist das Vorliegen einer jederzeit aktuellen „Risiko-Inventur". Nur bei Vorliegen eines aktuellen bzw. regelmäßig fortgeschriebenen Risikoinventars und einer zumindest *qualitativen Bewertung* der einzelnen Risiken ist ein gezielter und strukturierter Umgang mit den bestehenden Risiken darstellbar bzw. abbildbar. Ohne eine Risikoinventur besteht die Gefahr, dass Ressourcen nicht effizient zur Steuerung der wirklich bedeutungsvollen Risiken eingesetzt werden. In der praktischen Anwendung bereitet insbesondere die Durchführung von *quantitativen Risikobewertungen* Probleme. Gerade Risiken mit nichtmonetärem Hintergrund erschließen sich einer quantitativen Bewertung häufig nur mit Schwierigkeiten. Des weiteren gelingt es häufig nicht, Interdependenzen zwischen Risiken sowie Kumulationseffekte bei Risiken (Eintritt von Risiko A bedingt ebenfalls Eintritt von Risiko B) abzubilden. In allen Fällen ist die Verwendung und Dokumentation umfassender Prämissen zwingend erforderlich.

Kern zur Erfüllung der Anforderungen des § 91 Abs. 2 AktG ist die Existenz eines *aktuellen und zeitnahen Risiko-Berichtswesens*. Durch geeignete Vorgaben (Struktur, Formate) wie auch in terminlicher Hinsicht ist das Risikomanagement-System effektiv und effizient zu gestalten. Hier bestehen in der praktischen Anwendung häufig Verbesserungspotenziale in der Identifikation und Einführung geeigneter Frühwarnindikatoren. Ohne die Zwischenschaltung weiterer Informationsstufen sollen nachteilige Entwicklungen prozessbegleitend bzw. „automatisch" erkannt und interpretative oder subjektive Bewertungsspielräume eingeschränkt werden. Die Ableitung geeigneter Steuerungsgrößen ist hierbei aufwendig, da die gewünschten Aussagen erst nach sehr sorgfältiger Auswahl der zugrundeliegenden Parameter erschlossen werden können.

Die Risikomanagement-Prozesse sollten grundlegend geeignet sein, *bestehende Lücken bzw. fehlende Mechanismen des Risikomanagement-Systems* aufzudecken und zu schließen. Relevante Informationen zur Aufdeckung bestehender Lücken sollte hierbei bspw. die Risikoinventur liefern. Begleitend zum Prozess der Identifikation und Aufdeckung von Schwachstellen sollten *zielgerichtete Maßnahmepläne* ausgearbeitet werden, die eine Kontrolle der Umsetzung der erforderlichen Maßnahmen erlauben. Auch auf dieser Ebene kann das Risikocontrolling aktiv werden bzw. steuernd eingreifen. In der praktischen Anwendung bestehen häufig insofern Abgrenzungsprobleme, als die Kontrolle der Umsetzung von Risikomanagement-Projekten in die Kategorie des herkömmlichen Projektmanagements fällt und die Abstimmung mit bzw. Abgrenzung zu Risikomanagement-Spezifika dadurch erschwert wird.

Zur Umsetzung eines Risikomanagement-Systems gehört schließlich die Ausarbeitung einer *umfassenden Dokumentation aller Prozesse, Strukturen und Verantwortlichkeiten* (vgl. LEHNER/SCHMIDT, 2000, S. 267 f.). Hier kann das Risikocontrolling Vorgaben zu Formaten und Inhalten erlassen sowie die Umsetzung der erforderlichen Dokumentationsarbeiten überwachen. Weiterhin kann über das Risikocontrolling eine Zusammenführung aller vorhandenen Dokumentationen zum Risikomanagement des Unternehmens/der Gruppe erfolgen. Durch die Komplexität von Risikomanagement-Systemen bzw. die Tatsache, dass vielfältige betriebliche Steuerungsmechanismen unter die Kategorie Risikomanagement gefasst werden können, liegt die Herausforderung hier in der möglichst umfassenden Abdeckung aller Komponenten des Risikomanagement-Systems. Neben der Darlegung der Risikomanagement-Prozesse und der bestehenden Verantwortlichkeiten ist insofern häufig eine Vielzahl von Mechanismen abzubilden, die ihrerseits einer ständigen Weiterentwicklung unterliegen und nicht in den Zuständigkeitsbereich des Risikocontrollings fallen (bspw. Arbeitsanweisungen/Richtlinien).

Praktisches Beispiel zum Risikocontrolling

Operatives Risikomanagement und Risikocontrolling beinhaltet den Prozess der systematischen und laufenden Risikoanalyse eines Unternehmens mit dem Ziel der Risikominimierung: Erkennen und Analyse der Risiken sind dabei unverzichtbar. Vor allem in polypolistischen Märkten ist die systematische und strukturierte Identifizierung, Messung und Kontrolle von Risiken als Wettbewerbsvorteil bedeutsam. Ein Weg zur Erreichung der erforderlichen Informationen ist die kontinuierliche Risikobewertung.

Bei Risikomanagement und Risikocontrolling wird häufig ein „best practice Ansatz" verfolgt. Entscheidend für eine adäquate Risikoüberwachung ist ein integrativer Ansatz für das gesamte Unternehmen; ein fragmentierter Ansatz, bei dem einzelne Unternehmensteile autark ihre Risiken steuern, kann dauerhaft nicht erfolgreich sein, da Risiken nicht unabhängig voneinander betrachtet werden können.

Mess- bzw. Zielgrößen für Risikomanagement und Risikocontrolling können beispielsweise im Bereich der wirtschaftlichen Ergebnisse, der Kundenzufriedenheit, im Image, aber auch in der Unternehmenskultur liegen.

Risikomanagement und Risikocontrolling sind als strategisches Werkzeug zu sehen, um anhand eines ganzheitlichen Ansatzes die Erreichung der Unternehmensziele zu unterstützen. Eine maximale Risikoposition darf dabei sowohl vom Gesamtunternehmen wie auch den einzelnen Unternehmensbereichen nicht überschritten werden. Die strategische Sichtweise auf Risikomanagement bedingt gleichermaßen die Berücksichtigung von Chancen; die Ableitung von Standards zum Risikomanagement und der Zielsetzung der Risiko-/Chancenstrategie hat anhand der Gesamtziele des Unternehmens zu erfolgen.

Bei einem praktischen Beispiel erfolgt der Risikomanagement-Prozess in vier Schritten. Nach Bestimmung der Risikostrategie sind risikobehaftete Bereiche ebenso wie potenzielle Chancen zu identifizieren. Alle Chancen und Risiken sind dabei anhand eingehender Diskussionen und Abstimmungsprozesse einschließlich ihrer potenzielle Konsequenzen zu analysieren – die Analyse erfolgt in einem iterativen Prozess, der regelmäßig angestoßen wird.

Anhand einer jährlichen Fragebogen-Erhebung werden alle operativen Risiken konzernweit erhoben. Auf Basis der Informationserhebung wird vom zuständigen Management nachvollziehbar definiert, welche Risiken eingegangen und welche vermieden werden sollen.

Der eingesetzte Risikofragebogen gliedert sich in externe und interne Geschäftsrisiken. Externe Risiken beinhalten bspw.: Markt, Wettbewerb und Preise sowie E-commerce. Bei internen Risiken werden exemplarisch Kundenzufriedenheit/Produkte, Personal, Prozessqualität, Führung, IT und Organisation untersucht. Finanzrisiken finden sich nur eingeschränkt im Fragebogen wieder, da bewusst eine operative Ausrichtung angestrebt ist und die Sicherung der Finanzrisiken als Shared Service betrieben wird. Zielsetzung der Analyse ist insofern die Betrachtung, welche Risiken mittel- oder langfristig den Fortbestand des Unternehmens gefährden könnten. Neben der aggregierten Betrachtung durch vorgenannten Fragebogen werden darüber hinaus in den einzelnen Gesellschaften noch sog. „Risk Maps" geführt, die aktuelle Entwicklungen im jeweiligen Risikobereich beschreiben.

Die organisatorische Verankerung des Risikomanagementsystems ist von entscheidender Bedeutung für schnelle und flexible Reaktionen auf veränderte Umweltbedingungen. Die Wahrnehmung von Chancen in Verbindung mit dem bewussten Eingehen von Risiken ist Kern jedes unternehmerischen Handelns – gleichzeitig werden unternehmerische Rahmenbedingungen komplexer und damit die verfügbare Zeitspanne für das Abwägen von Chancen und Risiken immer kürzer. Reaktives Handeln ist nicht mehr ausreichend, um im Wettbewerb zu bestehen. Daher muss Risiko- und Chancenmanagement untrennbarer Bestandteil von Geschäftsprozessen und Unternehmensentscheidungen sein.

Nach der Erfassung und Analyse der Geschäftsrisiken werden potenzielle Schäden unter Aufarbeitung durch das Risikocontrolling an das Management sowie das Aufsichtsgremium der Gruppe geleitet. Die Abstimmung mit Management und Aufsichtsgremium sorgt für eine durchgängige Transparenz und eine strategische Ausrichtung der Steuerungsaktivitäten.

Kern der Frühwarnfunktion des Risikomanagement-Systems sind Reporting und Monitoring der Risiken, anhand derer die Risikosteuerung vorgenommen wird. Über das Reporting als Informations- und Kommunikationsinstrument werden Planung, Kontrolle und Steuerung von Chancen und Risiken ermöglicht sowie gleichzeitig der Dokumentationsnachweis erbracht. Über das Monitoring werden Abweichungen zwischen geplanten und tatsächlichen Risikoprofilen identifiziert, um negative Trends und Trendumkehrungen frühzeitig zu erkennen. Ebenso werden Veränderungen der relevanten Risikostruktur im Zeitablauf erkannt.

Berichtssystem und Monitoring werden in monatlich wiederkehrendem Rhythmus über Plan-/Ist-Vergleiche gesteuert. Auf diesem Wege werden Risiken sehr frühzeitig erkannt und eingedämmt. Größere Abweichungen werden über das Konzerncontrolling registriert und entsprechende Steuerungsimpulse von Konzernebene aus veranlasst. Weiteres Optimierungspotenzial besteht in der Ausweitung des bestehenden Ansatzes auf eine projektive Kennzahlensteuerung.

Zusammenfassend ist das bestehende Risikocontrolling als Werkzeug zu betrachten, anhand dessen die Unternehmenssteuerung über die Integration einer aggregierten Risikostruktur weiter optimiert wird.

Ausgewählte Problembereiche in der Abbildung des Risikocontrollings

Anhand einiger ausgewählter Beispiele sollen im Folgenden kurz einige typische Problembereiche skizziert werden, die bei der Implementierung und Weiterentwicklung von Risikomanagement-Systemen typischerweise anzutreffen sind.

Einheitliche Strukturen und Berichtswege

Die Schaffung einheitlicher Strukturen und Berichtswege innerhalb des Risikomanagement-Systems ist häufig nicht ohne weiteres zu bewältigen. Vor allem die Existenz unterschiedlicher Geschäftsfelder bringt in aller Regel unterschiedliche Risikoportefeuilles mit sich, da die unterschiedlichen Geschäftsbereiche durch zumindest teilweise divergierende Risiko„landschaften" gekennzeichnet sind; ebenso bedingen unterschiedliche internationale Absatzmärkte (bspw. bedingt durch divergierende Marktreife oder das rechtliche bzw. regulative Umfeld) unterschiedliche Risikostrukturen. Die Zusammenführung aller Belange im Rahmen der Risikoinventur stellt daher hohe Ansprüche und führt häufig dazu, auch das Berichtswesen den spezifischen Gegebenheiten anzupassen.

Das Risikocontrolling steht hier vor der Herausforderung, eine Ausgewogenheit herzustellen, die den spezifischen Belangen der Geschäftsfelder/Regionen hinreichend gerecht wird. Gleichzeitig ist jedoch auch der durchgängigen Berücksichtigung von hinsichtlich ihrer relativen Bedeutung völlig unterschiedlich einzustufenden Risiken innerhalb einer Gruppe Rechnung zu tragen. Dies gilt bspw. für Risiken, die für einen Geschäftsbereich von essentieller Bedeutung, u. U. sogar bestandsgefährdend sein können, im Gesamtkontext der Unternehmensgruppe aufgrund des relativ unbedeutenden Schadenspotenzials jedoch deutlich nachrangig eingestuft werden. Solchen Problemen wird in der Praxis häufig durch separierte Risikoportefeuilles (nach Geschäftsbereichen), der Schaffung diversifizierter Risikokategorien (Skalierung ausgerichtet an den Schadenspotenzialen relativ zum Geschäftsbereich) und der Generierung eines konsolidierten Risikoportefeuilles auf der Gruppenebene begegnet.

Risikobewertung und Aggregation

Bei der Bewertung aller aufgenommenen Risiken stellt sich die Frage nach dem Bewertungsmaßstab. Die Quantifizierung eines Risikopotenzials für ein einzelnes Risiko stellt in aller Regel ein geringeres Problem dar, wenn es sich um per se monetäre Risiken handelt (Umsatz-, Zins-, Währungsrisiko, etc.). Wesentlich anspruchsvoller wird die Risikoquantifizierung für Risiken, die ihrer Natur nach eher prozessspezifisch, betrieblicher oder qualitativer Natur sind (Kundenzufriedenheit, Personal, Geschäftsunterbrechung, Verfügbarkeit der EDV-Systeme, etc.). Hier müssen für eine geeignete Messung funktionsfähige Modelle gefunden werden. Da die betroffenen Risiken jedoch als ausgesprochen heterogen eingestuft werden müssen, ist die Verfügbarkeit eines einheitlichen Bewertungsmodells äußerst schwierig bzw. de facto nur mit erheblichem Aufwand lösbar. Die Problemlage wird dadurch weiter verschärft, dass die im Rahmen der Risikoinventur identifizierten Risiken in aller Regel Interdependenzen aufweisen. Für eine methodisch saubere Aggregation aller – monetär – bewerteten Risiken müsste insofern für alle potenziellen Wechselbeziehungen mit Kovarianzen gearbeitet werden.

Im Kontext der vorgenannten Konstellationen hat der Deutsche Standardisierungsrat in DRS 5 darauf hingewiesen, dass Risiken zu quantifizieren sind, wenn „dies nach anerkannten und verlässlichen Methoden möglich und wirtschaftlich vertretbar ist" (vgl. DRS 5, 2001, Tz. 20). Auch aus unserer Sicht kommt es bei der Bewertung von Risiken zunächst auf die Kategorisierung/Einstufung des Risikopotenzials bzw. des Schadenspotenzials eines Risikos an. Dies gilt insbesondere dann, wenn eine stichtagsbezogene Betrachtung von Risiken erfolgt (bspw. Risikoinventur). In diesem Fall ist davon auszugehen, dass die für eine Risikoeinschätzung erforderlichen Informationen (noch) nicht vollständig vorliegen bzw. eine Quantifizierung nur über, mit erheblichen Unschärfen, mögliche Abschätzungen erfolgen kann. Aus ähnlichen Gründen hat sich in der Praxis ein Verfahren etabliert, nach dem nicht ohne weiteres quantifizierbare Risiken zunächst in vordefinierte Wertekategorien (abgegrenzt durch monetäre Werteklassen mit Ober- und Untergrenzen) eingefügt werden. Aus unserer Sicht ist darauf hinzuweisen, dass in allen Fällen der sauberen Dokumentation und Fortschreibung der Bewertungsprämissen eine entscheidende Bedeutung für die Nachvollziehbarkeit der vorliegenden Informationen zukommt.

Zur Abbildung von Interdependenzen gibt es methodische Ansätze, deren Funktionsfähigkeit in der Praxis – insbesondere bei nicht-monetären Risiken – jedoch noch nachzuweisen ist.

Einbindung des Risikomanagements in Planung und Budgetierung

Die Generierung von Informationen zu Risiken kann wertvolle Aufschlüsse zur Einordnung bzw. Fortschreibung planungsrelevanter Daten geben. Auch hier gilt die Problematik der vorgenannten monetären Bewertung von Risiken. Häufig ist in der Praxis jedoch festzustellen, dass Risikoinventur und Risikomanagement einerseits und strategische bzw. operative Planung andererseits vollständig getrennte Prozesse darstellen. Hier wird unter Umständen die Bedeutung von sauber aufgenommenen und detaillierten Informationen aus der Risikoinventur bzw. deren Fortschreibung verkannt: Details zu Risiken und deren potenziellen Ausprägungen können dem Planenden bei der Aufstellung seiner Grundinformationen und der Verwendung vorgegebener oder abzuleitender Planungsprämissen entscheidend unterstützen. Auch bei der parallelen unterjährigen Verfolgung der Geschäftsentwicklung kann durch eine saubere Abstimmung bzw. Schnittstelle zwischen Planung/Controlling und Risikomanagement/Risikocontrolling die Konsistenz und Qualität der Informationen gesteigert werden.

Ansätze zur Prüfung des Risikocontrollings/ Risikomanagementsystems

Basierend auf den vorgenannten praktischen Erfahrungen aus der Einführung und Weiterentwicklung von Risikomanagement-Systemen sollen nunmehr die einschlägigen Normen (i. d. R. Prüfungsstandards) vorgestellt werden, anhand derer der Abschlussprüfer die erforderlichen Prüfungshandlungen ausrichtet (vgl. POLLANZ, 2001, S. 1317 f.). Zentral ist hierbei der IDW Prüfungsstandard 340 (IDW PS 340 – Die Prüfung des Risikofrüherkennungssystems nach § 317 Abs. 4 HGB) anzuführen. Die Prüfung des Risikofrüherkennungssystems darf dabei nicht als eigenständige Prüfung betrachtet werden, sondern als integrierter Bestandteil der gesamten Jahresabschlussprüfung. Idealerweise wird dabei zuerst eine Prüfung des internen Kontrollsystems erfolgen und darauf aufbauend die Prüfung des Risikofrüherkennungssystems, die über die Prüfung des internen Kontrollsystems hinausgeht (vgl. IDW, 2000a, Tz. 21 sowie IDW, 2001, Tz. 10), jedoch wesentliche Elemente des internen Kontrollsystems umfasst. Schlussendlich erfolgt noch die Prüfung des Lageberichts, bei der der Abschlussprüfer auf die Erkenntnisse aus der Prüfung des Risikofrüherkennungssystems aufbauen kann.

Die Prüfung des Internen Kontrollsystems als Bestandteil der Prüfung des Risikomanagementsystems

Aufbauend auf den einzelnen Komponenten des Risikomanagement-Systems können diverse Elemente als Bestandteile des Internen Kontrollsystems definiert werden. Hierunter fallen:

- Organisatorische Sicherungsmaßnahmen
- Interne Kontrollen
- Interne Revision
- Controlling

Im Rahmen der auch vom Gesetzgeber geforderten stärkeren Fokussierung des Abschlussprüfers auf einen risikoorientierten Prüfungsansatz (vgl. BT-DRUCKSACHE 13/9712, 1998, S. 11 „Die Prüfung soll künftig stärker risikoorientiert durchgeführt werden müssen."), hat auch die Prüfung des Internen Kontrollsystems eine stärkere Bedeutung erlangt. Der Berufsstand hat dem mit einem eigenen Prüfungsstandard (IDW PS 260 – Das Interne Kontrollsystem im Rahmen der

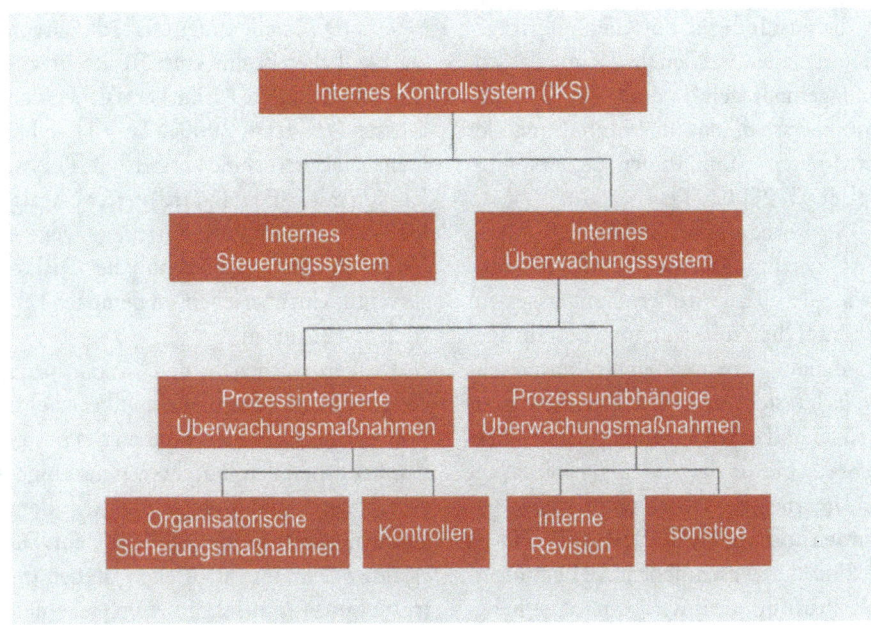

Abbildung 4: Internes Kontrollsystem gem. IDW PS 260

Abschlussprüfung) Rechnung getragen. Zuvor waren entsprechende Anforderungen lediglich im Rahmen des Fachgutachtens 11/1988 „Grundsätze ordnungsmäßiger Durchführung von Abschlussprüfungen" definiert. Laut PS 260 umfasst das Interne Kontrollsystem folgende Komponenten (vgl. IDW, 2001, Tz. 6):

Unter dem internen Kontrollsystem sollen dabei die „... von der Unternehmensleitung im Unternehmen eingeführten Grundsätze, Verfahren und Maßnahmen (Regelungen) verstanden [werden]" (vgl. IDW, 2001, Tz. 5).

Während in der Praxis die Meinung vorherrscht, das interne Kontrollsystem sei Bestandteil des Risikomanagement-Systems, wird im IDW PS 260 eine umgekehrte Abhängigkeit ausgewiesen. Danach ist „das Risikomanagementsystem ... ein Teilbereich des internen Kontrollsystems." (vgl. IDW, 2001, Tz. 10) Im weiteren wird jedoch dargelegt, dass die Prüfung des „Risikofrüherkennungssystems" aufgrund des Fokus auch auf nicht rechnungslegungsrelevante Sachverhalte über die Prüfung des reinen IKS hinausgeht (vgl. IDW, 2001, Tz. 10).

Analog zur Ausgestaltung des Risikomanagement-Systems gilt auch für das interne Kontrollsystem dessen Abhängigkeit von (vgl. IDW, 2001, Tz. 13):

- „Größe und Komplexität des Unternehmens
- Rechtsform und Organisation des Unternehmens
- Art der Geschäftstätigkeit des Unternehmens
- Komplexität und Diversifikation der Geschäftstätigkeit
- Methoden der Erfassung, Verarbeitung, Aufbewahrung und Sicherung von Informationen
- Art und Umfang der zu beachtenden rechtlichen Vorschriften"

Weitergehend wird gemäß IDW PS 260 die Risikobeurteilung als eine wesentliche Komponente des internen Kontrollsystems dargestellt. Demnach gefährden finanzielle, rechtliche, leistungswirtschaftliche wie auch strategische Risiken die Erreichung der Unternehmensziele (vgl. IDW, 2001, Tz. 16–17). Wie im Rahmen der praktischen Umsetzung dargestellt, sollte demnach die Messung der Risiken auch unter Berücksichtigung von deren Einfluss auf die Erreichung der Unternehmensziele erfolgen.

Entscheidend für den Abschlussprüfer ist die Feststellung der Wirksamkeit des installierten internen Kontrollsystems. Als explizite Prüfungsschritte werden dabei im IDW PS 260 die

- Aneignung von Kenntnissen über das interne Kontrollsystem
- Prüfung des Aufbaus des internen Kontrollsystems (Aufbauprüfung)
- Prüfung der Funktion des internen Kontrollsystems (Funktionsprüfung) (vgl. IDW, 2001, Tz. 31)

angeführt. Basierend auf dieser Einschätzung des IKS muss der Abschlussprüfer schließlich „Art, Umfang und zeitlichen Ablauf" (vgl. IDW, 2001, Tz. 35) der Prüfung festlegen. Die risikoorientierte Ausrichtung der Prüfung könnte damit ebenfalls korrespondierend zur Zielsetzung eines Risikomanagement-Systems gesehen werden und entspricht der vom Gesetzgeber neu formulierten Anforderung an die Abschlussprüfung. Eine Analogie liegt in der Prüfung der Risikobeurteilung, nach der sich der Abschlussprüfer gemäß IDW PS 260 ein Bild davon zu verschaffen hat, wie Risiken im Unternehmen identifiziert werden. Obwohl hierbei zunächst die Einschränkung auf diejenigen Risiken getroffen wird, die „sich auf die Ordnungsmäßigkeit und Verlässlichkeit der Rechnungslegung auswirken können" (vgl. IDW, 2001, Tz. 47), so ist dies auch für die Prüfung der gesamten Risikoinventur relevant. Auf diesem Wege wird wiederum ein direkter Zusammenhang zur Prüfung des Risikomanagementsystems und dabei insbesondere zum Prozess der Risikoinventarisierung und -bewertung hergestellt.

Die Durchführung der Risikomanagement-Prüfung in der Praxis

Wesentliches Element für die Prüfungsdurchführung ist das Vorliegen einer aktuellen Dokumentation zum Risikomanagement. Seitens der Mandanten ist dabei im besonderen darauf zu achten, entsprechende Handbücher bzw. Beschreibungen des bestehenden Risikomanagement-Systems mit dessen wesentlichen Komponenten vorzulegen.

Anhand der vorliegenden Informationen soll der Abschlussprüfer zur Einschätzung gelangen, inwiefern der Vorstand die an ihn gestellten Anforderungen des § 91 Abs. 2 AktG durch geeignete Maßnahmen erfüllt, diese zweckentsprechend sind und während des gesamten zu prüfenden Zeitraums eingehalten wurden (vgl. IDW, 2000a, Tz. 19). Um die hieraus resultierenden Anforderungen möglichst effizient abzudecken, wird sich der Abschlussprüfer daher – neben der Analyse der vorliegenden Dokumentation – unter anderem an der Branche und Struktur des Unternehmens sowie vorliegenden Informationen aus der Risikobeurteilung orientieren. Darüber hinaus liefern die verwendeten Berichtsstrukturen und -formate sowie insbesondere die spezifischen Inhalte der Berichte beurteilungsrelevante Informationen für den Prüfer. Die Prüfungsdurchführung wird der Prüfer neben der Dokumentenanalyse auch auf Gespräche mit in den Risikomanagement-Prozess direkt involvierten Personen stützen.

Die Prüfung des Risikofrüherkennungssystems entsprechend IDW PS 340

Neben der bis dato lediglich teilweisen Abdeckung der Prüfung von Risikomanagement-Systemen im Rahmen der Prüfung des Lageberichts und des Internen Kontrollsystems hat das IDW als Reaktion auf die Regelungen des § 317 Abs. 4 HGB im Juni 1999 im Hauptfachausschuss einen separaten Prüfungsstandard (PS 340 – Die Prüfung des Risikofrüherkennungssystems nach § 317 Abs. 4 HGB) verabschiedet.

Im Rahmen des PS 340 erfolgt eine klare Definition des Begriffs „Risikomanagement" und dessen Abgrenzung zu den vom Gesetzgeber geforderten Maßnahmen entsprechend § 91 Abs. 2 AktG: „die Gesamtheit aller organisatorischen Regelungen und Maßnahmen zur Risikoerkennung und zum Umgang mit den Risiken unternehmerischer Betätigung kann als Risikomanagement bezeichnet werden. ... Das Risikomanagement eines Unternehmens hat auch sicherzustellen, dass bestehende Risiken erfasst, analysiert und bewertet (vgl. zudem IDW, 2000a, Tz. 10, wo die Bewertung der Risiken hinsichtlich Eintrittswahrscheinlichkeit und quantitativer Auswirkungen festgelegt ist) sowie risikobezogene Informationen in systematisch geordneter Weise an die zuständigen Entscheidungsträger weitergeleitet werden. ... Zum Risikomanagement gehört auch ein Überwachungssystem, das die Einhaltung der getroffenen Maßnahmen sicherstellt." (vgl. IDW, 2000a, Tz. 4)

Der Kernanforderung des § 91 Abs. 2 AktG wird im PS 340 ebenfalls entsprochen: „Das Risikofrüherkennungssystem ... ist auf die Früherkennung bestandsgefährdender Entwicklungen ... ausgerichtet. Es hat sicherzustellen, dass diejenigen Risiken und deren Veränderungen erfasst werden, die in der jeweiligen Situation des Unternehmens dessen Fortbestand gefährden können." (vgl. IDW, 2000a, Tz. 5)

Eine der wesentlichen Zielsetzungen der Prüfung des Risikomanagement-Systems ist es, die Einrichtung eines Überwachungssystems (i.S. des Risiko-Controllings) und dabei die Einhaltung der getroffenen Maßnahmen nach § 91 Abs. 2 AktG zur Erfassung und Kommunikation der bestandsgefährdenden Risiken sowie deren Veränderung zu überprüfen (vgl. IDW, 2000a, Tz. 15). In der praktischen Ausgestaltung trifft der Prüfer – basierend auf IDW PS 340 – in der Regel auf folgende Konstellationen:

Risiken werden durch unterschiedliche Verfahren erfasst, analysiert und bewertet. Zudem werden für die wesentlichen Risiken (hohes Schadenspotenzial) Risikomanagement-Maßnahmen festgelegt. Die Zielsetzung der Risikomanagement-Maßnahmen kann dabei nach Strategien zu Akzeptanz, Vermeidung, Reduzierung oder Überwälzung differenziert werden. Bei der Bestandsaufnahme der Risiken verweist das IDW insbesondere auf die Tatsache, dass zur Abdeckung aller Anforderungen an ein funktionsfähiges Risikomanagement-System zunächst ein vollständiges Risiko-Inventar zu erstellen ist. Dabei sind auch Wechselwirkungen einzelner Risiken sowie deren Aggregation über Schnittstellen hinweg zu berücksichtigen, da eine Bestandsgefährdung per se nicht kritischer Einzelrisiken durch Aggregation dieser Risiken eintreten könnte. Insofern weist das IDW auf die Notwendigkeit der Untersuchung für „sämtliche betrieblichen Prozesse und Funktionsbereiche" (vgl. IDW, 2000a, Tz. 7) hin.

Das IDW stellt zudem fest, dass auch zum zeitlichen Beginn einer Risiko-Inventur nicht definierte Risiken erfasst werden müssen (vgl. IDW, 2000a, Tz. 9). Die bei manchen Unternehmen bestehende Praxis, Risiken mit Hilfe standardisierter Checklisten zu erfassen bzw. nur einige wenige Unternehmensvertreter in die Risiko-Inventur einzubeziehen, ist demnach kritisch zu beurteilen.

Risiken werden in der Praxis durch ein geeignetes Berichtswesen überwacht, welches häufig in den Rahmen des bestehenden generellen Berichtswesens eingebettet wird und organisatorisch dem Controlling oft zumindest nahe steht. Da es als zweckmäßig anzusehen ist, den Informationsaustausch zu den einzelnen Risiken direkt bei den jeweiligen Berichtsempfängern anzusiedeln (vgl. IDW, 2000a, Tz. 13–14), ist eine Einbettung in das existierende Berichtswesen vorteilhaft. Dadurch kann gewährleistet werden, dass die steuerungsverantwortlichen Personen auch zeitnah über die Entwicklung der Risiken informiert werden. Zur Überwachung im Rahmen der Früherkennung (vgl. IDW, 2000a, Tz. 5) werden zudem teilweise Kennzahlen definiert und häufig Schwellenwerte (Schwellenwerte sollten dabei für jede Stufe der Risikokommunikation festgelegt werden, vgl. IDW, 2000a, Tz. 11) festgelegt, um Veränderungen bei kritischen Parametern oder Risiken (insbesondere bestandsgefährdende) zeitnah verfolgen zu können. Aus der Praxis des Abschlussprüfers seien hier themenverwandt zum Beispiel die Analyse der Altersstruktur der Forderungen aus Lieferungen und Leistungen oder die Reichweitenanalyse der Vorratsbestände angeführt. Hier besteht auch eine Überschneidung bei der Prüfung des Risikomanagement-Systems in Abgrenzung zu weiteren Prüfungsstandards (wie z.B. IDW PS 260). Ein funktionierendes Risikomanagement-System und ein funktionierendes Internes Kontrollsystem decken im angeführten Fall die grundsätzlich gleichen Anforderungen ab (z.B. durch Festlegung von Kreditlimiten für Kunden zur Vermeidung eines unkontrollierten Anstiegs von potenziell uneinbringlichen Forderungen).

Eine besondere Rolle im Kontext des Risiko-Controllings kommt der Internen Revision zu (vgl. IIR, 2001, S. 152 ff.). Die Interne Revision ist – wie bereits eingangs dargestellt – explizit als Bestandteil des Risikomanagements vom Gesetzgeber in seiner Begründung angeführt worden. Wie vom IDW im PS 340 gefordert (vgl. IDW, 2000a, Tz. 16), erfolgt in der Praxis oft eine Prüfung der Anforderungen entsprechend § 91 Abs. 2 AktG durch die Interne Revision in ihrer Rolle als unterstützende Funktion des Vorstands bei dessen Wahrnehmung seiner Kontrollfunktion. Diese Vorgehensweise ist u. E. jedoch nicht in allen Fällen unproblematisch, da die Interne Revision als solche ein integraler Bestandteil des Risikomanagementsystems ist. Um dieser Problematik zu begegnen, hat das IDW eine Konkretisierung u. a. auf folgende Aspekte der prüfenden Tätigkeit der Internen Revision (betreffend der Zusammenarbeit zwischen Interner Revision und Abschlussprüfer und inwiefern sich der Abschlussprüfer auf die Tätigkeiten der Internen Revision stützen kann, verweisen wir auf den IDW PS 321) im Zusammenhang mit der Einhaltung von § 91 Abs. 2 AktG vorgenommen (vgl. IDW, 2000a, Tz. 16):

- „Vollständige Erfassung aller Risikofelder des Unternehmens
- Angemessenheit der eingerichteten Maßnahmen zur Risikoerfassung und Risikokommunikation
- Kontinuierliche Anwendung der Maßnahmen
- Einhaltung der integrierten Kontrollen".

Nach IDW PS 340 ist die Berichterstattung über „nicht bewältigte Risiken" von zentraler Bedeutung: drohende oder sich in ihrer Bedeutung bzw. potenziellen Auswirkung verändernde Risiken sollen an die zuständigen Entscheidungsträger weitergeleitet werden (vgl. IDW, 2000a, Tz. 11). Dies erfordert klar definierte Strukturen sowie eindeutige Verantwortlichkeiten und Aufgabenzuweisungen. Zusätzlich ist für eine ausreichende Flexibilität bei der Kommunikation der Risiken zu sorgen (vgl. IDW, 2000a, Tz. 12). In dem Zusammenhang kommt auch die Verkürzung institutionalisierter Berichtswege in Frage, wenn die Eilbedürftigkeit dies notwendig macht (vgl. IDW, 2000a, Tz. 12) (ad-hoc Berichterstattung).

Eine zentrale Rolle – auch in Anbetracht der für das Risiko-Controlling geschaffenen Struktur – spielt die Grundeinstellung der in das Risikomanagement-System einbezogenen Mitarbeiter. Neben der generellen Einstellung der Unternehmensleitung zur Risikosteuerung verweist das IDW dabei auf das erforderliche Risikobewusstsein der Mitarbeiter (vgl. IDW, 2000a, Tz. 22). Die mit Aufgaben betrauten Mitarbeiter sind dementsprechend systematisch einzubeziehen und über geeignete Maßnahmen mit den Erfordernissen des Risikomanagement-Systems vertraut zu machen.

Aus der Beurteilung des Risikomanagement-Systems bzw. der Qualität des Risikocontrollings könnte ggf. gleichzeitig auf eine Beurteilung der Reaktion der Unternehmensleitung bzw. eine Bewertung der Qualität der Geschäftsführungstätigkeit in Gänze geschlossen werden. Da die Effektivität der von der Unternehmensleitung ergriffenen Maßnahmen vom Abschlussprüfer vor dem Hintergrund dessen gesetzlichen Auftrags nur bedingt beurteilt werden kann bzw. soll, hat das IDW entsprechende Abgrenzungen definiert. Weder die „Reaktion des Vorstands auf erfasste und kommunizierte Risiken" noch „die Beurteilung, ob die von den nachgeordneten Entscheidungsträgern eingeleiteten oder durchgeführten Handlungen zur Risikobewältigung bzw. der Verzicht auf solche sachgerecht oder wirtschaftlich sinnvoll sind", können Bestandteil der Prüfung des Risikofrüherkennungssystems sein (vgl. IDW, 2000a, Tz. 6). Da eine Vielzahl von potenziellen Maßnahmen regelmäßig erst zeitversetzt die gewünschten Ergebnisse erbringen, kann deren Wirksamkeit demnach auch nur im Zeitablauf festgestellt werden. Eine Beurteilung zum Zeitpunkt der Abschlussprüfung wäre demnach in der Regel nicht möglich.

Weiterhin ist gefordert, im Rahmen der Prüfung auch festzustellen, „ob alle wesentlichen Risiken bzw. Risikoarten vom System zutreffend und frühzeitig erfasst, bewertet und kommuniziert werden" (vgl. IDW, 2000a, Tz. 27). Dies bedingt ein fundiertes Verständnis für das Geschäft des Mandanten und dessen Branche, um die geforderte Beurteilung der Einhaltung der Maßnahmen entsprechend § 91 Abs. 2 AktG vornehmen zu können. Vom Abschlussprüfer wird dadurch eine kontinuierliche (auch unterjährige) Auseinandersetzung mit dem Geschäft des jeweiligen Mandanten gefordert. Gleichzeitig unterstreicht diese Anforderung die Orientierung der Abschlussprüfung an Risiken und Prozessen in Ergänzung zu rein substantiellen Prüfungshandlungen.

Ein weiterer Aspekt, die Gewährleistung einer geeigneten Dokumentation zum Risikomanagement-System, ist ein zentraler Bestandteil der IDW-Anforderungen: alle Maßnahmen sind zu dokumentieren, um damit deren dauerhafte und personenunabhängige Funktionsfähigkeit sicherzustellen und den Nachweis zur Erfüllung der Pflichten des Vorstandes zu erbringen (vgl. IDW, 2000a, Tz. 17). Die Erstellung von Risikomanagementhandbüchern zur Dokumentation der ergriffenen Maßnahmen – wie dies vom IDW im Rahmen des PS 340 vorgeschlagen wird (vgl. IDW, 2000a, Tz. 17) – hat sich in der Praxis ebenfalls durchgesetzt. Bei der Prüfung des Risikomanagementhandbuchs sollte der Abschlussprüfer feststellen, ob die Dokumentationsanforderungen entsprechend des PS 340 erfüllt werden.

Wesentlich gem. IDW PS 340 ist ebenfalls die Berücksichtigung von Besonderheiten des Risikomanagements bei Konzernen: die Überwachungs- und Organisationspflicht von Mutterunternehmen macht ein konzernweites Risikomanagement erforderlich (vgl. BITZ, 2000, S. 232 f.). Daher sind geeignete Maßnahmen zu treffen, anhand derer die Risikoerkennung, -analyse und -kommunikation im gesamten Konzern sichergestellt wird (vgl. IDW, 2000a, Tz. 34–37). Zu beachten sind dabei im Konzern auch die bestehenden Gestaltungsrechte für die Kommunikation zwischen den Rechtseinheiten (vgl. HOMMELHOFF/MATTHEUS, 2000, S. 224). In diesem Zusammenhang ist auf die Problematik zu verweisen, nach der bei der Einrichtung eines Risikomanagement-Systems auf eine durchgängige Struktur geachtet werden sollte.

Die Berichterstattung zur Prüfung des Risikomanagement-Systems

Nach erfolgter Prüfung verweist der Prüfer in seinem Prüfungsbericht („Feststellungen zum Risikofrüherkennungssystem") explizit auf die Anforderungen des § 91 Abs. 2 AktG. Zu Standardformulierungen für die Abdeckung der Anforderungen sei folgendes Beispiel zitiert:

„Der Vorstand hat gemäß § 91 Abs. 2 AktG [Die Geschäftsführung hat in analoger Anwendung von § 91 Abs. 2 AktG] ein Überwachungssystem eingerichtet, um bestandsgefährdende Entwicklungen frühzeitig zu erkennen. [Die Überwachungs- und Organisationspflicht erstreckt sich auf den gesamten, von der Gesellschaft geführten Konzern, soweit von den Tochtergesellschaften den Fortbestand des Mutterunternehmens gefährdende Entwicklungen ausgehen können.]

Unsere Prüfung hat ergeben, dass der Vorstand die nach § 91 Abs. 2 AktG geforderten Maßnahmen, insbesondere zur Einrichtung eines Überwachungssystems, in geeigneter Weise getroffen hat und dass das Überwachungssystem geeignet ist, Entwicklungen, die den Fortbestand der Gesellschaft gefährden, frühzeitig zu erkennen."

Die Prüfung des Lageberichts als Bestandteil der Prüfung des Risikomanagementsystems

Wie bereits eingangs erwähnt, wird idealtypisch die Ermittlung der im Lagebericht zu berichtenden Risiken im Rahmen eines systematischen Früherkennungssystems erfolgen. Bezogen auf den Lagebericht hat der Abschlussprüfer zu überprüfen, ob der Lagebericht bzw. Konzernlagebericht im Einklang mit dem Jahres-(Konzern-)abschluss steht und eine zutreffende Vorstellung von der Lage des Unternehmens vermittelt. Problematisch für den Abschlussprüfer ist im Zusammenhang mit der Prüfung der Risikoberichterstattung, dass es sich bei diesen Angaben um zukunftsbezogene bzw. prognostische Angaben handelt, die naturgemäß mit Unsicherheit behaftet sind. Es kann demnach keine direkte Übereinstimmung mit den Angaben im Jahresabschluss festgestellt werden. Das IDW verpflichtet den Abschlussprüfer jedoch zu prüfen, „ob [die Angaben] mit dem Jahresabschluss im Einklang stehen" und plausibel erscheinen [sowie] ob die für die Prognoseerstellung grundlegenden Annahmen und Wirkungszusammenhänge, die Art der Schätzung sowie deren Zeithorizont hinreichend erläutert wurden." (Vgl. IDW, 1998, Tz. 4) Die im Rahmen der Prüfung der Risikoberichterstattung gewonnenen Prüfungserkenntnisse sind insofern notwendige Bestandteile der Beurteilung durch den Abschlussprüfer und unterstützen bei der Einschätzung, ob die Beibehaltung der von der Unternehmensleitung getroffenen Annahme des Fortbestandes des Unternehmens zutreffend ist. Der Prüfer ist hier grundsätzlich verpflichtet, die von der Unternehmensleitung vorgenommene zukunftsorientierte Beurteilung der voraussichtlichen Entwicklung der Kapitalgesellschaft im Rahmen seiner Gesamteindrucksprüfung zu beurteilen (vgl. IDW, 1998, Tz. 6 sowie Tz. 13).

Weitere Elemente zur Verknüpfung der Prüfung des Risikomanagementsystems, des internen Kontrollsystems sowie des Lageberichts lassen sich über den Prüfungsstandard IDW PS 350 darstellen. Im IDW PS 350 wird zur „zukunftsorientierten Prüfung des Lageberichts" angeführt: „die Prüfung der prognostischen Angaben und Wertungen setzt zunächst voraus, dass der Abschlussprüfer sich von der Zuverlässigkeit und Funktionsfähigkeit des unternehmensinternen Planungssystems überzeugt, soweit dieses für die Herleitung der Angaben des Lageberichts von Bedeutung ist. ... Bei einem im Zeitablauf konstanten Planungssystem des Unternehmens empfiehlt es sich, durch einen Vergleich der Vorjahreslageberichte mit der tatsächlich eingetretenen Entwicklung eine Einschätzung der Prognosesicherheit des Unternehmens vorzunehmen" (IDW, 1998, Tz. 15). Für die Einschätzung der künftigen Entwicklung des Unternehmens ist die Kenntnis potenzieller Risiken von entscheidender Bedeutung. Bei der Risikoberichterstattung im Lagebericht kann u. E. davon ausgegangen werden, dass diese zumindest zu wesentlichen Teilen auf einem Planungssystem fundieren muss.

An dieser Stelle sei darauf hingewiesen, dass die Verknüpfung der Funktionalität des Risikomanagement-Systems mit den übrigen Berichtsmechanismen die Konsistenz zwischen festgeschriebenem Risikoportfolio und Risikodarstellung im Lagebericht erhöhen kann. Als Konsequenz folgt die Darstellung schwerpunktmäßig firmenspezifischer sowie auch nicht per se bestandsgefährdender Risiken im Lagebericht im Einklang mit dem Risikoportfolio des Unternehmens.

Zweifelsohne besteht auch ein inhaltlicher Zusammenhang zwischen der Prüfung des Risikoberichts im Lagebericht und i. S. d. § 91 Abs. 2 AktG der Prüfung des Risikomanagement-/Überwachungssystems (vgl. BÖCKING/ORTH, 2000, S. 246 f.). Die Erkenntnisse, die bei der Prüfung bspw. des Überwachungssystems jeweils gewonnen werden, sollten im Sinne eines vereinheitlichten Prüfungsansatzes im Umkehrschluss auch entsprechend Berücksichtigung bei der gesamten Prüfung des Jahresabschlusses finden.

Schlussbemerkung

Über die bestehenden gesetzlichen Anforderungen hinaus ist festzuhalten, dass der eigentliche Nutzen eines funktionsfähigen Risikomanagement-Systems nicht in der Erfüllung der gesetzlichen Anforderungen und der Berichterstattung über die Umsetzung der Maßnahmen nach § 91 Abs. 2 AktG im Prüfungsbericht liegt. Vielmehr unterstützt ein voll implementiertes dynamisches Risikomanagement-System die Unternehmensführung im Rahmen ihrer Steuerungs- und Informationsfunktion in sämtlichen operativen Abläufen.

Literatur

BITZ, H.: Abgrenzung des Risiko-Frühwarnsystems i. e. S. nach KonTraG zu einem umfassenden Risiko-Managementsystem im betriebswirtschaftlichen Sinn, in: Betriebswirtschaftliche Forschung und Praxis, 52. Jg. (2000), Heft 3, S. 231–240.

BÖCKING, H.-J./ORTH, C.: Risikomanagement und das Testat des Abschlußprüfers, in: Betriebswirtschaftliche Forschung und Praxis, 52. Jg. (2000), Heft 3, S. 242–258.

BT-DRUCKSACHE 13/9712: Bundestags-Drucksache 13/9712, v. 28.01.1998.

DRS 5: Deutscher Rechnungslegungsstandard Nr. 5: Risikoberichterstattung, 2001, bekanntgemacht durch das BMJ am 29. Mai 2001.

HOMMELHOFF, P./MATTHEUS, D.: Risikomanagement im Konzern – ein Problemaufriss, in: Betriebswirtschaftliche Forschung und Praxis, 52. Jg. (2000), Heft 3, S. 217–227.

IDW: Institut der Wirtschaftsprüfer, IDW Prüfungsstandard: Prüfung des Lageberichts (IDW PS 350), Düsseldorf, 1998.

IDW (2000a): Institut der Wirtschaftsprüfer, IDW Prüfungsstandard: Die Prüfung des Risikofrüherkennungssystems nach § 317 Abs. 4 HGB (IDW PS 340), Düsseldorf, 2000.

IDW (2000b): Institut der Wirtschaftsprüfer, IDW Stellungnahme zur Rechnungslegung: Aufstellung des Lageberichts (IDW RS HFA 1), 2000.

IDW: Institut der Wirtschaftsprüfer, IDW Prüfungsstandard: Das interne Kontrollsystem im Rahmen der Abschlussprüfung (IDW PS 260), Düsseldorf, 2001.

IDW: Institut der Wirtschaftsprüfer, IDW Prüfungsstandard: Grundsätze für die ordnungsmäßige Erteilung von Bestätigungsvermerken bei Abschlussprüfungen (IDW PS 400), Düsseldorf, 2002.

IDW: Institut der Wirtschaftsprüfer, IDW Prüfungsstandard: Grundsätze ordnungsmäßiger Berichterstattung bei Abschlussprüfungen (IDW PS 450), Düsseldorf, 2003.

IIR – DEUTSCHES INSTITUT FÜR INTERNE REVISION E.V.: Fachliche Mitteilungen des IIR: IIR-Revisionsstandard Nr. 2: Prüfung des Risikomanagements durch die Interne Revision, in: Zeitschrift für Interne Revision (ZIR), 36. Jg. (2001), Heft 3, S. 152 ff.

LEHNER, U./SCHMIDT, M.: Risikomanagement im Industrieunternehmen, in: Betriebswirtschaftliche Forschung und Praxis, 52. Jg. (2000), Heft 3, S. 261–271.

LÜCK, W. (1998a): Elemente eines Risiko-Managementsystems, in: Der Betrieb, 51. Jg. (1998), Heft 1/2 S. 8–14.

LÜCK, W. (1998b): Der Umgang mit unternehmerischen Risiken durch ein Risikomanagementsystem und durch ein Überwachungssystem, in: Der Betrieb, 51. Jg. (1998), Heft 39 S. 1925–1930.

NEUBECK, G.: Prüfung von Risikomanagementsystemen, Düsseldorf, 2003.

POLLANZ, M.: Offene Fragen der Prüfung von Risikomanagementsystemen nach KonTraG, in: Der Betrieb, 54. Jg. (2001), Heft 25, S. 1317–1325.

Unternehmensbesteuerung kompakt und fundiert

Cornelia Kraft/Gerhard Kraft
Grundlagen der Unternehmensbesteuerung
Die wichtigsten Steuerarten und ihr Zusammenwirken
2004. XXIV, 251 S. Br. EUR 24,90
ISBN 3-409-12726-7

Inhalt: Das deutsche Steuersystem – Einkommensteuer – Körperschaftsteuer – Gewerbesteuer – Besteuerung des Unternehmensertrags – Erbschaft- und Schenkungsteuer – Grundsteuer – Umsatzsteuer – Grunderwerbsteuer

Die Autoren stellen alle relevanten Steuerarten dar, auf denen die deutsche Unternehmensbesteuerung basiert. Darüber hinaus wird das Zusammenwirken der einzelnen Steuerarten in bezug auf die Gesamtsteuerbelastung von Unternehmen herausgearbeitet. Zahlreiche Übersichten und Schaubilder verdeutlichen Strukturen und Zusammenhänge. Die kompakte Wissensvermittlung führt schnell zu fundierten Kenntnissen der wichtigsten deutschen Steuerarten.

Die Autoren:

Prof. Dr. Cornelia Kraft lehrt Betriebliche Steuerlehre und Unternehmensprüfung an der FH Bielefeld. Sie ist außerdem selbstständige Steuerberaterin.

Prof. Dr. Gerhard Kraft lehrt ABWL und Betriebswirtschaftliche Steuerlehre an der Martin Luther Universität Halle-Wittenberg. Darüber hinaus ist er Steuerberater und Wirtschaftsprüfer.

Änderungen vorbehalten. Erhältlich im Buchhandel oder beim Verlag.

Abraham-Lincoln-Str. 46, 65189 Wiesbaden, Tel: 06 11.78 78-626, www.gabler.de

Informationsversorgung im Risikocontrolling durch risikoorientierte Unternehmenspublizität – Ergebnisse einer empirischen Studie

Thomas M. Fischer/Uwe Vielmeyer

Risikocontrolling und risikoorientierte Unternehmenspublizität

Eine wesentliche Aufgabe, die das Führungssystem eines Unternehmens zu erfüllen hat, ist das Management von unternehmensrelevanten Risiken (vgl. Hölscher 2000, S. 297). Durch das Risikocontrolling ist sicherzustellen, dass beim Aufbau und der Koordination der Führungsteilsysteme die von der Leitung des Unternehmens verfolgte Risikopolitik entsprechend umgesetzt wird (vgl. Horváth/Gleich 2000, S. 103). Als zu koordinierende Bestandteile des Führungssystems sind die Unternehmensorganisation, das Personalführungssystem, das Planungs- und Kontrollsystem sowie das Informationssystem anzusehen (vgl. Küpper 2001, S. 15).

Im Einzelnen sind die Unternehmensorganisation und das Personalführungssystem mit der Risikopolitik des Unternehmens abzustimmen und ggf. entsprechend anzupassen. Durch das Planungssystem sind die möglichen Auswirkungen von Risiken abzubilden. Mit Hilfe des Kontrollsystems ist zu gewährleisten, dass ungeplante Abweichungen bei den eingegangenen Risikopositionen minimiert werden. Schließlich sind über das Informationssystem die getroffenen risikoorientierten Maßnahmen inner- und außerhalb des Unternehmens in geeigneter Weise zu kommunizieren. Die risikoorientierte Berichterstattung sollte die aktuelle Risikosituation im Unternehmen transparent machen und dokumentieren (vgl. Reichmann 2001, S. 621 f.).

Hierbei ist zwischen der unternehmensinternen Risikoberichterstattung und der an unternehmensexterne Stakeholder gerichteten sog. risikoorientierten Unternehmenspublizität zu differenzieren. Aufgabe der internen Risikoberichterstattung ist die Versorgung der anderen Führungsteilsysteme mit risikospezifischen Informationen. Zielsetzung der risikoorientierten Unternehmenspubli-

---

- Zielsetzung der risikoorientierten Unternehmenspublizität ist, für unternehmensexterne Stakeholder relevante Informationen über den Ist-Zustand der Unternehmensrisiken bereit zu stellen, um damit deren Steuerung von Risiken sowie die Absicherung von Risikopositionen zu unterstützen.
- Im Rahmen einer empirischen Untersuchung wurden die Ersteller und (potentiellen) Adressaten der risikoorientierten Unternehmenspublizität zur Relevanz verschiedener Risikokategorien befragt.
- Neben den finanzwirtschaftlichen Risiken wurde vor allem für die Marktrisiken und leistungswirtschaftlichen Risiken eine hohe Relevanz ermittelt. Mit etwas geringerer Bedeutung wird die Publizität von Organisations- und Personalrisiken sowie von IT-Risiken beurteilt.
- Die Relevanz der einzelnen Risikokategorien wurde weitgehend homogen eingeschätzt. Eine Übereinstimmungslücke, d.h. signifikant voneinander abweichende Beurteilungen der Risiken seitens der Ersteller und Adressaten, liegt nicht vor. Insofern erscheint eine inhaltliche Fokussierung der Inhalte von risikoorientierter Unternehmenspublizität möglich.

Univ.-Prof. Dr. Thomas M. Fischer ist Inhaber des Lehrstuhls für Allgemeine Betriebswirtschaftslehre, insb. Controlling und Wirtschaftsprüfung an der Katholischen Universität Eichstätt-Ingolstadt.

Dr. Uwe Vielmeyer ist Mitarbeiter in der International Financial Reporting Group, FRRP, PwC Deutsche Revision AG, Frankfurt am Main.

zität ist, für unternehmensexterne Stakeholder relevante Informationen über den Ist-Zustand der Unternehmensrisiken bereit zu stellen, um damit deren Steuerung von Risiken sowie die Absicherung von Risikopositionen zu unterstützen (in Anlehnung an Burger/Buchhart 2002, S. 13). Dabei sind aus den in der internen Risikoberichterstattung verfügbaren Daten die wesentlichen Informationen auszuwählen, ggf. anzupassen und in geeigneter Weise extern zu kommunizieren (vgl. grundlegend Horváth 2003, S. 616).

Im Folgenden werden die in der deutschen Rechnungslegung gültigen Normen der risikoorientierten Unternehmenspublizität kurz dargestellt. Anschließend werden die Ergebnisse einer empirischen Studie analysiert, bei der die Relevanz von Angaben zu Risiken in der externen Berichterstattung von Unternehmen durch (potenzielle) Adressaten und Ersteller der risikoorientierten Unternehmenspublizität beurteilt wurde.

Normen der risikoorientierten Unternehmenspublizität

Auslöser für die risikospezifische Ergänzung der Unternehmenspublizität in Deutschland war die Einführung des Gesetzes zur Kontrolle und Transparenz im Unternehmensbereich (KonTraG) am 1.5.1998. Durch dieses wurde die handelsrechtliche Lageberichterstattung gem. §§ 289 I und 315 I HGB um Angaben zu „Risiken der künftigen Entwicklung" von Unternehmen erweitert. Auch die Modernisierungsrichtlinie der EU-Kommission, durch die im Jahr 2003 eine Anpassung der 4. und 7. EG-Richtlinie erfolgt ist, sieht eine Berichterstattung über Risiken im Rahmen des Lageberichts vor. Allerdings ist weder im geltenden deutschen Recht noch in der europäischen Richtlinie inhaltlich konkretisiert, was unter den „Risiken der künftigen Entwicklung" zu verstehen ist.

Der Deutsche Standardisierungsrat für Rechnungslegung (DSR) hat den Deutschen Rechnungslegungsstandard (DRS) 5 als Grundsatz für die Risikoberichterstattung in Konzern-Lageberichten verabschiedet. Ergänzend wurden mit den DRSs 5-10 und 5-20 branchenspezifische Standards für die Risikoberichterstattung von Kredit- und Finanzdienstleistungsinstituten sowie Versicherungsunternehmen entwickelt. Durch den E-BilReG erfährt die Lageberichterstattung nach §§ 289 I sowie 315 I HGB und somit auch der Risikobericht eine weitere rechtsqualitative Klarstellung (vgl. E-BilReG, Tz. 20, für den Konzernlagebericht):

„Im Konzernlagebericht sind der Geschäftsverlauf einschließlich des Geschäftsergebnisses und die Lage des Konzerns so darzustellen, dass ein den tatsächlichen Verhältnissen entsprechendes Bild vermittelt wird. [...] In die Analyse sind die für die Geschäftstätigkeit bedeutsamsten finanziellen Leistungsindikatoren einzubeziehen [...]. Satz 3 gilt entsprechend für nicht finanzielle Leistungsindikatoren, [...] soweit sie für das Verständnis des Geschäftsverlaufs oder der Lage von Bedeutung sind. Ferner sind im Konzernlagebericht die wesentlichen Ziele und Strategien der gesetzlichen Vertreter des Mutterunternehmens zu beschreiben sowie die voraussichtliche Entwicklung mit ihren wesentlichen Chancen und Risiken zu beurteilen und zu erläutern; zugrunde liegende Annahmen sind anzugeben."

Neu ist hier der explizite Verweis auf eine ausgewogene Darstellung zukünftiger Chancen und Risiken unter Angabe von:
- finanziellen und nicht finanziellen Leistungsindikatoren,
- Ziele und Strategien der gesetzlichen Vertreter von Unternehmen,
- grundlegende Annahmen der zukünftigen Entwicklung von Unternehmen.

Der E-BilReG dient, wie der Begründung des Entwurfs zu entnehmen ist, der Umsetzung europäischer Richtlinien, insbesondere der Modernisierungsrichtlinie (vgl. E-BilReG, Begründung, A III sowie B zu Tz. 20). Für Konzernmuttergesellschaften richtet sich die Ausgestaltung der risikoorientierten Unternehmenspublizität nach dem DRS 5 i. V. m. § 342 II HGB.

Zusätzlich hat der Deutsche Standardisierungsrat für Rechnungslegung (DSR) mit dem E-DRS 20 „Lageberichterstattung" einen neuen Bezugsrahmen für die Konzernlageberichterstattung vorgelegt. Allerdings sind darin Grundsätze und Regelungen enthalten, die über die Formulierung der bisherigen Generalnorm hinausgehen. Auch beim E-DRS 20 erfolgt keine inhaltliche Neuausrichtung der risikoorientierten Unternehmenspublizität. Vielmehr sind für deren inhaltliche Ausgestaltung weiterhin die Regelungen des DRS 5 relevant (vgl. E-DRS 20, Tz. 84).

Vorgehensweise der empirischen Untersuchung

Durch keine der beschriebenen Normen für die risikoorientierte Unternehmenspublizität wird inhaltlich konkretisiert, was unter Risiken der zukünftigen Entwicklung zu verstehen ist. Zur Identifikation von Risikokategorien lassen sich modellhaft die Wertschöpfungskette von Unternehmen sowie die sog. Wettbewerbskräfte als Ausgangspunkt heranziehen. Hieraus lassen sich im einzelnen ableiten (vgl. ausführlich Vielmeyer 2004, Kap. 2.3.2., m. w. N.):
- Marktrisiken (Kunden-, Zulieferer- und Wettbewerberrisiken),
- Organisations- und Personalrisiken,
- Finanzrisiken (Finanzanlage- und Kapitalstrukturrisiken),
- Leistungswirtschaftliche Risiken (FuE-, Logistik-, Produktions-, Vertriebs-, Service-, Standortrisiken),
- IT-Risiken und
- Sonstige Risiken (politische, rechtliche, makroökonomische und ökologische Risiken).

Die Ersteller und (potenziellen) Adressaten der risikoorientierten Unternehmenspublizität wurden zur Relevanz der vorstehend genannten Risikokategorien befragt. Für jede Probandengruppe wurde ein Fragebogen mit vier Abschnitten erstellt. (Anmerkung d. Verf.: Die Fragebögen von Erstellern und Adressaten unterschieden sich lediglich im ersten Abschnitt. Der weitere Aufbau war identisch gestaltet, sodass die Antworten direkt verglichen werden konnten):
- Angaben zum Funktionsbereich und zum Unternehmen,

BERICHTERSTATTUNG

	Erstbefragung	Nachfassaktion	Gesamt
Befragte Ersteller	322	246	322
Rücklauf absolut	36	8	44
Rücklauf in %	11	3	14
Befragte Adressaten	249	168	249
Rücklauf absolut	29	5	34
Rücklauf in %	12	3	14

Abbildung 1: Auswertung des Rücklaufs der Befragung zur risikoorientierten Berichterstattung

- Nutzen der gegenwärtigen risikoorientierten Unternehmenspublizität,
- Relevanz der Publizität über spezifische Unternehmensrisiken,
- Relevanz der Publizität über die Prozesse des Risikomanagements.

Nach einem Pretest mit 10 Probanden von September – Oktober 2002, wurde die Erstbefragung am 18. November 2002 durchgeführt. Insgesamt wurden 571 Fragebögen versandt. Davon entfielen 322 auf Ersteller, wobei ausschließlich Funktionsbereiche wie Finanz- und Rechnungswesen, Controlling und Investor Relations befragt wurden, und 249 auf die Adressaten wie Fondsmanager, Wirtschaftsprüfer und Analysten. Bei der Befragung wurden auch Unternehmen berücksichtigt, die nicht unter den DAX 100-Unternehmen zu finden sind. Die Nachfassaktion wurde am 11. Dezember 2002 gestartet. Abb. 1 zeigt die Daten der Befragung.

Relevanz der Risikokategorien in der Unternehmenspublizität

Nach der allgemeinen Einschätzung des wahrgenommenen Nutzens der risikoorientierten Unternehmenspublizität wird im Folgenden die Bedeutung einzelner Risiken analysiert. Grundlage für die Beurteilung der Relevanz von spezifischen Unternehmensrisiken waren die oben definierten Indikatoren.

Wie den Ergebnissen für die *Kundenrisiken* (vgl. Abb. 2) entnommen werden kann, wurde deren Wichtigkeit von den Adressaten durchgehend höher eingeschätzt als von den Erstellern. Allerdings ergab sich nur für die Bedeutung der Abhängigkeit von einzelnen Kunden ein statistisch signifikanter Unterschied (vgl. Abb. 3). Die Adressaten empfanden eine Publizität über Kundenabhängigkeiten als „sehr wichtig". Ersteller hingegen beurteilen dies als „wichtig". Die Bedeutung von Kundenrisiken (gesamt) wurde von beiden Befragungsgruppen als „wichtig" identifiziert. Für beide Seiten ebenfalls „wichtig" waren die Publizitätselemente Zugang zu Vertriebskanälen, Preissensitivität, Bindungsdauer der Kunden, Anzahl Neukunden und das Auftragsvolumen. Von den Adressaten als „wichtig" und von den Erstellern hingegen als „weniger wichtig" eingeschätzt wurden die Spezifität von Kundenaufträgen und die Wiederkaufsrate. Die Beurteilung der Ersteller erscheint plausibel, wenn man von der Annahme ausgeht, dass mit steigender Spezifität der Leistung die Kundenbindung i. d. R. intensiviert wird, da ein Abbruch der Beziehung für beide Seiten mit Kosten verbunden ist. Erstaunlich erscheint hingegen, dass der Wiederkaufsrate von den Erstellern keine große Bedeutung hinsichtlich der Risikobeurteilung zugebilligt wurde.

Als weiteres Element der Marktrisiken wurde die Relevanz von *Zuliefererrisiken* erhoben (vgl. Abb. 4).

Auch die Bedeutung der Zuliefererrisiken wurde von den Adressaten durchweg höher eingeschätzt als von den Erstellern. Allerdings waren die Unterschiede statistisch nicht signifikant (vgl. Abb. 5).

Die Bedeutung von Zuliefererrisiken (gesamt) wurde im Durchschnitt von beiden Gruppen als „wichtig" eingeschätzt. Die Abhängigkeit von einzelnen Zulieferern sowie die Rohstoffknappheit wurden von beiden Gruppen jeweils als „wichtig" beurteilt. Die Bindungsdauer der Zulieferer an das Unternehmen sowie die Vorleistungsqualität wurde von den Erstellern als „weniger wichtig" empfunden, wohingegen die Adressaten auch hier ein „wichtiges" Risiko sahen.

Weiter war zu beurteilen, welche Bedeutung Informationen über die *Wettbewerberrisiken* in der Unternehmenspublizität haben (vgl. Abb. 6).

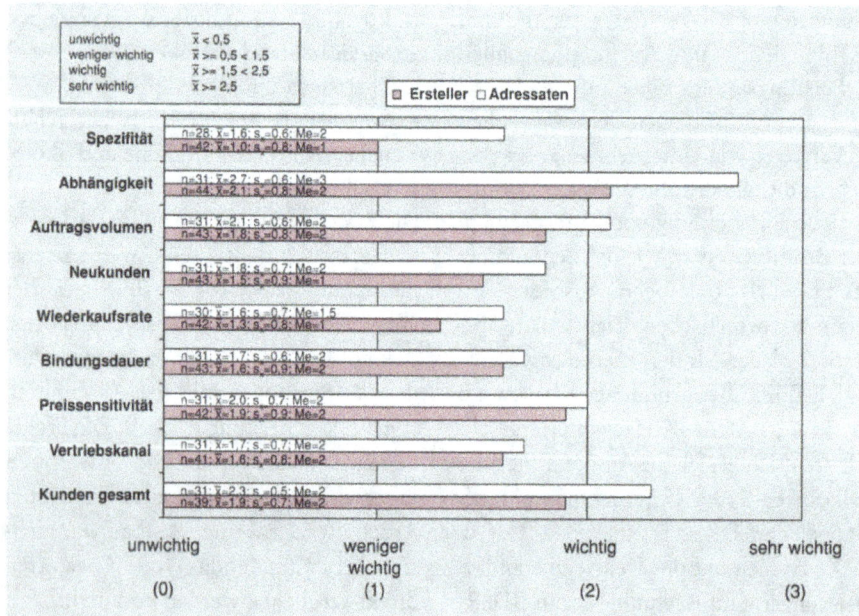

Abbildung 2: Relevanz von Kundenrisiken

Kundenrisiken
* kennzeichnet Signifikanz bei einem Konfidenzintervall von 95 %

	Extremste Differenzen			Kolmogorov-Smirnov Z	Asymp. Sig. (2-seitig)
	Absolut	Positiv	Negativ		
Spezifität von Kundenaufträgen	,298	,298	,000	1,220	,102
Abhängigkeit von einzelnen Kunden	,337	,337	,000	1,435	*,030
Auftragsvolumen	,197	,197	,000	,834	,490
Anzahl Neukunden	,189	,189	,000	,802	,540
Wiederkaufsrate	,167	,167	,000	,697	,716
Bindungsdauer	,116	,116	-,020	,494	,968
Preissensitivität	,071	,071	-,012	,302	1,000
Zugang zu Vertriebskanälen	,098	,098	,000	,410	,996
Kunden gesamt	,227	,227	,000	,942	,338

Abbildung 3: Signifikanzauswertung für die Kundenrisiken

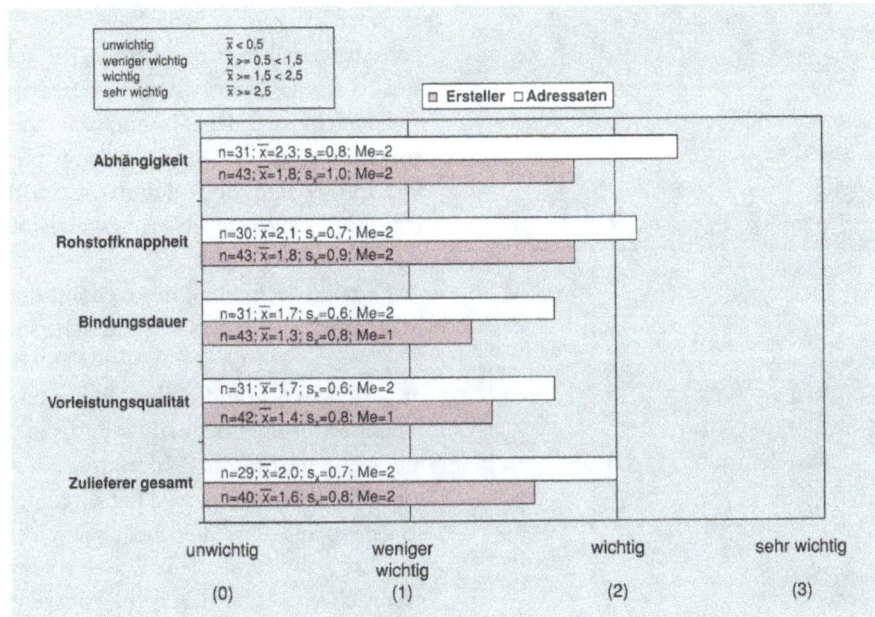

Abbildung 4: Relevanz von Zuliefererrisiken

Basierend auf den Mittelwerten ergab sich für die Wettbewerbsrisiken ein heterogeneres Bild als bei den vorangegangenen Risikokategorien. Statistisch signifikante Unterschiede ergaben sich für das Kriterium der Bedrohung durch Ersatzprodukte (vgl. Abb. 7). Dieses wurde von den Adressaten als „sehr wichtig", von den Erstellern hingegen nur als „wichtig" beurteilt. Wiederum auffallend war, dass die Ersteller den Indikatoren für Wettbewerberrisiken mit Ausnahme des Markenimages, welches jeweils als „wichtig" angesehen wurde, bezogen auf den Mittelwert eine niedrigere Bedeutung beimessen als die Adressaten. Besonders charakterisierend für Wettbewerberrisiken schienen der Marktanteil und das Marktwachstum zu sein.

Etwas weniger relevant wurden Informationen über Wettbewerberreaktionen eingeschätzt. Dasselbe galt für Angaben zum Markenimage, der Restnutzungsdauer von Patenten und der Produktdifferenzierung. Sowohl die Wettbewerberrisiken (gesamt) als auch die Marktrisiken (gesamt) wurden von beiden Probandengruppen als „wichtig" eingestuft.

Nach der Beurteilung der Marktrisiken wurde die Bedeutung von *Personal- und Organisationsrisiken* untersucht (vgl. Abb. 8 und 9).

Wie aus Abb. 8 deutlich wird, hatten Personalbedarfsrisiken für die Adressaten eine größere Bedeutung als für die Ersteller. Die Bedeutungsunterschiede waren jedoch statistisch nicht signifikant (vgl. Abb. 10). Die höchste Relevanz besaßen, bezogen auf den Mittelwert, Angaben zum Risiko des Personalabbaus. Hier ist zu vermuten, dass Personalreduzierung letztlich als ein Indikator für Unternehmenskrisen wahrgenommen wurde. Deshalb erscheint es auch folgerichtig, dass die mit der Personalbeschaffung verbundenen Risiken am geringsten eingeschätzt wurden. In der ordinalen Zuordnung wurden aber sämtliche Personalbedarfsrisiken sowohl von Adressaten als auch von Erstellern als „wichtig" erachtet.

Die Adressaten maßen den übrigen Personal- und Organisationsrisiken mit Ausnahme der Arbeitssicherheit, welche identisch mit den Erstellern beurteilt wurde, ebenfalls eine größere Bedeutung bei als die Ersteller (vgl. Abb. 9). Insgesamt ergab sich aber für keines der Einzelkriterien ein statistisch signifikanter Unterschied zwischen den Urteilen der Ersteller und Adressaten (vgl. Abb. 10).

Zuliefererrisiken
* kennzeichnet Signifikanz bei einem Konfidenzintervall von 95 %

	Extremste Differnezen			Kolmogorov-Smirnov Z	Asymp. Sig. (2-seitig)
	Absolut	Positiv	Negativ		
Abhängigkeit von einzelnen Zulieferern	,206	,206	,000	,872	,432
Rohstoffknappheit	,192	,192	,000	,808	,531
Bindungsdauer der Zulieferer	,167	,167	,000	,710	,694
Qualität der bezogenen Vorleistungen	,193	,193	,000	,814	,521
Zulieferer gesamt	,157	,157	,000	,643	,802

Abbildung 5: Signifikanzauswertung für die Zuliefererrisiken

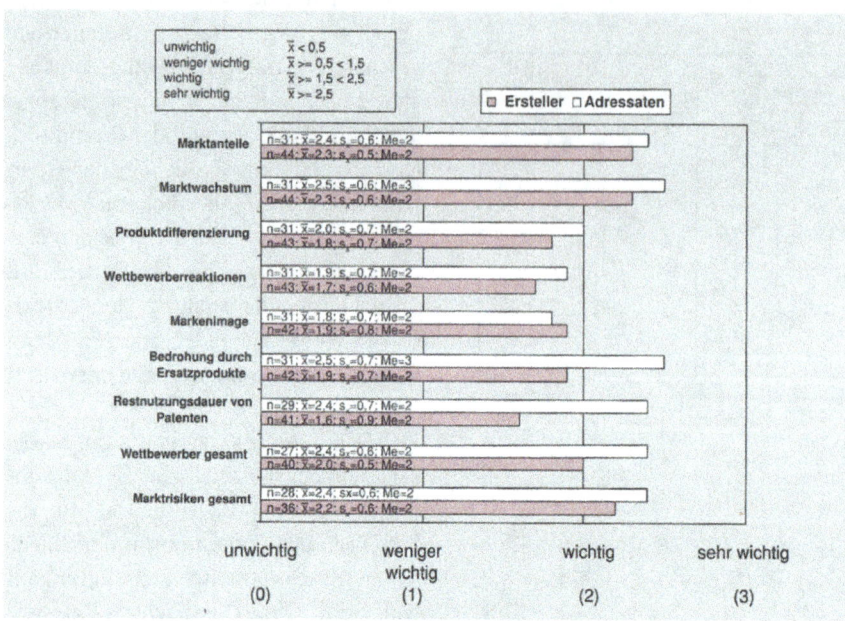

Abbildung 6: Relevanz von Wettbewerber- und allgemeinen Marktrisiken

Wettbewerberrisiken
* kennzeichnet Signifikanz bei einem Konfidenzintervall von 95 %

	Extremste Differenzen			Kolmogorov-Smirnov Z	Asymp. Sig. (2-seitig)
	Absolut	Positiv	Negativ		
Marktanteile	,143	,143	-,042	,610	,851
Marktwachstum	,175	,175	,000	,747	,632
Produktdifferenzierung	,123	,123	,000	,522	,948
Reaktionsmöglichkeiten von Wettbewerbern	,156	,156	,000	,662	,773
Markenimage	,085	,024	-,085	,360	,999
Bedrohung durch Ersatzprodukte	,414	,414	,000	1,748	*,004
Restnutzungsdauer von Patenten	,312	,312	,000	1,286	,073
Wettbewerber gesamt	,282	,282	,000	1,134	,153
Marktrisiken gesamt	,087	,087	,000	,346	1,000

Abbildung 7: Signifikanzauswertung für die Wettbewerberrisiken

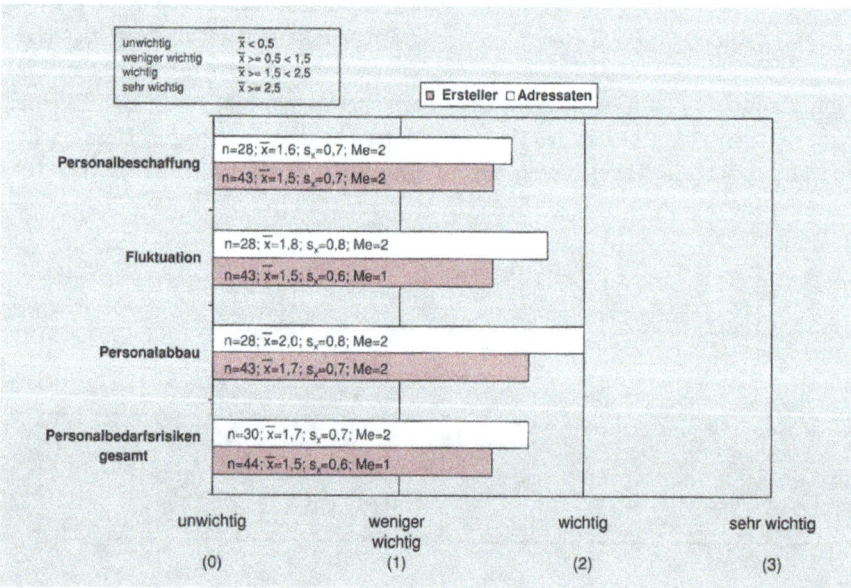

Abbildung 8: Relevanz von Personalbedarfsrisiken

Dem Fehlverhalten (gesamt) und den Fehlzeiten wurde jeweils die geringste Bedeutung zugeschrieben. Als besonders wichtig wurden die Angaben hinsichtlich der Mitarbeiterqualifikation erachtet. Organisations- und Personalrisiken insgesamt wurden von den Erstellern als „weniger wichtig", von den Adressaten hingegen noch als „wichtig" eingeschätzt. Als „weniger wichtig" wurden von beiden Gruppen die Indikatoren Arbeitssicherheit, Personalführung, Fehlzeiten, Unterschlagung und Fehlverhalten (gesamt) erachtet.

Anschließend wurde die Bedeutung der Publizität über *Finanzrisiken* erhoben. Diese wurden in die Kategorien Finanzanlagerisiken, Kapitalstrukturrisiken sowie sonstige Finanzrisiken unterteilt.

Zunächst wurden die Finanzanlagerisiken untersucht. Diese wurden weiter in Grund- und Spekulationsgeschäfte (vgl. Abb. 11) sowie Sicherungsgeschäfte differenziert (vgl. Abb. 12).

Es zeigte sich, dass, bezogen auf den Mittelwert, die Adressaten die Relevanz von Risiken aus Grund- und Spekulationsgeschäften grundsätzlich höher einschätzten als die Ersteller. Eine Ausnahme stellten die Zinsänderungsrisiken i. e. S. dar. Der Unterschied fiel allerdings so gering aus, dass hier nicht von einer wirklich abweichenden Einschätzung gesprochen werden kann. Hinsichtlich statistischer Signifikanz unterschied sich die Bewertung von Erstellern und Adressaten nicht (vgl. Abb. 13). Am bedeutendsten wurde das mit einer Finanzanlage verbundene Liquiditätsrisiko eingeschätzt. Für die Ersteller war dieses „wichtig", für die Adressaten sogar „sehr wichtig". Das Zinsänderungsrisiko wurde von den Erstellern und Adressaten als das relativ Unbedeutendste angesehen. Allerdings handelt es sich in der absoluten Betrachtung nach wie vor um ein „wichtiges" Risiko. Beide Gruppen nahmen die Indikatoren Kontrahentenausfall, Marktpreis und Währung als „wichtig" wahr.

Für Angaben zu Finanzanlagerisiken von Sicherungsgeschäften ergaben sich auf Basis der Mittelwerte identische Beurteilungen. Für die übrigen Indikatoren zur Relevanz von Sicherungsgeschäften

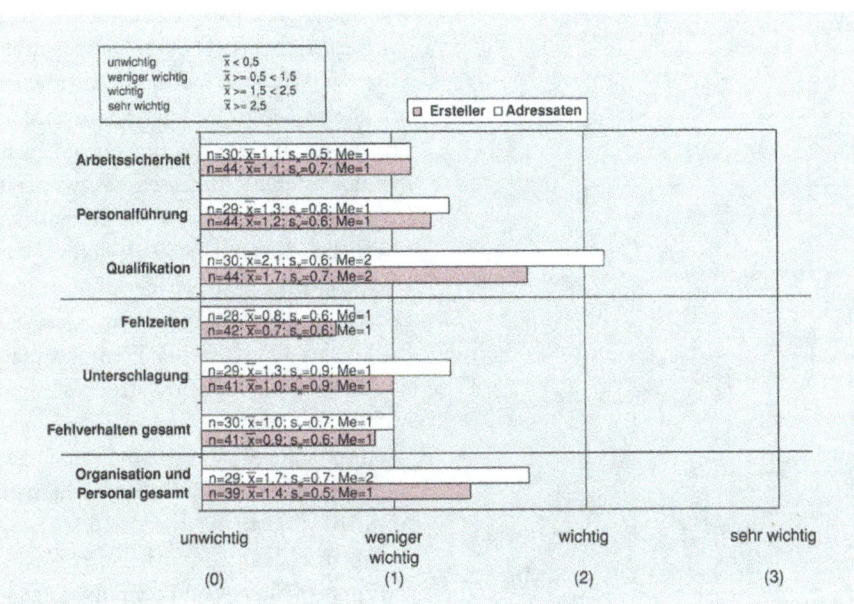

Abbildung 9: Relevanz der übrigen Personal- und Organisationsrisiken

Organisations- und Personalrisiken
* kennzeichnet Signifikanz bei einem Konfidenzintervall von 95 %

	Extremste Differenzen			Kolmogorov-Smirnov Z	Asymp. Sig. (2-seitig)
	Absolut	Positiv	Negativ		
Personalbeschaffung	,037	,037	,000	,154	1,000
Fluktuation	,178	,178	-,012	,732	,658
Personalabbau	,228	,228	,000	,941	,339
Personalbedarf gesamt	,123	,123	-,011	,518	,951
Arbeitssicherheit	,117	,115	-,117	,493	,968
Personalführung	,103	,103	-,020	,433	,992
Qualifikation der Mitarbeiter	,195	,195	,000	,825	,503
Fehlzeiten	,048	,048	,000	,195	1,000
Betrug/Unterschlagung	,229	,229	-,004	,943	,336
Individuelles Fehlverhalten gesamt	,111	,111	,000	,464	,983
Organisation und Personal gesamt	,116	,116	,000	,472	,979

Abbildung 10: Signifikanzauswertung für die Organisations- und Personalrisiken

bei den Finanzanlagerisiken dominierten die Urteile aus Sicht der Adressaten. Ein statistisch signifikanter Unterschied bei den Antworten ergab sich nicht (vgl. Abb. 13). Für die Kategorie Finanzanlagen (gesamt) waren die Relevanzeinschätzungen der Ersteller höher als die der Adressaten.

Die Publizität über die Risiken, welche mit den Sicherungsgeschäften verbunden sind, wurde von beiden Probandengruppen als „wichtig" eingestuft. Gleiches galt für die Beurteilung der Publizität über die Finanzanlagerisiken (gesamt). Aus Sicht der Ersteller und Adressaten hatten der Zeitbezug des Sicherungsgeschäfts sowie die Bestimmung der Hedge Ratio die geringste Bedeutung für die risikoorientierte Unternehmenspublizität. Das Ausmaß der Absicherung war hingegen für beide Gruppen das bedeutendste Einzelkriterium. Von beiden Gruppen ebenfalls als „wichtig" beurteilt wurden Angaben über die zur Sicherung eingesetzten Instrumente.

Die Ergebnisse der Analyse von *Kapitalstrukturrisiken* zeigt Abb. 14. Auch für die Kapitalstrukturrisiken lagen höhere Mittelwerte in der Beurteilung der Adressaten verglichen mit den Erstellern vor. Die Unterschiede waren aller-

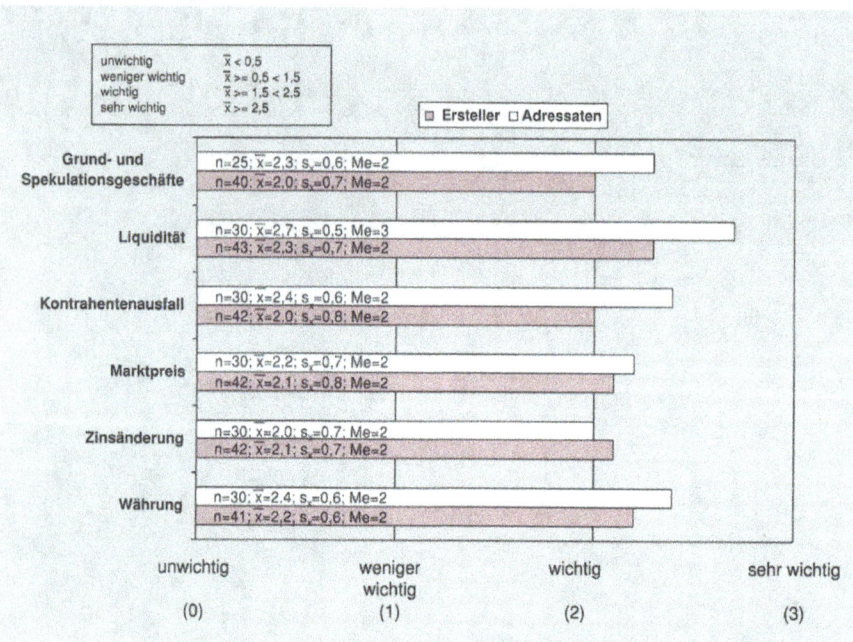

Abbildung 11: Relevanz von Finanzanlagerisiken - Grund- und Spekulationsgeschäfte

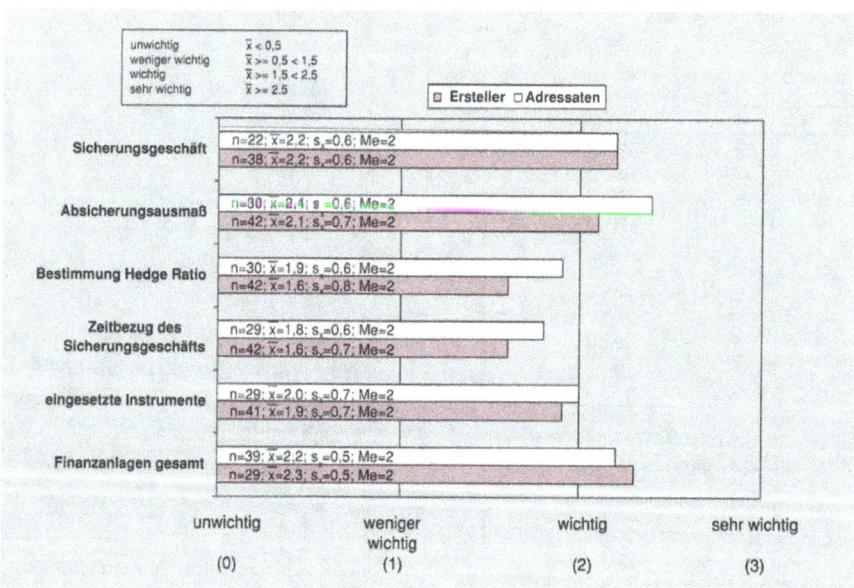

Abbildung 12: Relevanz von Finanzanlagerisiken - Sicherungsgeschäfte

dings statistisch nicht signifikant (vgl. Abb. 15). Das Kapitalstrukturrisiko (gesamt) wurde von beiden Probandengruppen als „wichtig" innerhalb der risikoorientierten Unternehmenspublizität beurteilt. Aus Sicht der Ersteller kam der Publizität über das Eigenkapitalkostenrisiko die geringste Bedeutung zu, wohingegen die Risiken der Verschuldung am höchsten gewichtet wurden. Für die Adressaten kam der Publizität über das Risiko des kurzfristigen Fremdkapitals sowie der Verschuldung die größte Bedeutung zu. Wahrscheinlich verbanden die Adressaten diese Frage direkt mit einer Bedrohung der Liquidität der betrachteten Unternehmen.

Als am unbedeutendsten wurde wiederum die Publizität über die Eigenkapitalkostenrisiken aufgefasst. Deren vergleichsweise geringe Bedeutung verwundert, da insbesondere im Rahmen der wertorientierten Unternehmenspublizität vielfach Informationen über wertorientierte Kennzahlen gefordert werden, die wiederum risikoadjustierte Eigenkapitalkosten als Parameter verwenden. In der ordinalen Zuordnung wurden sämtliche Kapitalstrukturrisiken von beiden Gruppen als „wichtig" erachtet. Lediglich die Verschuldung und das Risiko des kurzfristigen Fremdkapitals wurden von den Adressaten als „sehr wichtig" eingestuft.

Abschließend wurde die Relevanz sonstiger Finanzrisiken untersucht (vgl. Abb. 16).

Am unbedeutendsten bei den sonstigen Finanzrisiken waren die Einschätzungen bezüglich der versicherungstechnischen Risiken und deren Ausprägungen als Prämien- bzw. Leistungsrisiken. Dies ist aufgrund der Spezifität des Versicherungsgeschäftes auch nicht überraschend. Eine besonders hohe Bedeutung kam der Publizität über Liquiditätsrisiken der Unternehmen zu. Dies deckt sich mit der Beurteilung der kurzfristigen Fremdkapitalrisiken im vorangegangenen Abschnitt. Die Bedeutung der Finanzrisiken (gesamt) sowie der Liquiditätsrisiken wurde von den Adressaten als „sehr wichtig", von den Erstellern immerhin als „wichtig" beurteilt. Die Publizität über Risiken aus der Entwicklung des eigenen Aktienkurses sowie der versicherungstechnischen Risiken wurde von beiden Gruppen als „wichtig" beurteilt. Es ergaben sich wiederum höhere Mittelwerte bei den Adressaten verglichen mit den Erstellern. Diese Beurteilungsunterschiede waren allerdings für keines der Einzelkriterien statistisch signifikant (vgl. Abb. 17).

Anschließend wurden die *leistungswirtschaftlichen Risiken* beurteilt. Hierfür wurden zunächst die Risiken aus Forschung und Entwicklung, Logistik und Produktion analysiert (vgl. Abb. 18). Dabei waren höhere Mittelwerte bei den Urteilen der Adressaten, verglichen mit denen der Ersteller, zu beobachten. Diese Unterschiede waren aber lediglich für die Publizität von Risiken aus Forschung und Entwicklung statistisch signifikant (vgl. Abb. 19).

Finanzanlagerisiken
kennzeichnet Signifikanz bei einem Konfidenzintervall von 95 %

	Extremste Differenzen			Kolmogorov-Smirnov Z	Asymp. Sig. (2-seitig)
	Absolut	Positiv	Negativ		
Grund- und Spekulationsgeschäfte	,175	,175	,000	,686	,734
Liquidität	,291	,291	,000	1,225	,099
Kontrahentenausfall	,195	,195	,000	,817	,517
Marktpreis	,105	,105	,000	,438	,991
Zinsänderung	,033	,024	-,033	,139	1,000
Währung	,141	,141	,000	,585	,883
Sicherungsgeschäfte	,055	,055	-,012	,205	1,000
Absicherungsausmaß	,138	,138	,000	,578	,892
Bestimmung der Hedge Ratio	,148	,148	,000	,618	,840
Zeitbezug des Sicherungsgeschäftes	,081	,081	,000	,337	1,000
Art der eingesetzten Instrumente	,061	,061	-,012	,250	1,000
Finanzanlagen gesamt	,088	,088	-,009	,361	,999

Abbildung 13: Signifikanzauswertung für die Finanzanlagerisiken

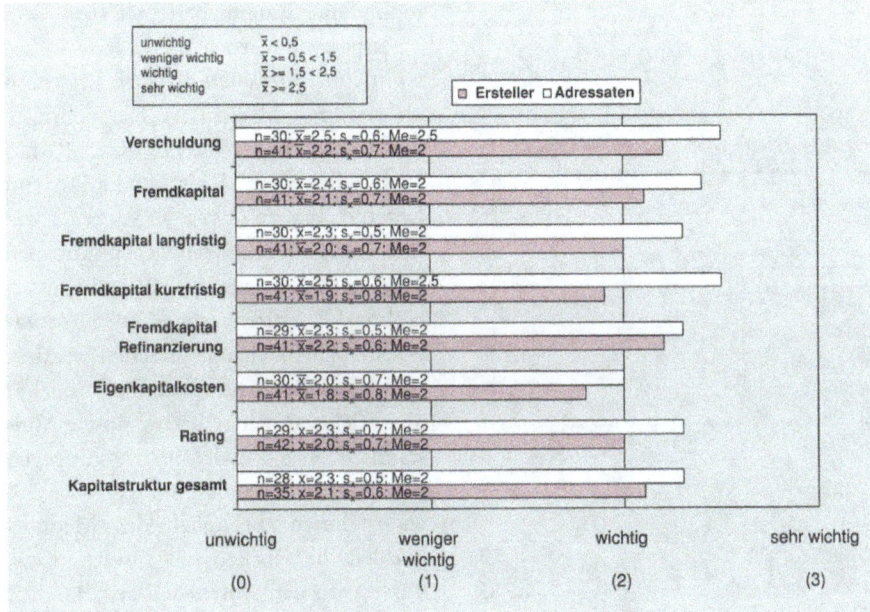

Abbildung 14: Relevanz von Kapitalstrukturrisiken

den Adressaten jeweils als „wichtig", von den Erstellern hingegen als „weniger wichtig" eingestuft. Risiken aus Forschung und Entwicklung waren für die Adressaten „sehr wichtig", für die Ersteller hingegen „wichtig".

Zusätzlich wurden bei den leistungswirtschaftlichen Risiken auch die Risiken bezüglich Service und Vertrieb sowie Standort analysiert (vgl. Abb. 20).

Im Durchschnitt ergaben sich für die leistungswirtschaftlichen Risiken höhere Relevanzurteile bei den Adressaten gegenüber den Erstellern. Eine statistische Signifikanz dieser Unterschiede lag aber nicht vor (vgl. Abb. 21). Im Zusammenhang mit den Vertriebs- und Servicerisiken wurden Risiken aus Kulanznachlässen als weniger bedeutsam wahrgenommen, wohingegen das Risiko von Zahlungsausfällen eine vergleichsweise hohe Bedeutung aufwies. Aus der Gewährung von Kulanznachlässen können sich somit auch zukünftige Chancen ergeben. Kulanznachlässe zu gewähren, dürfte im Wesentlichen eine Kundenbindungsmaßnahme sein. Zahlungsausfälle sind hingegen Ausdruck für finanzielle Probleme des Kunden. Zunächst muss festgestellt werden, dass die Bedeutung von Produktionsrisiken (gesamt) einerseits und Vertriebs- und Servicerisiken (gesamt) andererseits von beiden Gruppen jeweils nahezu als gleich bedeutend eingeschätzt wurde. Im Gesamturteil ergab sich, dass beide Gruppen die leistungswirtschaftlichen Risiken als „wich-

Das bedeutendste Risiko sahen beide Gruppen in den Forschungs- und Entwicklungsaktivitäten. Die geringste Bedeutung für die Ersteller wiesen logistische Risiken auf. Bei den Adressaten kam neben den logistischen Risiken auch den Anlagenrisiken eine geringe Bedeutung zu. Die Publizität über Risiken aus der Produktion wurde hinsichtlich der Indikatoren Anlagen, Fertigung sowie Produktion (gesamt) von beiden Gruppen als „wichtig" beurteilt. Die Publizität über Risiken aus Logistik, Beständen und Betriebsunterbrechungen wurden von

Kapitalstrukturrisiken
kennzeichnet Signifikanz bei einem Konfidenzintervall von 95 %

	Extremste Differenzen			Kolmogorov-Smirnov Z	Asymp. Sig. (2-seitig)
	Absolut	Positiv	Negativ		
Verschuldungsgrad	,207	,207	,000	,863	,446
Fremdkapital	,223	,223	,000	,927	,356
Fremdkapital langfr.	,186	,186	,000	,775	,585
Fremdkapital kurzfr.	,280	,280	,000	1,167	,131
Fremdkapital Refinanzierung	,087	,087	,000	,360	,999
Eigenkapitalkosten	,199	,199	,000	,829	,498
Rating	,200	,200	,000	,826	,502
Kapitalstruktur gesamt	,100	,100	,000	,394	,998

Abbildung 15: Signifikanzauswertung für Kapitalstrukturrisiken

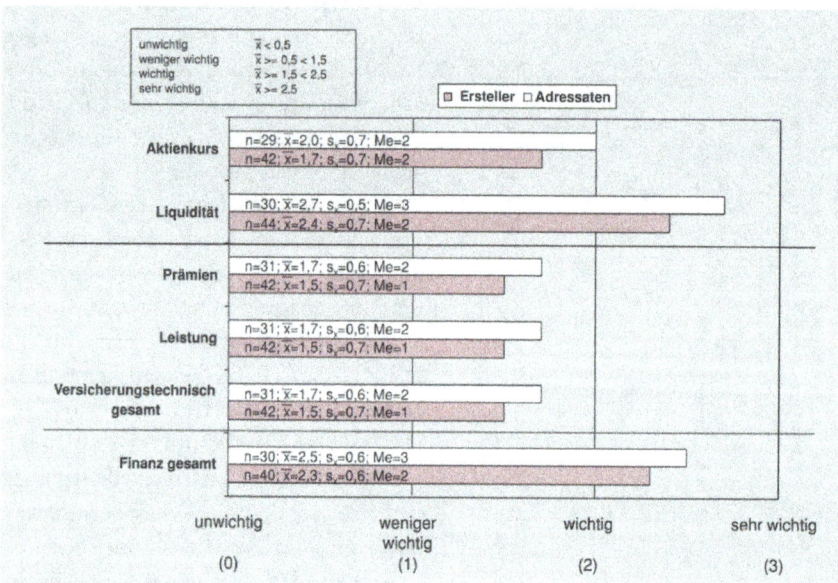

Abbildung 16: Relevanz sonstiger Finanzrisiken

	Extremste Differenzen			Kolmogorov-Smirnov Z	Asymp. Sig. (2-seitig)
	Absolut	Positiv	Negativ		
Aktienkurs	,222	,222	-,034	,918	,368
Liquidität des Unternehmens	,289	,289	,000	1,222	,101
Prämien	,208	,208	-,007	,879	,422
Leistungen	,240	,240	-,007	1,015	,254
Versicherungstechnisch gesamt	,176	,176	-,031	,743	,639
Finanzen gesamt	,183	,183	,000	,759	,612

Sonstige Finanzrisiken
* kennzeichnet Signifikanz bei einem Konfidenzintervall von 95 %

Abbildung 17: Signifikanzauswertung für sonstige Finanzrisiken

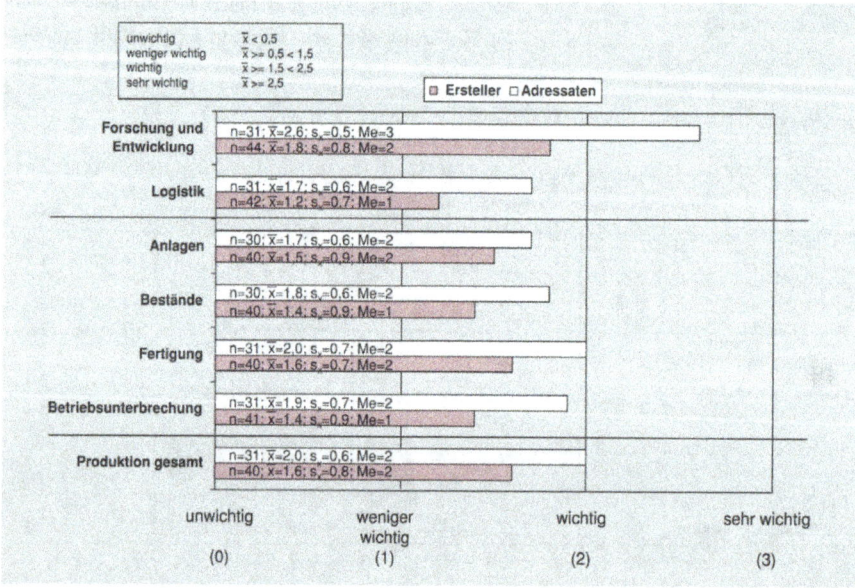

Abbildung 18: Relevanz von leistungswirtschaftlichen Risiken

tig" einschätzten. Die Publizität von Risiken aus Zahlungsausfällen, Gewährleistungen, des Vertriebs (gesamt) und des Standortes wurde von beiden Gruppen jeweils als „wichtig" wahrgenommen. Lediglich die Kulanzrisiken wurden von beiden Gruppen als „weniger wichtig" angesehen.

Als weitere Kategorie von Einzelrisiken wurden die *IT-Risiken* untersucht (vgl. Abb. 22). Für die IT-Risiken ergaben sich höhere Mittelwerte für die Antworten der Adressaten gegenüber denen der Ersteller. Hierbei wurde allerdings allein das Kriterium der Stillstandszeiten signifikant unterschiedlich beurteilt (vgl. Abb. 23). Hier könnte ein Publizitätsbedarf abgeleitet werden, indem bspw. über redundante Systeme berichtet wird.

Insgesamt wurden die IT-Risiken sowohl von Adressaten als auch Erstellern als „wichtig" klassifiziert. Die niedrigste Bedeutung kam dabei dem Risiko hinsichtlich der Kommunikation im Unternehmen zu („weniger wichtig" von beiden Gruppen), wohingegen Angaben über die Risiken von Datenverlust, unerlaubten Zugriffen sowie im Informationsfluss als „wichtig" erachtet wurden. Die Adressaten beurteilten die Publizität über elektronischen Betrug sowie Stillstandszeiten als „wichtig", wohingegen die Ersteller diese als „weniger wichtig" wahrnahmen. Bezüglich des Medians wurden die Risiken des Informationsflusses von den Adressaten als zwischen „weniger wichtig" bis „wichtig" beurteilt.

Abschließend werden noch die „sonstigen Risiken", die sich i.d.R nicht einem einzelnen Unternehmensprozess zuordnen lassen, untersucht. Hierunter wurden politische, rechtliche, makroökonomische und ökologische Risiken erfasst.

Bei den *politischen Risiken* (vgl. Abb. 24) waren höhere Mittelwerte bei den Adressaten als bei den Erstellern zu erkennen. Als einzige Ausnahme hiervon ist das politische Dispositionsrisiko zu nennen, welches im Mittelwert identisch beurteilt wurde. Die Abweichungen waren statistisch nicht signifikant (vgl. Abb. 26).

Für die politischen Risiken wurden insbesondere die Risiken aus der Gesetzgebung und Disposition als „wichtig" empfunden. Ein Beispiel für derartige Risiken ist das in Deutschland eingeführte Dosenpfand. Die Adressaten beurteilten die Risiken aus einer potenziellen Enteignung als „wichtig", die Ersteller hingegen als „weniger wichtig". Die Beurteilung der Ersteller dürfte in den hohen rechtlichen Hürden für eine Enteignung begründet sein. Die politischen Risiken (gesamt) wurden von beiden Gruppen als „wichtig" erachtet.

Im Folgenden werden die Ergebnisse der Analyse *rechtlicher Risiken* dargestellt (vgl. Abb. 25).

Darin ergab sich für die Risiken aus dem Steuerrecht eine identische Beurteilung durch die Adressaten und Ersteller der risikoorientierten Unternehmenspublizität. Für die übrigen rechtlichen Risiken waren höhere Mittelwerte bei den Adressaten gegenüber denen der Ersteller zu beobachten. Diese Abweichungen waren jedoch statistisch nicht signifikant (vgl. Abb. 26). Aus Adressatensicht besitzen Angaben zu wettbewerbsrechtlichen Risiken die größte Bedeutung im Rahmen der risikoorientierten Unternehmenspublizität. Ein Erklärungsansatz hierfür könnte sein, dass durch die anhaltende Deregulierung verschiedener Industrien, wie z. B. in den europäischen Telekommunikations-, Strom- und Gasindustrien, sowie durch die kartellrechtlichen Verfahren im Rahmen großer Unternehmenszusammenschlüsse die Bedeutung des Wettbewerbsrechts zunimmt. Auch die Ersteller schätzten wettbewerbsrechtliche Risiken als „wichtig" ein. Steuerrechtliche Risiken wurden von den Erstellern und Adressaten ebenfalls als „wichtig" eingeschätzt. Der Grund hierfür dürfte in der Komplexität des deutschen Steuerrechts liegen. Publizität über zivilrechtliche und öffentlich-rechtliche Risiken wurde von beiden Gruppen als „wichtig" angesehen. Gleiches galt für die Einschätzung der rechtlichen Risiken (gesamt).

Zusätzlich wurden die *makroökonomischen Risiken* von den Adressaten und Erstellern der risikoorientierten Unternehmenspublizität beurteilt (vgl. Abb. 27).

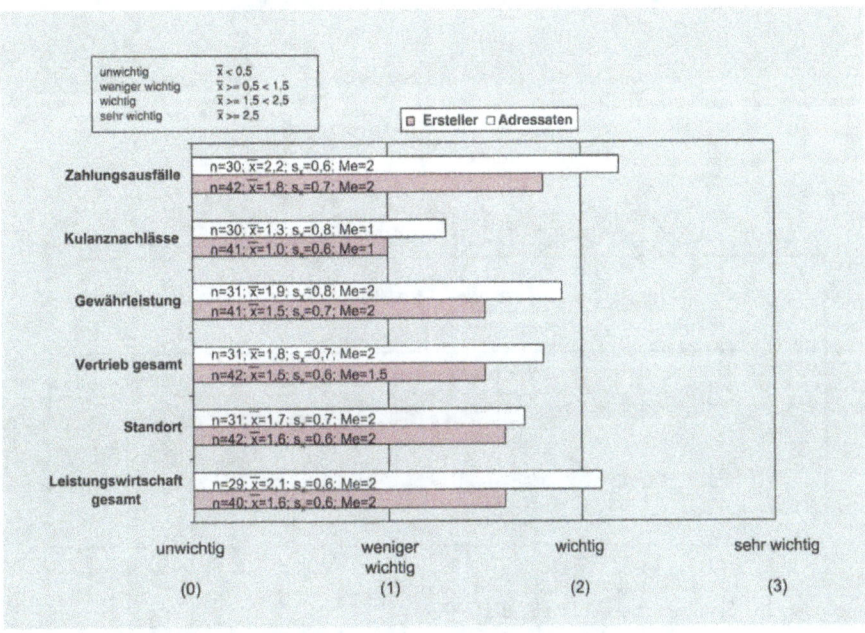

Leistungswirtschaftliche Risiken
* kennzeichnet Signifikanz bei einem Konfidenzintervall von 95 %

	Extremste Differenzen			Kolmogorov-Smirnov Z	Asymp. Sig. (2-seitig)
	Absolut	Positiv	Negativ		
F&E	,367	,367	,000	1,563	*,015
Logistik	,320	,320	,000	1,353	,052
Anlagen	,150	,150	-,025	,621	,835
Bestände	,250	,250	,000	1,035	,234
Fertigung	,181	,181	,000	,758	,613
Betriebsunterbrechung	,254	,254	,000	1,068	,204
Produktion gesamt	,264	,264	,000	1,102	,176

Abbildung 19: Signifikanzauswertung für leistungswirtschaftliche Risiken

Abbildung 20: Relevanz von weiteren leistungswirtschaftlichen Risiken

Weitere leistungswirtschaftliche Risiken
* kennzeichnet Signifikanz bei einem Konfidenzintervall von 95 %

	Extremste Differenzen			Kolmogorov-Smirnov Z	Asymp. Sig. (2-seitig)
	Absolut	Positiv	Negativ		
Zahlungsausfälle	,214	,214	,000	,896	,398
Kulanznachlässe	,172	,172	,000	,714	,688
Gewährleistung	,205	,205	,000	,863	,446
Vertrieb- und Service gesamt	,210	,210	,000	,886	,413
Standort	,089	,089	-,032	,376	,999
Leistungswirtschaftlich gesamt	,262	,262	,000	1,075	,198

Abbildung 21: Signifikanzauswertung für weitere leistungswirtschaftliche Risiken

Im Durchschnitt ergaben sich für die makroökonomischen Risiken höhere Relevanzurteile bei den Adressaten gegenüber den Erstellern. Diese Differenzen waren statistisch hingegen nicht signifikant (vgl. Abb. 29). Innerhalb der makroöko-

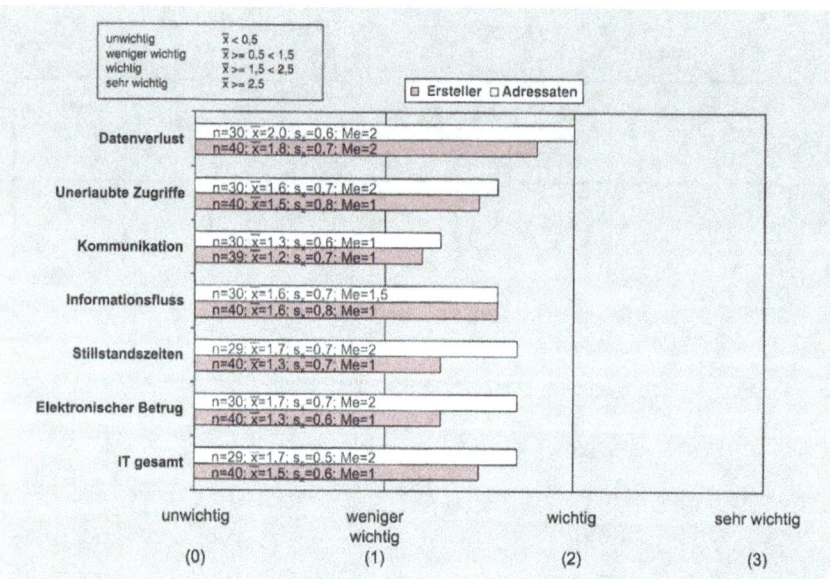

Abbildung 22: Relevanz von IT-Risiken

IT-Risiken
kennzeichnet Signifikanz bei einem Konfidenzintervall von 95 %

	Extremste Differenzen			Kolmogorov-Smirnov Z	Asymp. Sig. (2-seitig)
	Absolut	Positiv	Negativ		
Datenverlust	,208	,208	,000	,863	,446
Zugriffe	,183	,183	-,058	,759	,612
Kommunikation	,095	,095	,000	,391	,998
Informationsfluss	,025	,025	-,025	,104	1,000
Stillstandszeiten	,346	,346	,000	1,417	*,036
Betrug	,225	,225	,000	,932	,351
IT gesamt	,215	,215	-,016	,880	,421

Abbildung 23: Signifikanzauswertung für die IT-Risiken

zität über ökologische Risiken (gesamt) wurde von den Adressaten als „wichtig", von den Erstellern hingegen als „weniger wichtig" angesehen. Die Einbeziehung der sonstigen Risiken (gesamt) in die risikoorientierte Unternehmenspublizität wurde von beiden Gruppen als „wichtig" erachtet. Ein statistisch signifikanter Unterschied der Beurteilung ökologischer Risiken durch Adressaten und Ersteller lag nur für die Risiken aus Ressourcenbeschränkung vor (vgl. Abb. 29).

Den sonstigen Risiken gemein ist, dass sie durch ein Unternehmen nur bedingt beeinflusst werden können und dass für sie andere Informationsquellen außerhalb der Unternehmenspublizität, z. B. Wirtschaftsforschungsinstitute, vorliegen. Umso erstaunlicher ist die doch relativ hohe Bedeutung, die einzelnen Kriterien von beiden Gruppen zugebilligt wurde. Dies betrifft z. B. die Beurteilung des konjunkturellen Umfeldes. Die größte relative Bedeutung wiesen die rechtlichen Risiken auf. Politische Risiken wurden hingegen als vergleichsweise unbedeutend empfunden.

Abschließend wird in Abb. 30 noch eine Reihenfolge der Hauptrisikokategorien gezeigt. Die Bedeutung finanzwirtschaftlicher Risiken wurde am höchsten eingeschätzt. Dies resultiert vermutlich aus der in der Praxis vergleichsweise einfacheren Messbarkeit. Ferner ist zu

nomischen Risiken dominierten Angaben zu Konjunkturrisiken. Dies ist folgerichtig, wenn man die Auswirkungen der konjunkturellen Situation für die Tätigkeit vieler Unternehmen bedenkt. Von den Adressaten und Erstellern wurden sämtliche makroökonomischen Risiken als „wichtig" angesehen. Lediglich die Arbeitsmarktrisiken wurden von den Erstellern als „weniger wichtig" eingestuft.

Die Untersuchung der sonstigen Risiken wurde mit den *ökologischen Risiken* abgeschlossen (vgl. Abb. 28). Diese wurden von den Adressaten im Durchschnitt als bedeutsamer eingeschätzt als von den Erstellern.

Die geringste Bedeutung erhielt das Risiko von Naturkatastrophen. Die Publi-

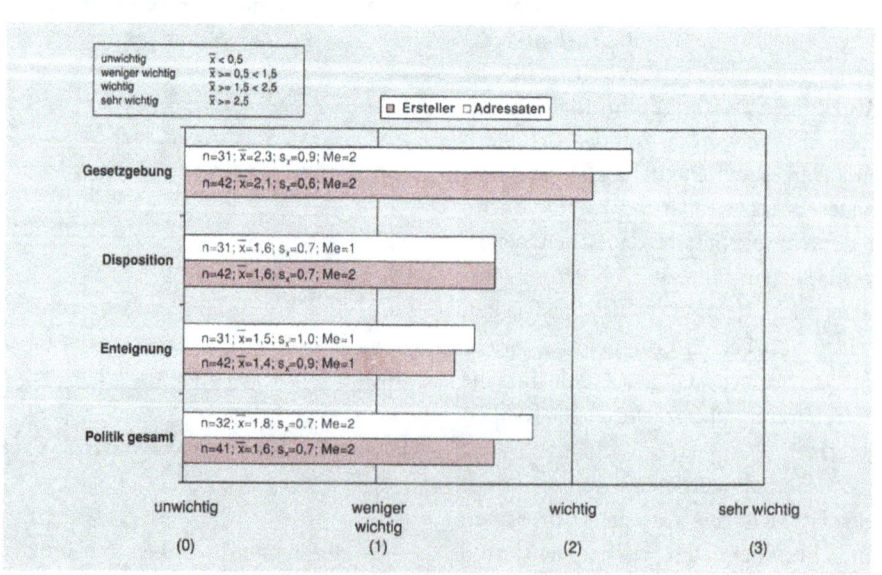

Abbildung 24: Relevanz von politischen Risiken

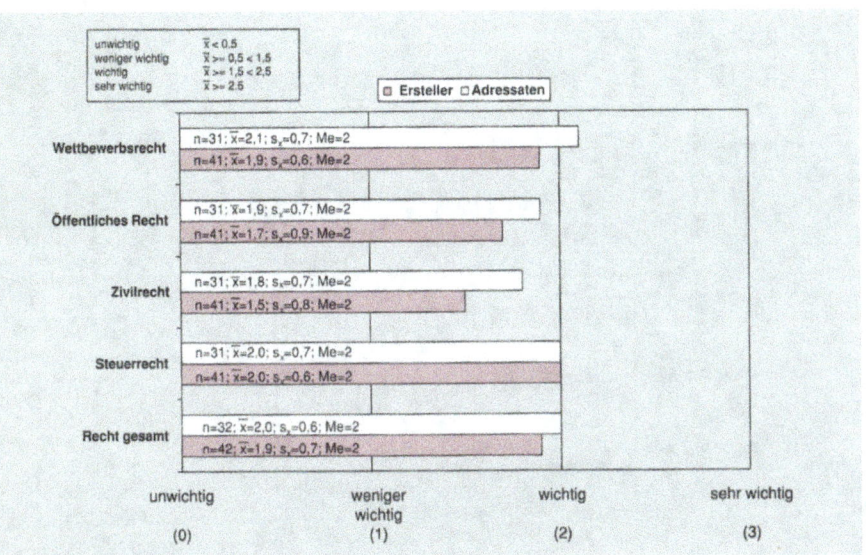

Abbildung 25: Relevanz rechtlicher Risiken

Politische und rechtliche Risiken
* kennzeichnet Signifikanz bei einem Konfidenzintervall von 95 %

	Extremste Differenzen			Kolmogorov-Smirnov Z	Asymp. Sig. (2-seitig)
	Absolut	Positiv	Negativ		
Gesetzgebung	,222	,222	-,051	,937	,343
Disposition	,064	,000	-,064	,269	1,000
Enteignung	,094	,094	-,042	,399	,997
Politik gesamt	,095	,095	,000	,404	,997
Wettbewerbsrecht	,144	,144	-,032	,605	,858
Öffentliches Recht	,181	,181	-,009	,760	,610
Zivilrecht	,133	,133	,000	,559	,914
Steuerrecht	,079	,079	-,055	,334	1,000
Recht gesamt	,076	,076	,000	,323	1,000

Abbildung 26: Signifikanzauswertung für die politischen und rechtlichen Risiken

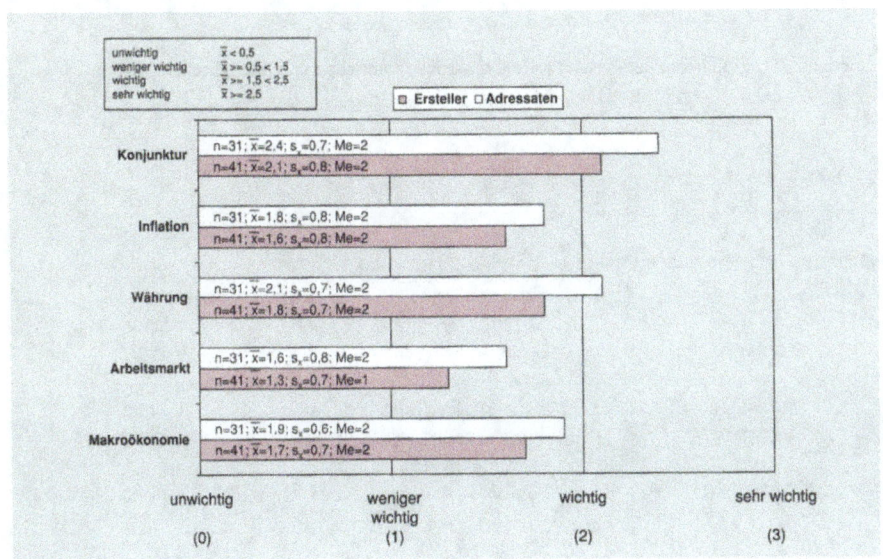

Abbildung 27: Relevanz von makroökonomischen Risiken

erkennen, dass sowohl den IT- als auch den Organisations- und Personalrisiken eine vergleichsweise untergeordnete Bedeutung zukommt.

Auffallend ist ferner die überwiegend homogene Einschätzung von Adressaten und Erstellern hinsichtlich der Bedeutung von Einzelrisiken in der Unternehmenspublizität. Es gab kaum statistisch signifikante Unterschiede zu verzeichnen. Bezüglich der Bedeutung von Einzelrisiken kann folglich nicht von einer Übereinstimmungslücke, d. h. von abweichenden Relevanzurteilen zwischen Adressaten und Erstellern, gesprochen werden. Insofern erscheint eine inhaltliche Fokussierung der Inhalte von risikoorientierter Unternehmenspublizität durchaus möglich.

Literatur

BURGER, A./BUCHHARDT, A.: Risiko-Controlling, München, Wien 2002.

HÖLSCHER, R.: Gestaltungsformen und Instrumente des industriellen Risikomanagements, in: SCHIERENBECK, H. (Hrsg.): Risk Controlling in der Praxis, Stuttgart 2000, S. 297-363.

HORVÁTH, P.: Controlling, 9. Aufl., München 2003.

HORVÁTH, P./GLEICH, R.: Controlling als Teil des Risikomanagements, in: DÖRNER, D./HORVÁTH, P./GLEICH, R. (Hrsg.): Praxis des Risikomanagements, Stuttgart 2000, S. 99 – 126.

KÜPPER, H.-U.: Controlling – Konzeption, Aufgaben und Instrumente, 3. Aufl., München 2001.

REICHMANN, T.: Controlling mit Kennzahlen und Managementberichten, 6. Aufl., München 2001.

VIELMEYER, U.: Risikoorientierte Unternehmenspublizität: Theorie und Empirie, Frankfurt am Main 2004.

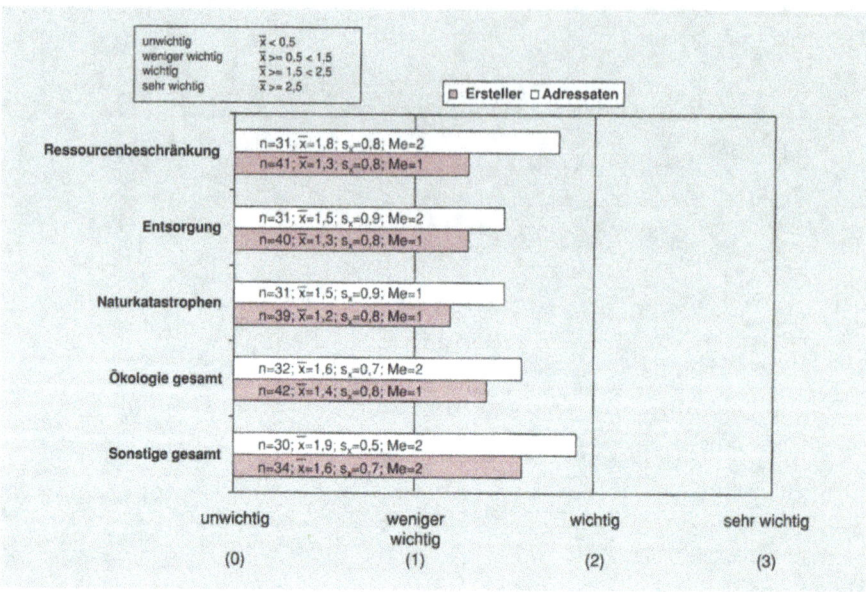

Abbildung 28: Relevanz ökologischer Risiken

Makroökonomische und ökologische Risiken
* kennzeichnet Signifikanz bei einem Konfidenzintervall von 95 %

	Extremste Differenzen			Kolmogorov-Smirnov Z	Asymp. Sig. (2-seitig)
	Absolut	Positiv	Negativ		
Konjunktur	,167	,167	,000	,701	,710
Inflation	,133	,133	,000	,559	,914
Währung	,124	,124	,000	,519	,950
Arbeitsmarkt	,101	,101	,000	,426	,993
Makroökonomie gesamt	,181	,181	,000	,760	,610
Ressourcen	,360	,360	,000	1,511	*,021
Entsorgung	,231	,231	,000	,964	,311
Naturkatastrophen	,118	,118	,000	,492	,969
Ökologie gesamt	,158	,158	-,009	,672	,757
Sonstige gesamt	,271	,271	,000	1,080	,194

Abbildung 29: Signifikanzauswertung für die makroökonomischen und ökologischen Risiken

Ersteller				**Adressaten**			
Reihenfolge	Risikokategorie	Mittelwert	Beurteilung	Reihenfolge	Risikokategorie	Mittelwert	Beurteilung
1.	Finanzrisiken	2,3	wichtig	1.	Finanzrisiken	2,5	sehr wichtig
2.	Marktrisiken	2,2	wichtig	2.	Marktrisiken	2,4	wichtig
3.	Leistungswirtschaftliche Risiken	1,6	wichtig	3.	Leistungswirtschaftliche Risiken	2,1	wichtig
	Sonstige Risiken	1,6	wichtig	4.	Sonstige Risiken	1,9	wichtig
4.	IT-Risiken	1,5	wichtig	5.	Organisations-/Personalrisiken	1,7	wichtig
5.	Organisations-/Personalrisiken	1,4	weniger wichtig		IT-Risiken	1,7	wichtig

Abbildung 30: Bedeutung der Risikokategorien

ie neuen Seiten des Controlling

- Die neue Fachzeitschrift „Controlling & Management" ist schnell, aktuell und lösungsorientiert und bietet für jeden Bedarf die richtige Informationstiefe.

- Der neue Magazinteil liefert einen umfassenden Überblick über Themen, Trends, Tools, Unternehmen und Strategien, Köpfe und Meinungen.

- Controlling & Management „Praxis" beschreibt fundiert Methoden, Instrumente und neue Entwicklungen des Controlling und enthält Praxisberichte zu aktuellen Themen.

- Controlling & Management „Wissenschaft" liefert den State of the Art aus Controlling-Forschung und Wissenschaft.

- Die renommierten Herausgeber Prof. Dr. Jürgen Weber und Prof. Dr. Thomas Hess bringen die Experten der Community zusammen.

- Mit einem Klick alles im Blick: Nutzen Sie unser Volltextarchiv im Internet: www.zfcm.de

Jetzt kostenlos testen:
Bestell-Fax: 0611.7878-423

Gabler Verlag
Kundenservice
Abraham-Lincoln-Str. 46

65189 Wiesbaden

Tel.: 06 11.78 78-615
www.zfcm.de

GPSR Compliance

The European Union's (EU) General Product Safety Regulation (GPSR) is a set of rules that requires consumer products to be safe and our obligations to ensure this.

If you have any concerns about our products, you can contact us on

ProductSafety@springernature.com

In case Publisher is established outside the EU, the EU authorized representative is:

Springer Nature Customer Service Center GmbH
Europaplatz 3
69115 Heidelberg, Germany

www.ingramcontent.com/pod-product-compliance
Lightning Source LLC
LaVergne TN
LVHW080250260326
834688LV00042BA/1198